宮脇 檀の
住宅設計テキスト

宮脇檀建築研究室

丸善出版

2階平面

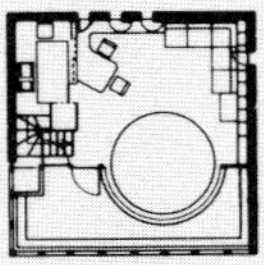

横尾ボックス／1974

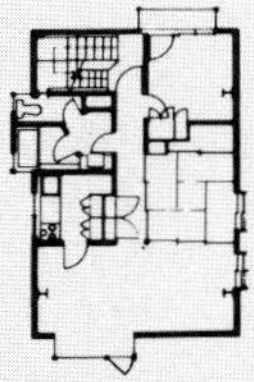

渡辺邸／1974

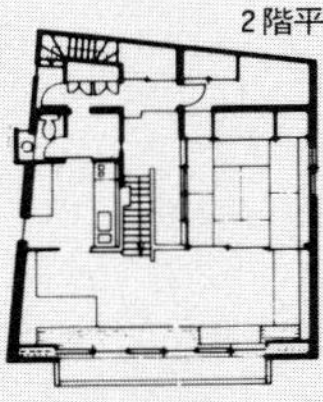

船橋ボックス／1975

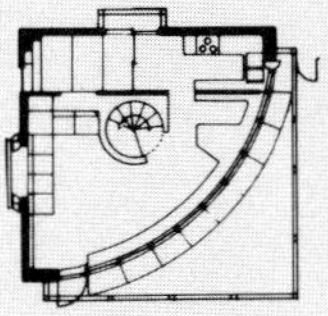

BOX－A QUARTER
／1976

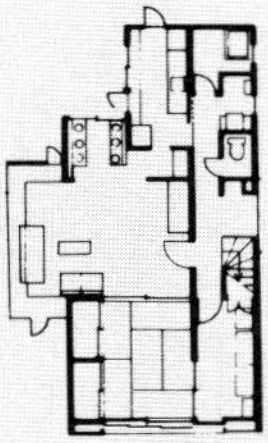

伊藤公一邸／1973

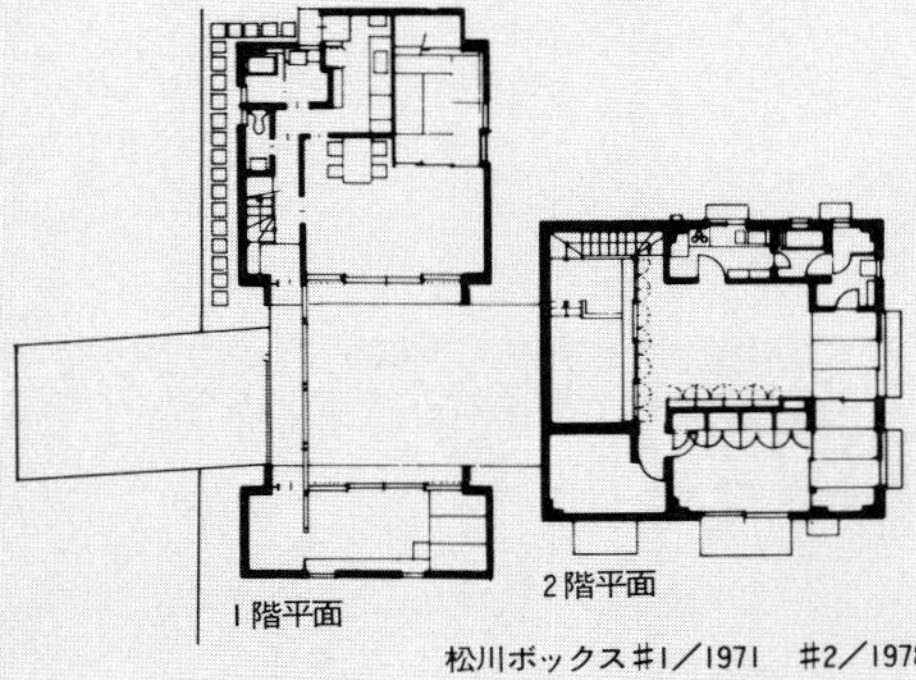

松川ボックス＃1／1971　＃2／1978

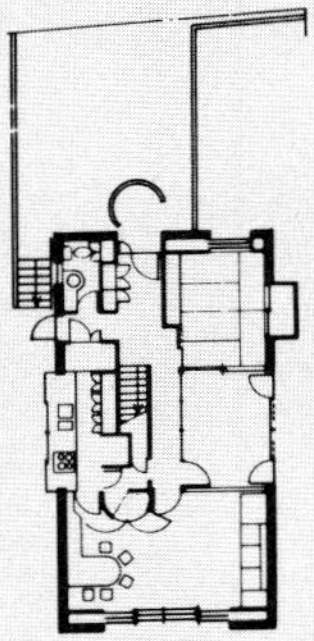

小出邸／1978

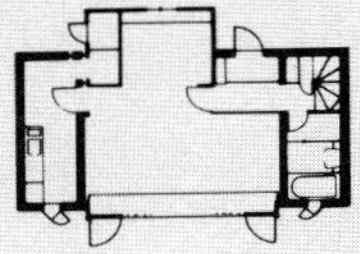

熊本ボックス／1973

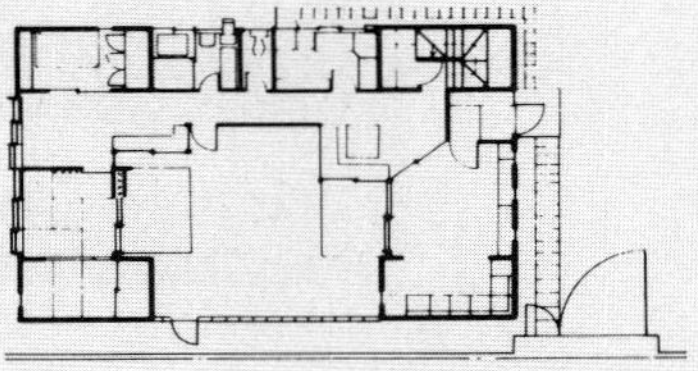

岡本ボックス／1973

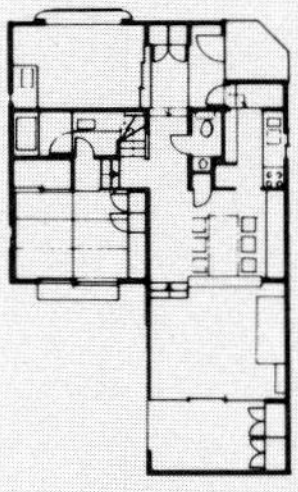

鹿島邸／1978

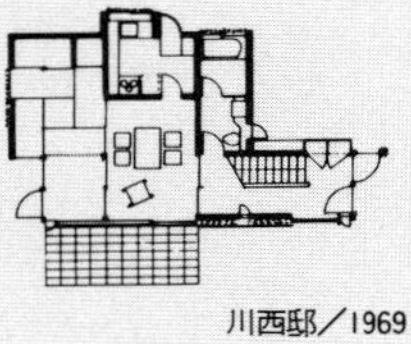

川西邸／1969

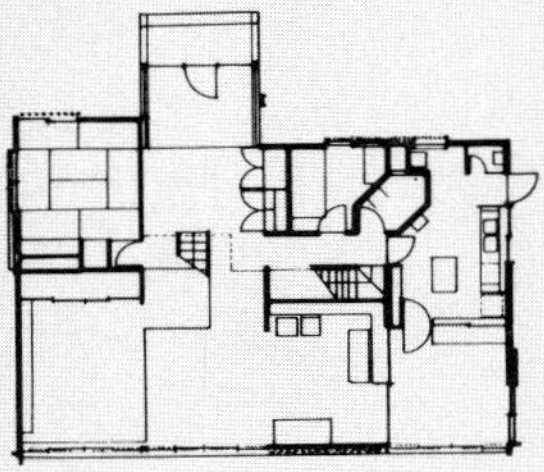

河野邸／1966

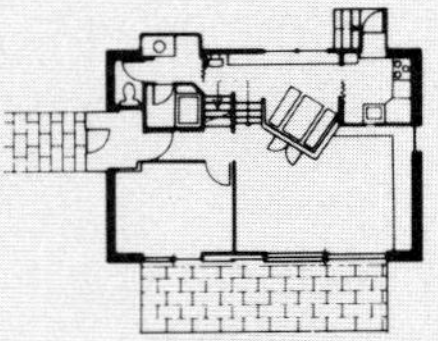

菅野ボックス／1971

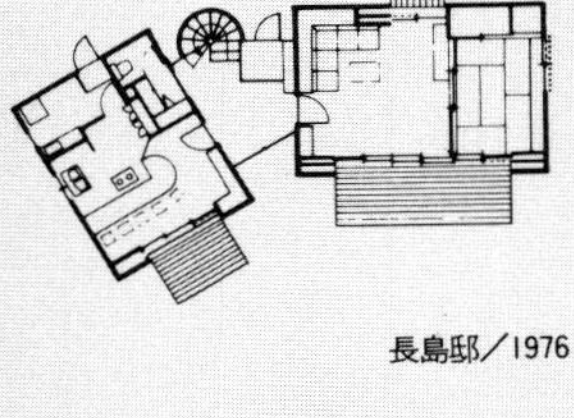

長島邸／1976

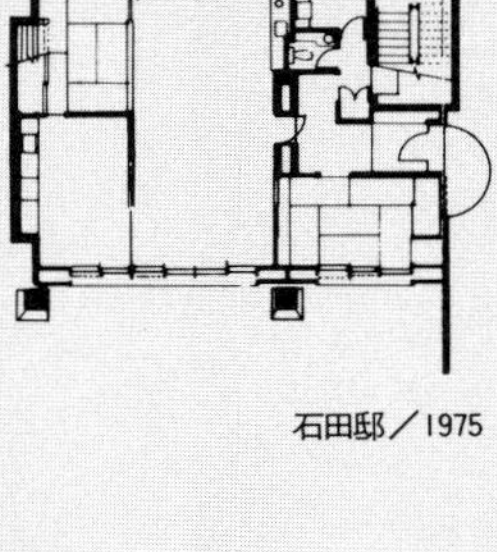

石田邸／1975

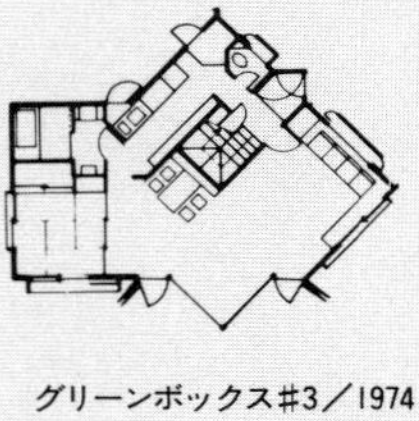

グリーンボックス＃3／1974

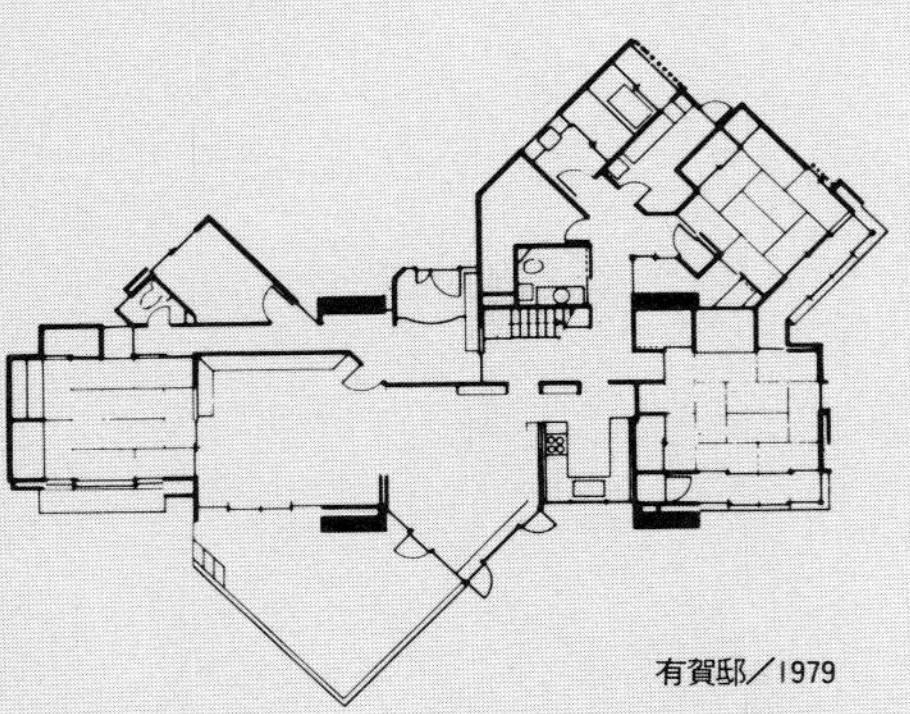

有賀邸／1979

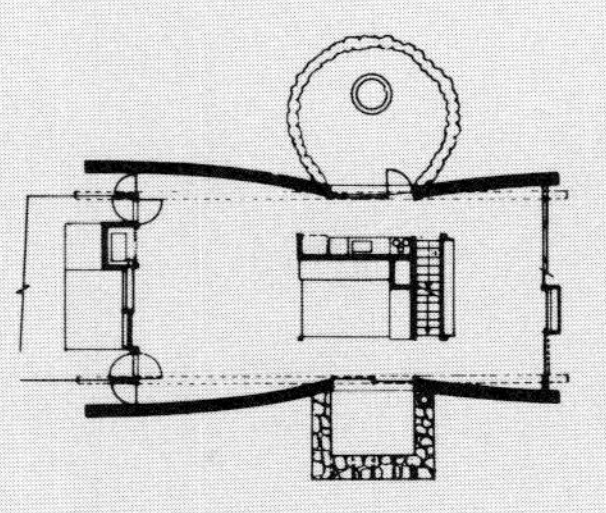

もうびいでぃっく／1966

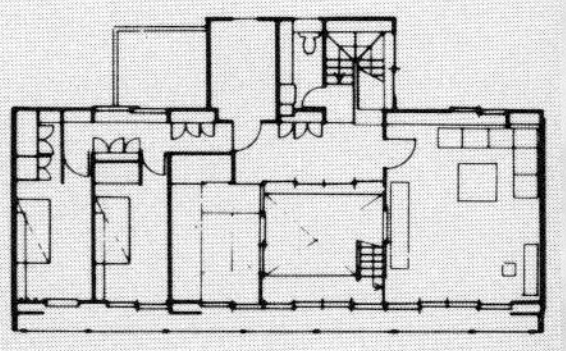

2階平面
梅原邸／1974

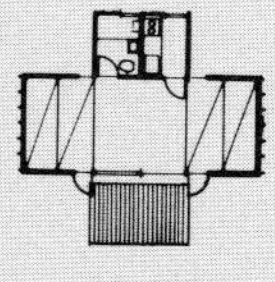

おにぎりの家／1965

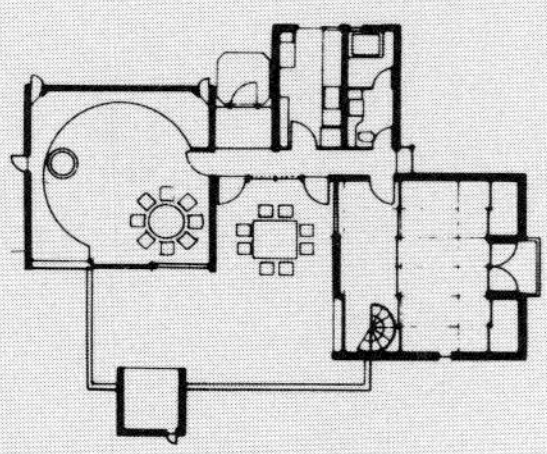

プラザハウス／1968

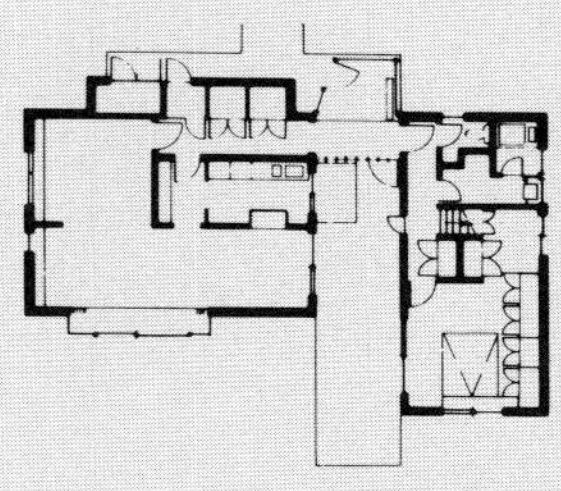

稲垣邸／1973

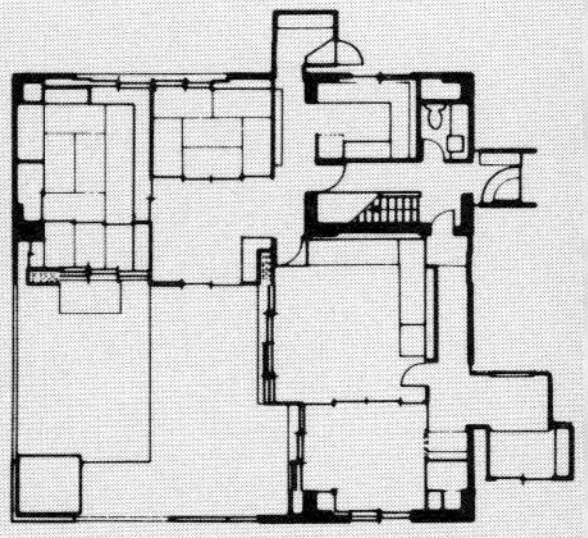

冨士道邸／1979

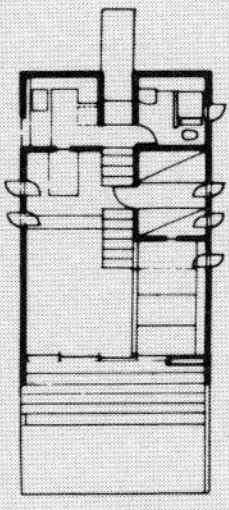

小南別邸／1973

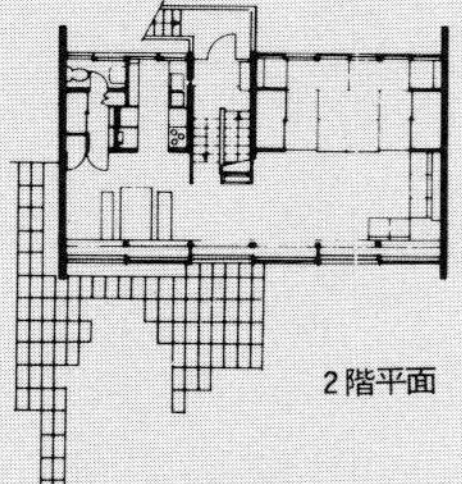

2階平面
三宅ボックス／1974

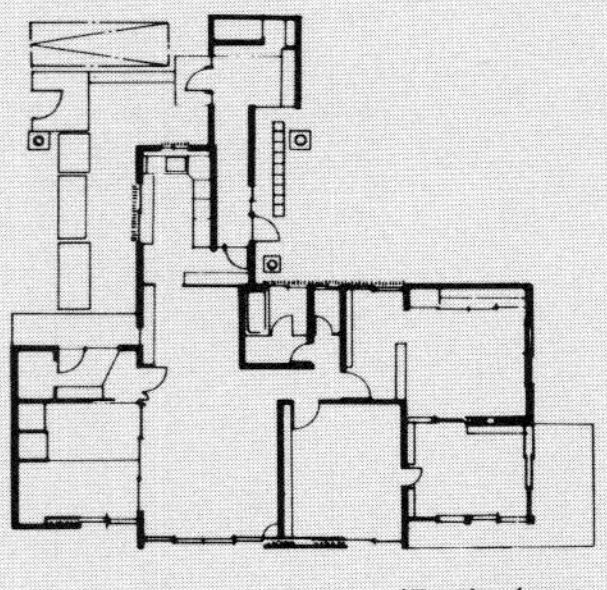

鋼の家／1970

ブルーボックスハウス／1971

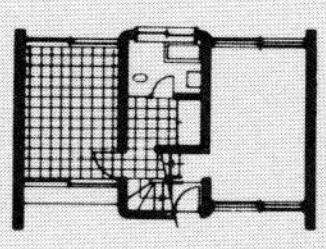

高島邸／1965

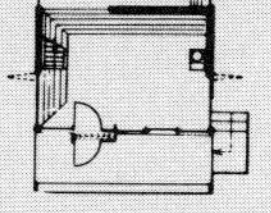

金森別邸／1976

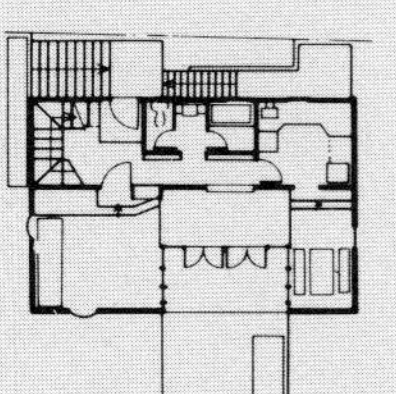

三原ボックス／1972

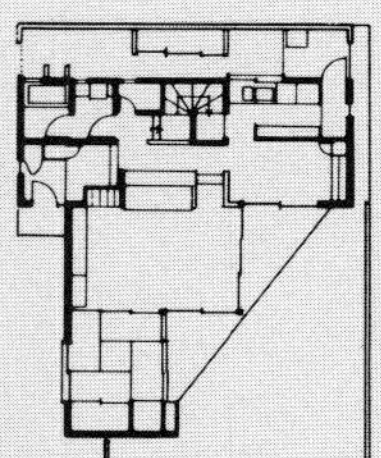

中沢邸／1975

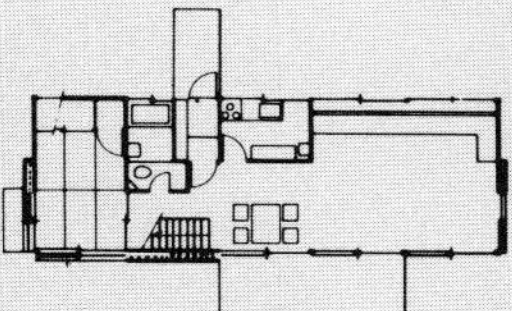

海老原邸／1969

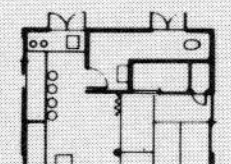

たこの家／1964

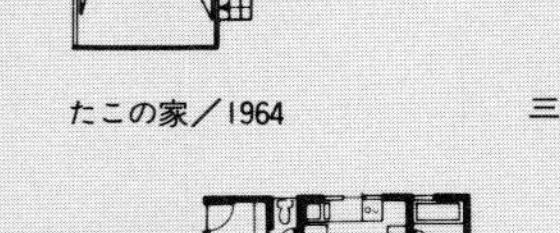

長井邸／1975

高島ボックス／1977

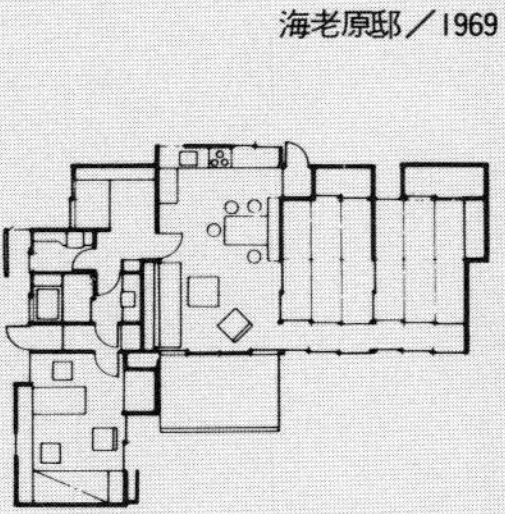

千代木邸／1968

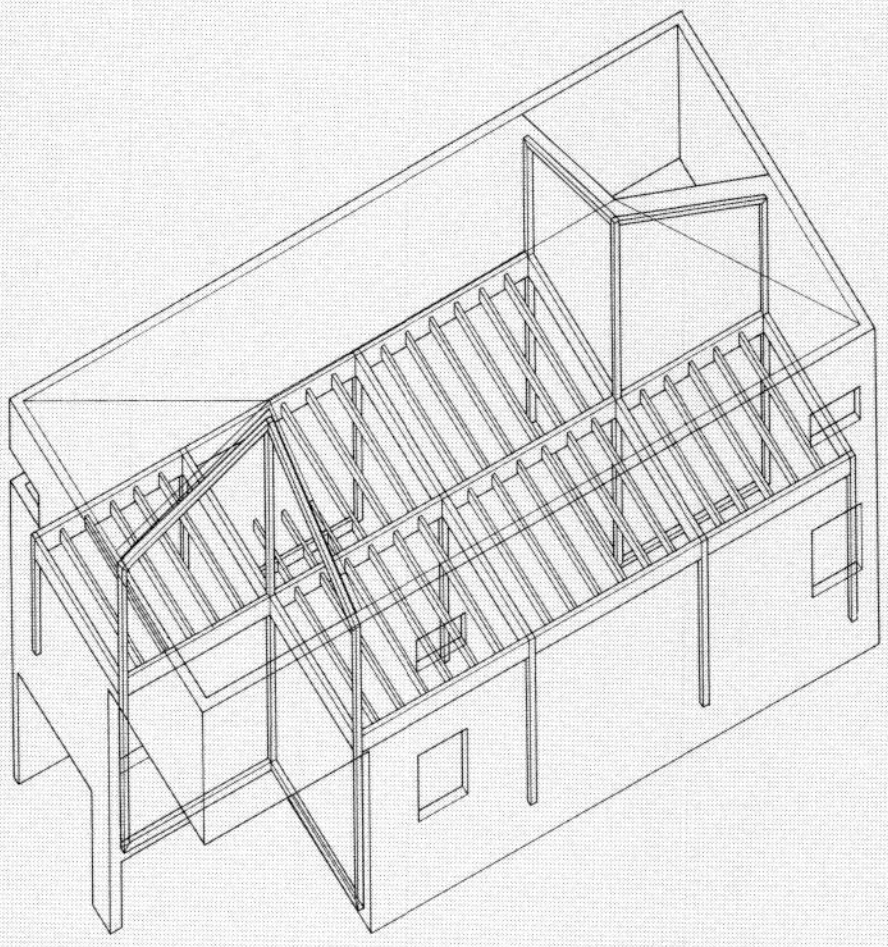

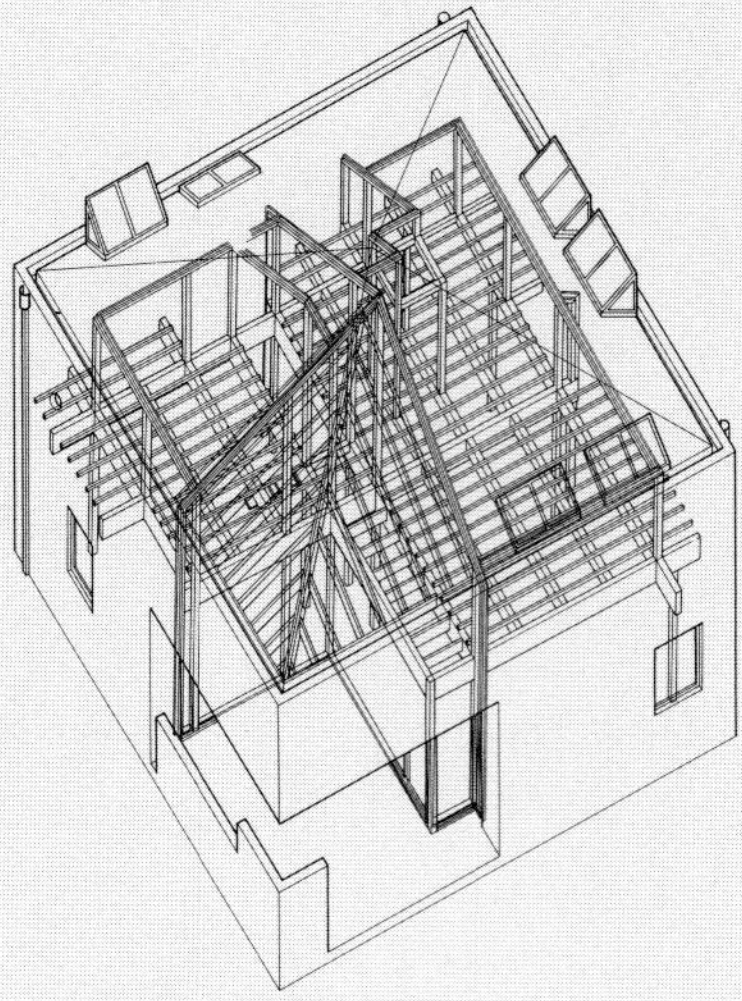

家型のコンクリートボックスの内側に木造を
包み込むタイプ
（高畠ボックス，吉見ボックス）

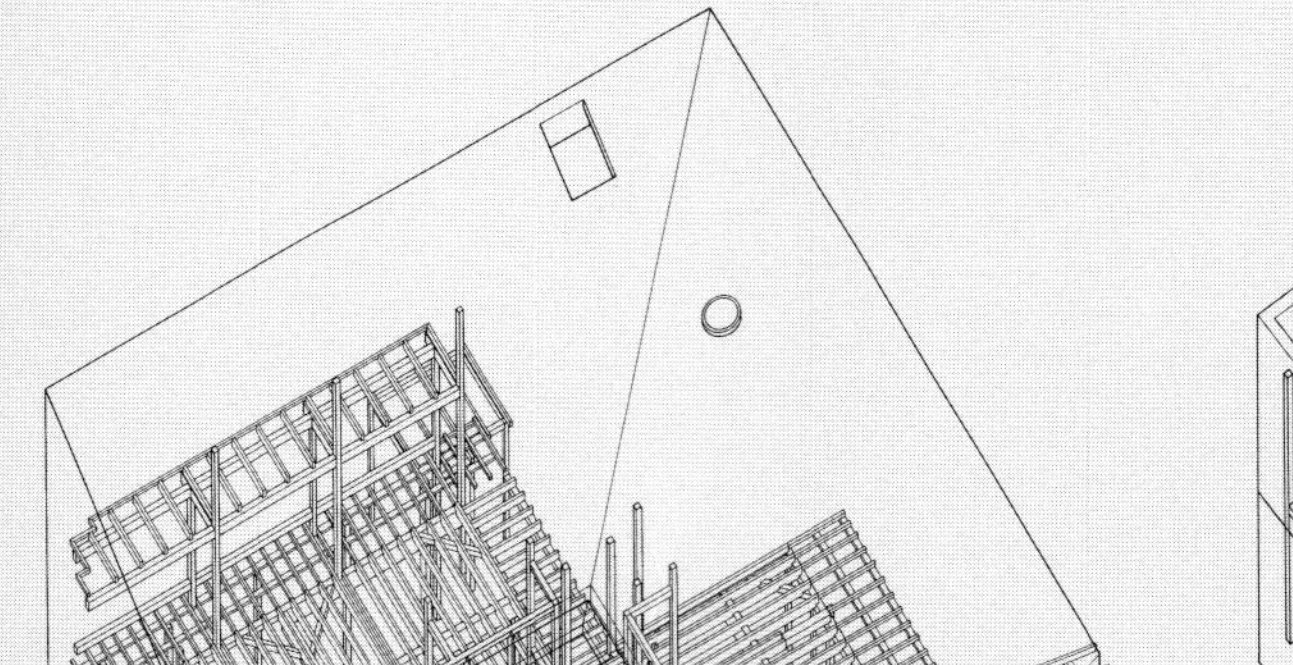

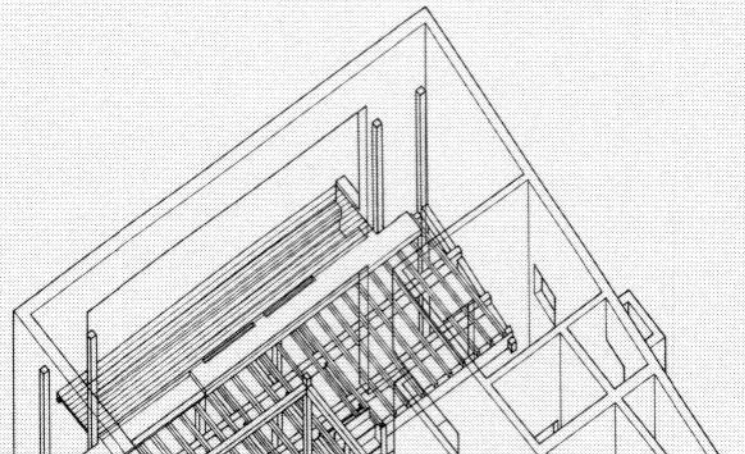

コンクリートの箱と木造部分が水平面で連続
する．
（船橋ボックス，冨士道邸）

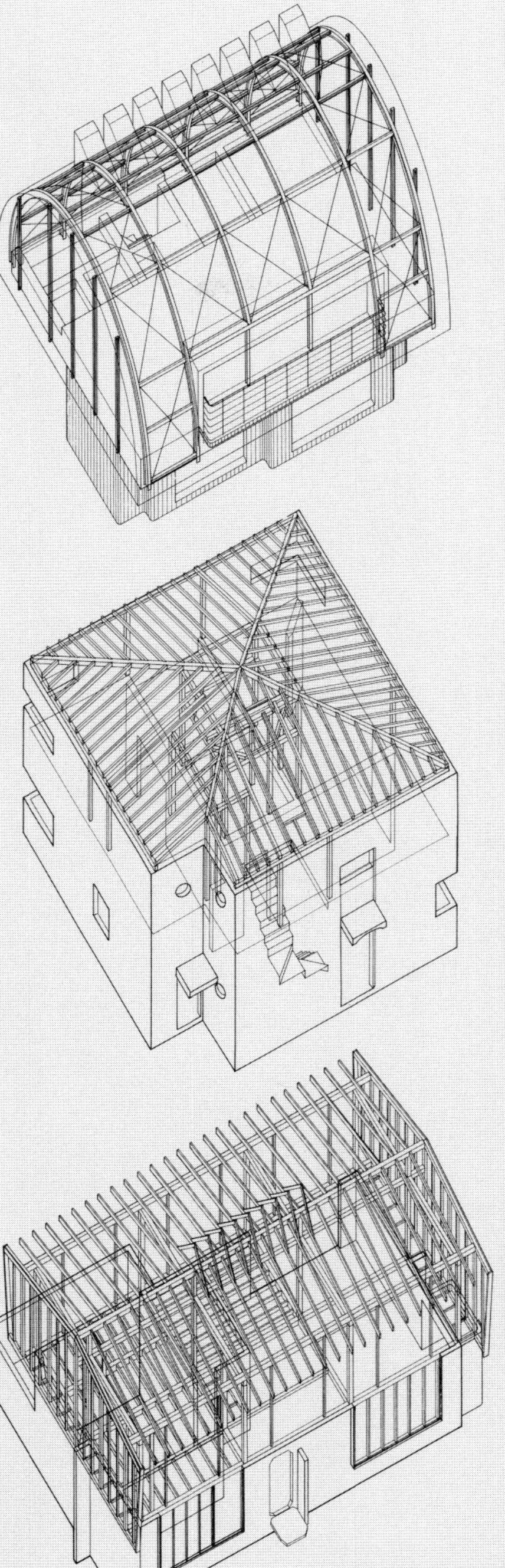

上下階を別々の構造でつくる階層分離タイプ
（シリンダーボックス，木村ボックス，あかりのや）

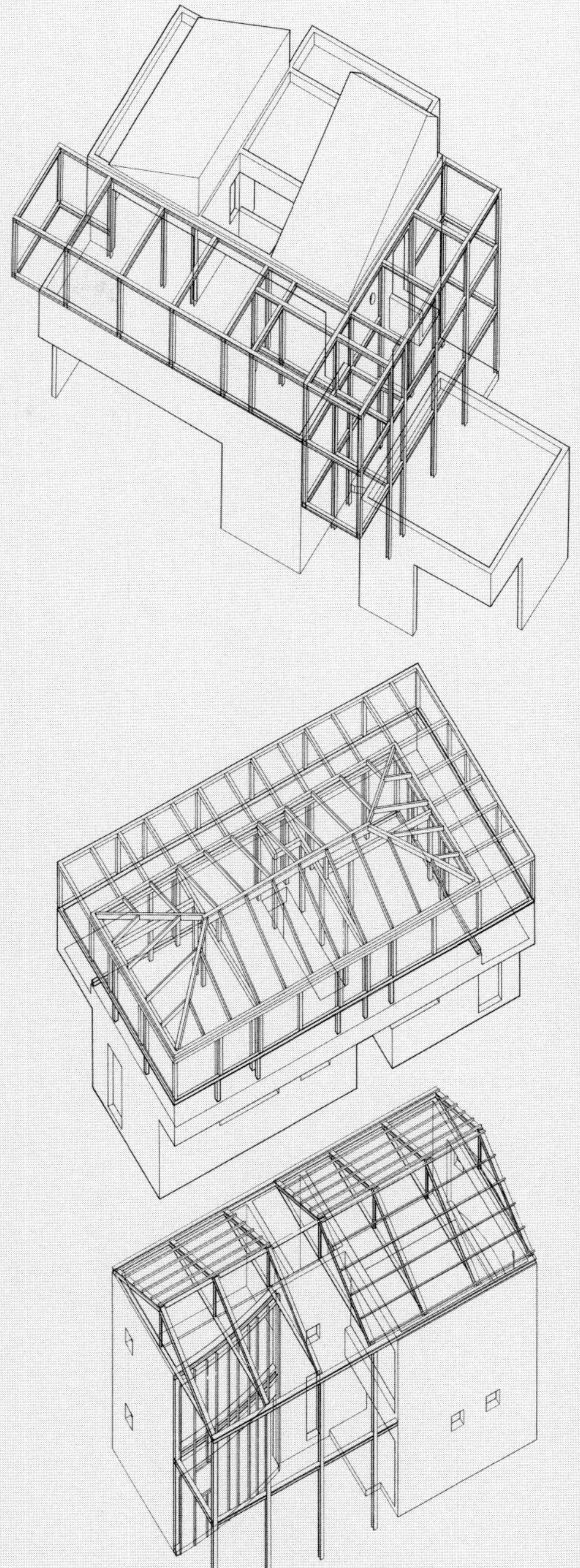

パーゴラ型は，上下階を別々の構造でつくる階層分離タイプのバリエーション
（久保邸，池田ボックス，CHOI・BOX）

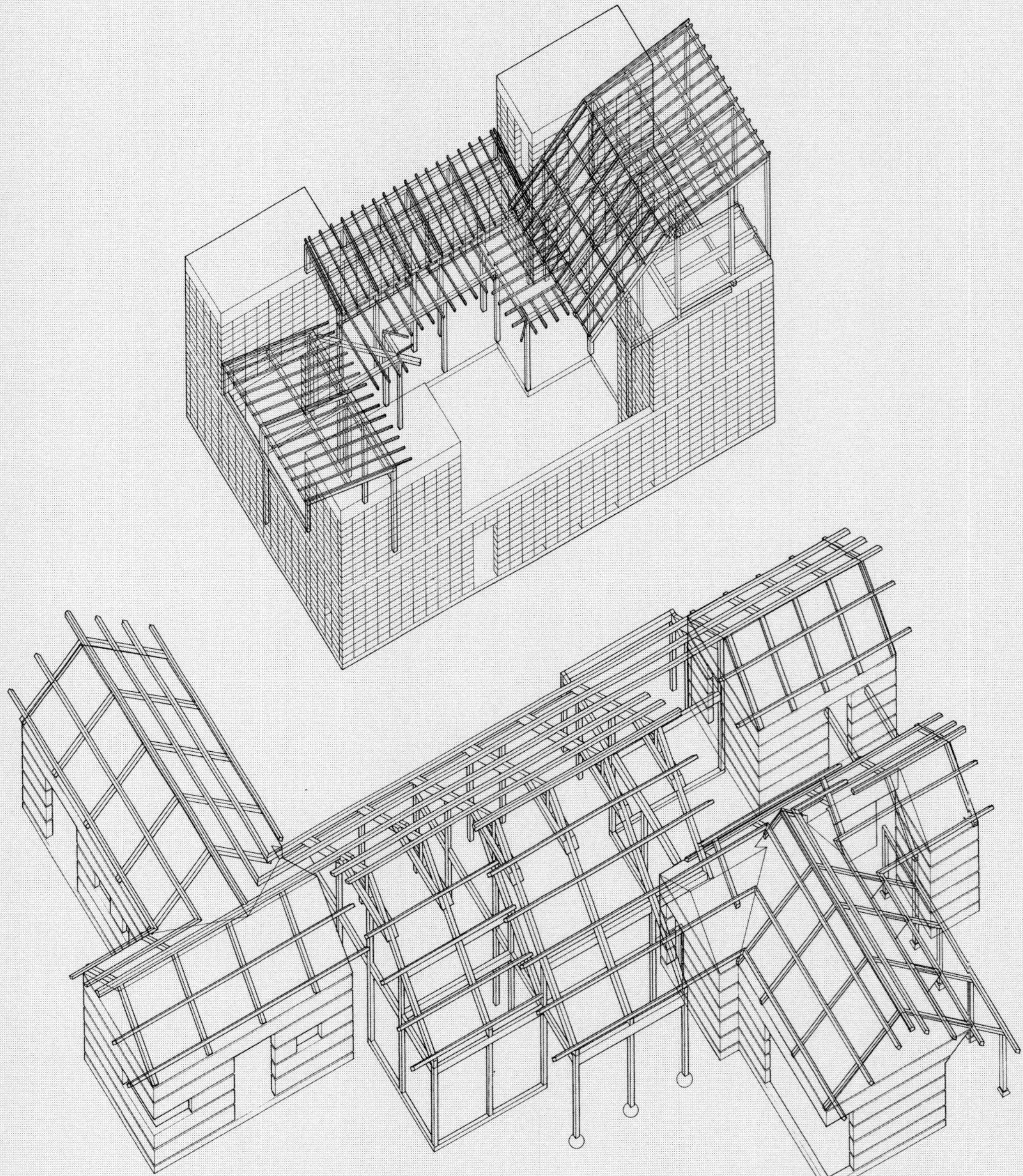

木造架構をブロック造の壁で囲ったり，RC 造の箱を木造架構で結ぶタイプ.
（岡本ボックス，中山邸）

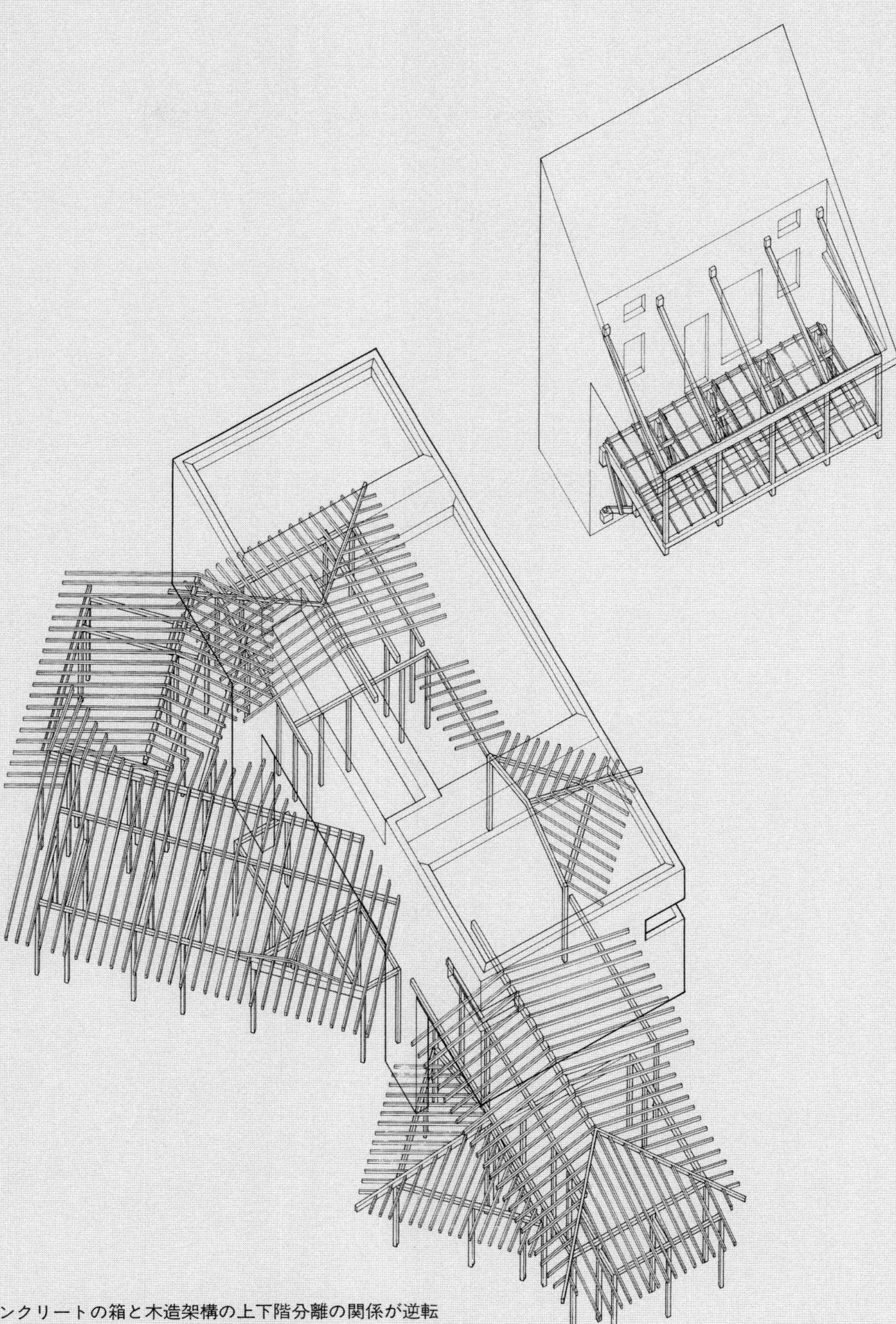

コンクリートの箱と木造架構の上下階分離の関係が逆転
して，木造の上にコンクリート造の箱がかぶるタイプ．
（有賀邸，Villa 福村）

まえがき

自分の事務所を持ったのが一九六三年、もう三〇年、住宅を中心とした建築の設計をしてきたことになる。

一口に住宅設計と言っても、三〇年という年月は長く、周辺状況、施主たちの好み、設計の中身、それに対応しようとする私の姿勢など次第に姿を変えていく事は仕方の無いこと。

三〇年間に一三〇余軒の住宅を設計し、今も四～五軒の住宅の設計が絶えない日常の中で、変った部分と変らない部分がある。変った部分は何故変り、変らない部分はどうして続いているのか。

後一〇〇余軒程度しか住宅は設計できないだろう。とすると、若い時の様に無我夢中で、何でもかんでもしゃにむに……という設計はしたくない。ジックリと一作一作磨きあげるように設計出来るような住宅以外はしたくないという気持ちが自然に出ている。

だから、この所私としては始めて、条件の悪い（コストや敷地条件などでは無いのは当然）設計を断るようになり、地価の異常高騰などという社会情況もあって次第に住宅設計の量が減る傾向にある。設計するものとの全体のバランスから言えば、私はもう決して住宅作家などと呼ぶことは出来ない状態である。

そんな情況の中で、私たちが住宅設計に賭けてきたものは何であったか、変ってしまったもの以外の、私たちが住宅設計に求め続けてきたものは何であったか、それを見詰め直してみようという気持になっていた。住宅作家の清算ではなく、住宅作家としての年月の在庫品整理をしてみたかった。

私たちの事務所がこれまで作り続けてきた住宅は一体どんなコンセプトが基本にあり、それは具体的にはどんな形としてまとめ上げられてきたかをまとめてみようと思った。

イメージはものを操作して、最後にはディテールという形をとる。ディテールを語ればコンセプトから形態の操作、それを支える人への凝視などを語ることが出来ると思っている。

だから、同じ丸善から『人間のための住宅のディテール』という本を前に出していた。

この本も、ディテールを一杯に盛込み、図面を出来るだけ豊富にすることにした。ディテールが全てを語る……という信念は変らないからだ。

けれども、これはディテールの本ではない。

やはり、私と私の事務所が作ってきた、または作ろうとしてきた住宅の底にあるもの、基本として考えてきたものを整理してみましたから読んでください……という本にしようと作ったつもり。

そういう考えで一九八七年にこの本の前身ができた。若い建築家からは参考になったという声が、家を建てようという人からは、建築家ってこんなことまで考えているんですねという驚きが寄せられた。

それならば、もっと皆さんに読んでいただこうとハンディな普及版を作ろうということになった。図面を読みやすく、削れるものを削って作ったこの本、前書より読みやすくなっているはず。机の上にぜひ一冊という願いで。

一九九三年夏　宮脇檀

目次

第六章 部位の持つ役割を明確にする

第七章 出ていないディテールが大事

第八章 設備は陰で生活を支える

第九章 家具は住居と人間の両方に属する

第十章 仕上げは表面材でしかないのだが……

第十一章 家の回りは中間領域として街に参加する

Design Method of Mayumi Miyawaki's Residence

1●1 土地の秩序が建物を決める

十年一寸ばかり、デザインサーベイという作業にのめりこんでいた。

この作業は、先ず建築をつくりそれが連なって都市に至ると信じていた若者たちが、自分達の感動した街の構造を分析し、それによって同じような感激を生み出すような街づくりのシステムを見出すための作業だった。

誰もやった事の無い作業だったから方法論が無く、ひたすら測り、書き、その書いた図面を壁に貼ってウンウンいいながら眺めている内に随分いろんな事を発見した。

その時の発見の一つに土地が持っている秩序の感覚という項目がある。これはその土地に人間が立った時自然に体や思考がそう動いてしまう一種の感覚的な秩序が必ずあって、美しい集落というのは必ずその秩序の上にピタリと載っているという事の発見であった。

以後、私が住宅を含む建築の在り方を考える時に、施主の与件や経済的条件と一緒に、またそれに優先させて一体この土地にどんな建物を載せれば土地の秩序に従う事になるのだろうかと考える習慣になった。

コンセプトがなかなか立たず、エスキースが難行する時には再度、再々度敷地を訪れ、ただその敷地と周辺を何時間も歩きまわり、立ちつづけて地から聞こえる声を聞き出すような事をするのも習慣になってしまった。

感覚的なものだけでは無く、時間や社会のファクターも同時に考えながら土地を眺める事、それが出来ない者は建築をやる資格無い――というのが我事務所の戒律の一つになっているのはそんな訳。

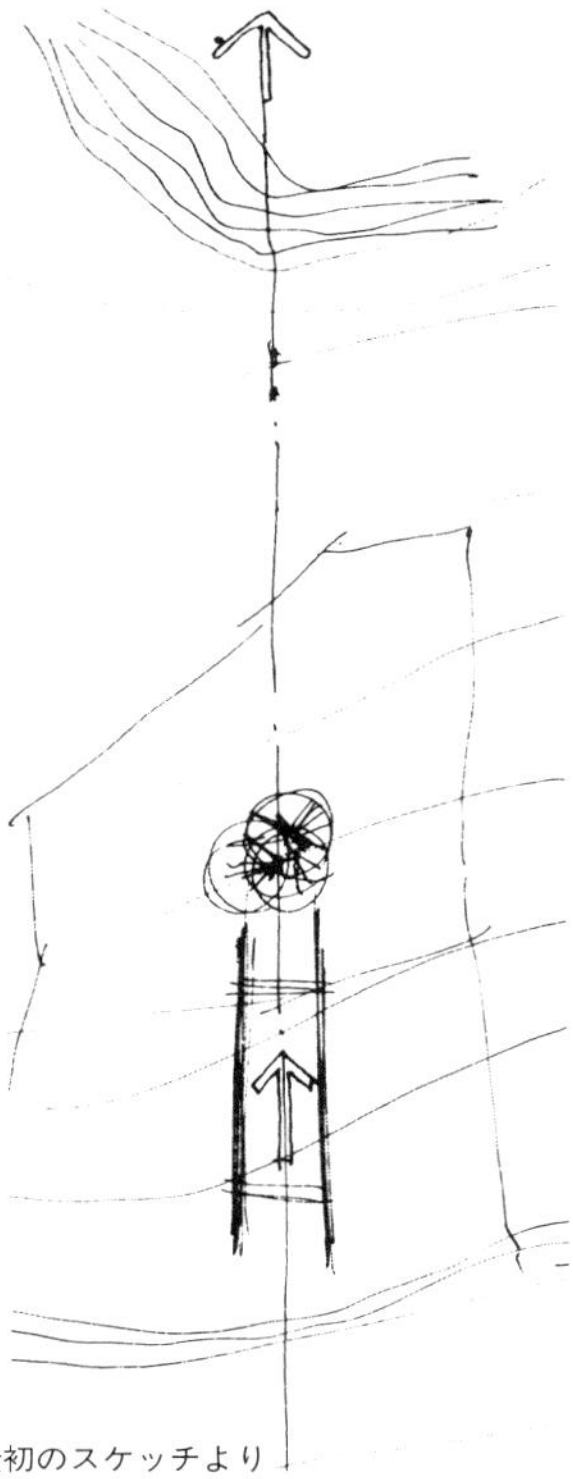

最初のスケッチより

もうびいでっく
敷地の主のような顔で立つ喬木を正面に見すえて山中湖を望む軸線。地面も山中湖に向って傾斜している。

1●2 周辺の建物に合わせる

山の中の一軒家ならいざ知らず、住宅は単独で立つということはほとんど無い。たいていは多種類の建物に取り囲まれて建つ。だからこうした周囲の住宅や建築は環境要素の一つであり、それをどう読み取るかは土地の秩序を読みとる事にもなる。読取りの第一は、先ず参入者として先住者にかける迷惑をどれだけ少なく出来るかを考える事。

もちろん、建設行為そのものも社会や文明の要求であって、それを否定する立場にも身が置けるはずはないのだから、その中でどれだけ新しい住み手が快適な住環境を獲得出来るかにトライするのも設計者の義務。この両者は決して両立しないものでは無い。ただし、建物は地形や山、河、天候、歴史などと違って人為的に簡単に変化する。折角隣の家に合わせて家を建てたのに、翌年三階建てに建てかえされてしまい、設計上の配慮が全部無駄になってしまったというケースはざらにある。

その意味では、すべての家が建ったばかりで当分建てかえの無い新興住宅地は別として、どう建てかえが発生するか分からない古い町並みに建てる時は、細心の配慮が必要になる。法規等のチェックを含めて建てかえられたなら、どの程度のものが建つかあらかじめ他家の設計までしておく位のことは必要。

もちろん、建てかえの時に相手がこちらの思うような建物を建ててくれる保証はどこにもない（全く予想しなかった最悪の家が建つというのが大部分である）。ある程度あらかじめデフェンス出来るような設計をしておくという読取りも必要になるという日本。

結果として、周辺の建物に背を向けて、閉鎖的、内閉症的になってしまうという欠陥があることに注意しなくてはならない。都市がこれだけ環境として悪化してくると、まず周辺からのぞき込まれたり、物音が入り込んでこないように……とまずデフェンス側にまわらざるを得ないのがつらい。もっとも、人間が住む

松川ボックス＃１　＃２
周辺は２階建が密集する典型的な都市型住宅地，計画する建物も高さ，容積共その調和を崩さないよう配慮する．

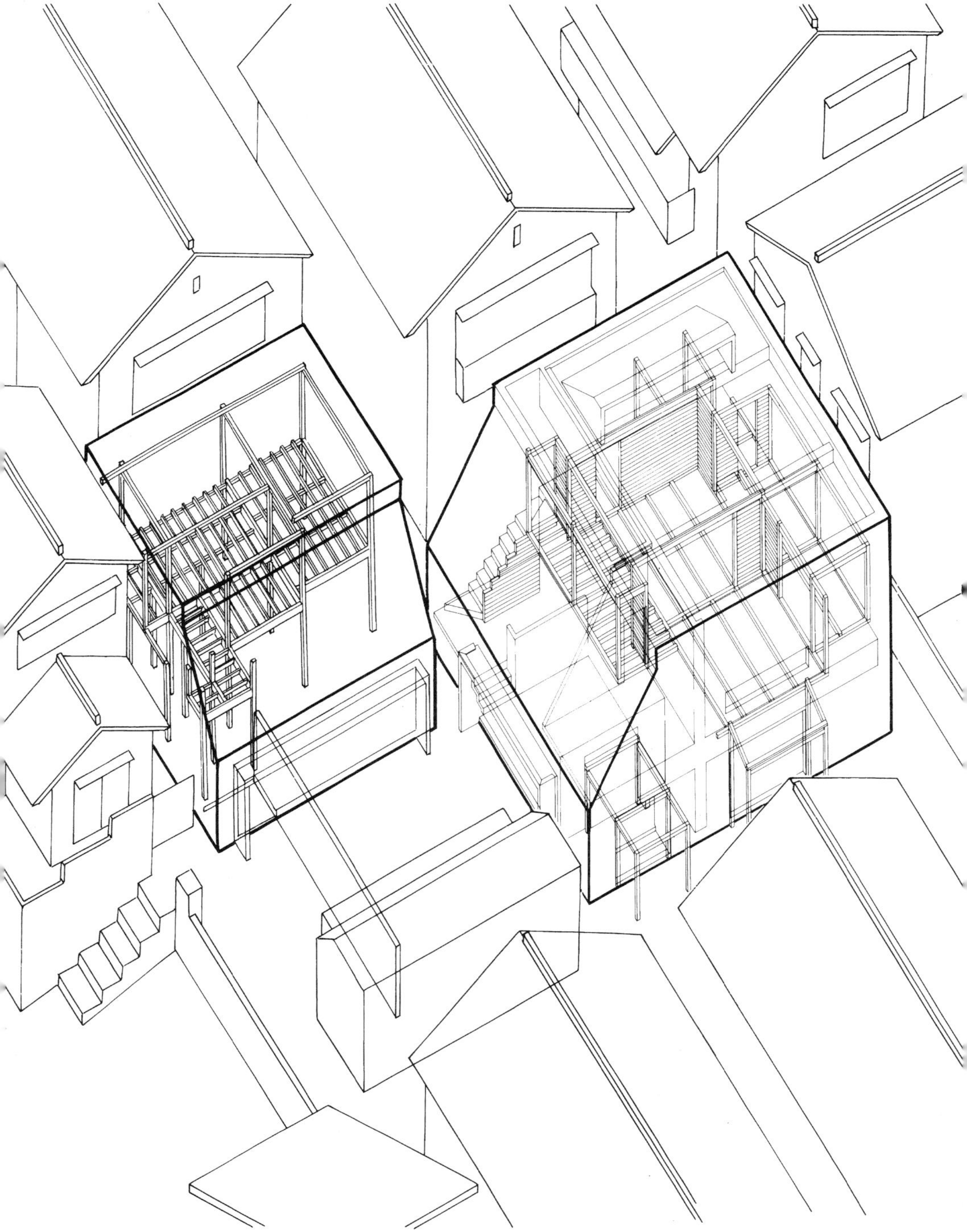

所、そんなに周りが非人間的なものばかりであるはずはない。

なんとか周辺を注意深く観察してみると、それはそれなりに結構使えそうな部分があることがわかる。そんな部分を突破口としてデザインの大筋を決めてしまうようなケースがあっても、決しておかしいことでは無い。この住宅などは、全体の形態からプランニング、断面設計にいたるまで周辺が決めてしまった例であるといってよいのではないだろうか。

高畠ボックス
食堂のコーナーをみる．右手の壁面は隣地境界いっぱいにあるので開口部を設けていない．
天井まである左手の開口部は，敷地の中に取り込んだ光庭に面していて，隣地境界とは距離をとっている．
しかもこの庭は隣地の建物を避けた方向に開いている．

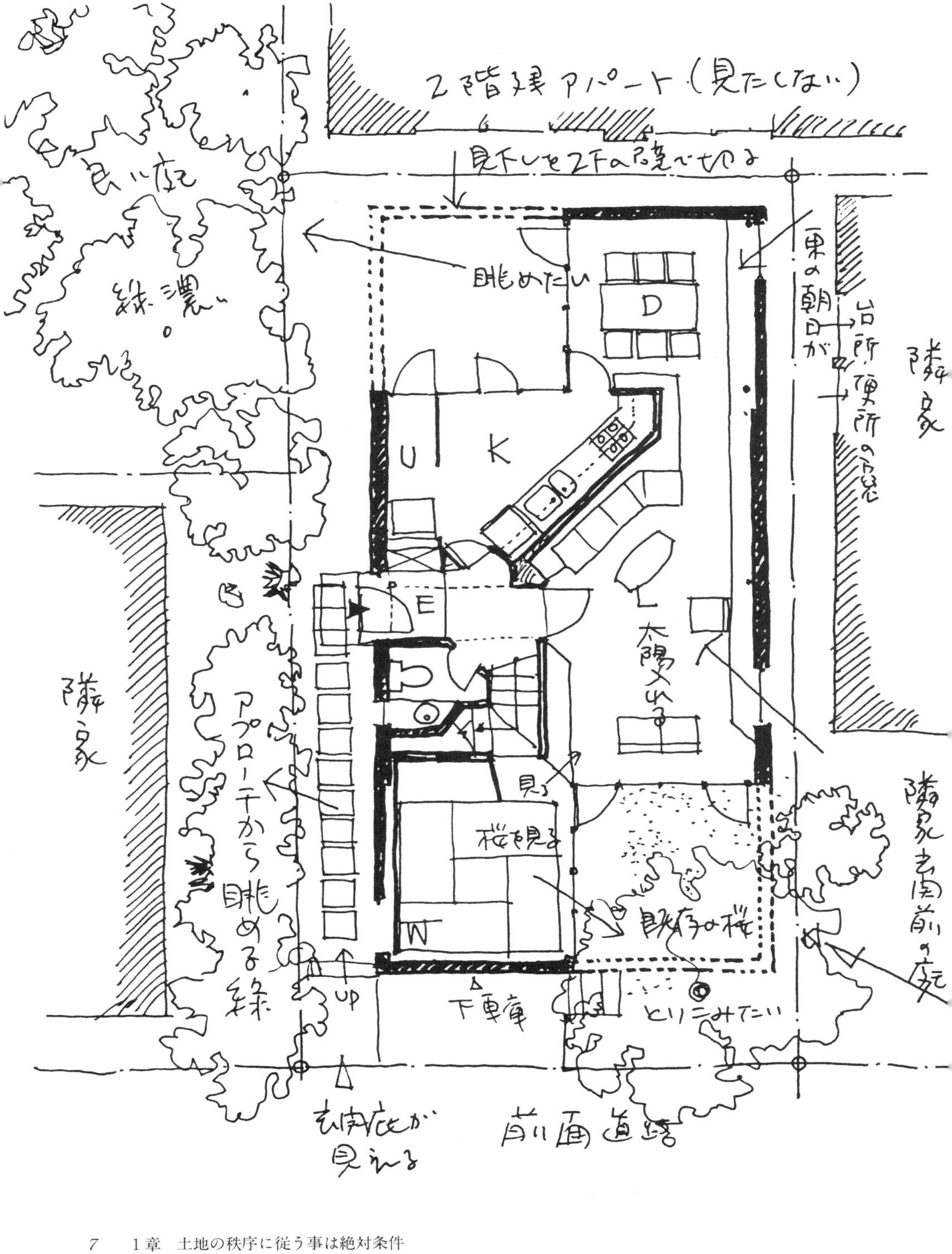
2階建アパート（見たくない）
見下しを2Fの窓でさける
良い庭
緑濃い
眺めたい
D
東の朝日が
台所便所の窓
隣家
U
K
E
太陽入れる
隣家
アプローチから眺める緑
見る
桜を見る
W
既存の桜
隣家玄関前の庭
UP
下車庫
とりこみたい
玄関庭が見える
前面道路

1●3 他人の借景となる家を創る

日本の造園の手法の中に借景という技法があるのは有名なこと。周辺の景観をどう自分の作庭の中に取り込んで風景としての庭をつくるかという手法であって、かなり完成された手法である。したがって日本ではごくポピュラーになっている手法だが、一つ欠陥があるように思われてしかたがない。

それは自分の家の中からよそをどう見るかということに主眼があって、裏返しをすると、自分の家が外部からどう見えているかという視点の部分が欠落している。つまり、日本の家は玄関回り、門回りあたりの外観などにはかなり気をつかっているけれども、実は家全体として他人から見られるという意識が少ない。

特に郊外住宅地のように、同じような住宅がたくさん並んでいる地域では、たとえば北側の立面であるとか、アイストップの場所に建つ家であるとか、本来かなり見られることを意識するべき家がいい加減に作られている。つまり自分の家が住宅地の風景をつくっているのだという意識なしに建てられているケースが多い。

風景の中に家がない風景が美しい風景だといわれているこの国では、美しい家を風景の中に参加させて、より風景を美しくするという考え方がないからなのかもしれない。しかし、これからの風景を考えていく場合に、住宅がなくて、あるいは建築がなくて風景を考えるわけにはいかないのだから、周りから見られてちゃんとそれに耐えるだけの形をつくることは、家をつくる人間、あるいは家を設計する人間の、最小限の責任であるはず。

田中邸
敷地の南面が三角形状に張り出した多少いびつな形の角地。3つの方向からの形を意識的に変えた。

1●4 土地いじりは最小限に

もともと土地をいじることは自然や地球に対する冒とくである、といった意識が私たちにはある。ところが、だんだん住宅の適地、よい土地がなくなってきて、平坦地ではなく傾斜地に目が向けられるようになる。住宅公団が、ある時期から傾斜地における団地形成をテーマにしはじめたように、戸建て住宅でも、安い斜面を買って家をつくるというふうなことがしだいに出てくる。私たちの事務所では、いまや平坦地に家を建てることのほうが少ないぐらい。また別荘のような場所では、平坦地であることのほうがおかしいくらい。

斜面の土地に家をつくる場合にいちばん簡単なのは、そこに平坦な部分をつくり、平坦地用の家をのせることだが、それは、土地を大きくいじること。ブルが入って土地を真っ赤にし、長い間、生えてきた草木が失われ、家が建ち上がっても最低一年間は赤土のままであるという風景は、心ある人間にはかなり胸が痛む。したがって、新たに家を造る場合には、どうやって敷地を最小限しかいじらないかをまず第一に考えるようになる。

通常、別荘では、吉村先生の別荘のように、一階をRCでできる限り小さく造り、その上にキャンティレバーで二階を大きくのせるという手法を取るが、たとえばブルーボックスハウスのように、後ろ半分を土の中に埋め込むというかたちで土地いじりを減らすこともある。そして、また必要上壊した土地をもう一度原状に戻すことを最小の礼儀と考えているから、この家でももう一度斜面を復元し、植生をやり直している。

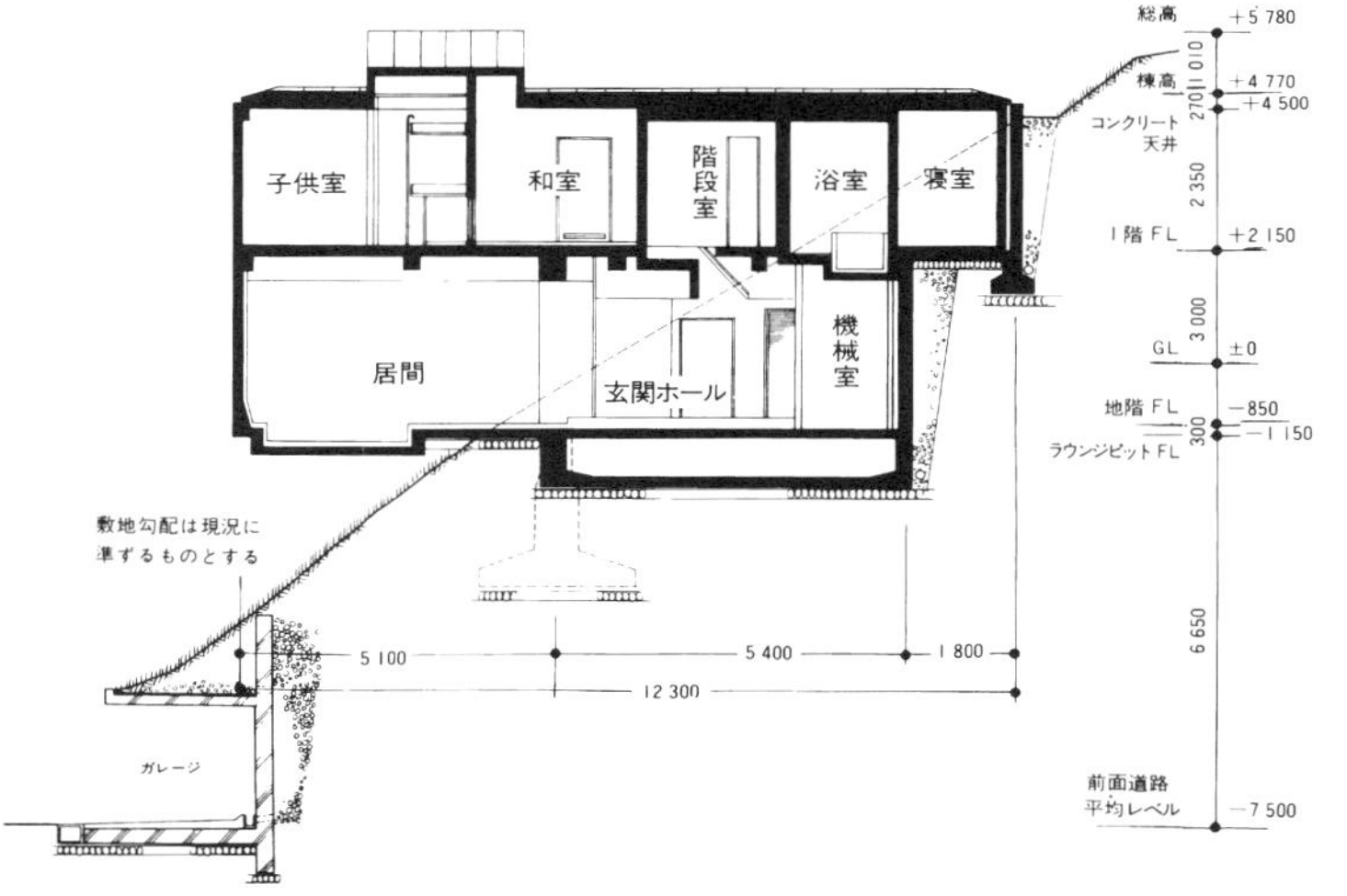

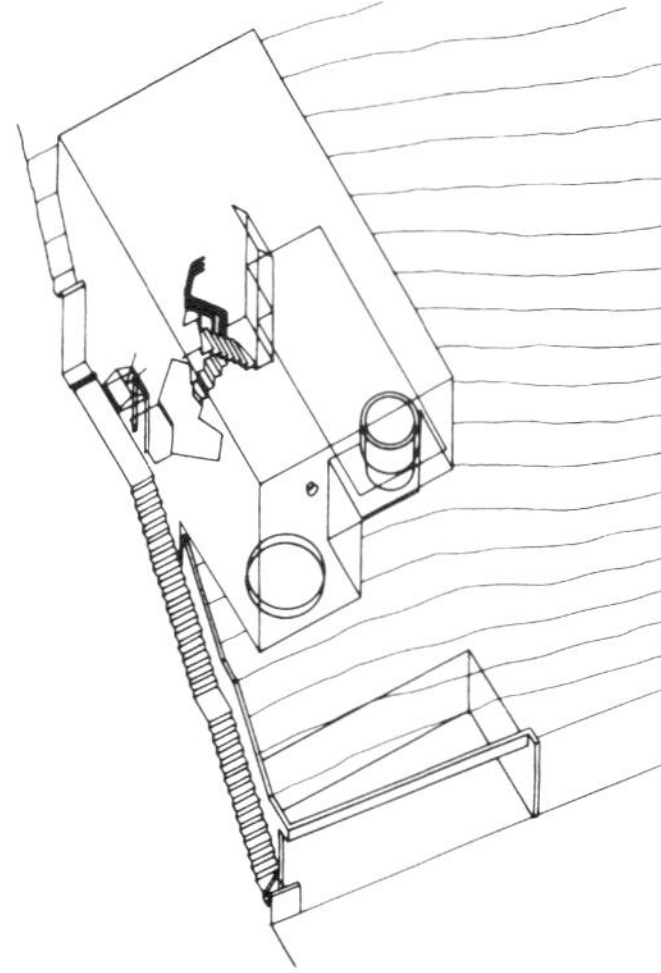

ブルーボックス
斜面にできるだけ手を加えないようにするため五・一メートルという大きな片持出し構造になった。

HAYASAKI

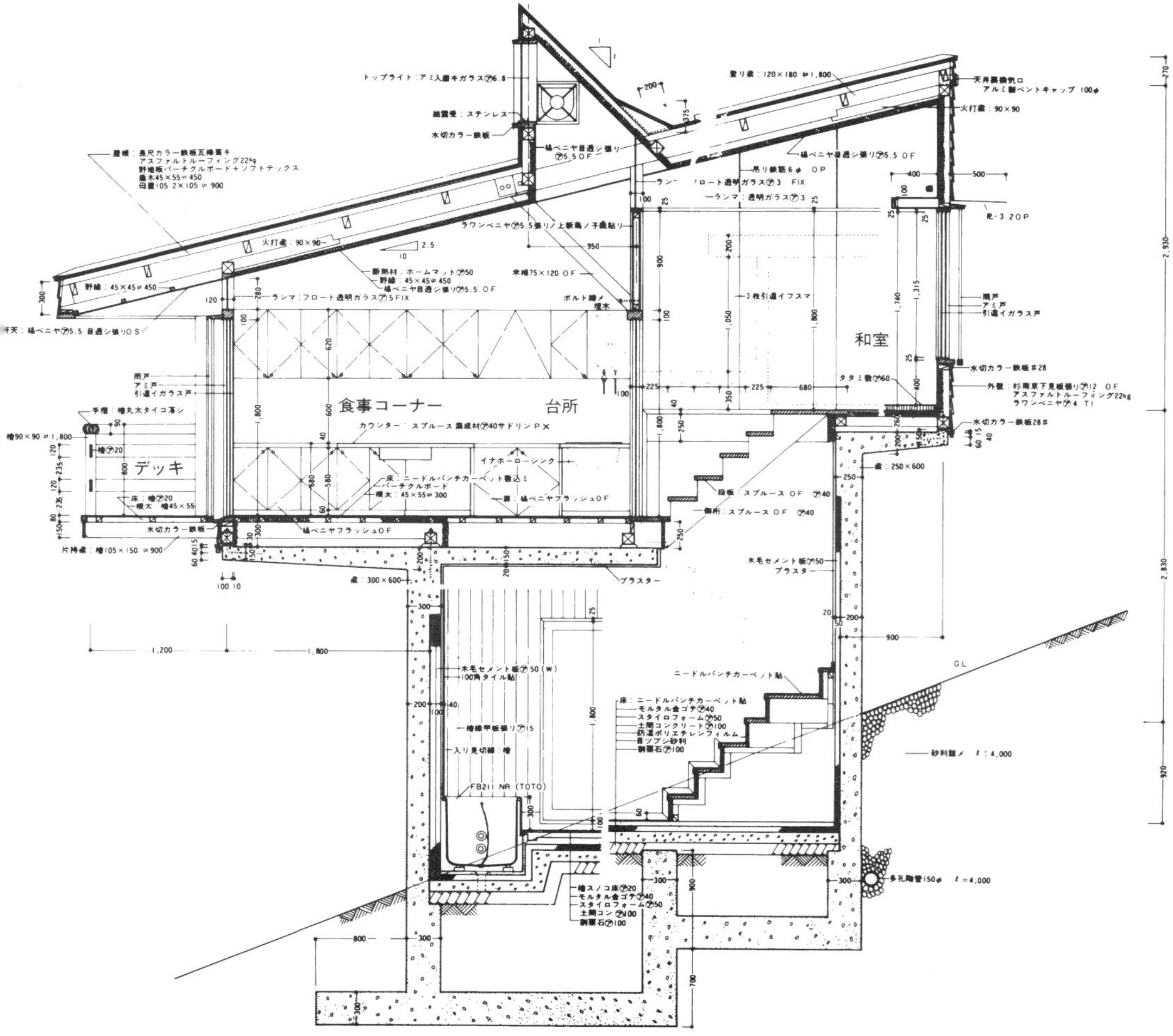

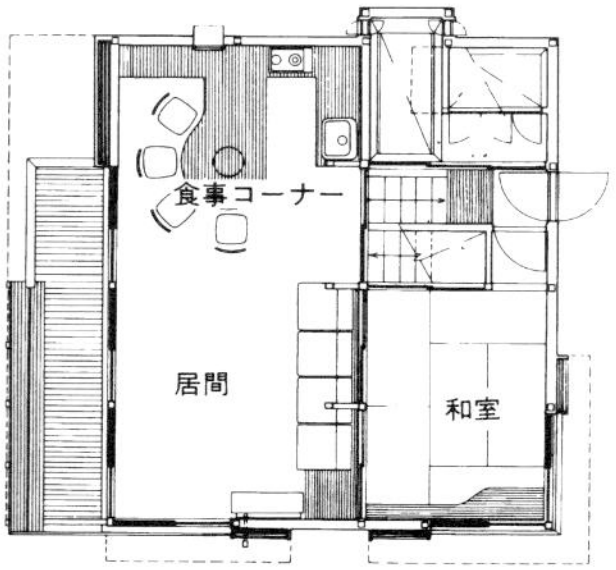

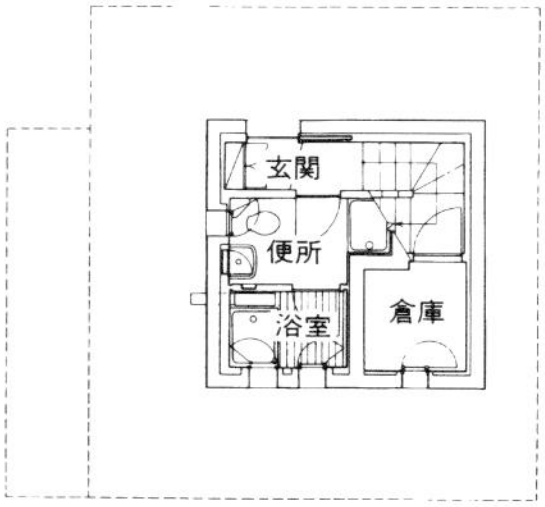

増田別邸
山の別荘地の敷地は，平坦なことはまれで斜面が普通と思っていたほうがよい．
その斜面の土いじりを最小にするため，ここでは1階の部分をわずか14.4m²と小さくまとめて，それすらも斜面に合わせて2段構成にしてある．

1●5 土地に溶けこむか、断固主張するか

日本では建物の建っていない風景を美しい風景だという。そういう伝統があるなかで、たしかに、建物を建てないほうが美しい風景がそのまま残されるのではないか、と思わざるをえない土地も多い。

自然公園地区内であるとか、美しい風景のなかに家を建てるといった場合には、この美しい風景を壊さないように、どう建物をつくるかということを当然考える。デザインサーベイで覚えたこと、美しい集落、古い集落というのは、すべて土地の中に溶け込むように存在していたという事実を考えると、私たちはどうやって土地に溶け込むような建築をつくろうかと考えることになる。

けれども一方、デザイナーとして、自分のつくったものが風景の中に溶け込んでゼロになってしまうことが耐えられない、という部分があるのも事実。そういう場合に、建築が建築として主張しながら土地とたたかう方向があるか、といつも考え込んでしまうのだが、そんな場合のいい訳の一つとして、風景が平凡である場合、または風景がそれほど美しくない場合、私たちは美しい建築を加えることによって風景をよりよくすることができるという論理を使う。平凡な農地や平凡な郊外風景の中に、明確な形態の建築を置くことによって風景に緊張感を与えるといったことは、許されてもいいといういい訳なのだが。

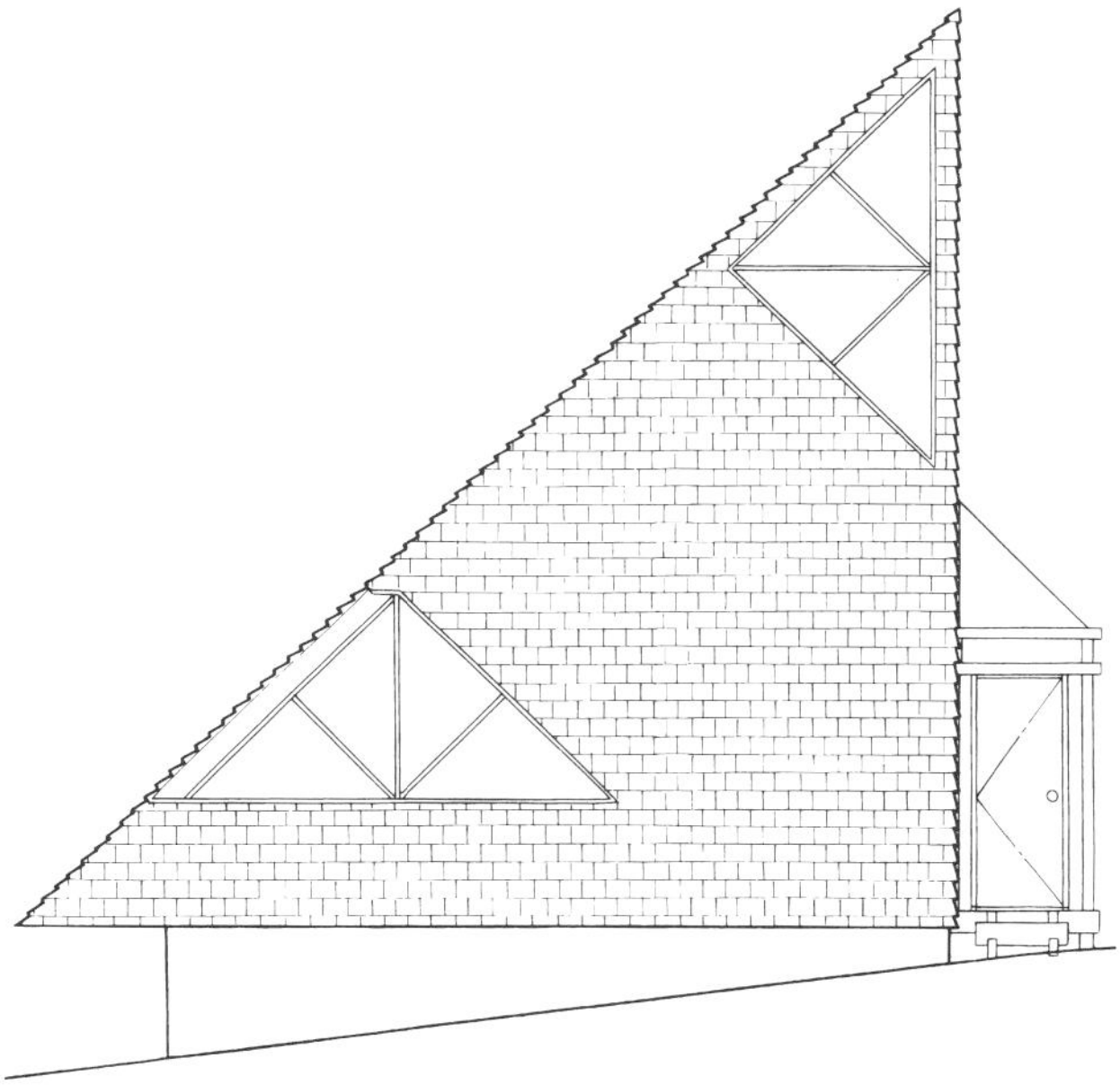

紫永別邸
ごく平凡な田園風景の土地に，幾何学的な形態を置いた例．

1●6 パノラマ写真を撮る

家の設計をするということは、その土地がどういう建築を要求しているかを読み取ることである。それを読み取るためには、その土地を歩き、遠くからこの土地を見、もう一度この土地に戻ってきて、周りをゆっくりながめる。できれば、雨の日、晴れの日、夏の日、冬の日、いろいろな状態のなかで歩き、この土地が要求している建築の形が何であるかを理解するのが、大事。

もちろん、設計がその土地で行われるわけではないので、土地を歩いたあとで二番目にすることは、その土地のパノラマ写真を撮ることである。三六〇度のパノラマ写真を撮り、その写真を張りつけたものを製図板の前に置き、周辺をもう一度思い返しながらエスキースをする。ときには平面図をこのパノラマ写真の真ん中に置いてみて、この窓から何が見えるか、この部屋には日が入るかをチェックするようなことにも使われる。パノラマ写真を撮ればすべてオーケーというわけではないが、これは最低限、絶対に必要な写真。

池田ボックス
上写真／完成建物の南側を見る．
調査の結果が開口部のとり方に反映されている．
左図／現地調査のときの記録，気づいたことは全て書き込む．
下写真／パノラマ写真は敷地中央に立ち，高さを固定してひと回りする．

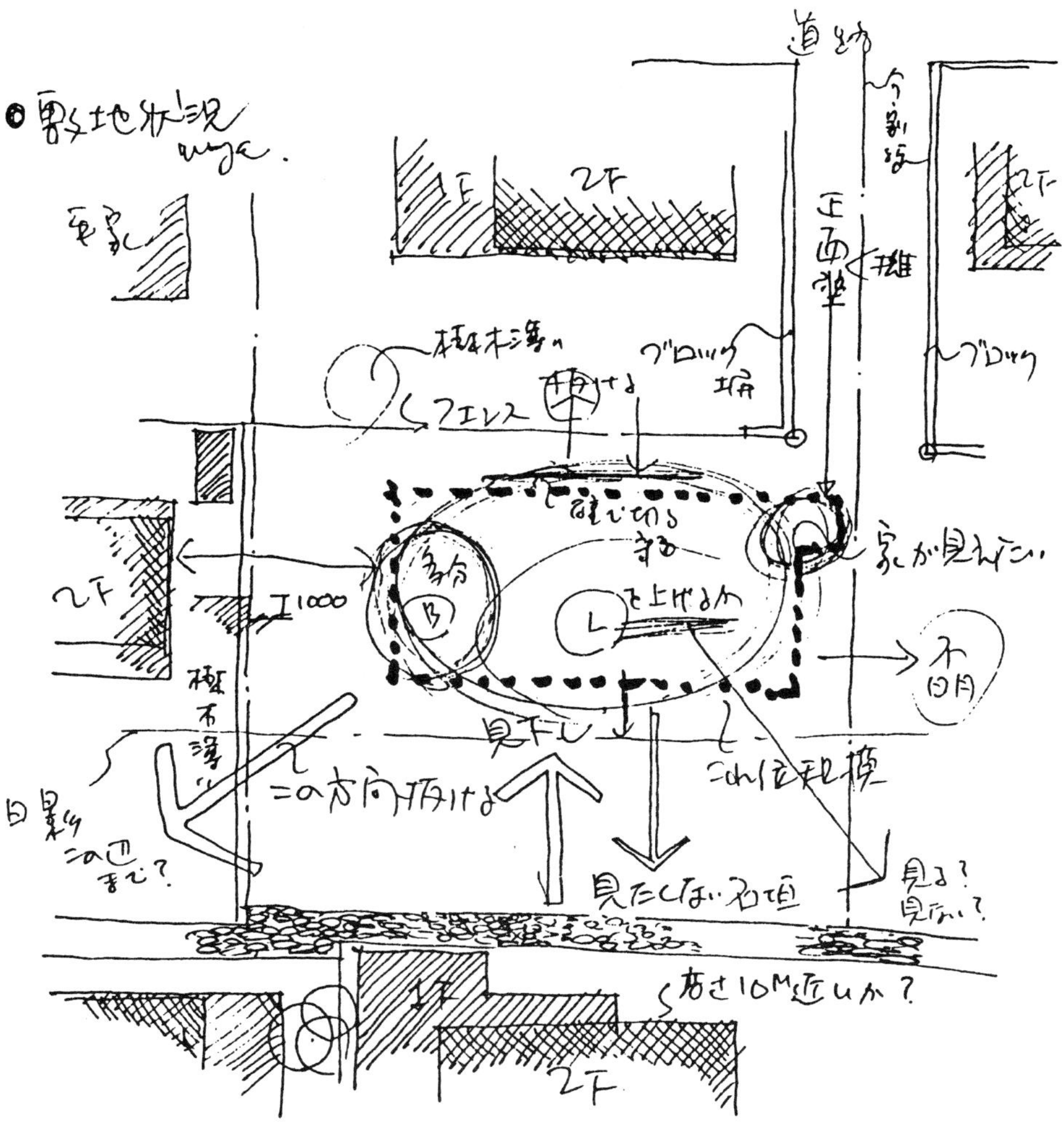
道路
2F
1F
フェンス
ブロック
家が見えない
この方向抜ける
見たくない石垣
見る？
見ない？
高さ10M近いか？

2●1 家の中の回遊性が楽しさを生む

吉村順三直伝の最たるものに、この、家の中の回遊性がある。吉村流に言えば、「家の中のある部屋に行くのに、同じところを通ってしか行けないのはつまんないよね」という言いかたなのだが、たしかに、リビングからダイニング、ダイニングからキッチンというふうに一方通行的な単純な動線だけで構成されている家は退屈で、楽しさがない。

平面図の中で家の中をグルリと回れるような部分をつくることは、私どもの事務所のプランニングの絶対条件になっているし、平面だけでなく、他人様のつくったプランでもまずそこに目がいく。可能であるならば、断面図でも回遊性が取れるようにしたいと思う。

つまり、できたら一軒の家に階段が二つあって、Aの階段から上り、Bの階段から下りるというふうな、立体的な回遊性も欲しいと思う。現実には、小住宅で二つの階段を取ることは難しいから、空間だけでもつながって吹き抜けを通してつながるというふうな回遊性を求めることになる。

マンションなどでも、玄関と勝手口をつくり、玄関ではなく勝手口からも出入りできるような回遊性をつくることが出来れば、〝限りなく戸建てに近づく〟という方向に近づくことが出来ると思う。

この回遊性は、基本的には生活上の便利さ、合理性に裏打ちされているのだが、私はやはり楽しさの部分を評価したいと思う。

梅原邸

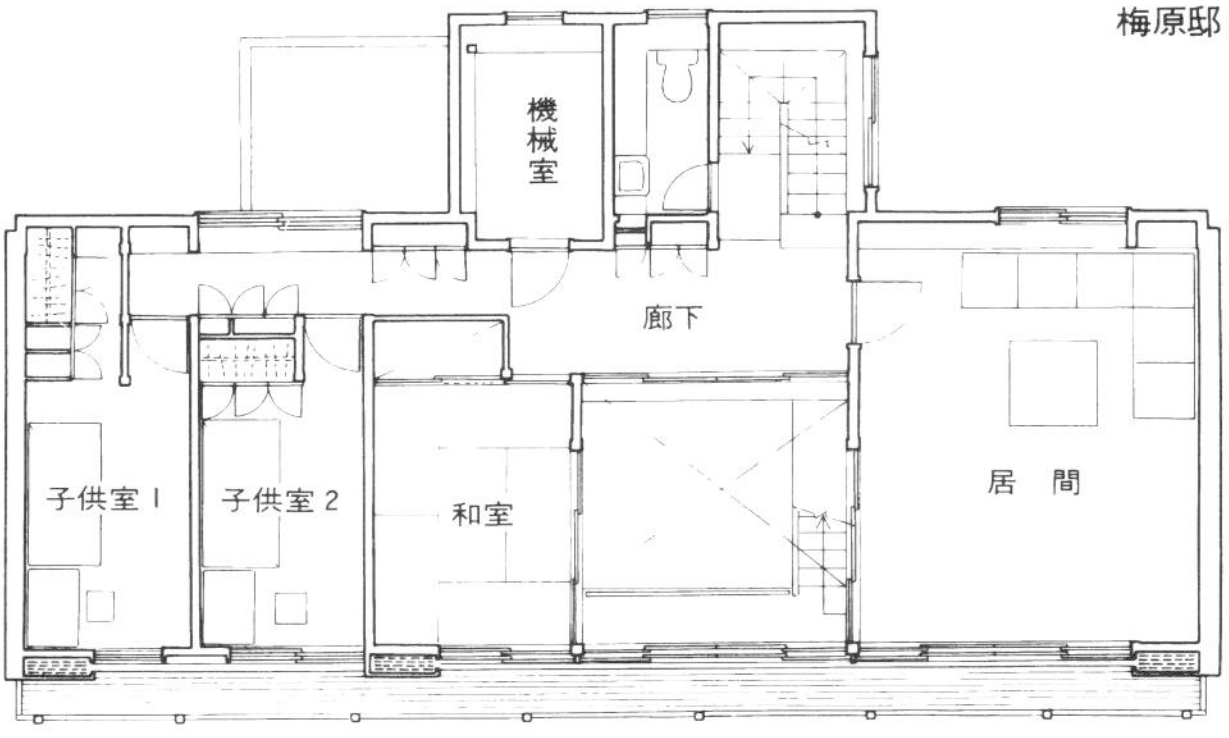

2階平面図

1階平面図

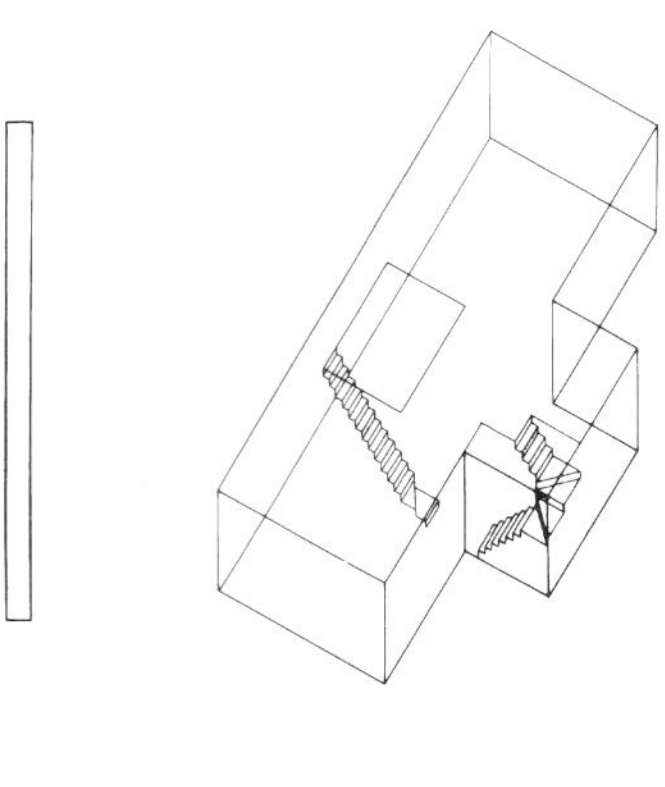

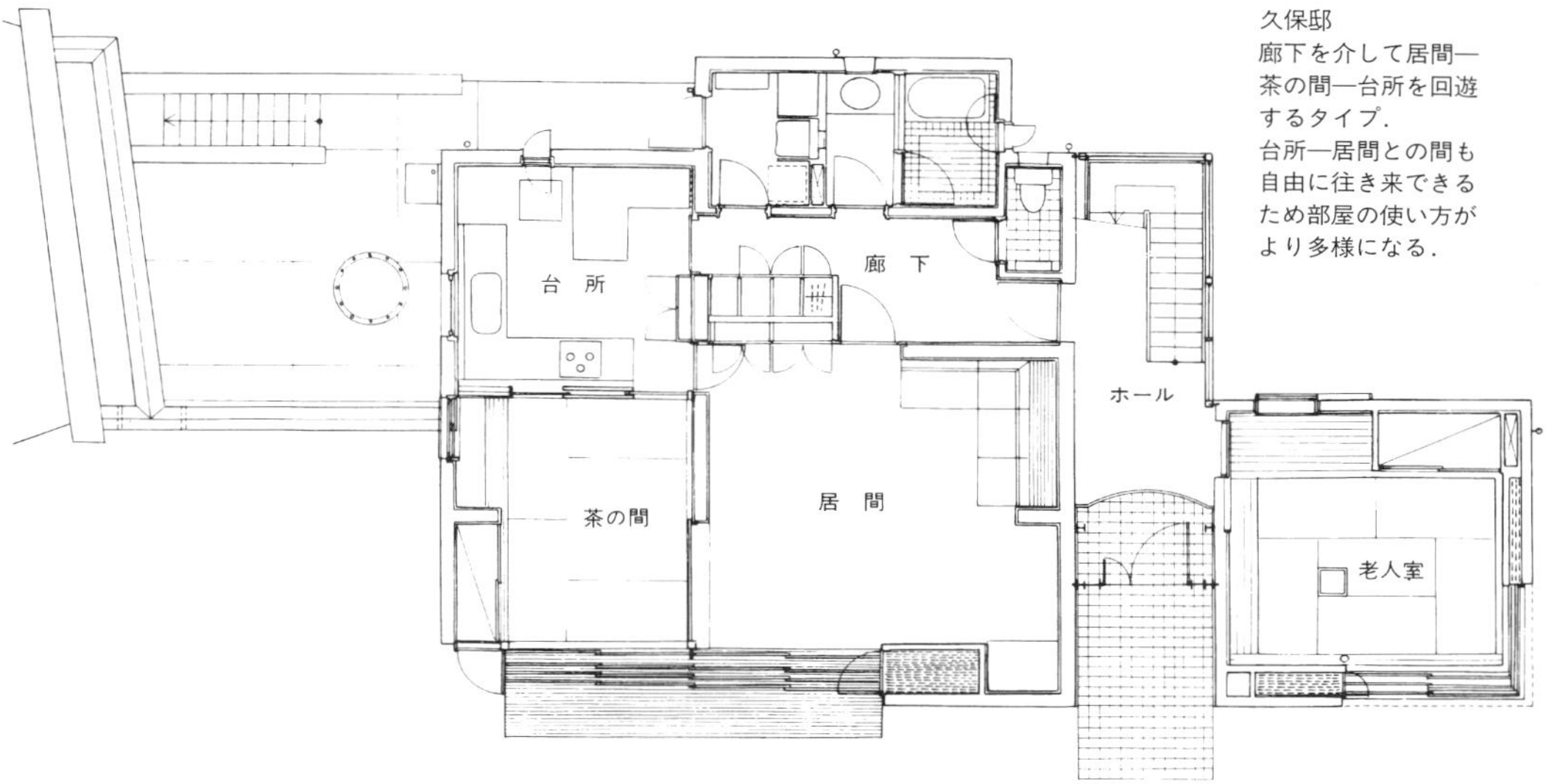

久保邸
廊下を介して居間—茶の間—台所を回遊するタイプ．
台所—居間との間も自由に往き来できるため部屋の使い方がより多様になる．

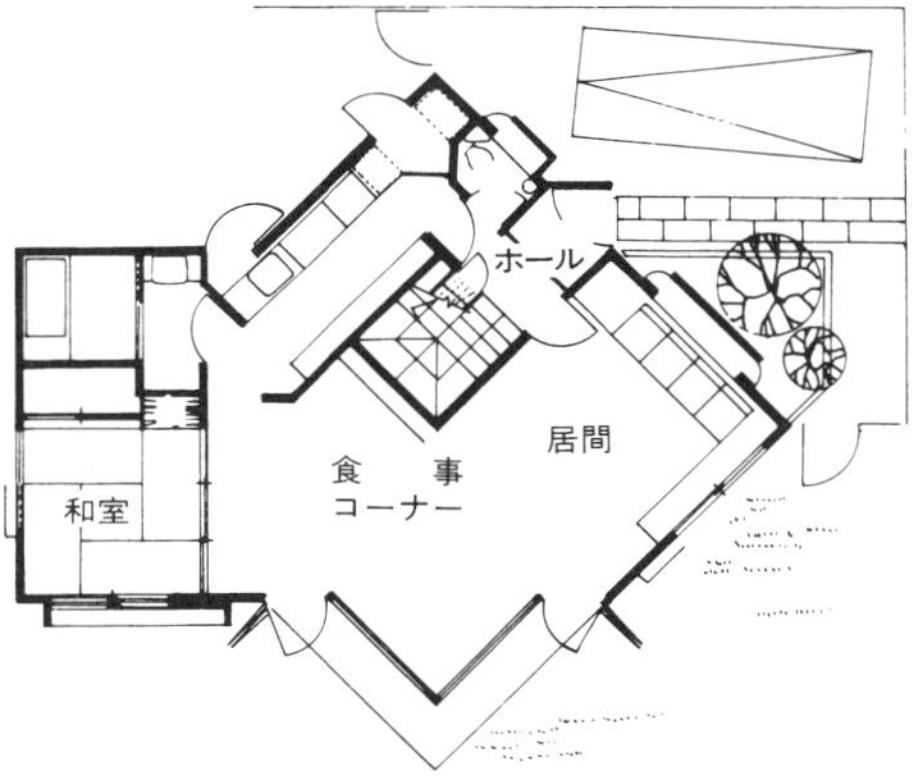

グリーンボックス＃3
ホール-居間-食事コーナー-台所-ホールと回る．部屋を直接つないでいって廊下部分をまったく持たない．もっともコンパクトなプランで回遊性を確保した例．

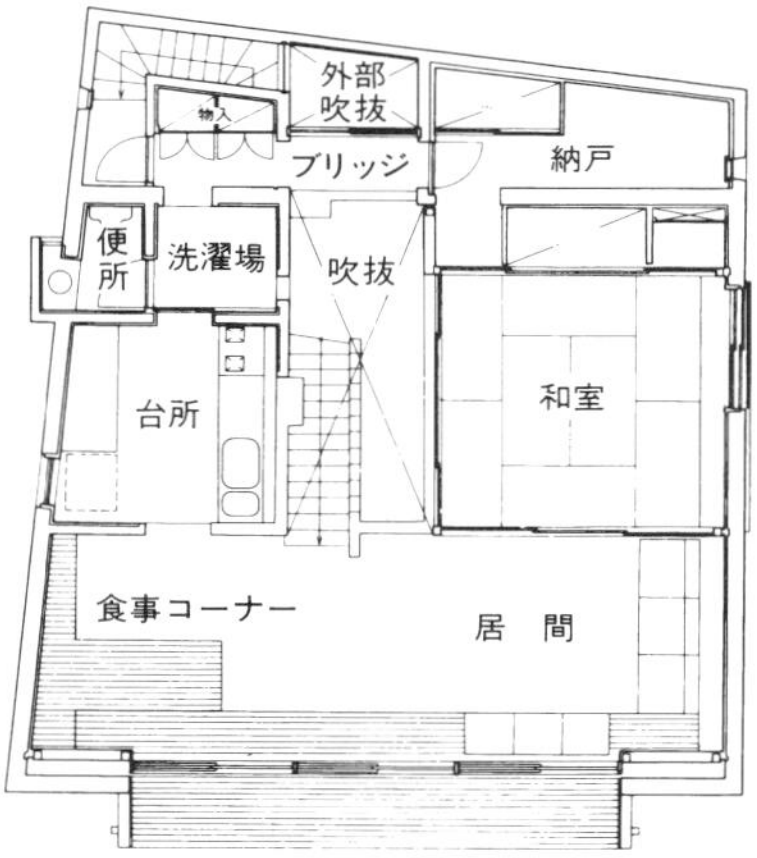

船橋ボックス２階
回遊性を取るために吹抜部分にブリッジをかけている．１階の玄関から吹抜けの階段を抜けて洗濯場際の勝手口に回ると外部に出て，立体的な回遊性もとれる．

2●2 部屋同士のプロポーションを崩すな

どんな家がよい家であるかに関しては、いろいろな言いかたがあるが、その中で一つ、それぞれの部屋同士のプロポーションが見事にとれている家がいい家であるということは、確実にいえる。

名作と言われる住宅を見てみたり、プランを書いて分析してみたことがある。数百の家のプランをコピーしてみて良い家はそのプロポーションが正しい。異常にどこかが大きな家、異常にどこかが小さい家というのは、必ず何かが狂っている家であった。プランをつくりながら、こうしたプロポーションの違いがおかしいと判断できるようでなければならないし、その判断ができるようになるためには、長い経験の集積がいるのかもしれない。

住まいが生活の容器であるのは間違いの無い所。そして良い生活というのは、あらゆる部分がちゃんとしたプロポーションを持っているもので、だとすればその容器である家のそれぞれの部分のプロポーションが狂っていないのは当然のこと。

人間だって健康な人というのは、身体の骨格、肉付き、プロポーションはもちろん、思考や行動まで含んで皆見事にバランスされているではないか。

家だって健康な家は美しいプロポーションを持っている。

その部屋のプロポーションを完璧に押さえることがプランニングの第一歩であるということは、忘れないようにしたい。

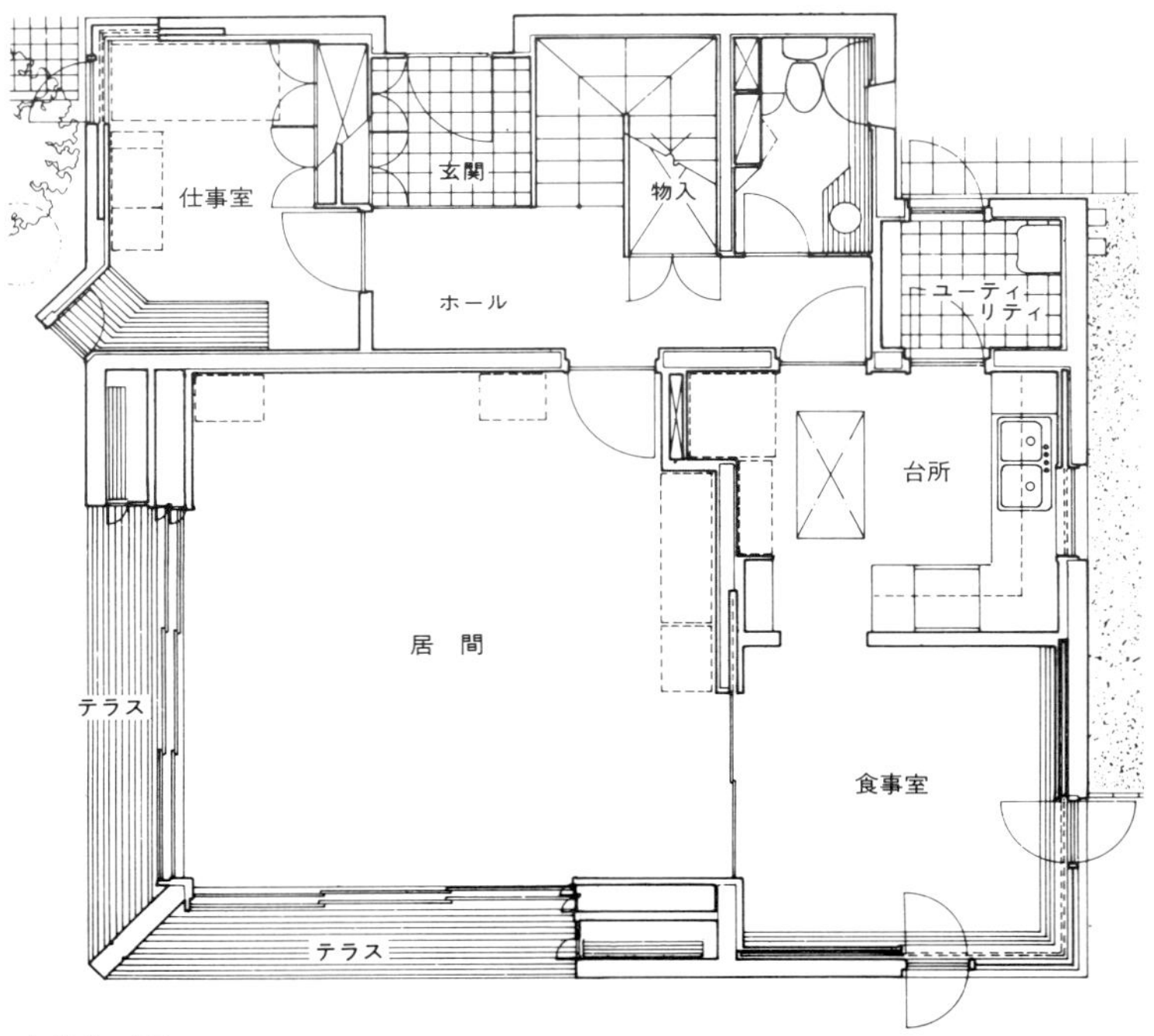

木村ボックス

木村ボックス
部屋同士のプロポーションが適当にとられた次には，
居間なら居間という部屋自身のプロポーションが追求
される．

2●3 南北通風は必ず取れる——プランで取る

日本のような亜熱帯の国では、夏のある時期はかなり暑い。文明が発達して、その暑さをエアコンディショニング、クーラーで処理するようになってしまっているけれど、本当にそれでよいのかどうか。プランニングをちゃんとしないで、つまり、昔ふうに通風がちゃんと取れるプランニングをしないで、できなかった部分を機械でカバーしてしまうような最近の風潮は、考えものである。

プランをちゃんとつくれば、関東であれば南南東、関西であれば南南西の夏の恒常風を取り込んで、夏でも風がよく通る家をつくることは可能である。風さえ通れば、高温多湿の多湿の部分がかなりカバーされるから、日本の夏でも過ごしやすくなるはずだ。

風速一メートルで体感温度が一度下がるというのは山登りをしていた時に習ったこと。想い出してみると襖をすべてあけて風のふき通る部屋でした子供の頃の昼寝の気持ち良かったこと。そういう記憶があるから、その快適性がもう一度欲しい。だから私のスケッチはまず第一に南北の通風がとれるようなプランを考えることから始める。兼好法師の「家は夏をむねとすべし」という掟は、現在までも生きているのだ。

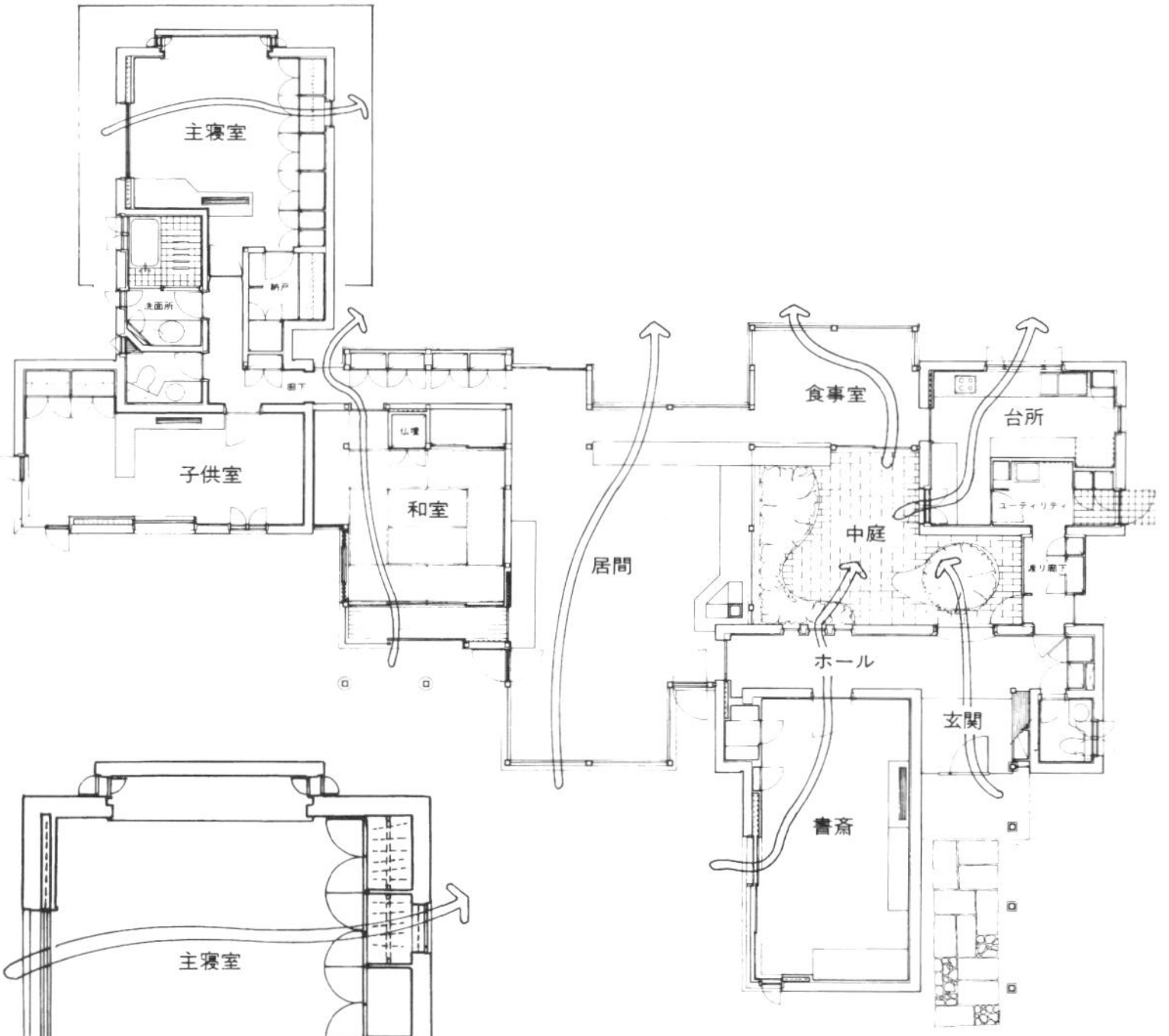

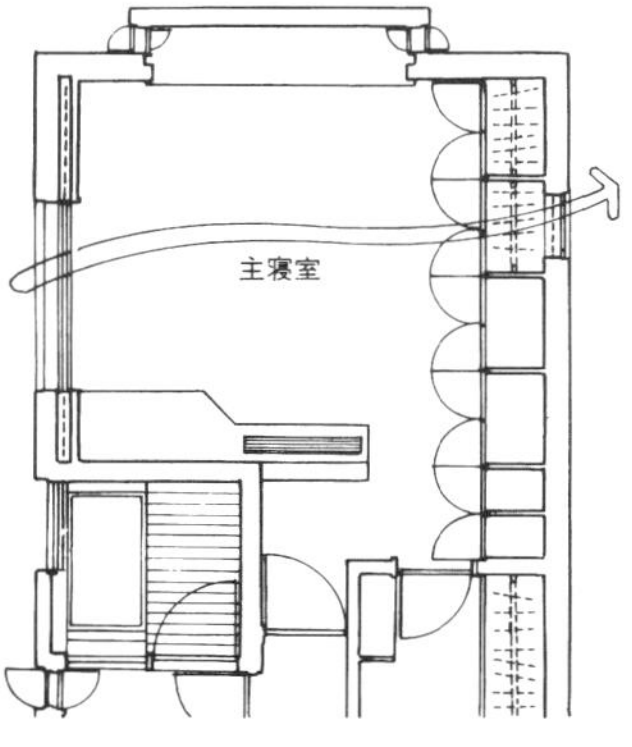

中山邸
家全体すべて通風可能な様に考えてあるこの家で主寝室では，通風のための開口部が欲しいけれど，洋服などを収納するクロゼットのスペースを削ることはできない．
ここでは外壁に面したクロゼットの一部を通気ガラリとし，クロゼット越しに通風をとっている．

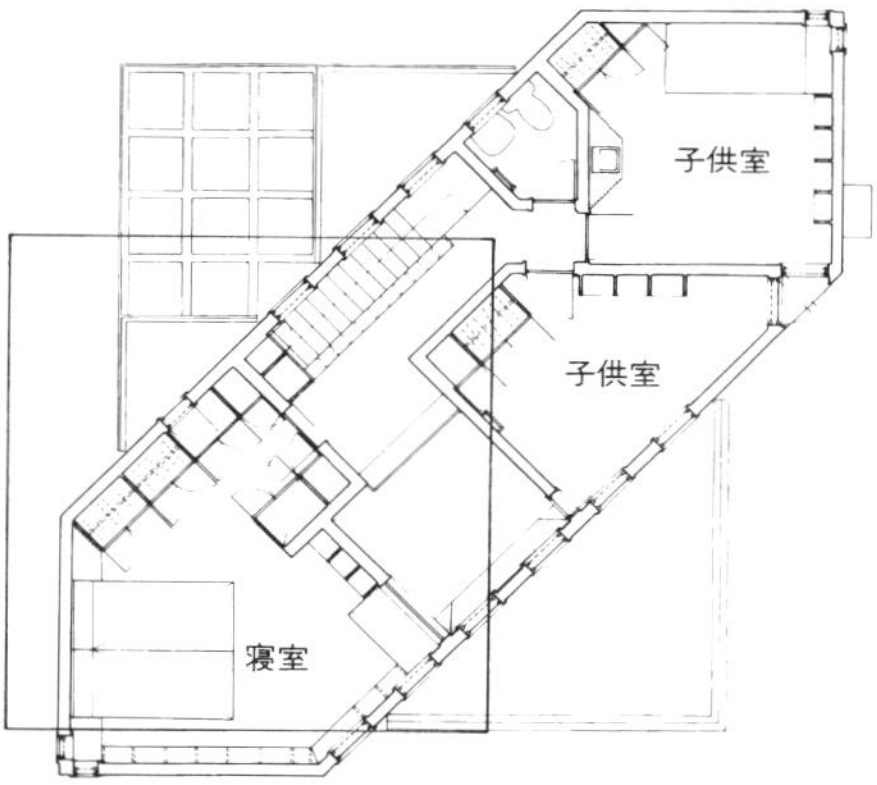

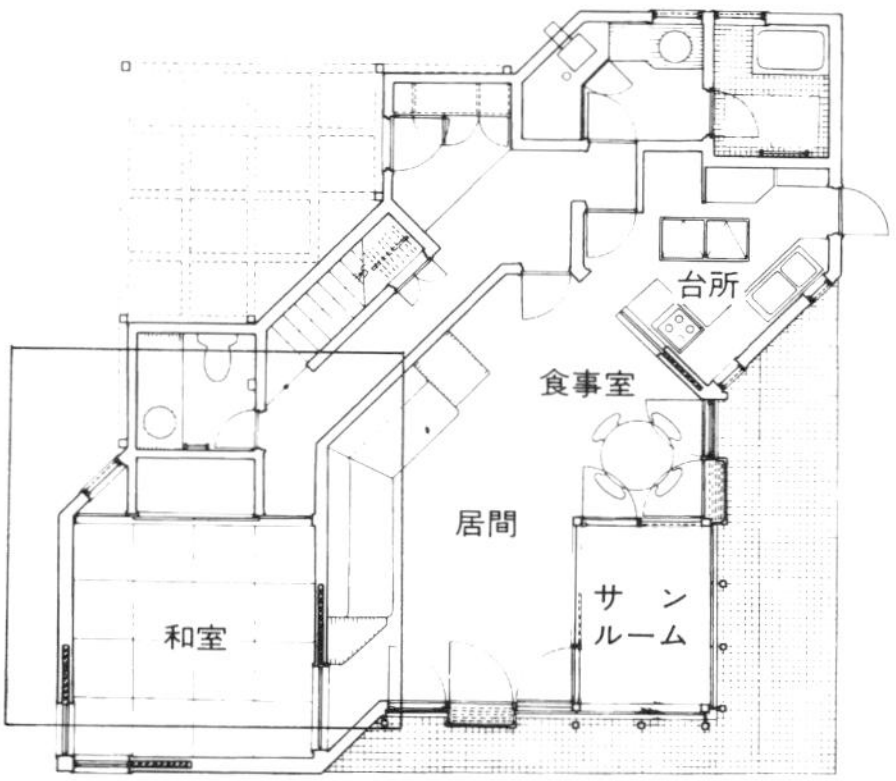

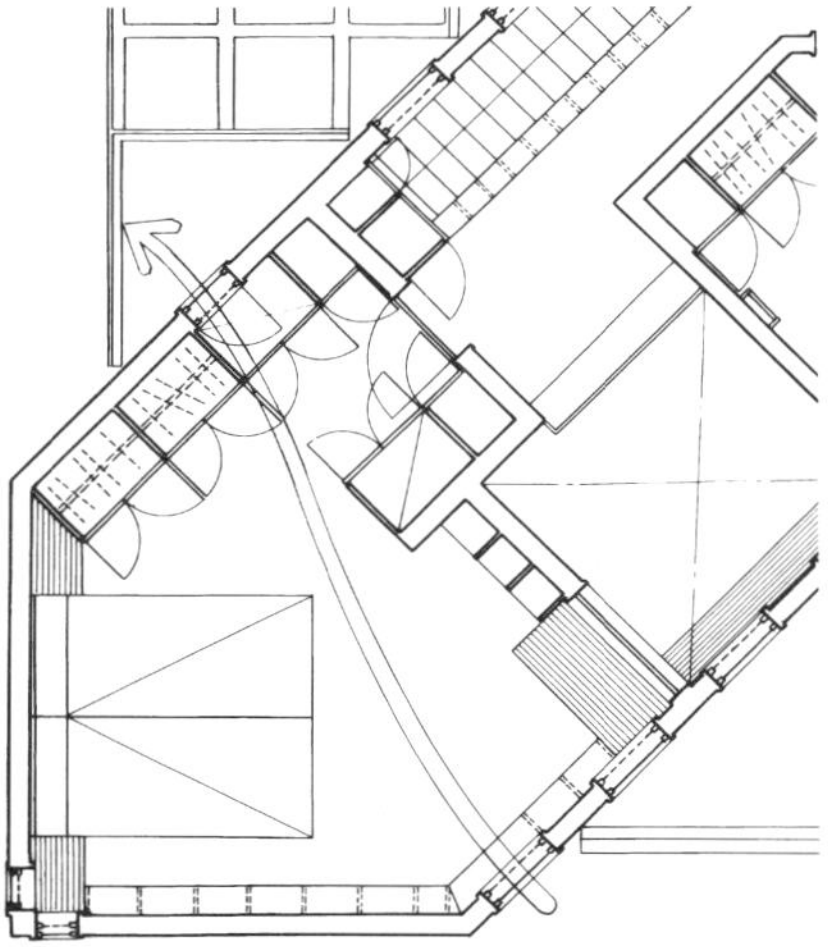

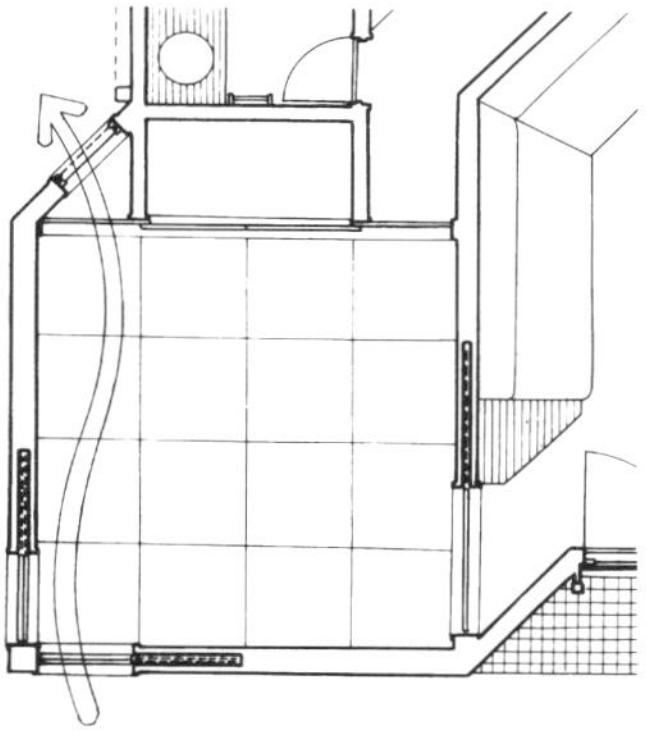

田中邸
1階の和室では，押入れ内部のデッドスペースとなる三角コーナーに地窓をとり，必要なときにフスマ戸を開けて風を抜く．
2階の寝室では，中山邸と同じく，クロゼット越しに風を抜くアイデアを採用している．

2●4 南北通風は必ず取れる——セクションで取る

プランで工夫して南北通風を取ることだけが方法ではない。または、プラン上ではどうしても取りにくいプランをつくらざるをえない場合もある。そういう場合には通風を放棄して機械にいきなり頼ったりしてしまわないで、何か他の方法で通風を取ることを考える必要がある。

たとえば京の町家は、奥座敷の庭先にある小さな坪庭が一種の風の井戸となって、屋根の上を流れる恒常風が室内の風を吸い取る役割を持たせている。家の断面で家の通風を考えているのだ。

北側に廊下を背負った子供室であるとか、北に収納部を持ってしまった夫婦の寝室であるとか、そういう部屋はたとえば屋根裏で抜いたり、トップライトで抜いたり、セクションでの風の抜き方を考えればよい。床下を通って風を通す方法もあれば、洋服箪笥を風の抜け穴にする方法もある。

要は機械に頼らないで自然の風を使いたいという意志を持てばよいのだ。

島田ボックス
プランでみると廊下が邪魔になって，風の抜ける開口がとれそうにない場合でも，屋根のかけ方を工夫して，廊下の上部から風を抜くことができる．
この廊下上部の部分は収納やベッドを置くスペースとして使える．

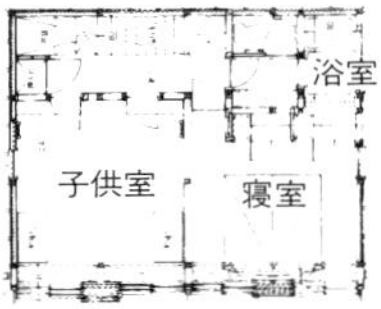

2階平面

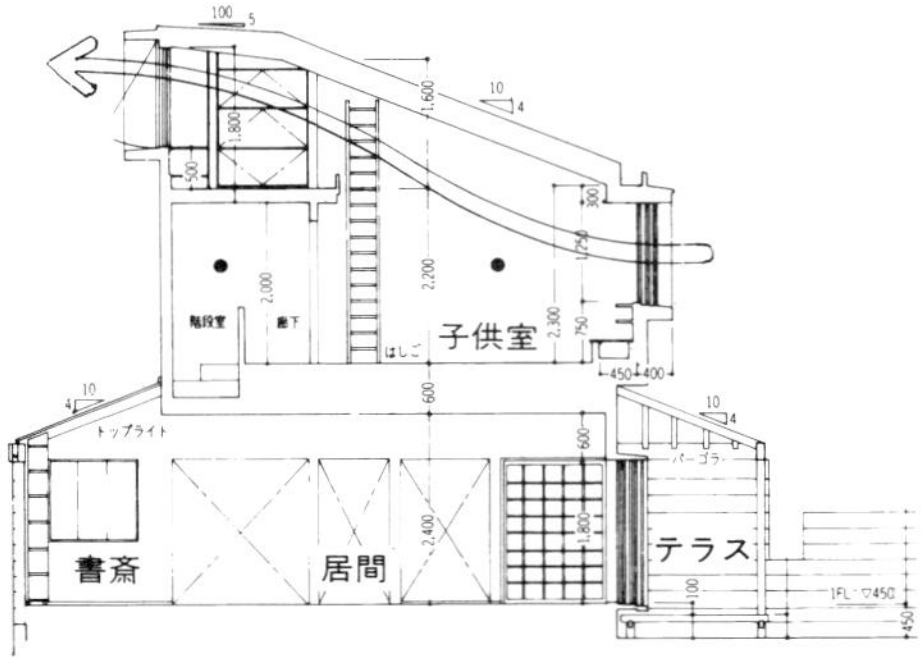

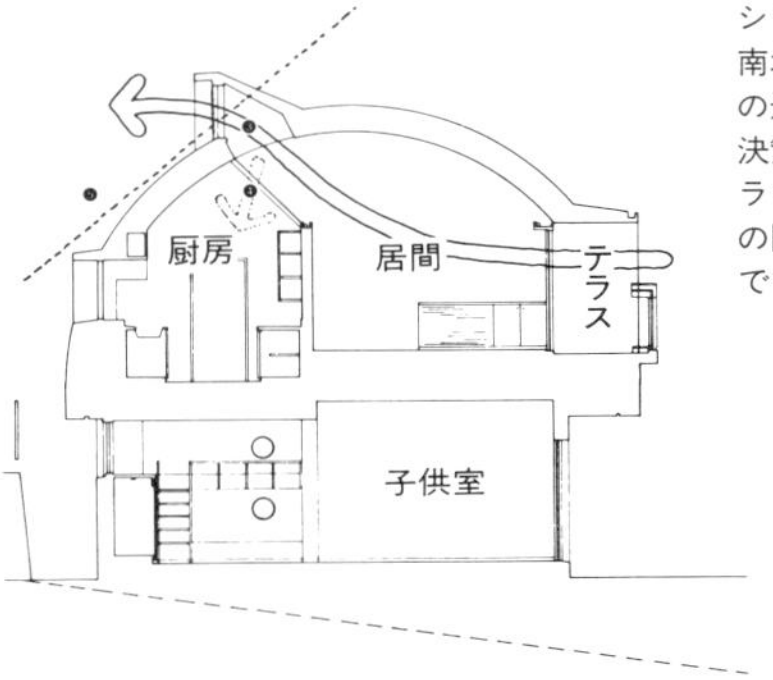

シリンダーボックス
南北方向に部屋が重なっていて風の通り道がとり難い場合の別の解決策に，開閉装置を備えたトップライトを利用する方法がある．この開閉操作は直接窓がみえる位置でできるように配慮のこと．

海老原邸
セクションで風の抜け道を考えるもうひとつ別の手がかりがこの例．屋根裏風の空間を用意しておいて，軒天井の部分をあげ蓋風につくると，うまく風を誘い込むことができる．

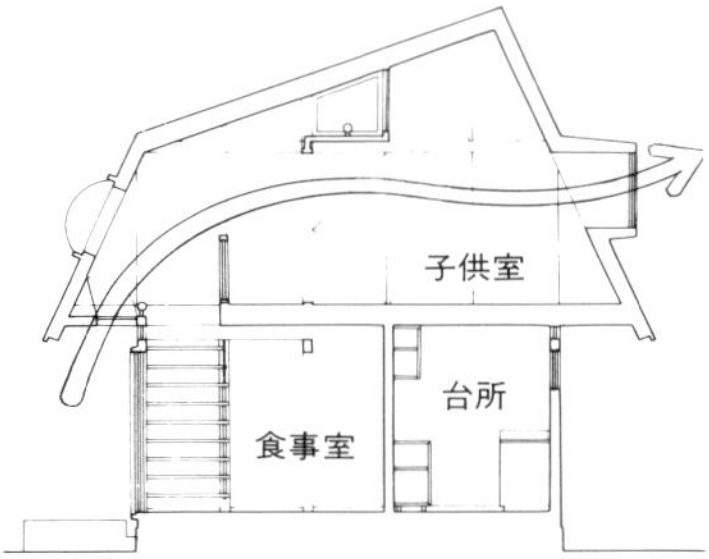

2●5 ワンルームに近い家ほど家庭的

動物は明らかに子供のために巣をつくるという。人間はそれ程単純ではないから、見栄や財産保持などのためにも家をつくる。けれど家というのが何のためにあるかと考えてみれば、疑いもなく、基本的には家族が家族らしくデレデレし合う場所としての、最終的な意味を持つ。それ以外の大部分の行為は家以外の場所で可能である。だから家族が常に家族を肌で感じ合いながら一緒に住むという家が、最も親しみやすい、家族的な家ということができる。

家のどこかで母親が大根を刻んでいる音や、子供たちがテレビゲームをやっていたりする音がかすかに聞こえる。つまり、家族中の気配が自然に感じられるような家こそ望ましいのであって、廊下沿いに個室が並び、ドアを閉めると家中がシーンとして、だれが何をしているか分からないようなホテル型住宅ほど、本当の家というものから程遠いものはない。

だから私たちの設計する家は、便所や浴室・夫婦の寝室のようなプライバシーの最小限の部分だけを密閉させ、他は可能な限りオープン、またはセミオープンに扱えるように設計するようにしている。

たまの旅行先で久し振りに親子三人川の字になって寝て家族の意味を痛感した…などという体験を恒常化しようというのである。

もちろん、それをしたからといって、冷めかかっている家族の関係が一発で回復するなどということはあり得ないのだが、家族的でありたいと願っている家族には有効なはず。

菅野ボックス
立体的にワンルーム状の空間を展開させると，平面的に展開させた場合より視線の動きが複雑になり楽しさが増す．

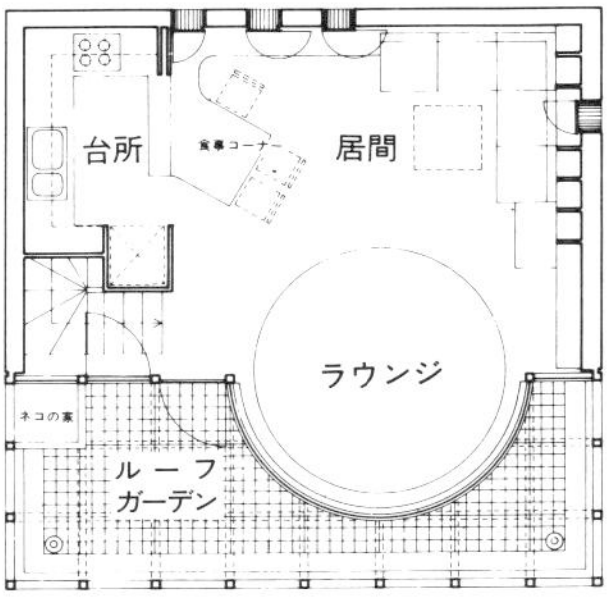

横尾ボックス

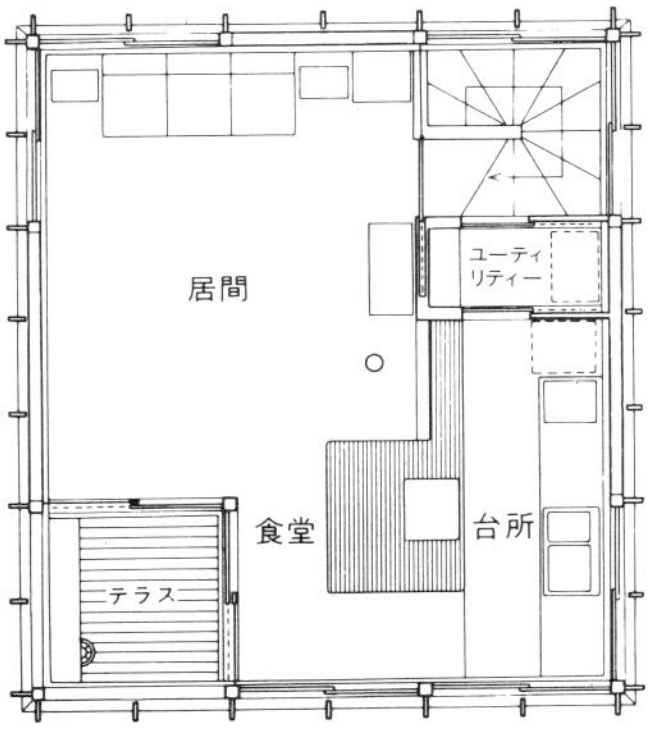

森ボックス

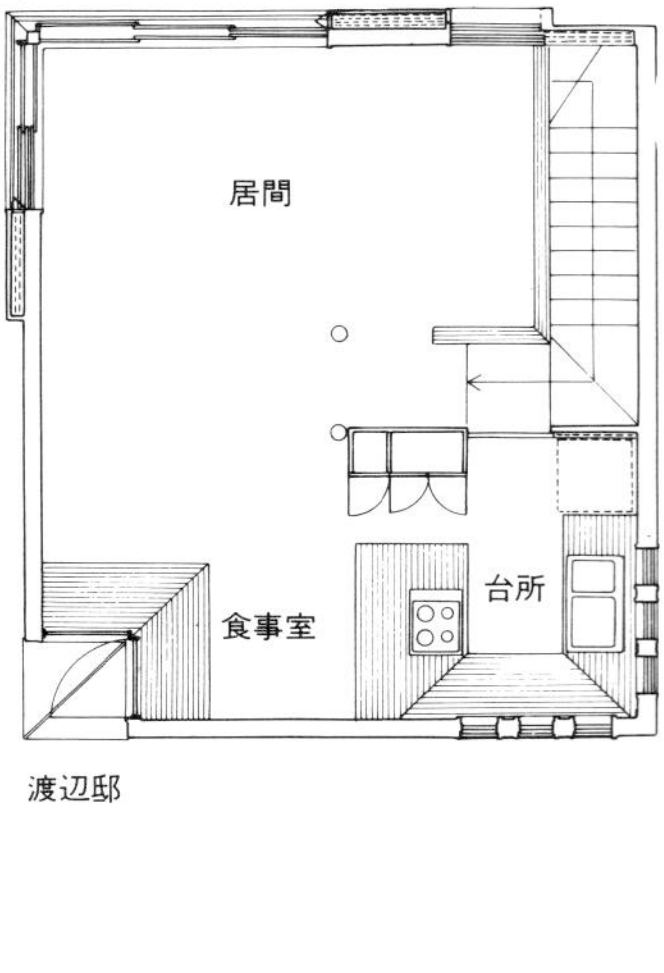

渡辺邸

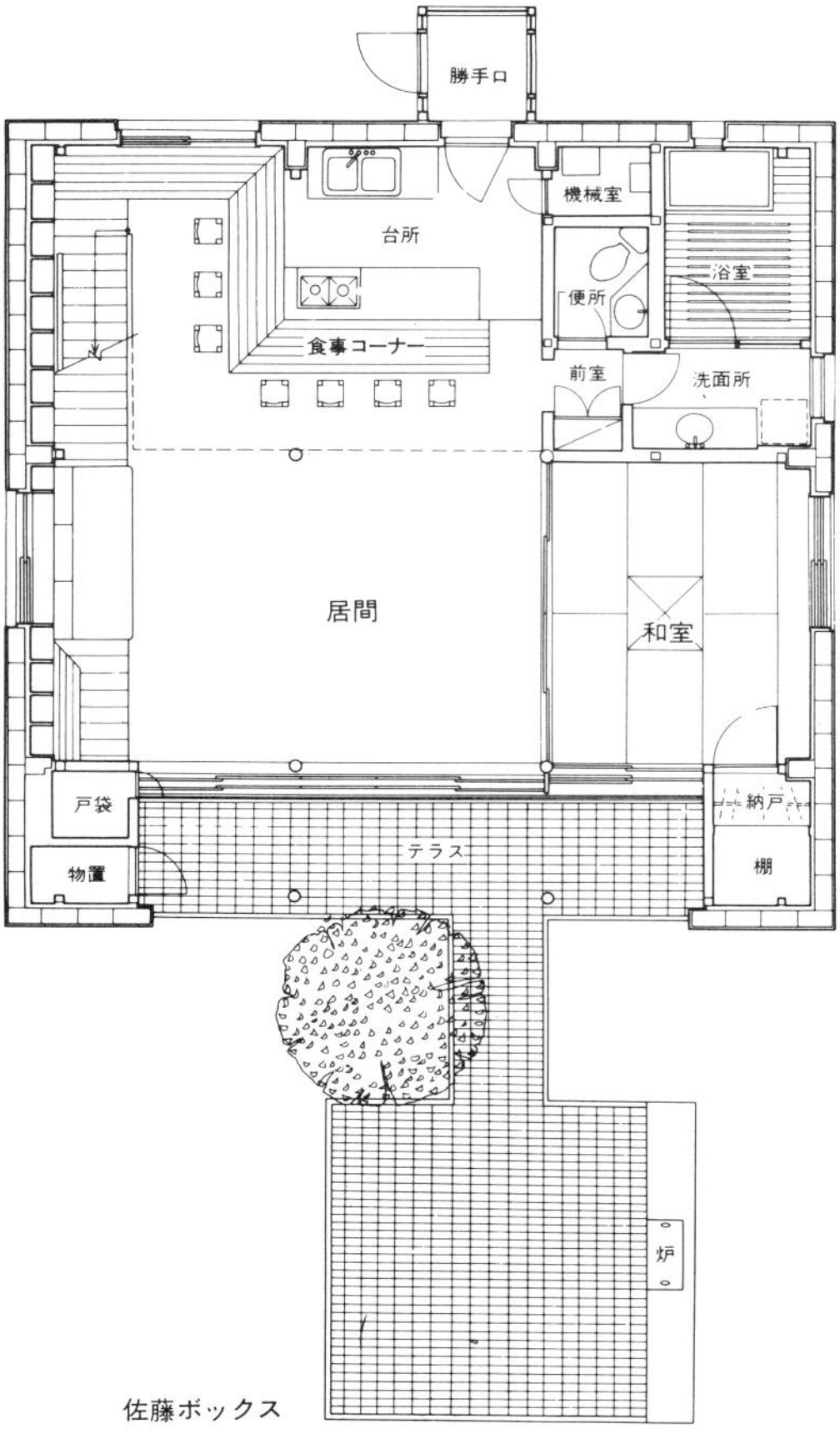

佐藤ボックス

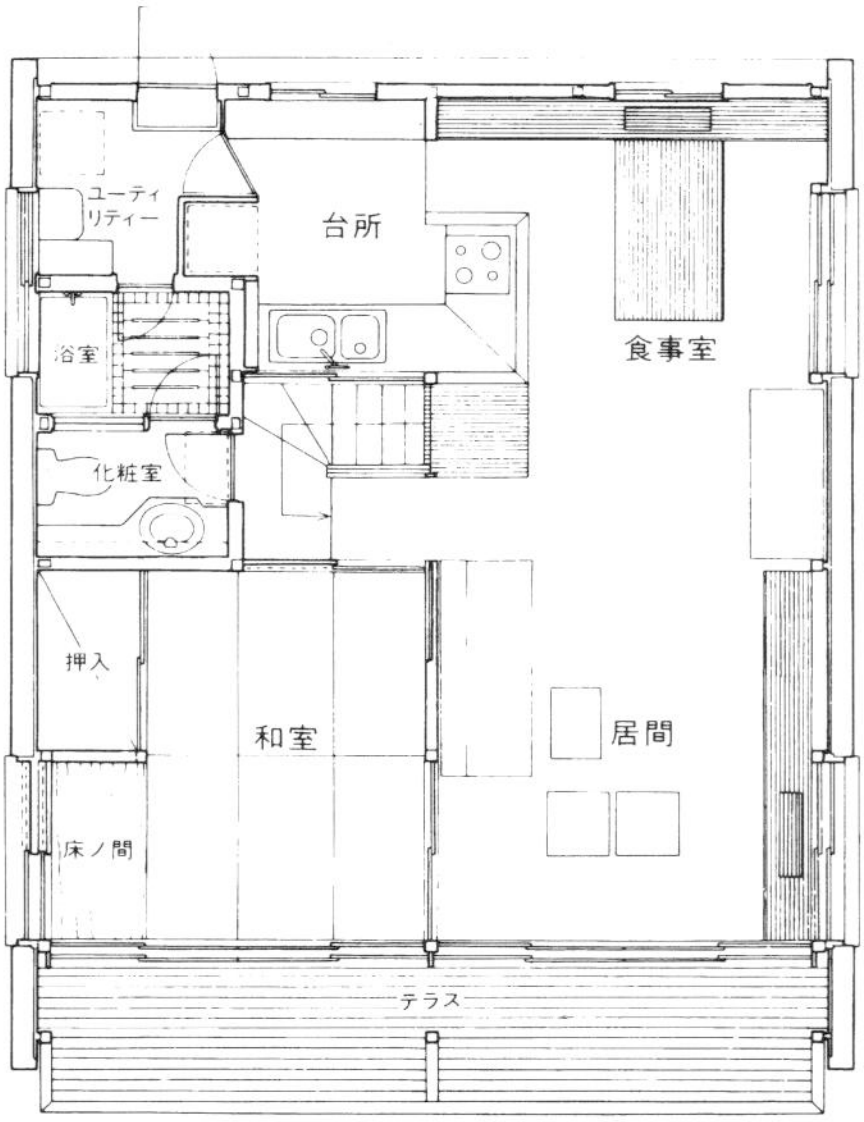

内山邸

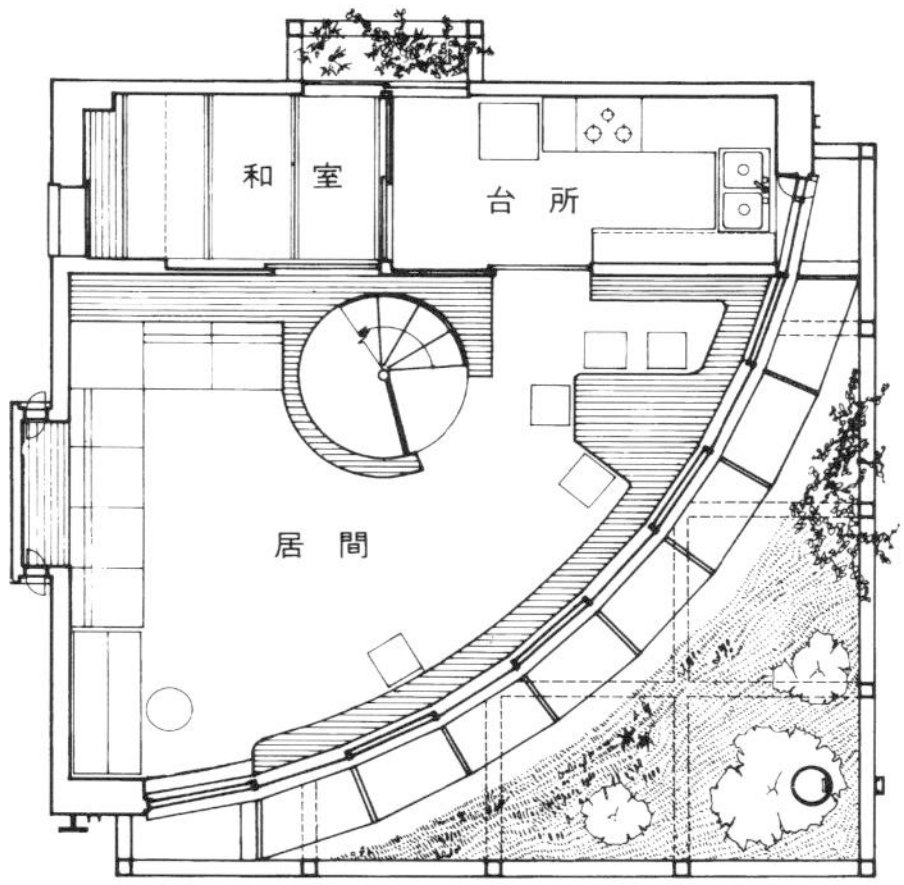

BOX-A QUARTER CIRCLE

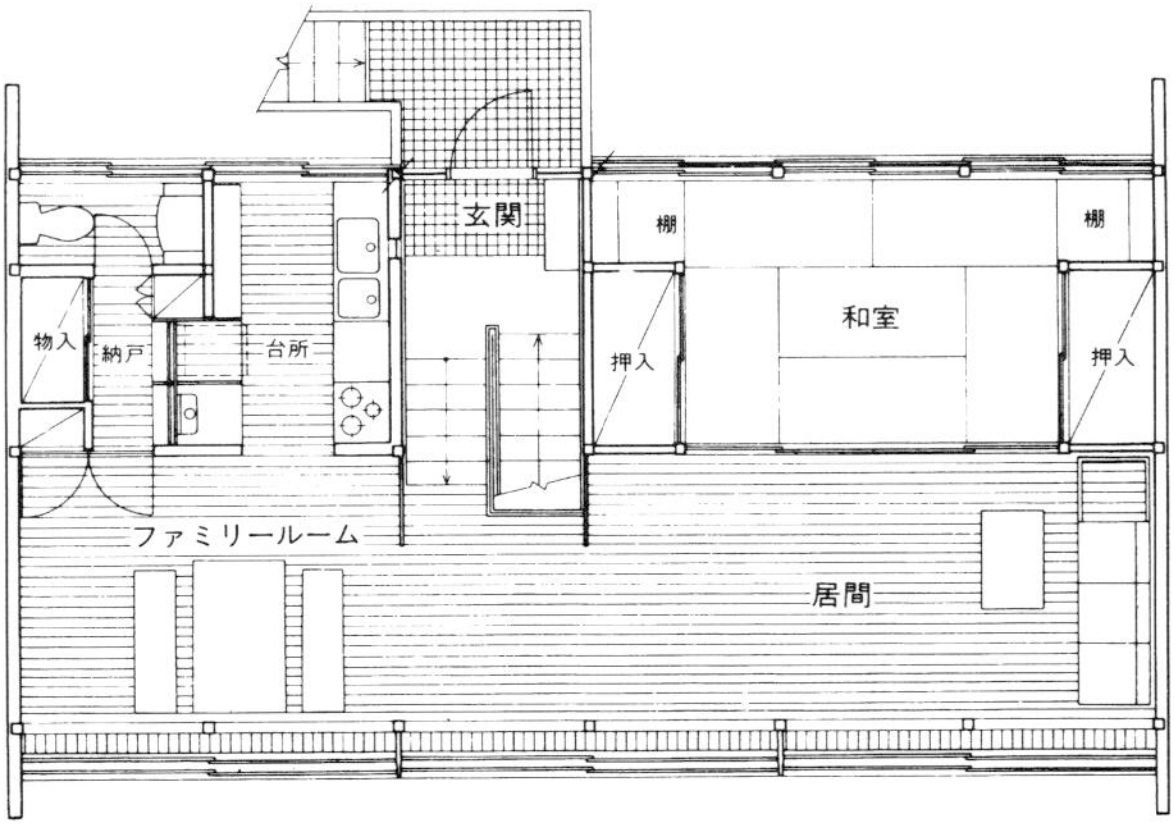

三宅ボックス

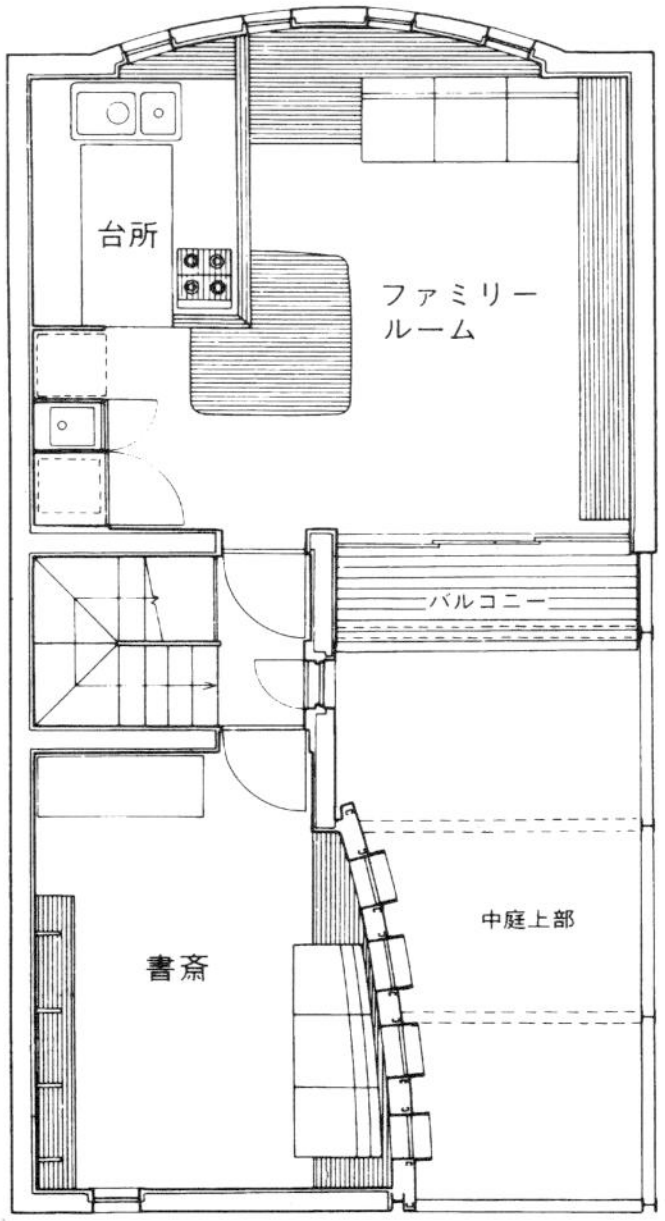

CHOI・BOX

2●6 家の中から自分の家が見えるのは楽しい

日本の住宅地のような小さな敷地では、ほとんどの場合に家の中から見えるのは他人の家である。アメリカの郊外住宅のように、家の中から見えるのはただただ森であり風景でありというふうなことを望むのは、日本では不可能な話。だからいつも他人の家を見るか、または他人の家が見えないように塀や樹木で隠したりするのだが、それだけでは受身すぎる。もう少し積極的に敷地の狭さをカバーしようと思うと、家のプランニングを工夫し、家の中から我が愛する自分の家を見るようにする方法がある。

たとえば塀の代わりに家の一部分を離れにし、居間の正面に据える方法（松川ボックス）、家をL型に曲げ、家の片隅に家の他の部分が見えるようにする方法など、さまざまな方法が、ある規模以上の住宅なら考えられる。三〇坪以上ならまず可能。平面的にとる場合、小さな中庭を通して見たりするのなら面積は大していらないし、吹抜などを使って立体的に見る方法もある。自分の家の他の部屋の明かりがついたり消えたり、または、その中で動いている家族の像を見るのが、楽しいことでないはずはないという人間の心情を利用する方法である。

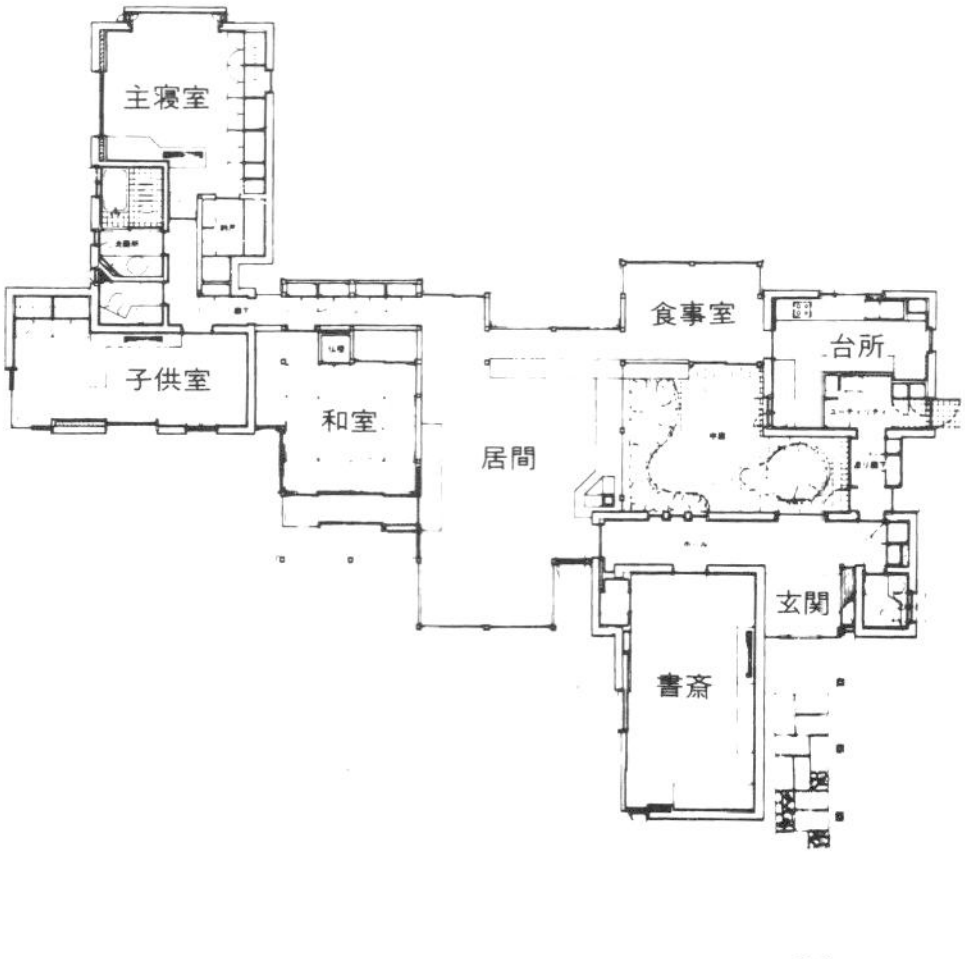

中山邸
上写真／居間より庭越しに書斎をみる．書斎は独立した部屋であるが，プランニングの工夫でここからほぼ家中の気配がわかる．
左写真／玄関から中庭越しに居間，食事室を見る．中庭は家の中から自分の家を見る仕掛の標準解のひとつ．

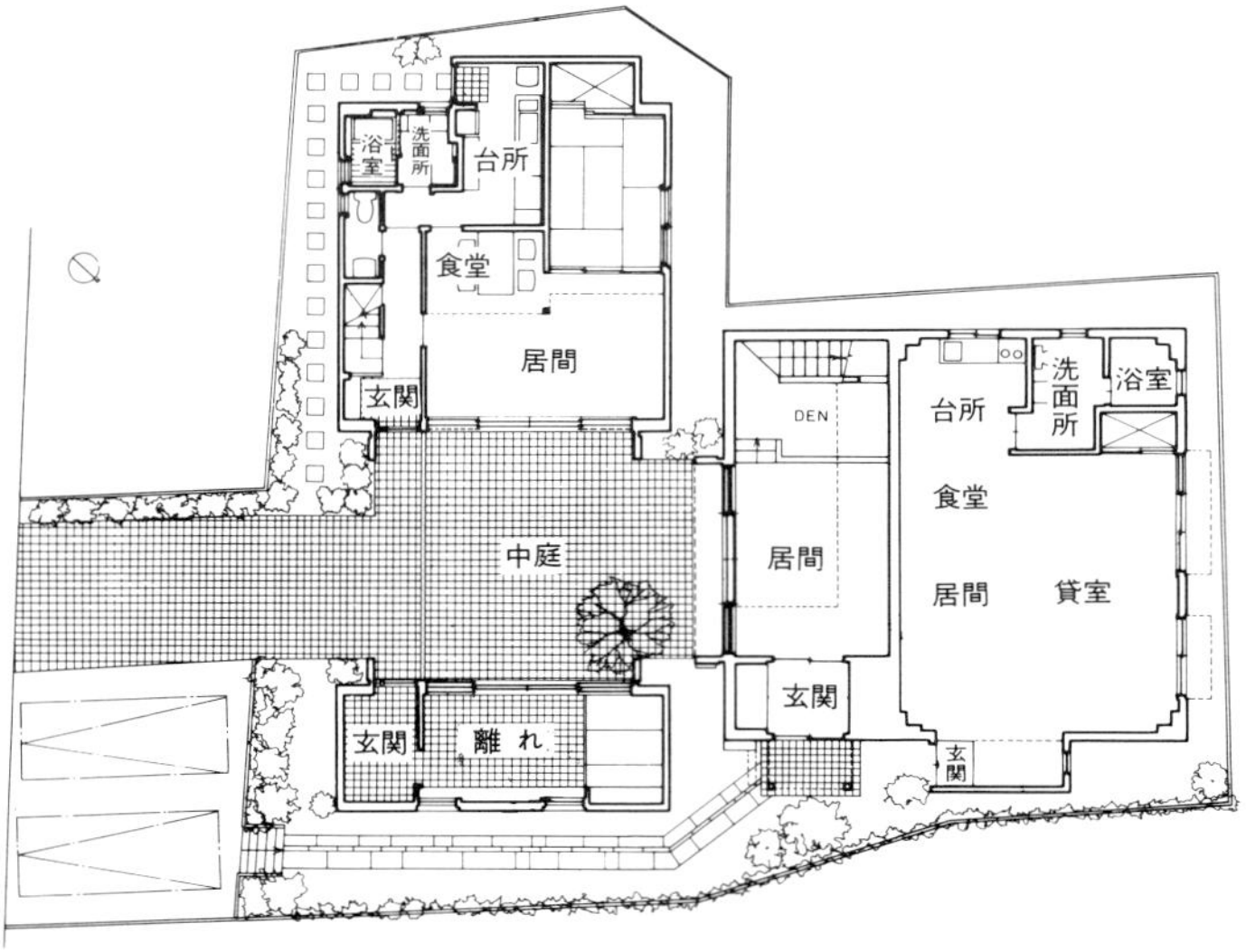

松川ボックス
離れから母屋を見る．

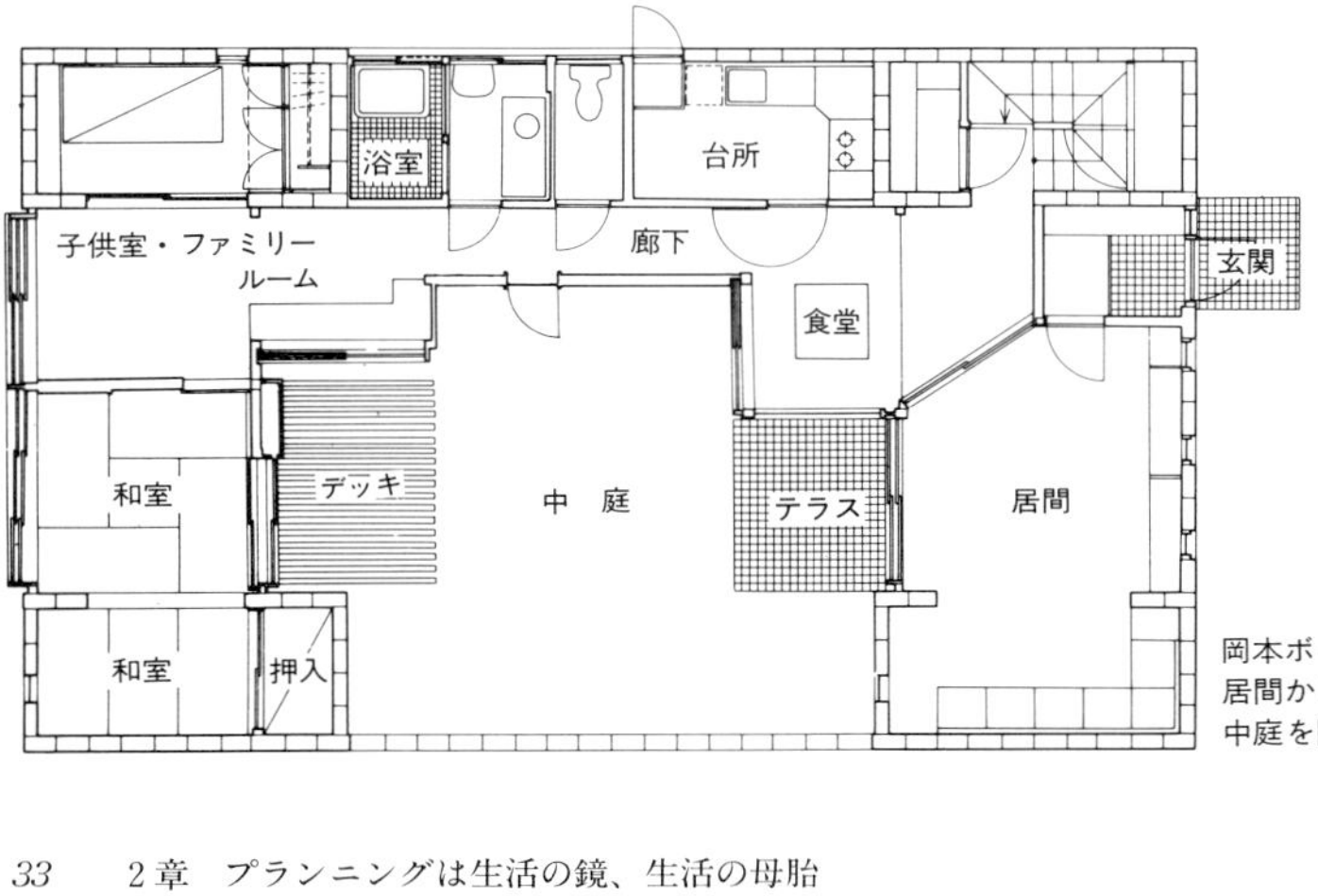

岡本ボックス
居間から和室を見る．L字型プランが
中庭を囲むタイプの例

2●7 二階リビングは地面とどう繋げるかがテーマ

住宅の敷地が矮小化してきて、近隣の日影で一階では日照が取れないような住宅地が増えてきた。本来そういう住宅地そのものが問題なのだが、そこまで根本的にさかのぼるわけにはいかないわれわれの立場としては、日のあたる家をつくるために、二階に昼間の居室（リビングやダイニング）を持ってくる住宅のタイプを考えざるをえない。いわゆる二階公室型住居である。

　この住居は、一階に壁の多い、プライバシーの高い個室をつくり、二階で高い天井のオープンなリビングをつくるというメリットがあって、かなり有効な手段であると私たちは思うのだが、基本的に一階、つまり他の人間がいちばん行動している地上部分とワンフロア分離れているというのが、最大の問題点である。

　二階の公室部分と、一階の地上部分との接点である玄関を、どう位置させるか。物や人の出入りが結構あるのだから、これがいちばん大きなテーマになる。二階に玄関を持ってきて、客をそこまで上げさせる方法、一階に玄関を置いてそこまで家人が下りる方法、中二階に玄関を持ってきて、客および家人がそれぞれ半階ずつ上り下りする方法などの解法は家人によって変えてみること。

上写真・グリーンボックス＃１
２階への直通階段の上にある丸窓（台所）から外の気配がうかがえる．
下写真・グリーンボックス＃２
コーナーの大きな円窓越しにみえる風景は，リビングが２階にあることを忘れさせてくれる．

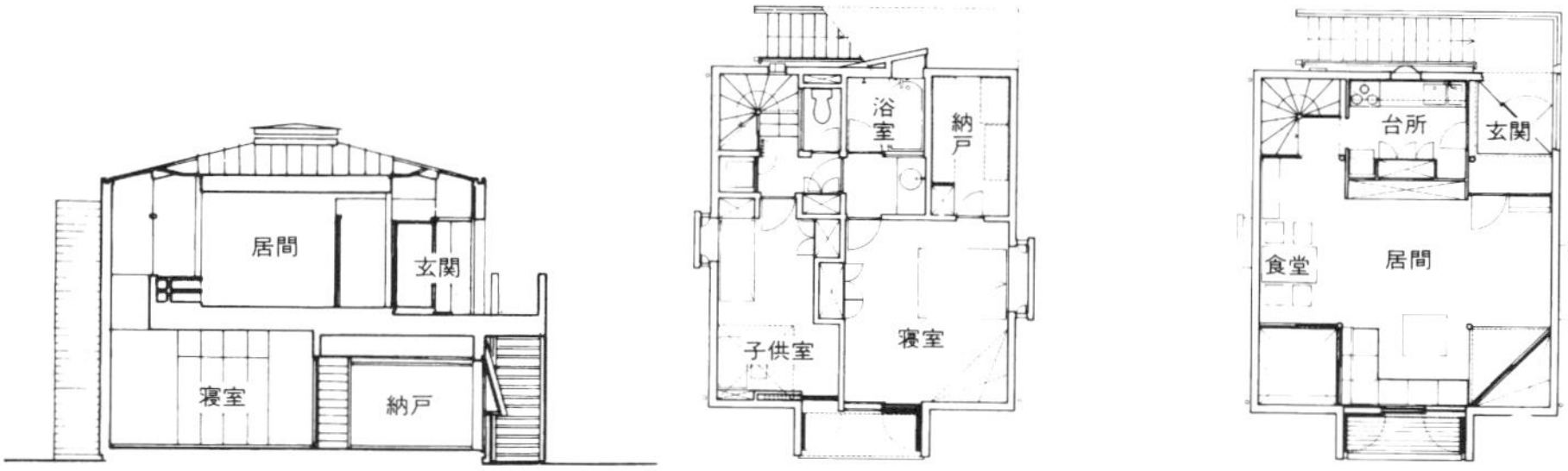

グリーンボックス＃１
玄関を２階にとり，外部から直接２階にアプローチさせてしまう例．台所には玄関から直接出入りできる．

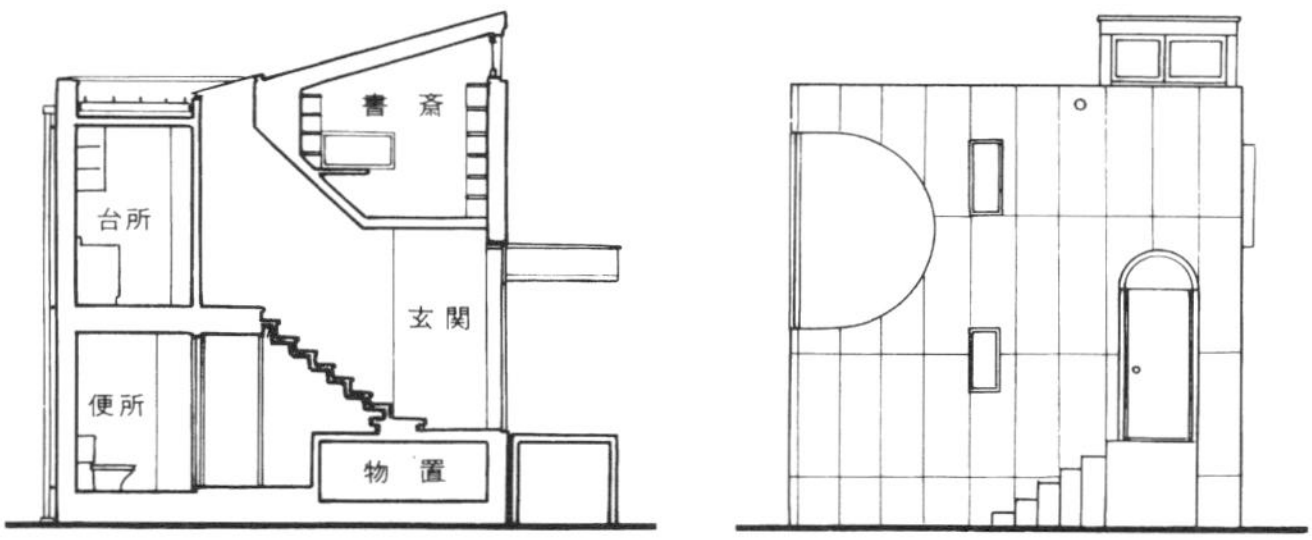

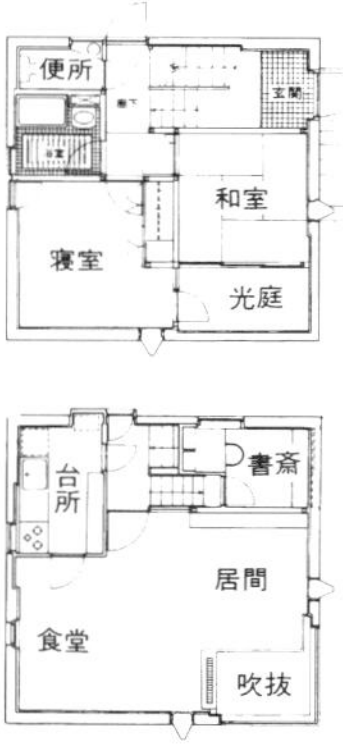

グリーンボックス＃２
玄関を中２階にとった例．人は一気に２階まで上がらないで済む．

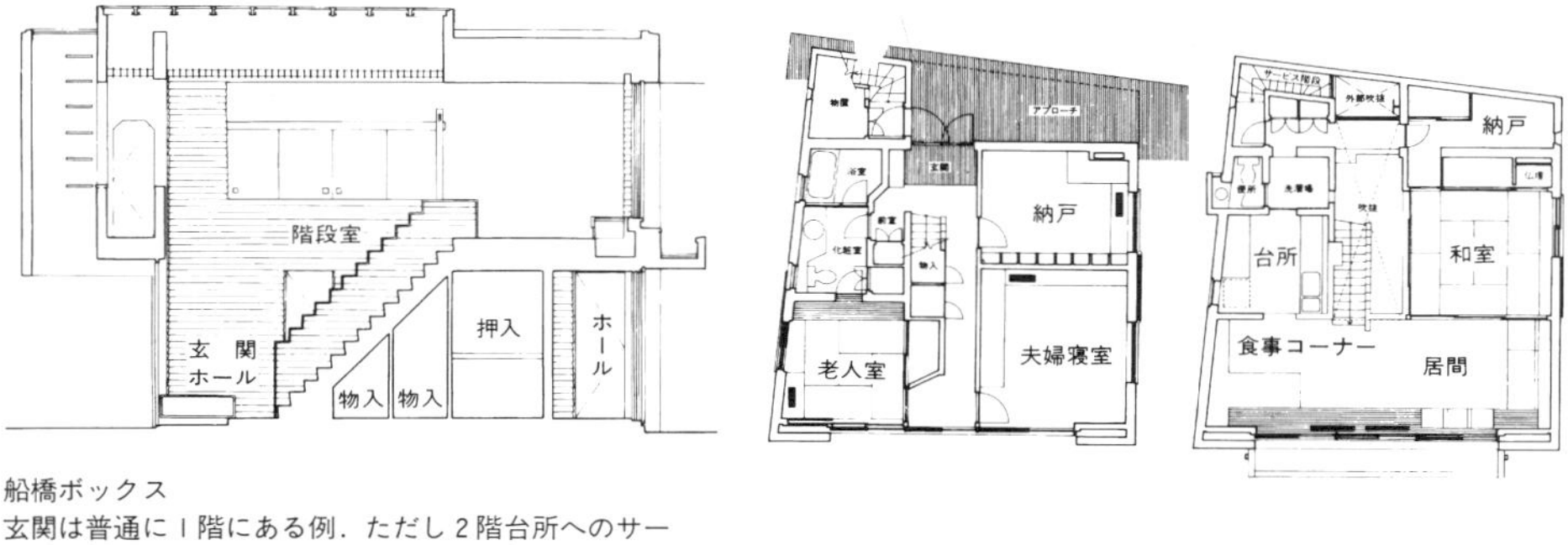

船橋ボックス
玄関は普通に１階にある例．ただし２階台所へのサービスアプローチとして専用階段を設けている．

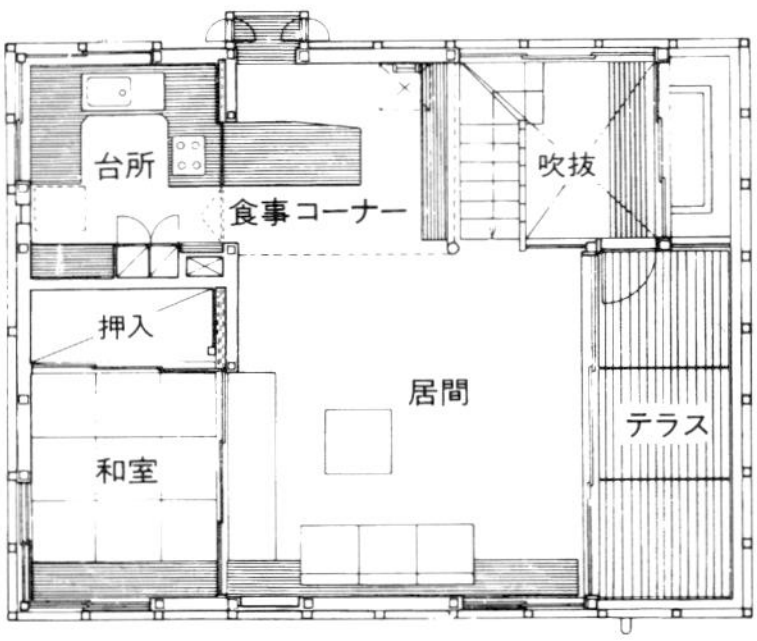

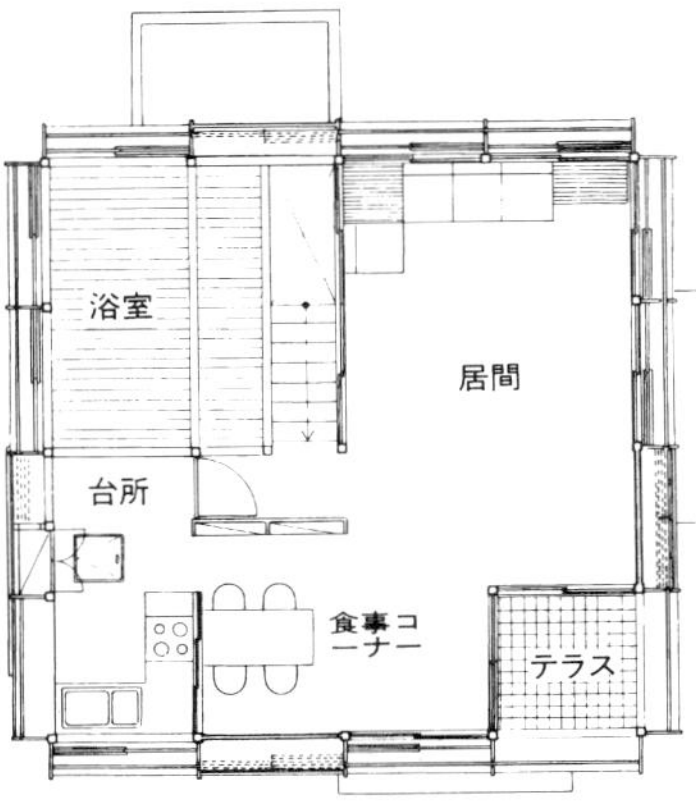

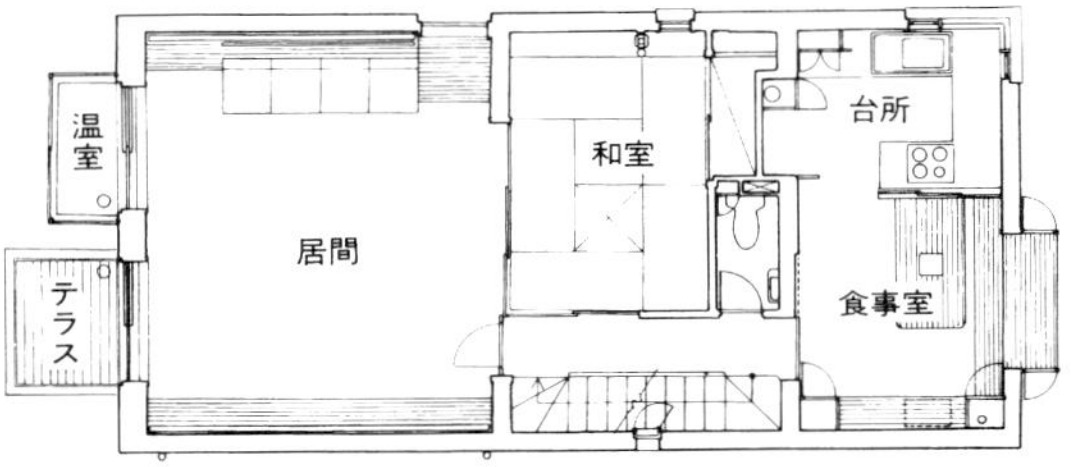

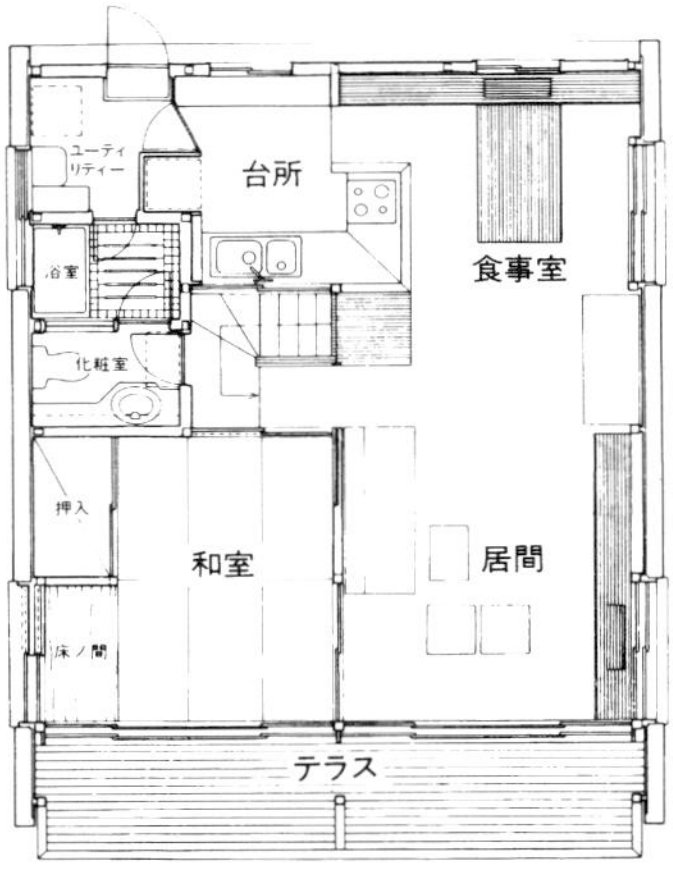

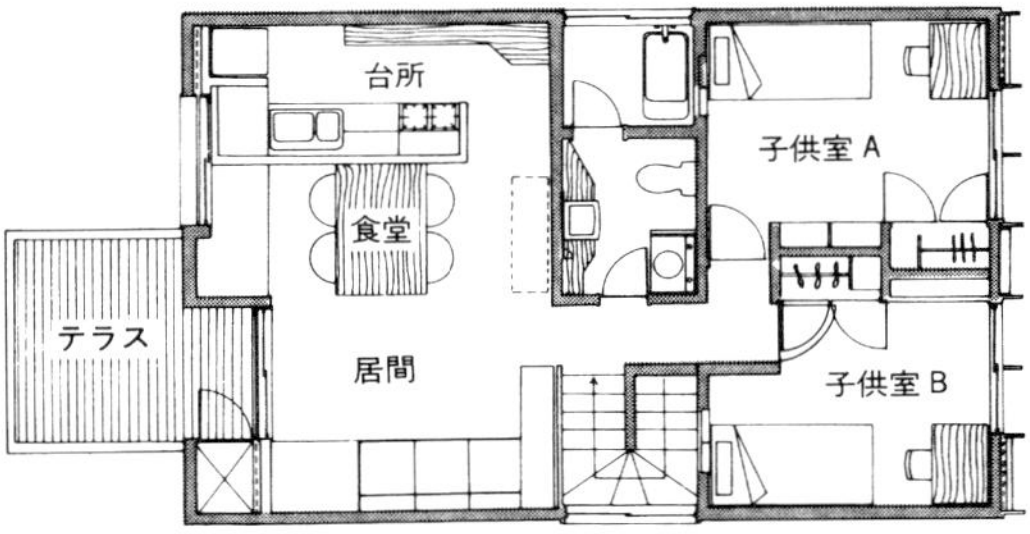

右上／大村邸，右下／内山邸，左上／花房邸，左中／龍神邸，左下／盛国邸
2階リビングにテラスをプラスした例．奥行のあるテラスとしなければ意味がない．

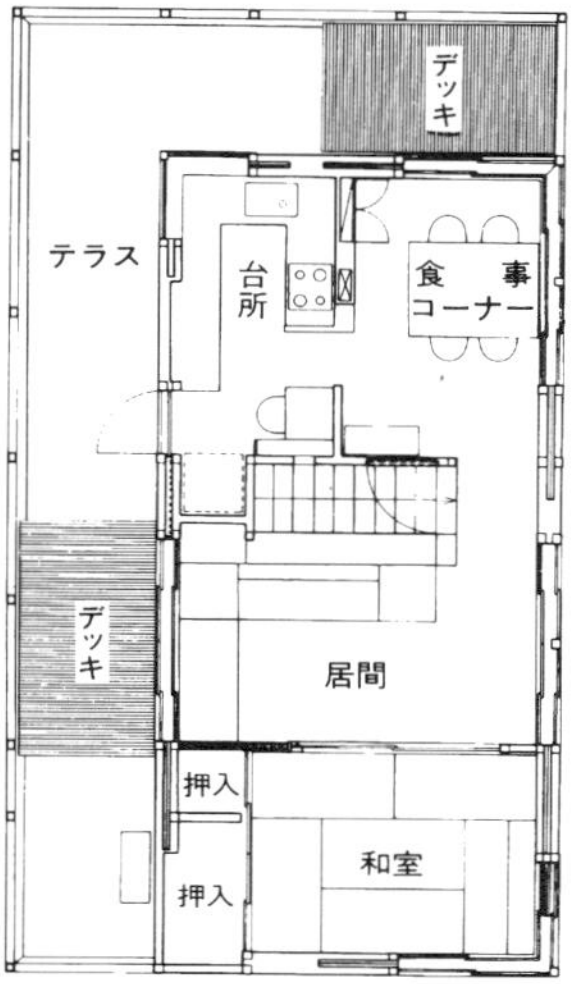

池田ボックス
居間と食事コーナーそれぞれにテラスを持つ例．パーゴラで包んでやると，テラスの空間が半戸外の雰囲気になり，まったくの吹きさらしの外部と違って，室内的な空間ができる．

森ボックス
テラスをとるからには，ガーデンファニチャーを置いてそこでモーニングコーヒーを飲んだり，ビールを飲んだりするくらいできるスペースをとりたい．２階のリビングには庭感覚で使えるテラスが必要．

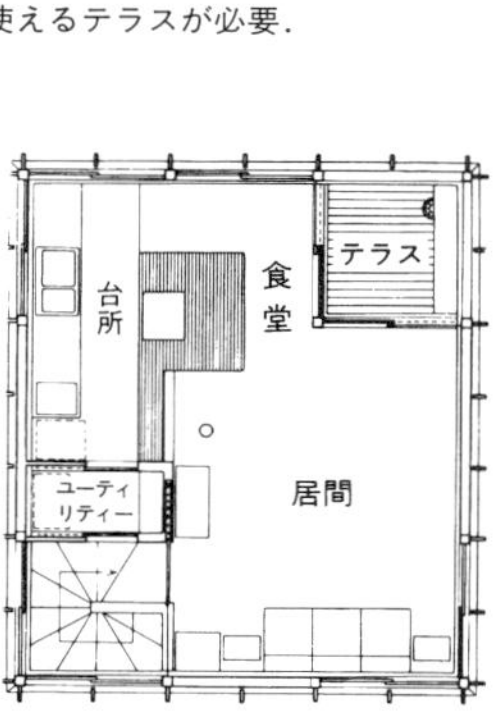

2●8 端から端を見通せる部分を作る

敷地がどんどん狭くなっていって、家も自動的にどんどん狭くなる。狭くなった家を、とにかく部屋が欲しいという要求に従って小さな六畳や四畳半の連続で埋めていくと、不動産屋が推奨する六、四・五、三という小間切れにされた家ができてしまう。二間歩けば壁にあたるというふうな小間切れの部屋の連続でできた家は、空間として、また生活としての豊かさが欠けるように思えてならない。

それを救う手段として私達の設計では、どんな小さな家でも、(逆に家が小さければ小さいほど、)必ず家のどこかに、その家の最も長く、大きく見える部分を見通せるようにつくるようにしている。

もちろん、常時見通せるわけではなく、スライディングの引戸等で切ってはあるのだが、それを開けると家の端から端までが一望に見える。小さな家でも、かなり広いと感じさせることができる手法である。部屋から部屋を通して全体が見通せる——という手法は、家全体をワンルーム的に扱うことをより豊かにする方法でもある。

簡単なことだけれどこれは小さな住宅のプランニングの小さな秘密といってもいい。

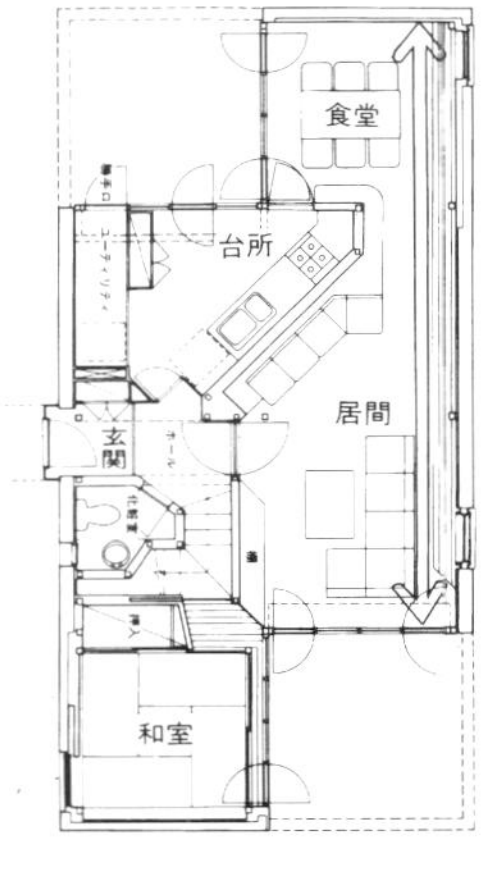

高畠ボックス
上写真／居間から食堂を見通す．途中で台所部分が出張って，食堂部分のスペースを区画している．
見通しができるといっても，なにもかも丸見えのワンルームでは，室内に楽しさが生まれない．

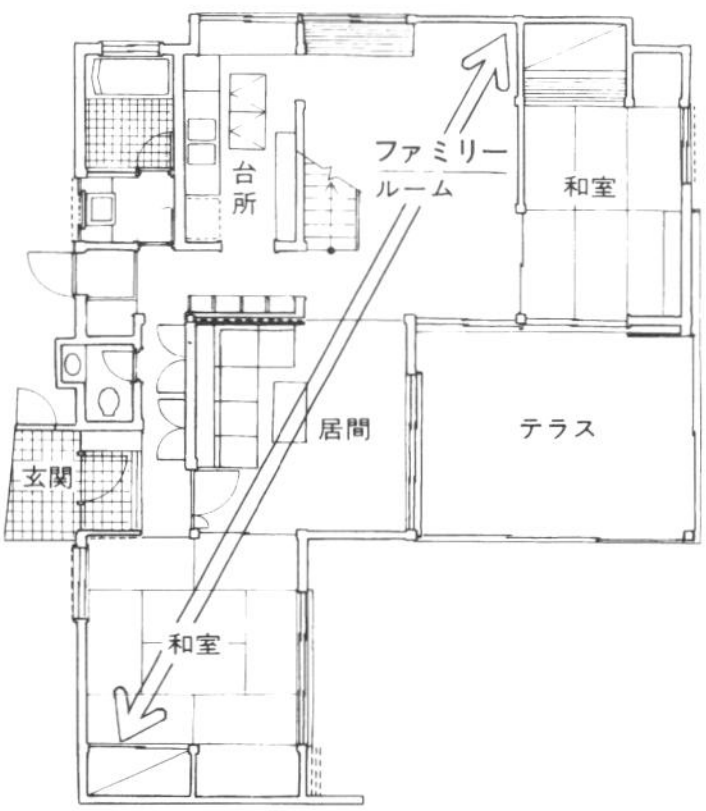

柏原邸
左上写真／居間からファミリールームを見る．来客のあるときは建具で間仕切ることができる．
左下写真／ファミリールームから居間越しに和室を見る．三間続きの見通しとなると奥深い印象が強くなる．

2●9 室内着の着替えは何処で

私達の習った住宅設計の方法は、アメリカを中心とした近代小市民生活を原点として想定していて、その生活行為はかくあるべき――という戒律的なパターンとして計画されねばならないというものだった。

けれど実際の私達の生活パターンがそれに合っていない事のいくつかが発見されていて、いよいよ日本の住宅もそのあたりが論じられる時代が来たのだが。

洋服の着替えにしても、近代住宅理論では帰ってきた夫や子供達がスタスタと寝室に入って行き、そこで室内着に着替えてリビングなりダイニングに降りてくる――という形を想定している。

だから寝室だけに洋服箪笥を想定するのだが、実態を調査してみるとそういうパターンの方が少ないことが分る。多くの人は家に帰るなり、その場で洋服を脱ぎ捨て室内着に着替えたがるようだ。だとしたら寝室にしか収納が無いというのはおかしい。

住宅設計に必要な心づかいの中には、人間の生活を正確に読み取ってそれにソッと家を合わせてあげることという重要な部分があるのだから、人々が一番欲しい場所にそれなりの洋服の収納を作ってあげる事が必要。

この所玄関脇やリビングに、トレパンやカーディガン、Gパン等の着替えが仕舞っておけるクロゼットを作っているのはそんな訳で、当然のことながら評判はすこぶる良い。

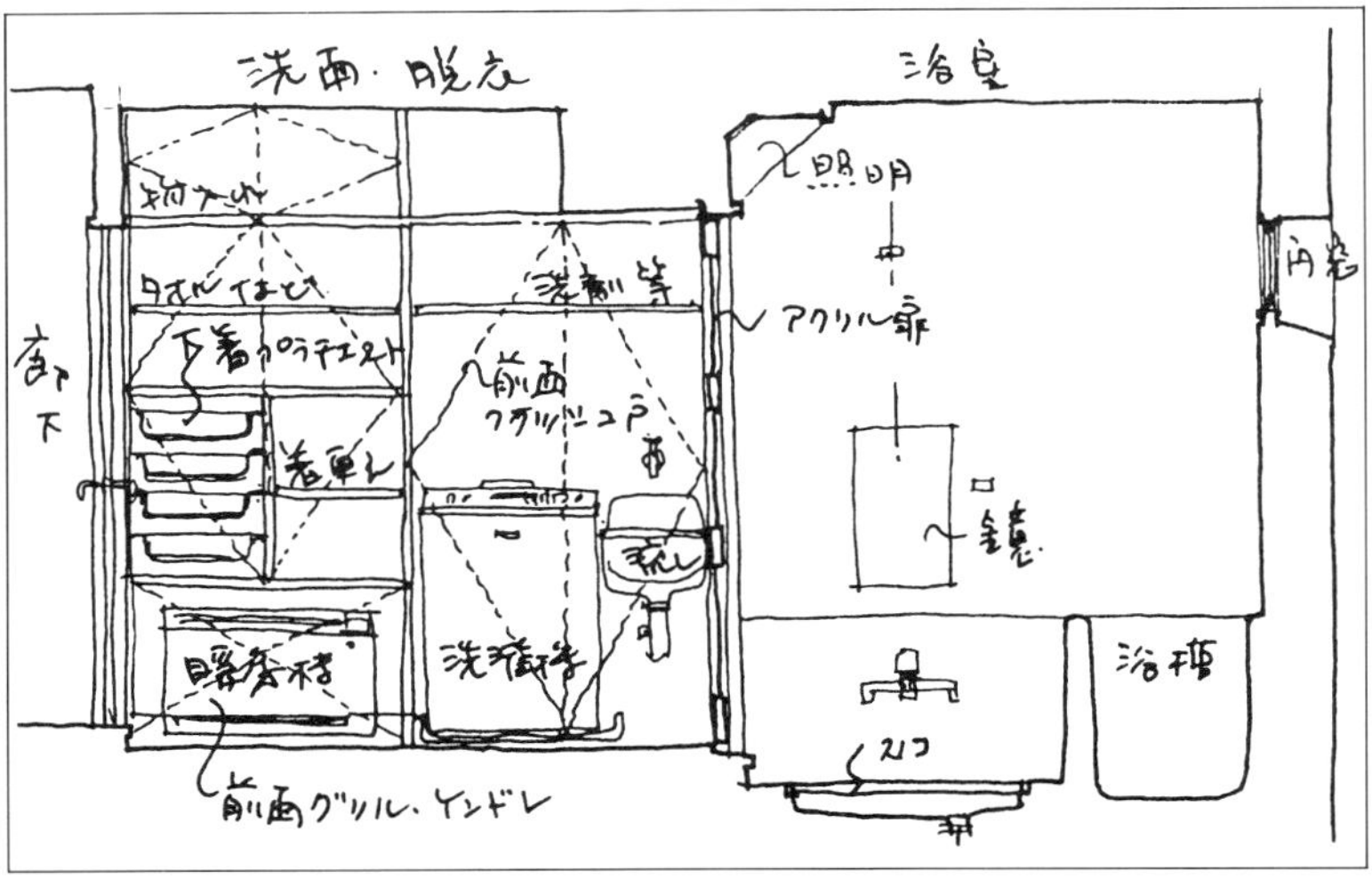

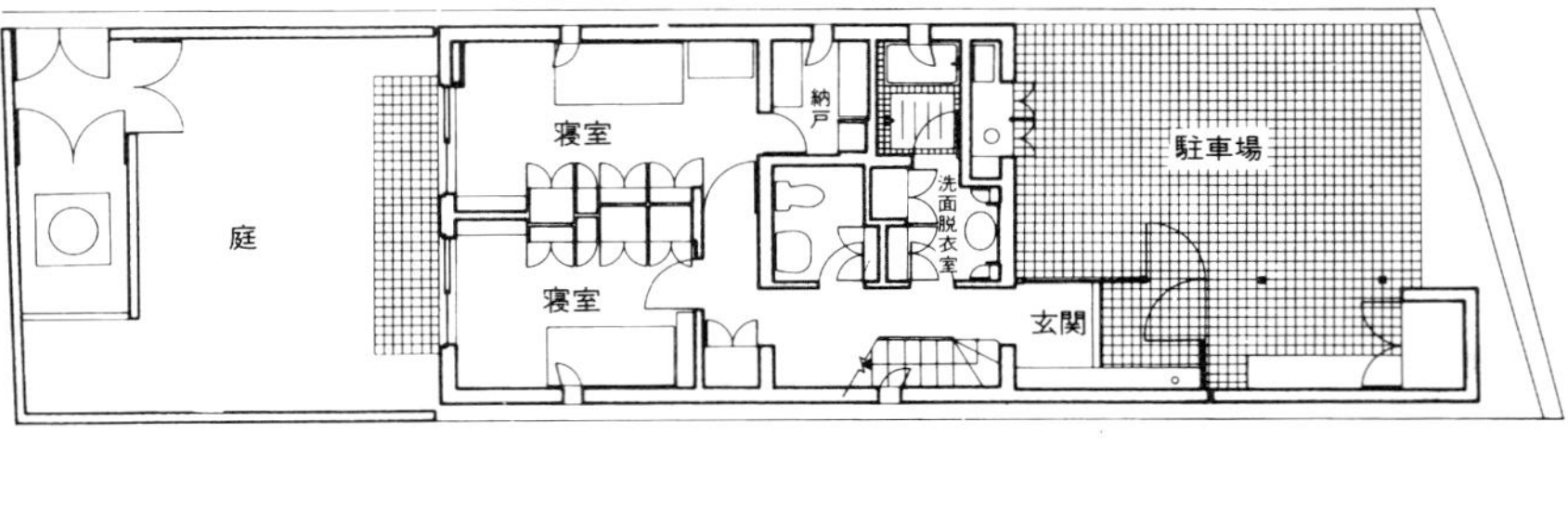

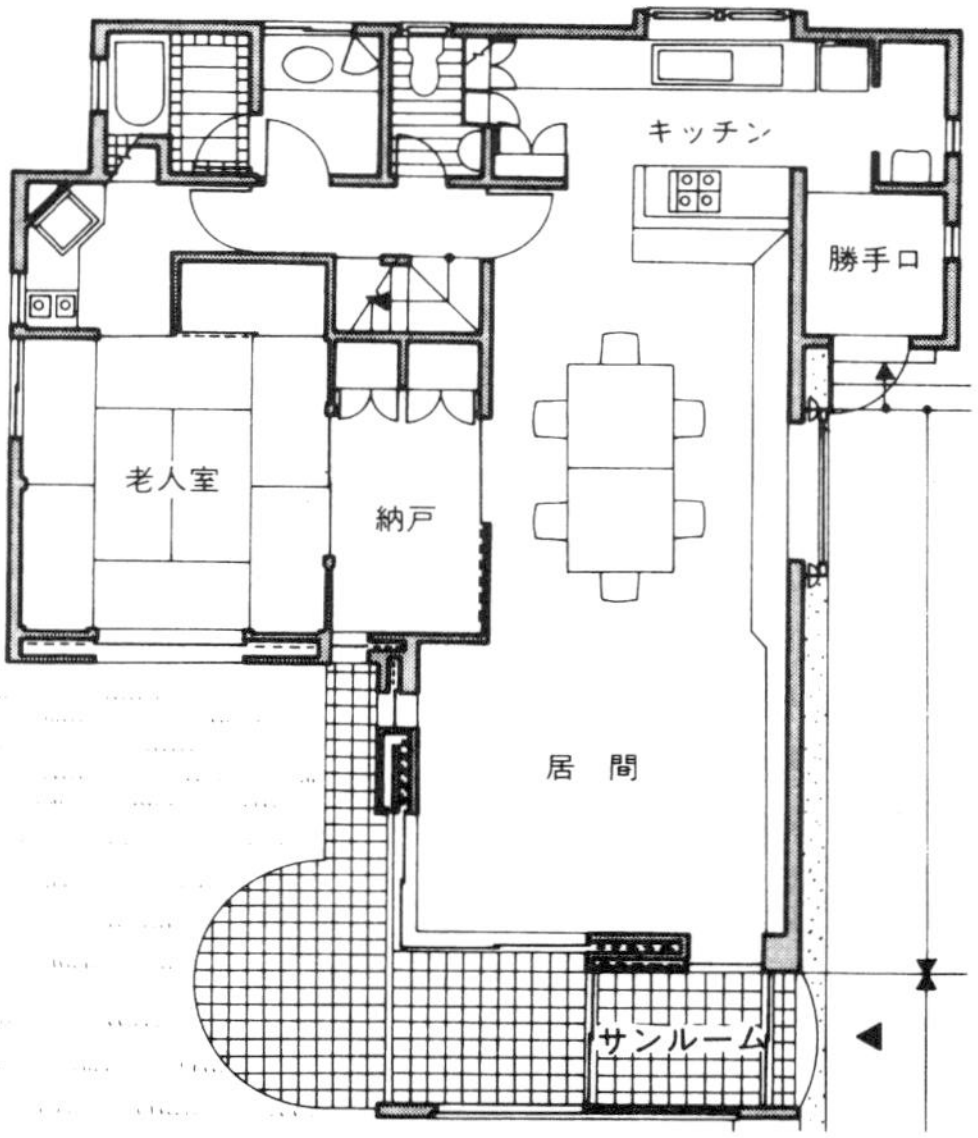

加藤邸
居間と老人室の間にある納戸は，若者世帯と年寄世帯の緩衝地帯の役割があるのだが，洋服入れや鏡などが用意してあって，着替室として使うことも意図している．

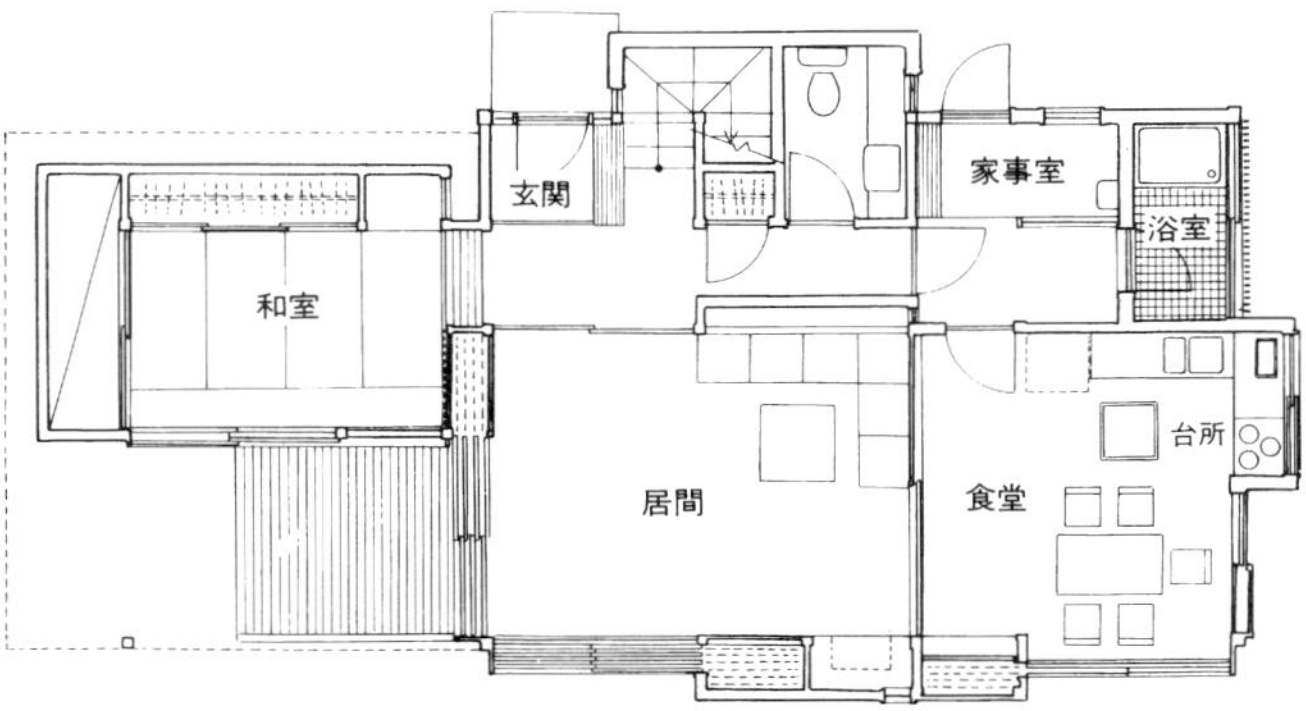

井出邸
玄関脇の和室は，来客用の予備室を兼ねた着替え室の性格をもつ．そのため洋服収納のクロゼットをたっぷり設けている．

右ページ／龍神邸／帰宅すると直ちに手を洗い，シャワーをあびたいという要求で玄関脇に設けた洗面脱衣室に簡単なクロゼットも設け，ついでに着替ができる場所としている．

2●10 外と内の中間の空間が欲しい——外部を内に見立てる

私たちの住居とその周辺での生活は、全く室内的な生活と、全く屋外的な生活の二つだけに分かれてしまうわけではない。どちらかというと外部のような、どちらかというと内部のような、そういう場所での生活というものがかなりの量あってそんな空間が用意されていないと、私たちの生活は満たされることがない。

たとえば雨の降っている日に外気に当たりながら外にいたい。それは主婦が、雨が降ってきたから洗濯物を取り入れるとか、庭の自転車をしまいこむといった実利的なスペースとしてでもあり、また、心の問題としてもそのような内であり外であるような空間が欲しいと思う。

一つの方法として、たとえばスペインのパティオのように、屋外であるけれども、全く室内のような空間、そこで室内と同じように生活をする空間というのが考えられる。そこでは、室内からはだしで出ていって、椅子や机に座って静かに本を読んだりする。それでいて、実は屋外である。といった生活空間。

日本のように雨の多い国では完全にスペイン風に作ってしまっては雨のたびに大騒ぎになってしまうから、屋根をつけることを忘れないようにするか、雨が降っても大丈夫なような仕上げ、しつらえにして、出しっぱなしで良い屋外用の家具などを置いて使う。観葉植物の春から秋の舞台でもある。

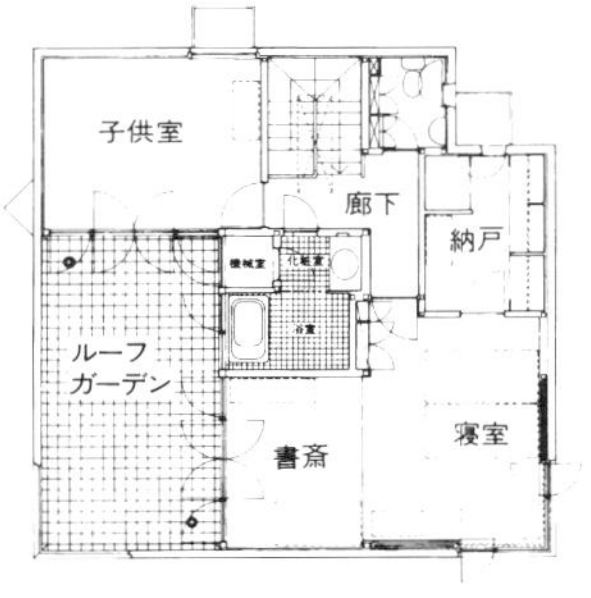

上写真／プラザハウス／和室前のサロンからテラスを見る．このテラスは4つの棟で囲まれていて，床の仕上面も室内とほとんど同じため，戸外であるという意識がかなり薄められる．

左写真／木村ボックス／子供室からルーフガーデンを見る．建物の外壁がルーフガーデンを囲み，パーゴラの形状が屋根形状に沿っているため，屋外でありながら，内部のひとつの部屋であるかのような雰囲気が出る．

2●11 外と内の中間の空間が欲しい——内部を外に見立てる

一方、外のような内部をつくる方法もある。たとえば室内にあたかも外部のようなスケール、外部のような仕上げ、外部のような扱いをもった部屋を持ち込む手法。それによって室内という甘さの中に異質なものが混り合って緊張感が生まれる。

たとえば、個室を全く内部的につくっておいて、個室群から出てきた共有のリビングを外部のように仕上げ、その空間の異質さによってリビングの空間の効果を高めるといった手法などなど。

町家の土間などという部分は完全にこういう空間であって、そんな空間が存在していたお陰で、町屋はあの密集した都市型住宅の中で、人間らしい生活性を維持出来ていたのだ。

外部的内部、または内部的外部というこのどちらともいえる空間は、かつての日本の住宅の庇の下、伊藤ていじ氏のいうグレースペースがそうであったけれども、人工的な空調等の設備で、内部と外部とはっきり分ける空間づくりがごく普通になってしまった現在は少なくなってしまったけれど、生活自身を豊かにする場所としてやはりどこかに必要なのだということを忘れる訳にはいかない。

松原山倉
家の中に取り込んだテラス．扉をあけ放すと風の抜ける外部スペースになるが，屋根の下にあるから室内の雰囲気は残ったままである．

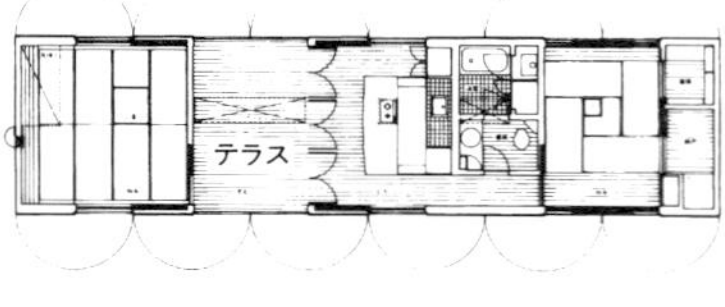

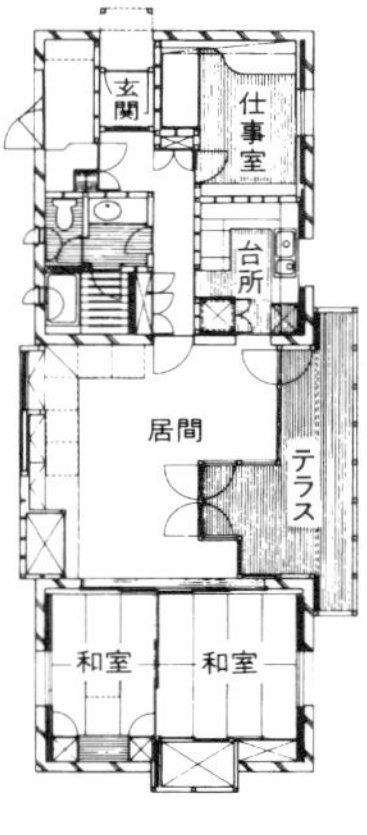

上写真／幡谷邸／和室より居間を見る．テラスの一部分が居間の中に入り込んで，外部とも内部とも区別のつかない空間をつくり出している．
雨戸を閉めるとテラスの一部は室内の領域になる．

下写真／田中邸／外部より居間を見る．手前に見えるパーゴラには屋根がかかっていて，半戸外スペースをつくる．
雨戸がパーゴラの外周で閉じるとここは内部空間の一部となる．

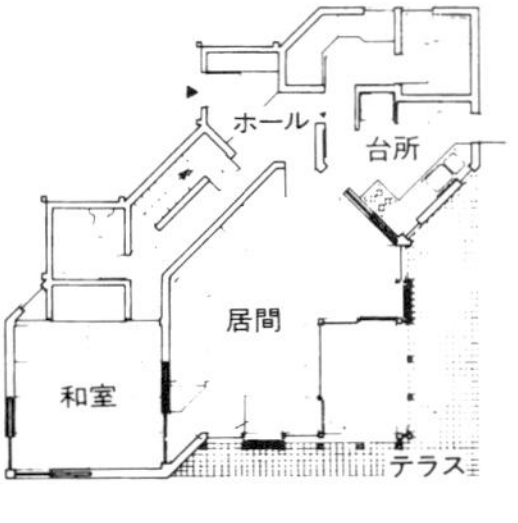

2●12 帰ってくる人への語りかけを配慮する

家は人間が帰ってくる巣である。家の明かり、家の姿を遠くから見掛けてホッとしたい、それは家や家族を愛する人間の当然の欲求である。だから、駅からの帰り道の最初に家が見える道の角からの形、または家に至る路地に入ってきたときの住宅の見え方、帰ってくる家人を迎えるための窓の作り方などに対して十分な注意を払って設計をする。

ここに家ありと主張している屋根、お入りなさいと招いているような庇、内の雰囲気を外にこぼして見せる開口部などなど。

夜中に寝室から門のあたりの気配が分ったりするのは防犯上にも意味があるのだが、決してそんな実利的な部分だけで無く、帰って来る人達への心づかい——という事を大事にしたい。

夜遅く帰ってきた父親のために。夫婦の寝室の窓が一つだけポッと明るく電気がついている。または早目に帰ってきたお父さんをダイニングの窓から子供たちが「お帰りなさい」と迎える。もし可能ならば、でかけるお父さんに「行ってらっしゃい」と家族たちが手を振る場所をつくるようなことも考える必要がある。塾からお腹をすかせて帰って来る子供達のためにも、夕食の買い物をして急いで帰って来る母親のためにも、そんな風情を持たせた家をつくってあげたい。父親たちは仕事が終わると急いで家に帰ってくるような習慣を持つようになるだろう。

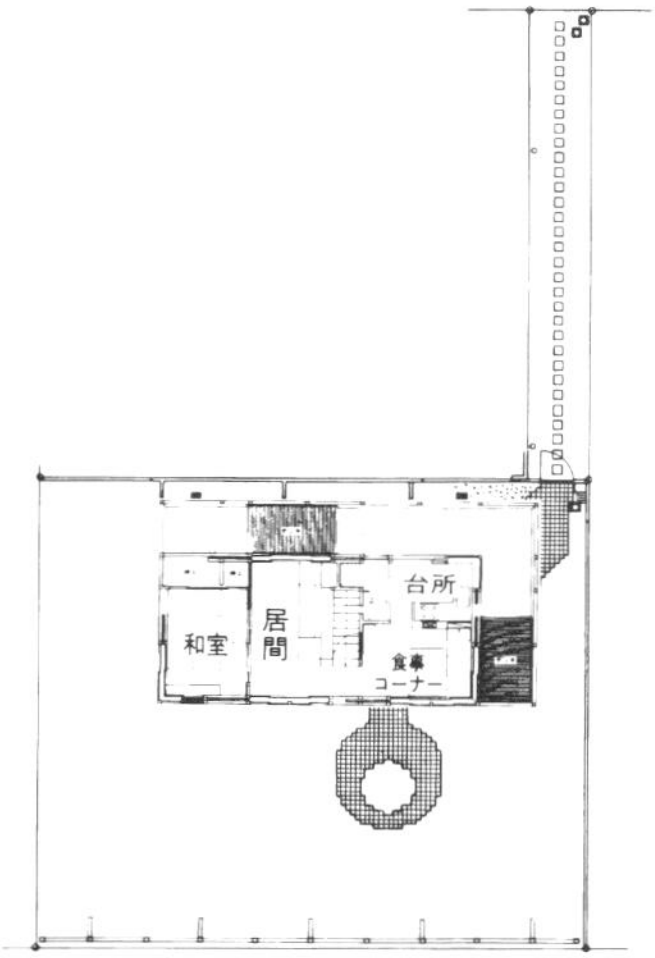

池田ボックス
上写真／台所の東側を見る．流し台の前に立つと左手に外部のアプローチが見える．
左写真／アプローチより建物を見る．台所の窓とアプローチとの関係がよくわかる．夜，台所にあかりがつくと，帰宅する人の目に最初に映るのがこの部分である．

3●1 矩計《カナバカリ》の悪い家は悪い家

矩計は、家全体のプロポーションを決定し、家全体の構築を示し、家全体の空間の連続性を示し、家全体の仕上げを示す図面である。この図面を普通は基本設計の第一案がまとまりかかったころに、ラフに一度描いてみる。ラフにかかれた矩計を、もう一度プランにフィードバックし、プランからもう一度、矩計にフィードバックしながら、住宅の基本設計は上がってくる。

そういう意味で、矩計は家のあらゆる構成を決定するというきわめて重要な図面だから、ずいぶん長い間、これだけはスタッフに描かせていなかった。プランの清書、エレベーション、展開図、建具表、さまざまな図面がどんどんスタッフに取られていく過程で、矩計は最後の最後まで私の手から離れていかなかったのだが、ついに矩計をスタッフが描くようになってしまった。

たいへん時間のかかる矩計をいちいち私が描いていたのでは、他の設計の進行が遅れてしまうことも起きるわけで、涙をのんで矩計を手放したのだが、なんとなくそれから私の事務所の住宅は少し質が落ちたのではないかという気がしてならない。もちろんチェックは厳重だが、いま最後の最後まで握って放さない図面は、一〇〇分の一のプランとセクションを含んだ基本設計図である。

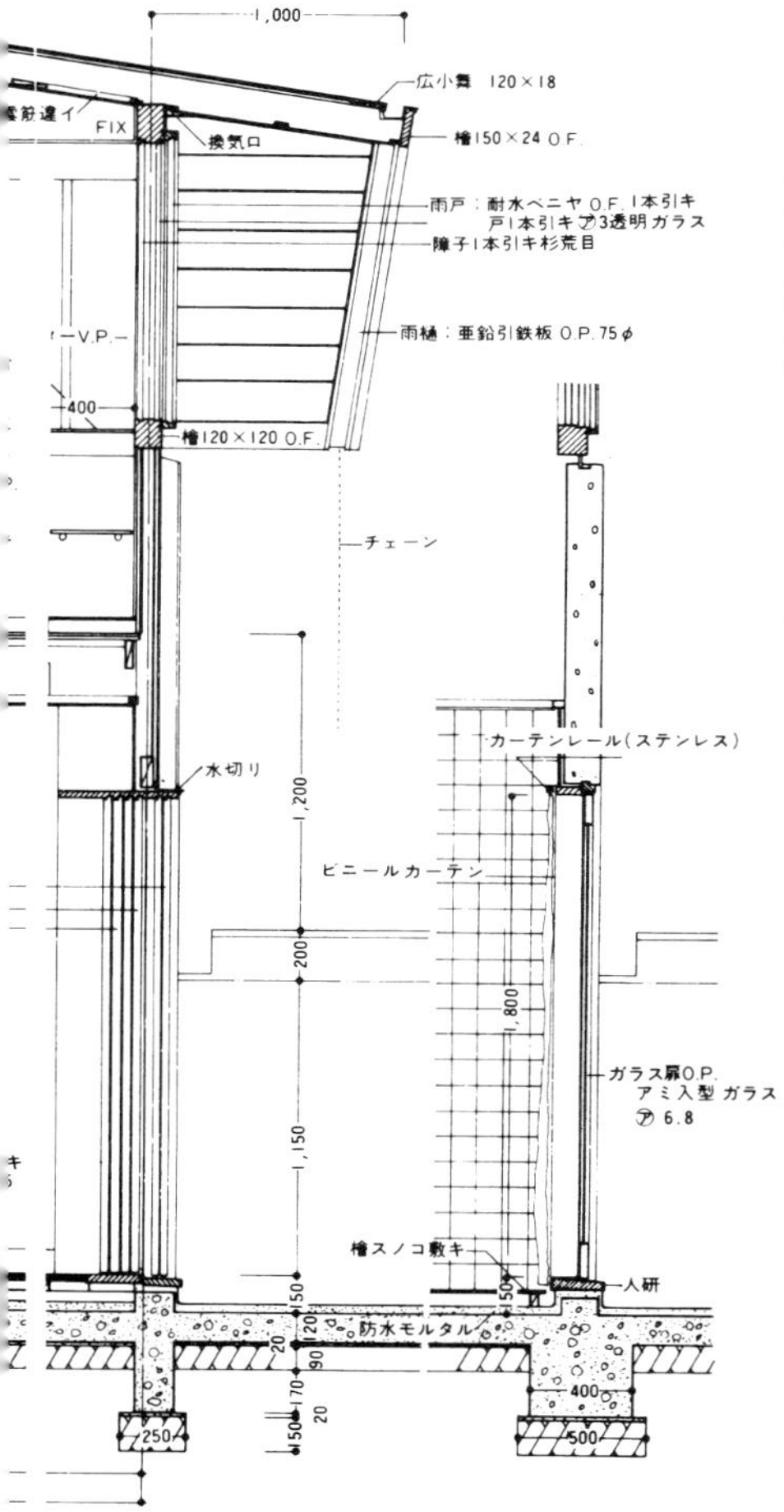

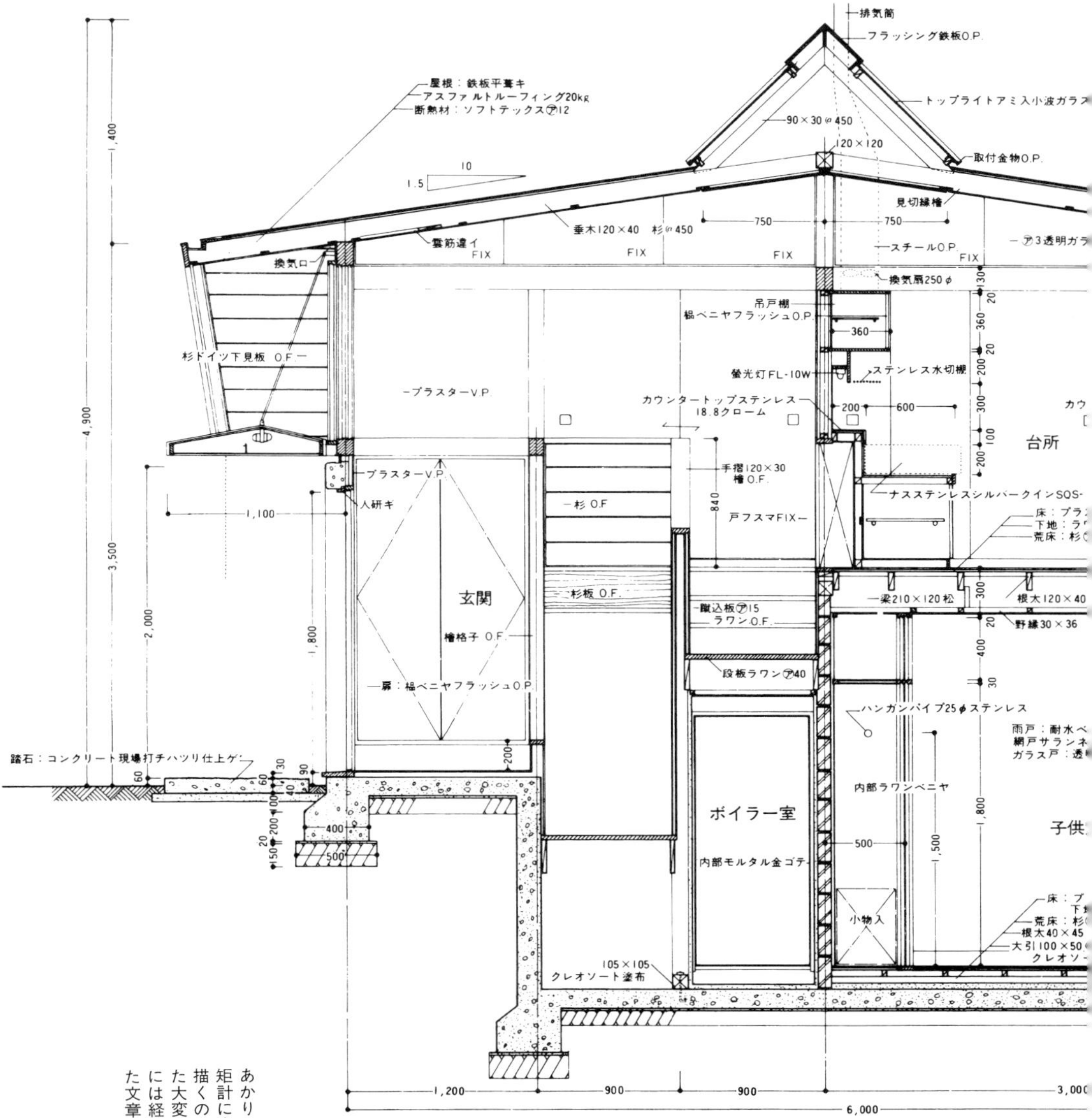

あかりのや
矩計に書き込まれている内容は実に豊富で、描くのは大変だけれどそれを読み取るのもまた大変で、正確に理解できるようになるためには経験を要するが、良い矩計は、良く出来た文章のようにやはり読みやすい。

3●2 天井懐は薄いほどよい

これも吉村譲りである。断面図を描いて黒く塗ってしまう天井懐や屋根裏などの部分。これが少ないほど、小さなボリュームのわりには内部をフルに、有効に使った家であるというのだ。つまり、「小さいけれども、豊かな家をつくる方法なんだよ」と吉村さんは言うのだが、それはアメリカ仕込みの合理主義であると同時に日本の古い住宅が教えてくれたことでもあるだろう。

確かに全体のボリュームの小さなかで、豊かな空間や生活を作り出そうとしたら、空間の隅から隅まで使わなければならない訳で、京都の町家などを観察していると、この辺実にしつこく、うまく使っているのが分る。それだけではなく、私たちは、たとえばあまりたっぱの高すぎない家、あまり軒の高くない家が、人間にしっとりなじみがくることも知っているので、どうしても軒が低く、全体高の低い家をつくろうとする。そうすると、余分の天井懐は少なければ少ないほど全体高が低くなるわけで、その意味もあって、天井懐の薄い家ができる。

もっとも、日本の家の夏の居住性はもっぱらあの厚い瓦と土の屋根と、その下の大きな天井ふところが作りだしていたものなのだから、それを忘れてうっかり無用心に薄い屋根を作ってしまうと悲劇である。

この家は天井スラブの上に空気層をとって浮かした屋根。二階床は遮音材と吸音材を仕込んだ上に二重に作って薄さをカバーしている。

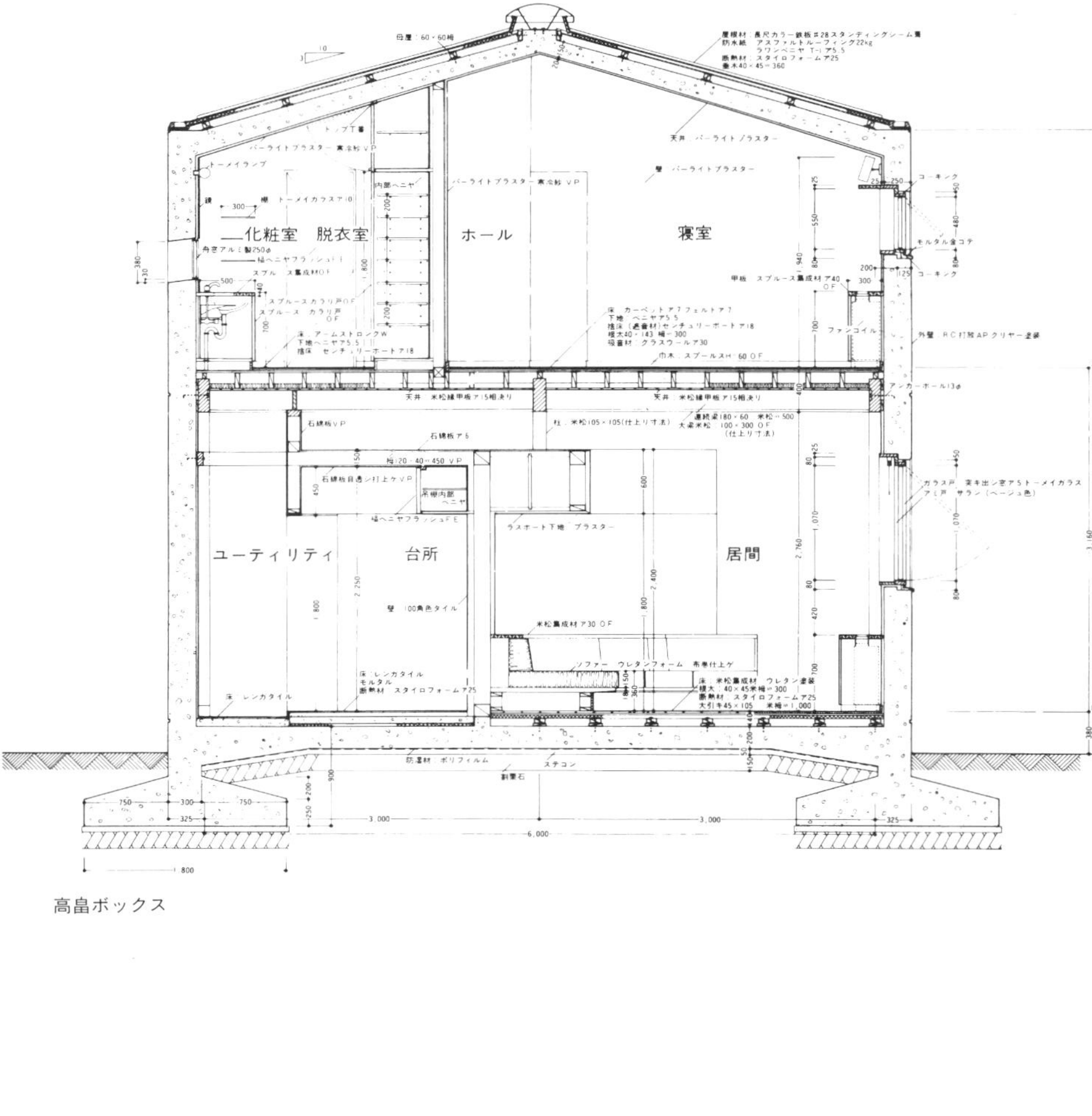

高畠ボックス

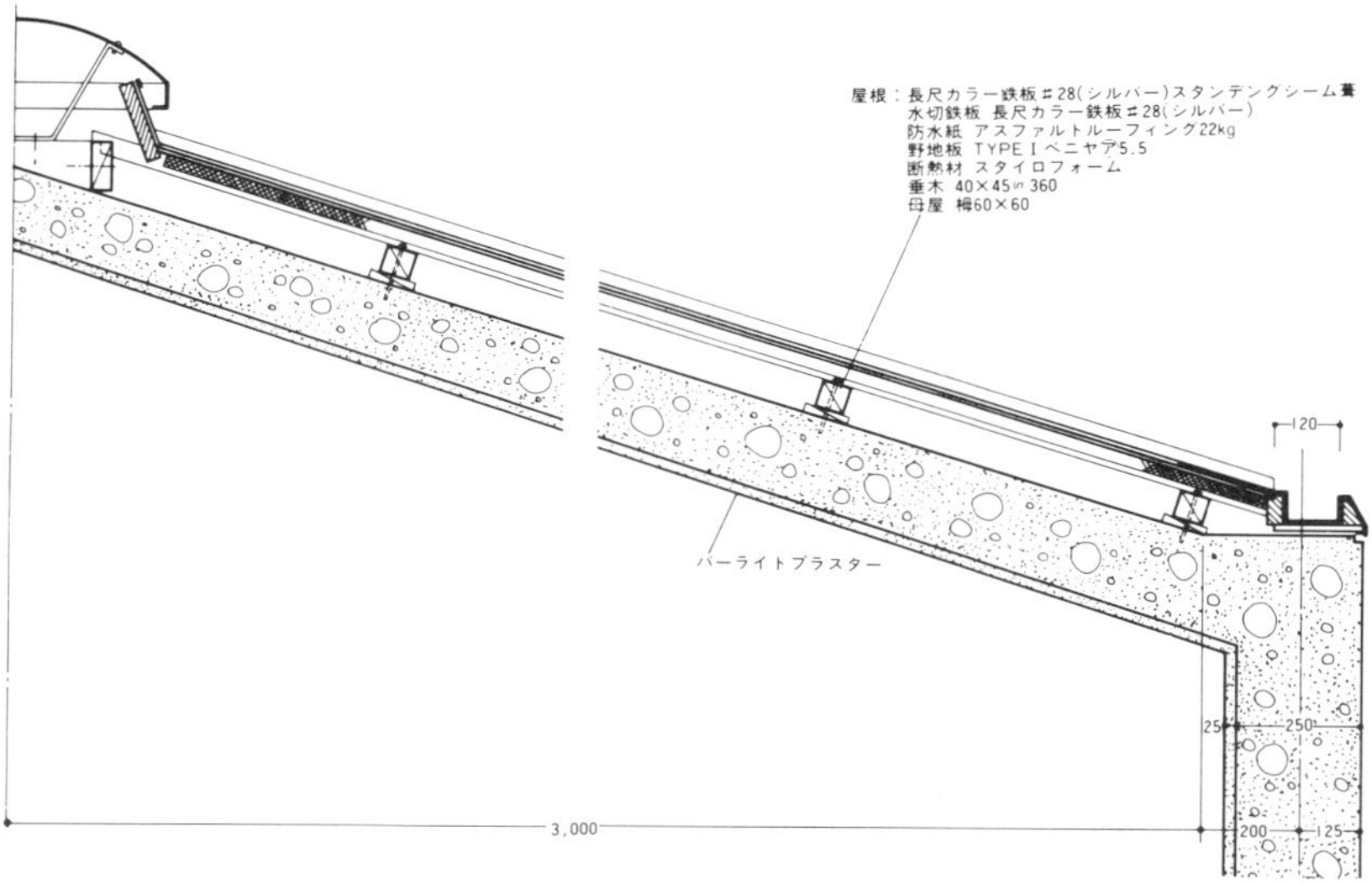
屋根：長尺カラー鉄板#28(シルバー)スタンデングシーム葺
水切鉄板 長尺カラー鉄板#28(シルバー)
防水紙 アスファルトルーフィング22kg
野地板 TYPE I ベニヤア5.5
断熱材 スタイロフォーム
垂木 40×45@360
母屋 栂60×60
パーライトプラスター
120
25
250
3,000
200
125

高畠ボックス
屋根部分詳細図

3●3 天井高の高いのは成金趣味

だが、最近のお施主さんは嫌がって……。

よく地方の旅館に行ったり、成金がつくってその後料亭になっている別荘で食事をしたりすると、妙に天井の高い、妙にけばけばしい部屋に通されることが多い。天井が高いことは、必ずしも悪いことではないと思うのだが、天井は高くあるべきときに高くあるべきで、高い天井は、低い天井との相対関係で存在すべきだと思う。

天井が高いほどリッチで低いのは貧しいという一般概念があるのは、かなりおかしな話である。

私たちは、天井が低い部分は落ちつくための空間であり、それと対比的に、高揚感を生む、空間が鳴り響くような高い天井とが一緒にあることが、住宅や建築を豊かにすると考えている。したがって、ただただどの部屋も一様に天井が高いという家は、金さえ出して大きな家さえつくればそれでいいと思っている。趣味の低い成金の家だとも思う。

その意味では、一九八六年逝ってしまった友人金寿根の旧事務所、空間社ビルは、それこそ二メートルを切る低い天井から、五メートル近い吹抜けまでを交互に組み合せた素晴らしい空間であった。

高い天井高はどこの国でも考えるものだが、低い天井の扱いの上手さは韓国が抜群と思っているのだが、やはり彼もかの国の建築家であった。

貧しさという点で、一時共通していた私たちの国日本にも、茶室や民家に結構見ることの出来るそんな低さの伝統を、何とか私の設計にも生かしたいと思うの

熊本ボックス
上写真／居間。天井は2階床梁がそのまま意匠に使われるあらわし仕上げとなっている。これは伝統的な民家造りでは一般的な手法であった。

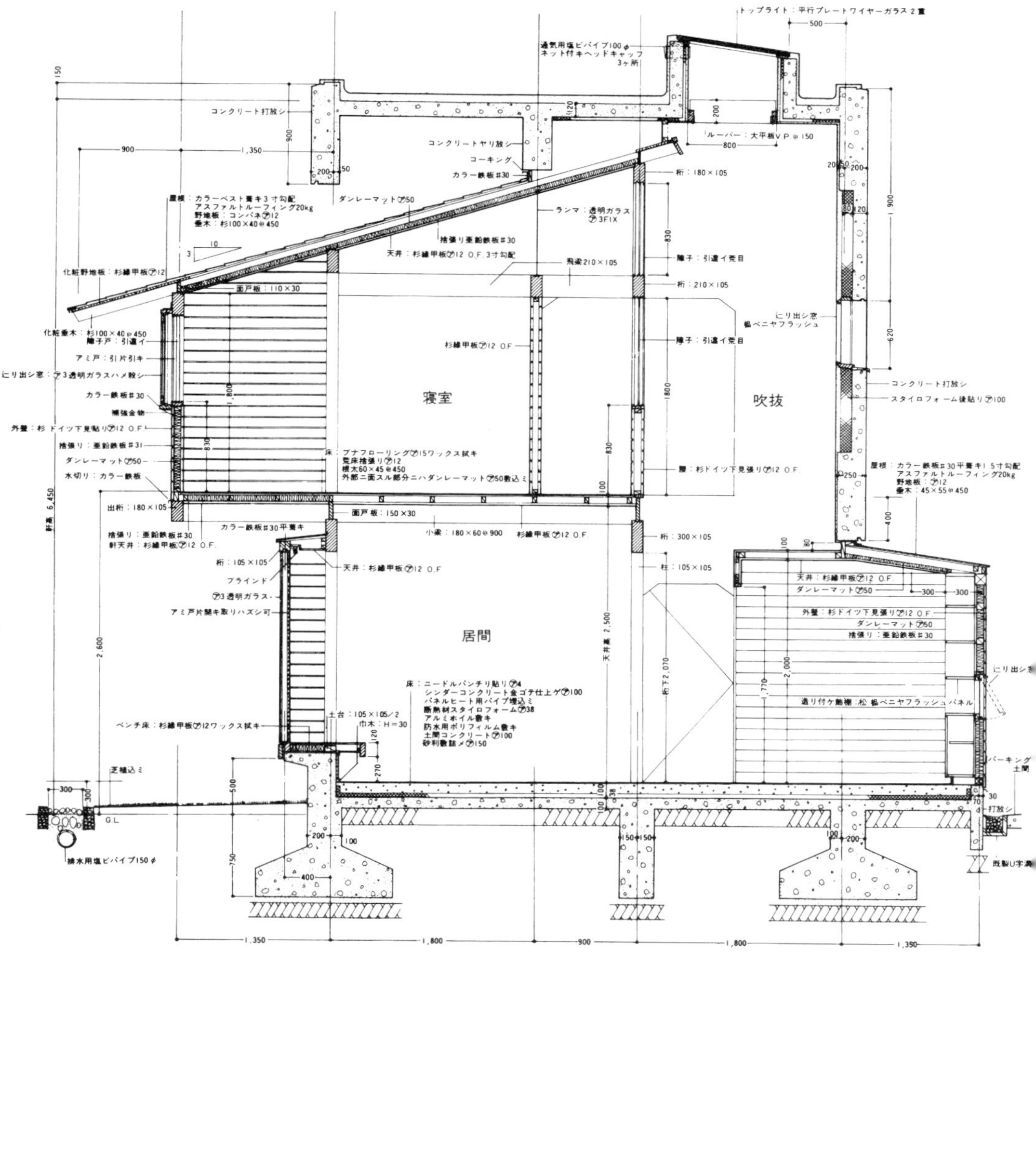

トップライト：平行プレートワイヤーガラス２重
500
通気用塩ビパイプ100φ
ネット付キヘッドキャップ
3ヶ所
コンクリート打放シ
コンクリートヤリ放シ
コーキング
カラー鉄板#30
ルーバー：大平板ＶＰ＠150
800
桁：180×105
ダンレーマット⑦50
ランマ：透明ガラス⑦3FIX
屋根：カラーベスト葺キ３寸勾配
アスファルトルーフィング20kg
野地板：コンパネ⑦12
垂木：杉100×40＠450
捨張り亜鉛鉄板#30
天井：杉縁甲板⑦12 O.F. 3寸勾配
化粧野地板：杉縁甲板⑦12
飛梁210×105
面戸板：110×30
桁：210×105
障子：引違イ荒目
化粧垂木：杉100×40＠450
障子戸：引違イ
アミ戸：引片引キ
にり出シ窓：⑦3透明ガラスハメ殺シ
カラー鉄板#30
補強金物
外壁：杉ドイツ下見貼リ⑦12 O.F.
捨張り：亜鉛鉄板#31
ダンレーマット⑦50
水切り：カラー鉄板
杉縁甲板⑦12 O.F.
寝室
吹抜
にり出シ窓
桐ベニヤフラッシュ
コンクリート打放シ
スタイロフォーム後貼リ⑦100
床：ブナフローリング⑦15ワックス拭キ
荒床捨張り⑦12
根太60×45＠450
外部ニ面スル部分ニハダンレーマット⑦50敷込ミ
腰：杉ドイツ下見張リ⑦12 O.F.
屋根：カラー鉄板#30平葺キ1.5寸勾配
アスファルトルーフィング20kg
野地板：⑦12
垂木：45×55＠450
出桁：180×105
面戸板：150×30
カラー鉄板#30平葺キ
小梁：180×60＠900
杉縁甲板⑦12 O.F.
桁：300×105
捨張り：亜鉛鉄板#30
軒天井：杉縁甲板⑦12 O.F.
桁：105×105
ブラインド
⑦3透明ガラス
アミ戸片開キ取りハズシ可
天井：杉縁甲板⑦12 O.F.
柱：105×105
天井：杉縁甲板⑦12 O.F.
ダンレーマット⑦50
外壁：杉ドイツ下見張リ⑦12 O.F.
ダンレーマット⑦50
捨張り：亜鉛鉄板#30
居間
床：ニードルパンチ貼リ⑦4
シンダーコンクリート金ゴテ仕上ゲ⑦100
パネルヒート用パイプ埋込ミ
断熱材スタイロフォーム⑦38
アルミホイル敷キ
防水用ポリフィルム敷キ
土間コンクリート⑦100
砂利敷詰メ⑦150
天井高2,500
桁下2,070
造り付ケ飾棚：松 桐ベニヤフラッシュパネル
にり出シ窓
パーキング
土間
打放シ
既製U字溝
ベンチ床：杉縁甲板⑦12ワックス拭キ
土台：105×105／2
巾木：H=30
芝植込ミ
G.L.
排水用塩ビパイプ150φ
軒高 6,450
1,350
1,800
900
1,800
1,350

3●4 軒は低く低く……

朝鮮の民家の七尺というモデュールが、あの素晴らしくヒューマンなスケールを生み出している事を発見したのは何年前だったか。慶州郊外の玉山書院であったことだけは鮮明に覚えている。

帰ってすぐこの図面の有賀邸の現場に飛んで行って、刻み中だった建物の軒高を七尺（二一〇〇ミリ）に縮めさせて大工さんに随分うらまれた。けれど出来上がった建物の軒は優しく招くような感じになってくれたし、大工さんもそれが分って満足そうだった。

その後、村野さんが講演で軒の高さは七尺ですよといってられるのを聞いて、京都ホテル佳水園など見せていただいたら皆そんな寸法であったのだ。

建物の表情を優しくし、親しみ易くするにはヒューマンスケールである事しかないのだが、その場合軒は出来るだけ薄く、低くする。人を招き込む住宅のような建物にはそんな表情が必要。厚く高い軒は田舎っぽく下品で、成金とか権力の臭いがする。

ただし気をつけなくてはならない事。

GLから二一〇〇ミリだと、床高を標準的に四五〇ミリ取る場合には縁先で桁下一八〇〇ミリをクリヤーする事はよほど軒を出さねば無理だし、縁側が無い場合には室内に軒の勾配が現れて、船底天井しか出来なくなる。

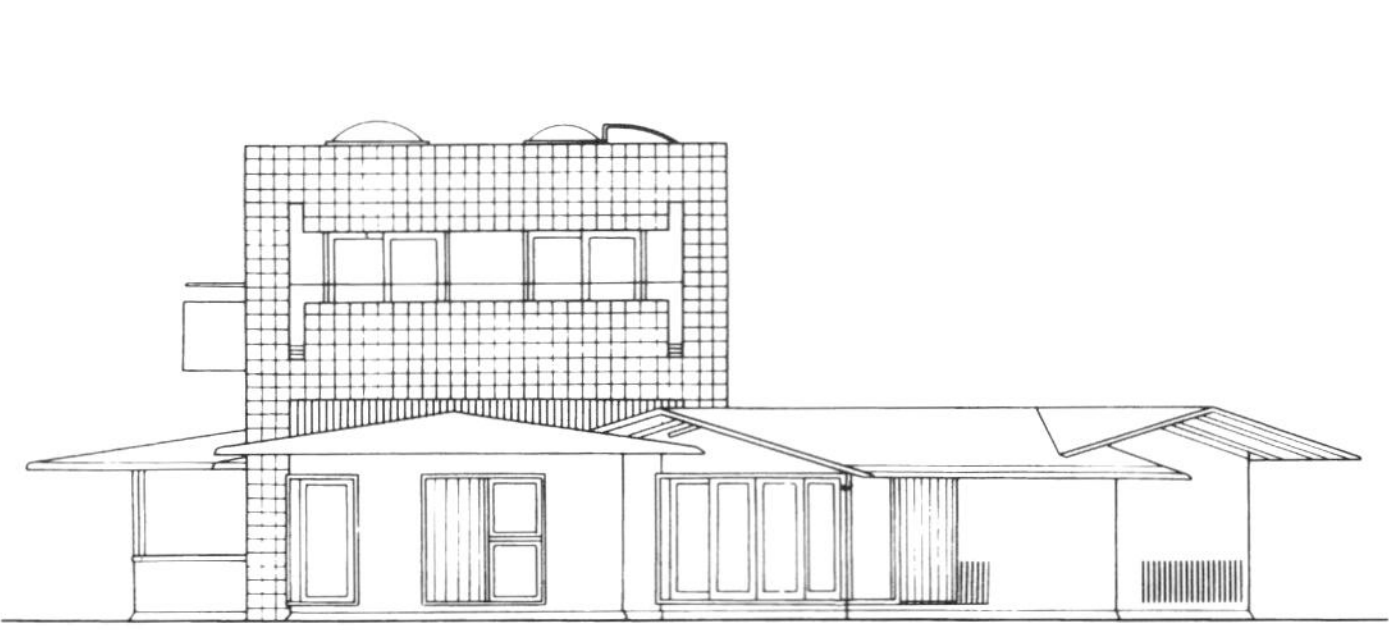

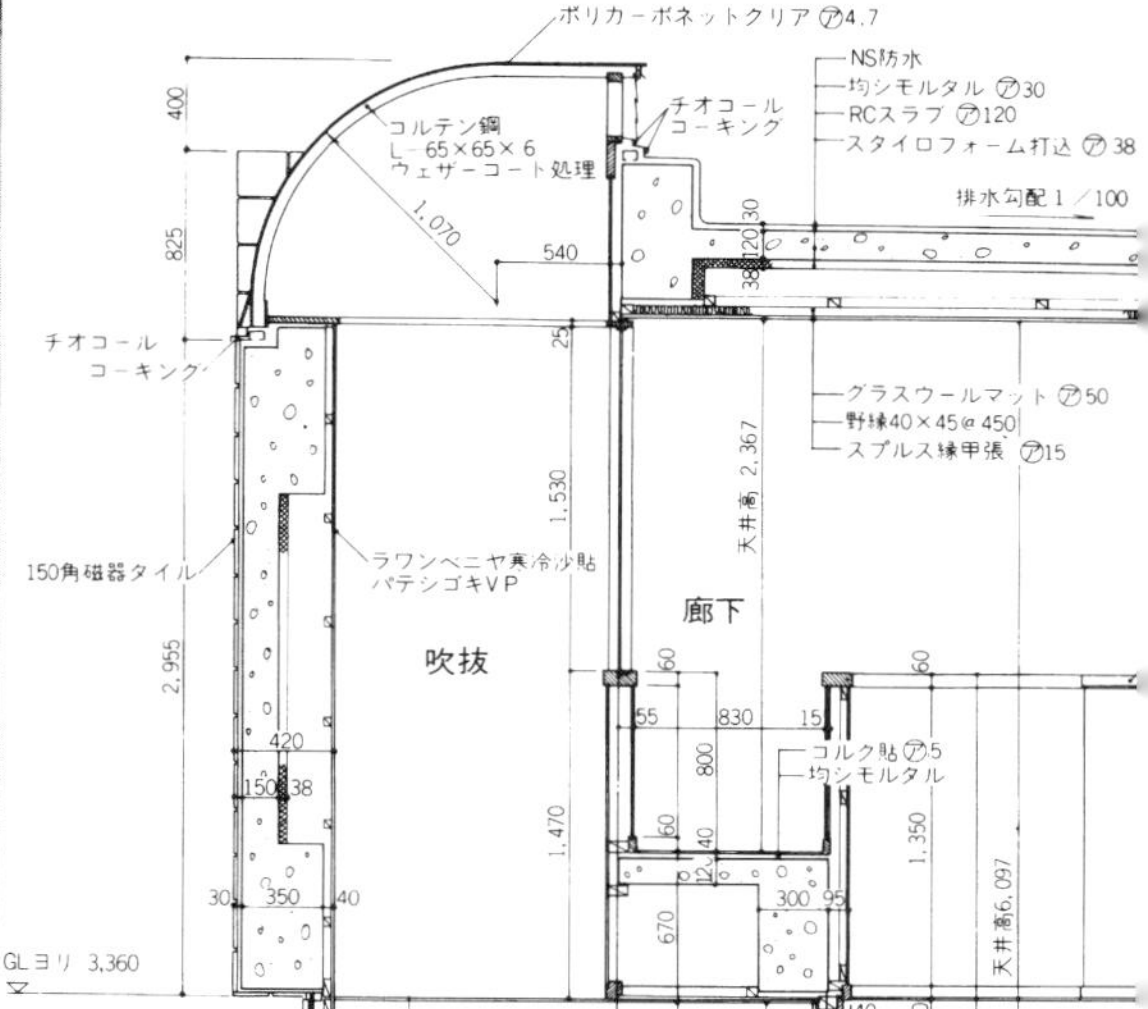
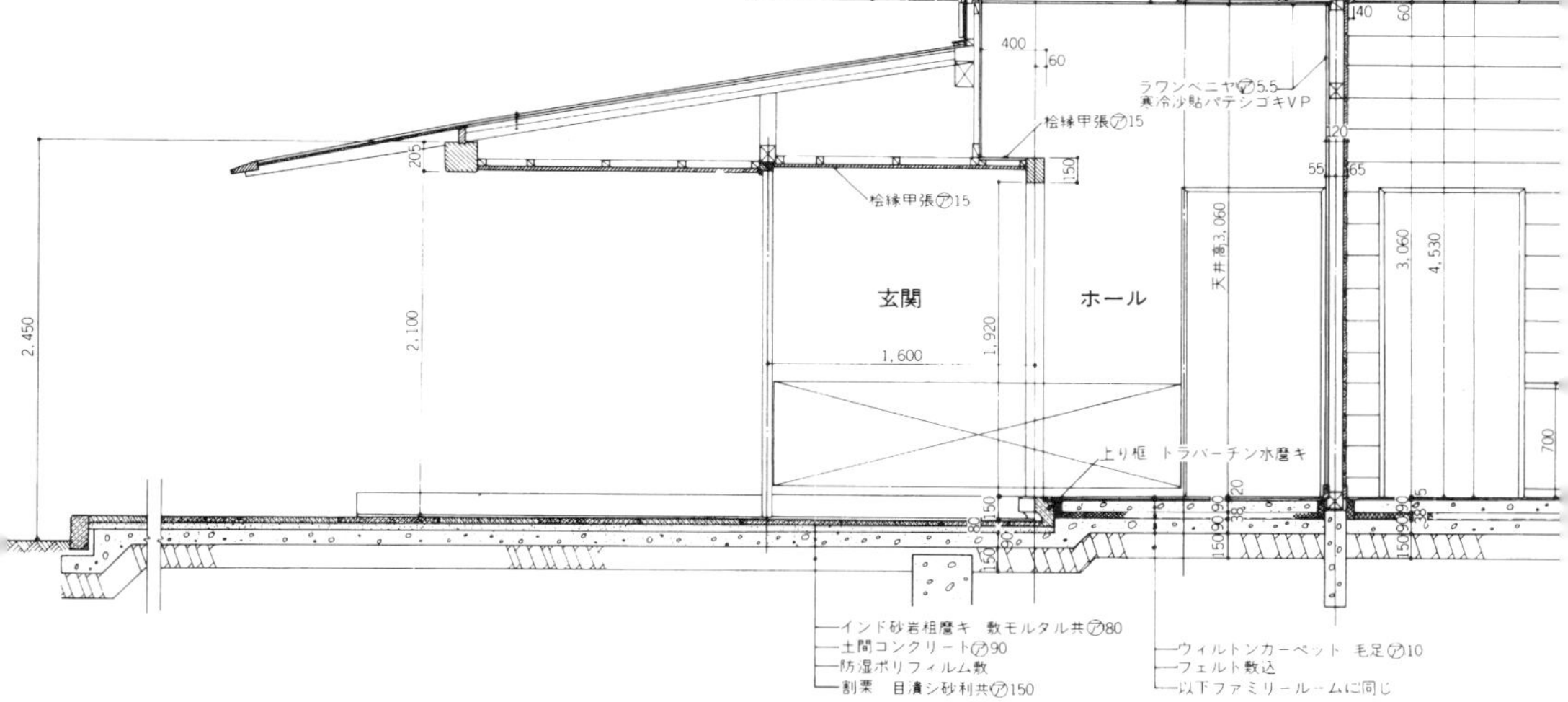

有賀邸
軒を低くみせて，かつ，室内では天井高を確保したいから床高を下げることになる．ここでは土間コンクリートに直仕上げといった手法で床高を下げたが，それでも納り寸法は厳しくて，10畳敷の和室が，“真”の部屋としての天井高をとれず，床の間は掛軸を正式に掛けることができなくなった．

3●5 床を低く地面になじませる

建築基準法で床高は四五〇ミリ（一尺五寸）ということになっている。在来の束建ての工法では、これぐらいの床高を取り、なおかつ床下に川砂を敷いて乾燥させたりしないと、畳が腐ったり、冬の寒さがしのげなかったりする。その床と地面とのレベル差の結果として私達は縁側という中間領域を持ちながら、庭におりるときに縁に腰を落とし、靴脱ぎ石の上で下駄に履きかえて、もう一段下りて庭へ出るということを余儀なくされていた。

庭が単に室内から眺めるためであるなら良いが小住宅の場合に、庭はリビングと一体化されたものであるべきである。床と庭のレベル差は、裸足で飛び出せるほど少ないものでありたい。そうした行動としての連続性を防げない様なレベルを作ることは庭を生かす手法として重要。

だから私どもは建築基準法の例外規定を使って、床をスラブで打ち、その上に防水シートを載せシンダーコンクリートで断熱した上を直接仕上げる等、庭と地面とのレベル差をどこまで少なくすることができるかをいつも摸索している。いま、地下水位が高かったり、斜面で雨水などが地中梁にせき止められて上って来てしまうなどという地盤で無い限り、ちゃんと防水をし、断熱性能を持たせても約一二〇ミリ位のレベル差までは可能である。気をつけなくてはいけないことは、強風時に庭への降雨が横に走って室内に入ったり、敷居を濡らさないようにすること等。

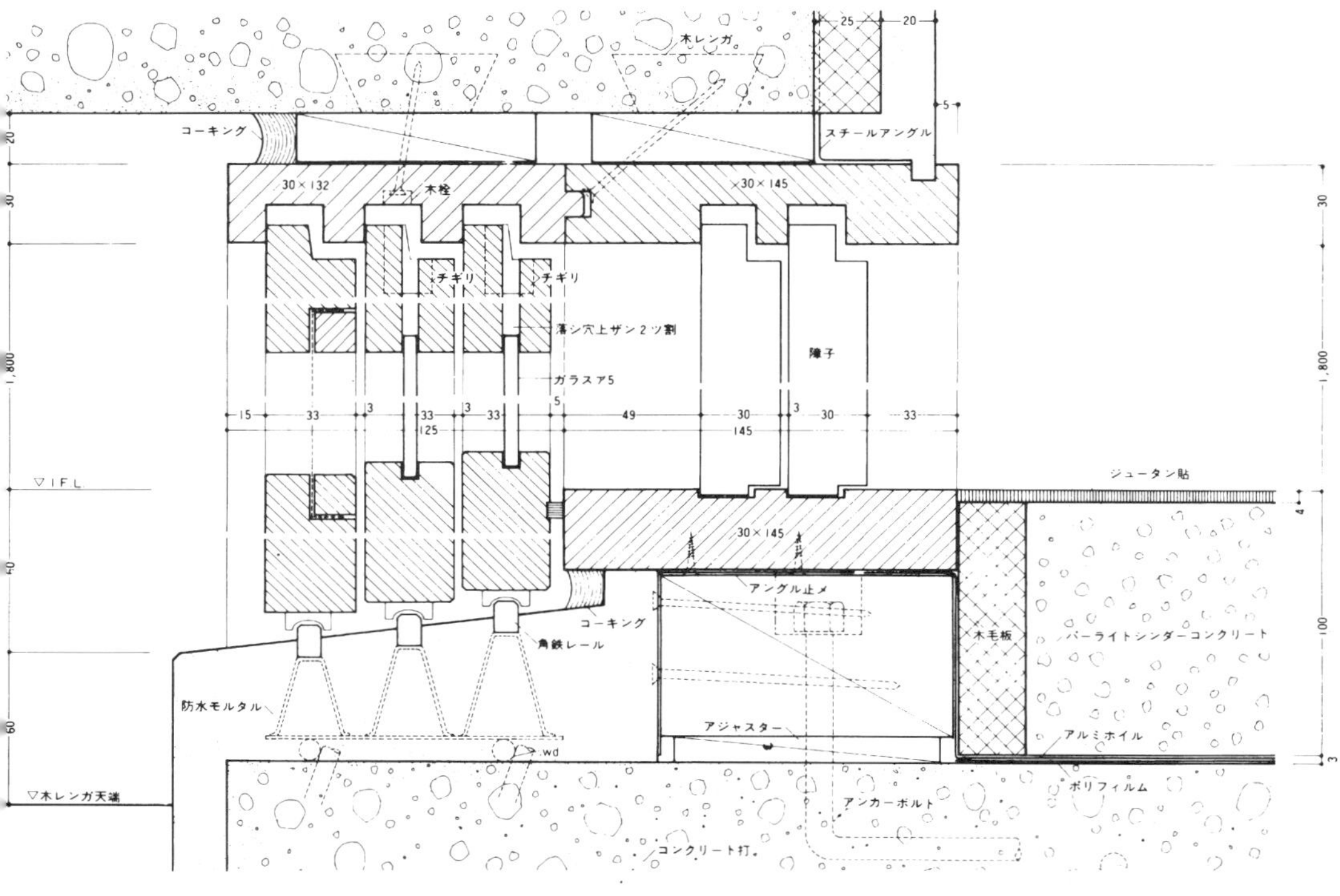

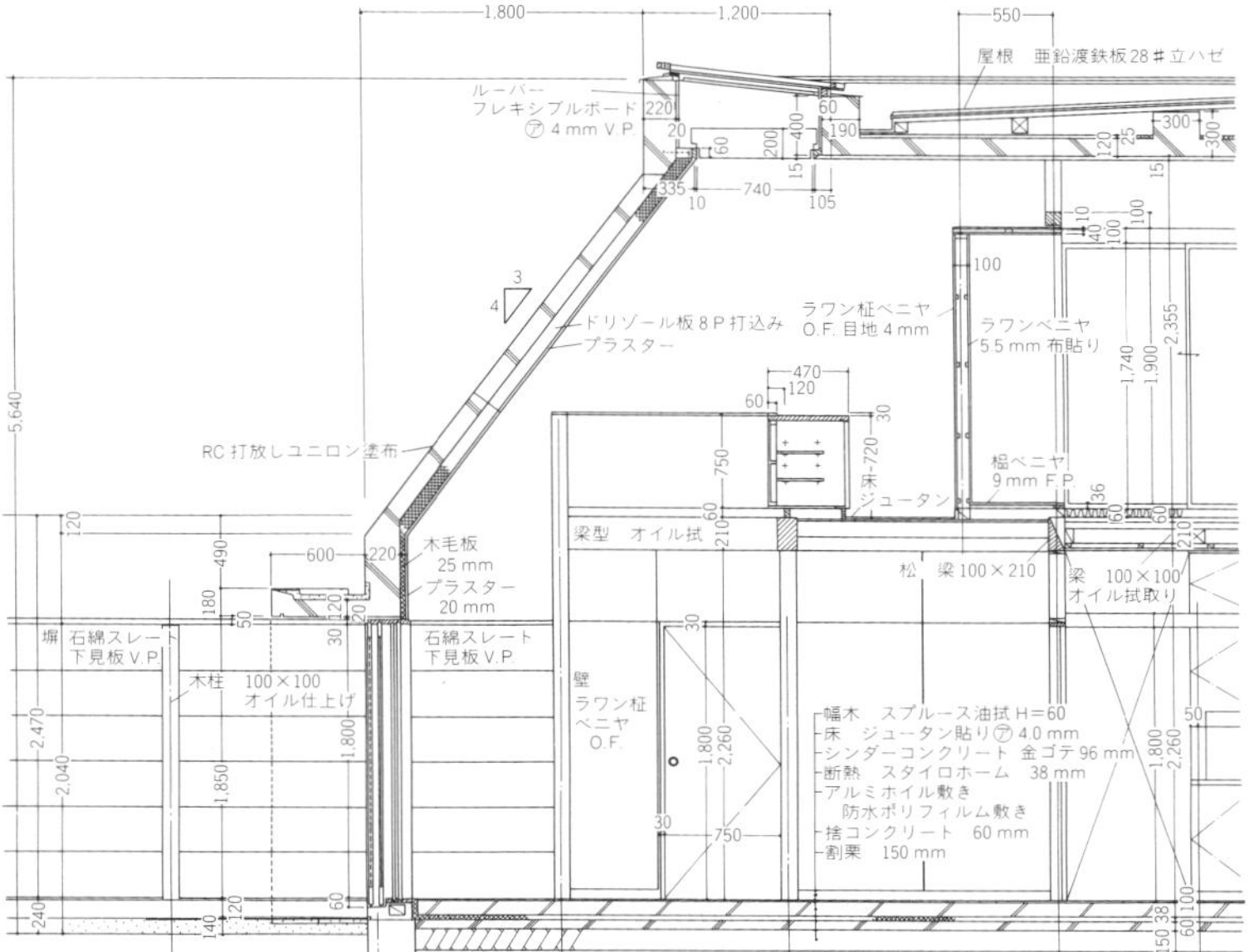

松川ボックス#I　#2
床高を地面に近く下げてくるほどに水処理のディテールに気をつかわなければならない。
雨水の跳ね返りを防ぐため、庇の出や、地面の仕上に注意すること。

3●6 吹抜けは空間を結びつけるため

吹抜けとトップライトがないと、都市住宅誌が載せてくれないという伝説があったのは一昔前の話だが、空間の平面的な展開を破る吹抜けはその劇的な効果のために多用され、それによって空間が豊かになるデザイン上の特性を持っていることは否定できない。

しかし一方、吹抜けはさまざまな欠陥も持っている。暖かい空気を逃がしてしまったり、コールドドラフトが降りてきたりという欠陥もあるし、音の伝声管にもなる。だから吹抜けはいったい何のためにつくるのかという意識を持って吹抜けをつくらないと、単なる遊びで終わってしまって、生活的には冬空にガタガタ震えてしまったり、家中に煙や音が回ったりといった結果を生んだりする。

吹抜けは、基本的には階が違う空間を結びつけるもの。上から下に対して、下から上に対して空間がつながること、それによって、私たちは平面図では果たせなかった空間の立体的な拡がりの喜びを見つけることができる。まず上下で声や視線が通い合うことの大事さのために吹抜けを作り、欠陥を床暖房などで補う――という方法をとる。

吹抜けの高さ、幅、エアーボリューム、光の参加のさせ方等々で吹抜けの性格が変る。目的に従った吹抜けを作るためにも、まず何のための吹抜けであるかを明確にすること。

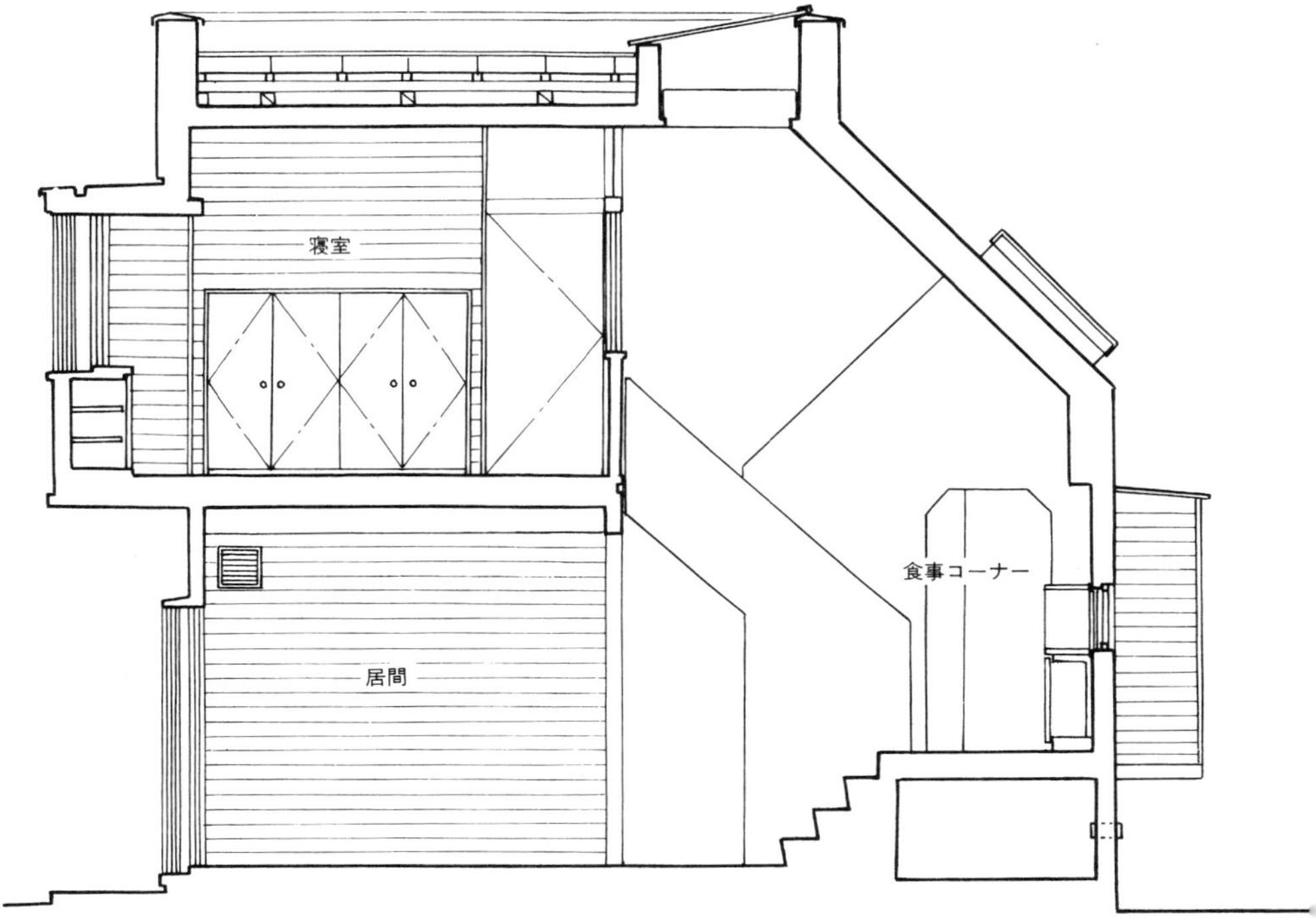

菅野ボックス
右写真／食事コーナーより二階の書斎方向を見る。
空間のつながりを演出するためには吹抜けに面した二階部分は、開放廊下であったり、開口部であったりすると都合よい。

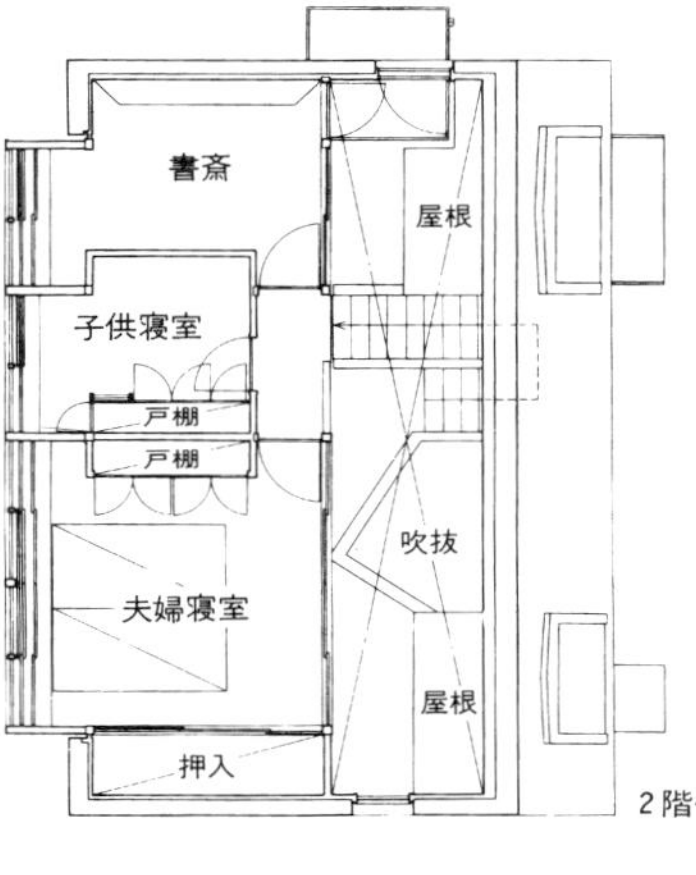

2階平面図

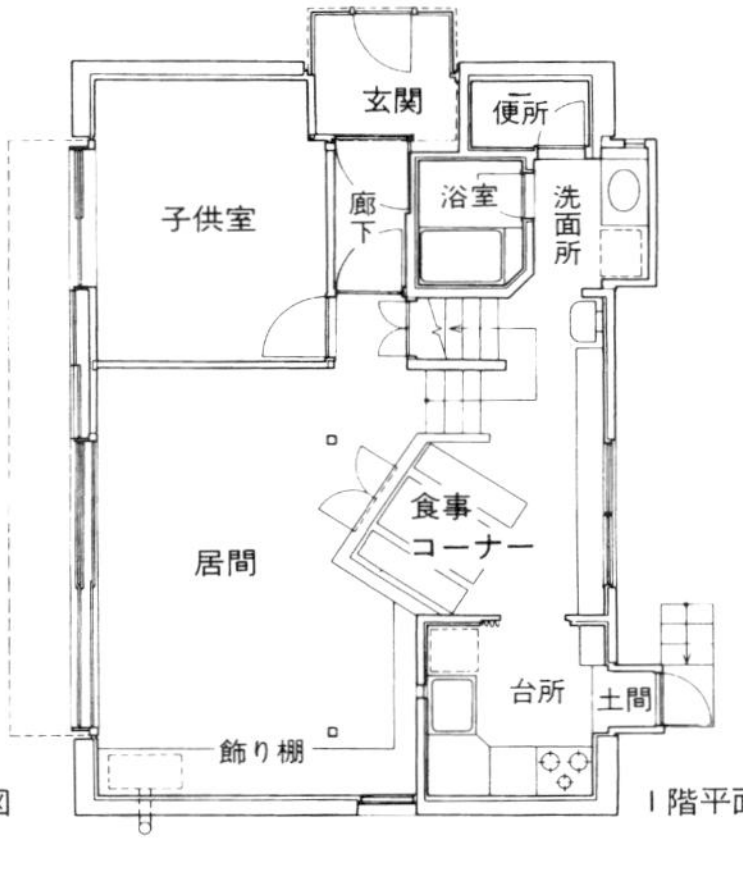

1階平面図

船橋ボックス

あかりのや

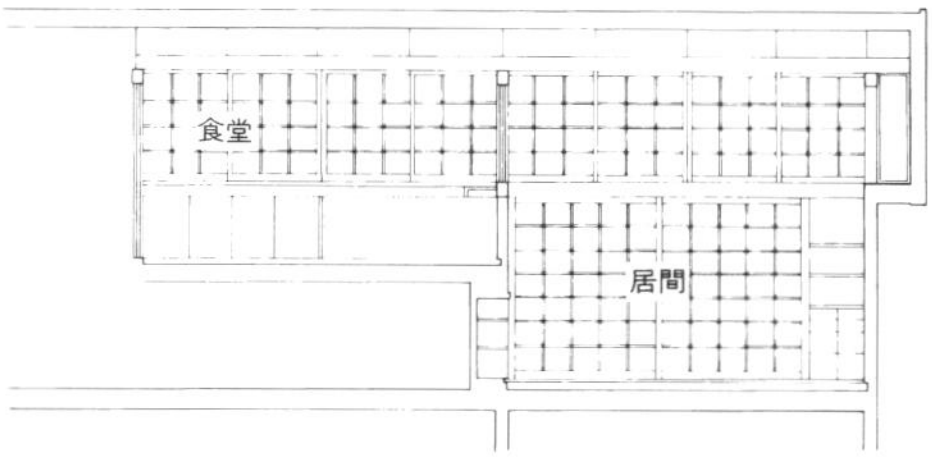

あかりのや

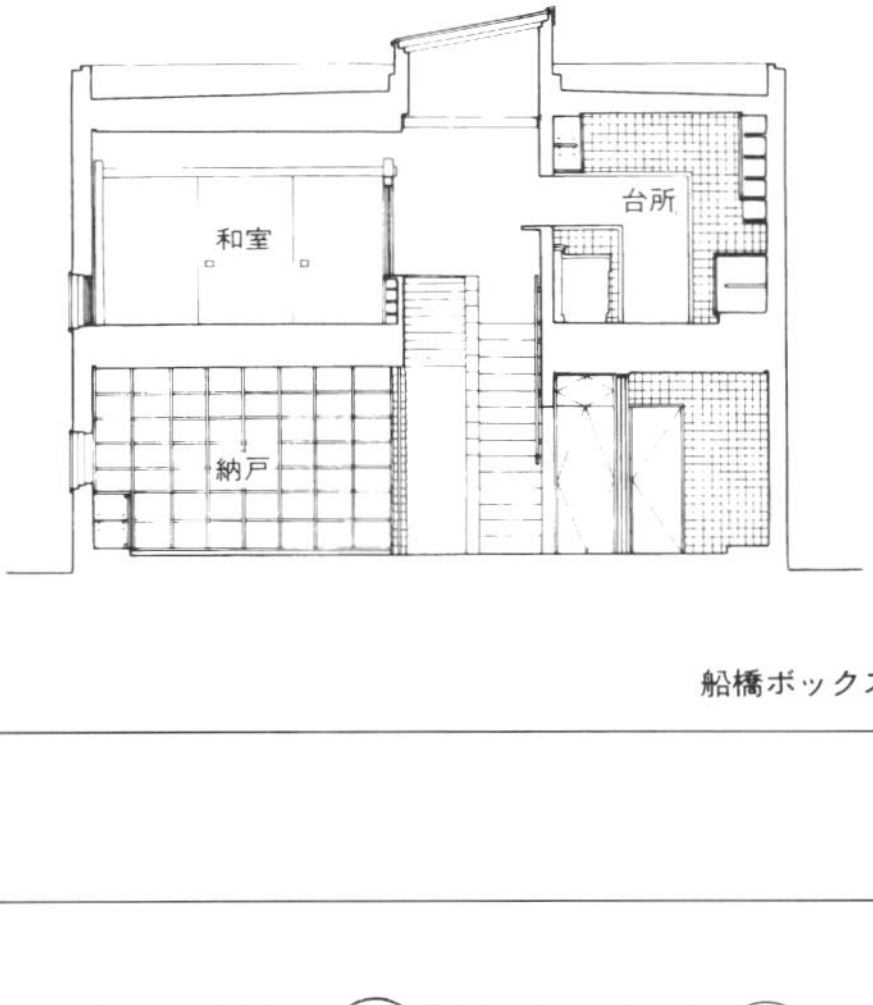

船橋ボックス

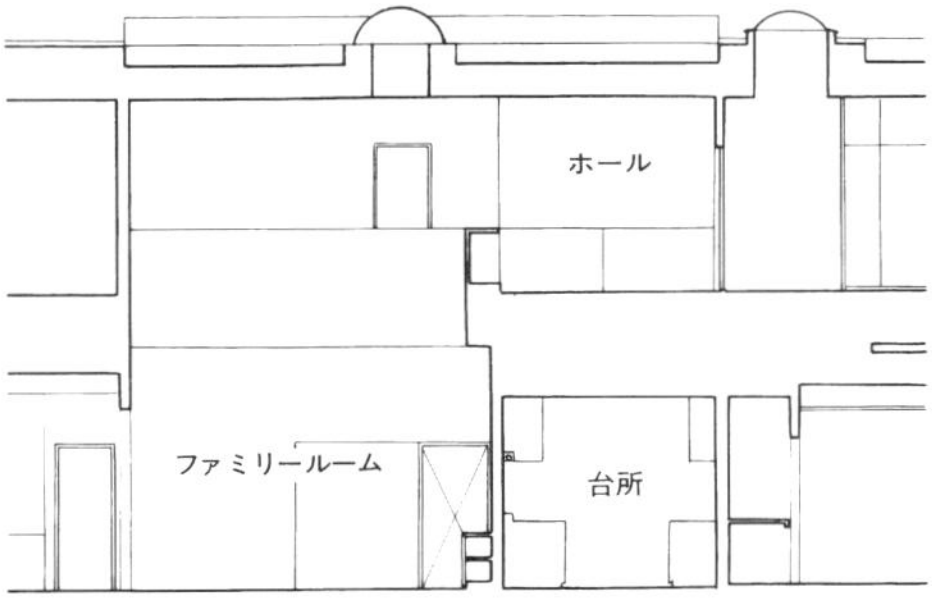

有賀邸

有賀邸

3●7 トップライトは夏の直射を考えて

敷地が矮小化され、周りに家々が密集し、それでも家の明るさは求められている、というふうな現在の住宅地の状況のなかで、トップライトが、手法として有効視されてくるのは当然のことであった。三分の一の大きさで、壁面の窓と同じ光量を得られること、空に開いていて日影の心配がないこと、上から落ちてくる光の劇的な効果等々から、トップライトは多用されることになるのだが、一つ考えなくてはならないのは、夏の日照である。

夏の昼に近い日照は、ほとんど真上からくる。真上から日が落ちてくるトップライトの直下は、生活空間としては成立しないほどの暑さになる。冬に有効なトップライトが、夏には最悪の事態を招くものになるからトップライトの取り方には細心の注意がいる。

いろいろな失敗の体験から、屋根面につくる形式のトップライトは、基本的に二階以上の高さをその下に持たない限りつくらないほうが良いと思う。これならば、全面的にトップライトでない限り、真夏の直下でも決して暑くなりすぎることはないし、明るさが少しやわらいで、そこだけが明るすぎて、グレアを生んでしまうという欠陥も無いからである。

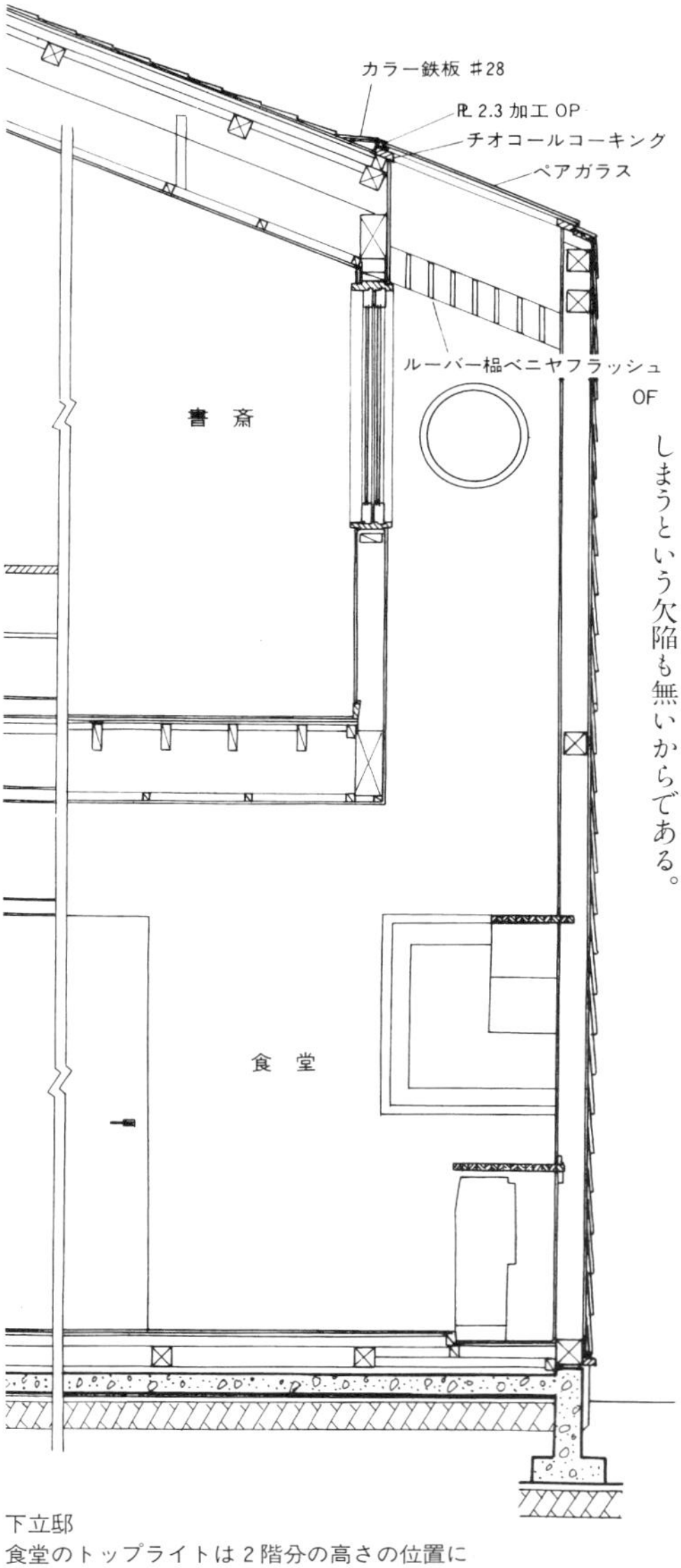

下立邸
食堂のトップライトは2階分の高さの位置にある．ルーバーはもちろん遮光装置．

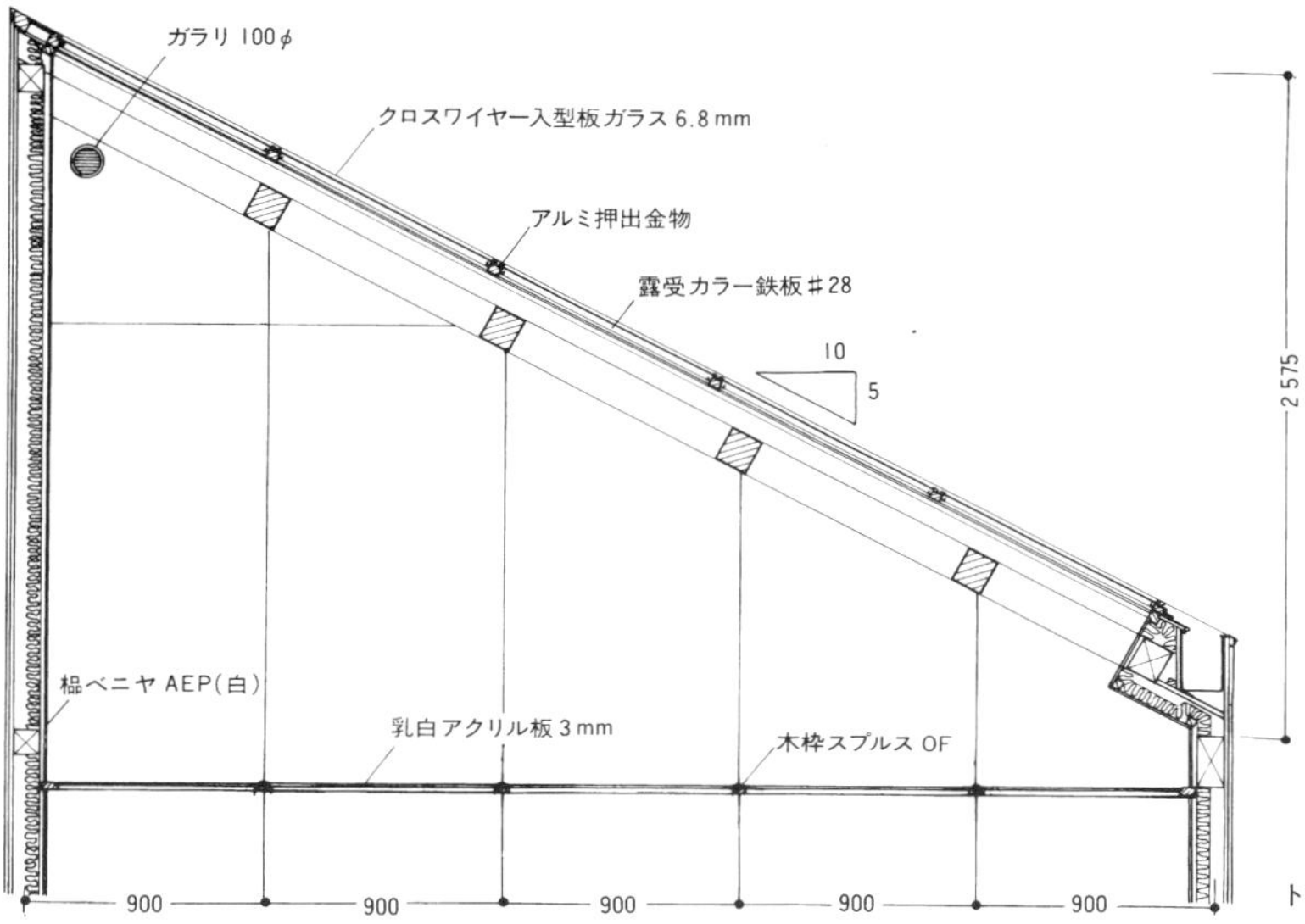

トップライトの南北断面

伊藤明邸
南北に走るトップライトは、2階分吹抜けの居間へのためのものだが、途中2階の寝室でもサイドライトとして使っている。途中で乳白のアクリル板を入れて、光を拡散し、直射を遮っている。

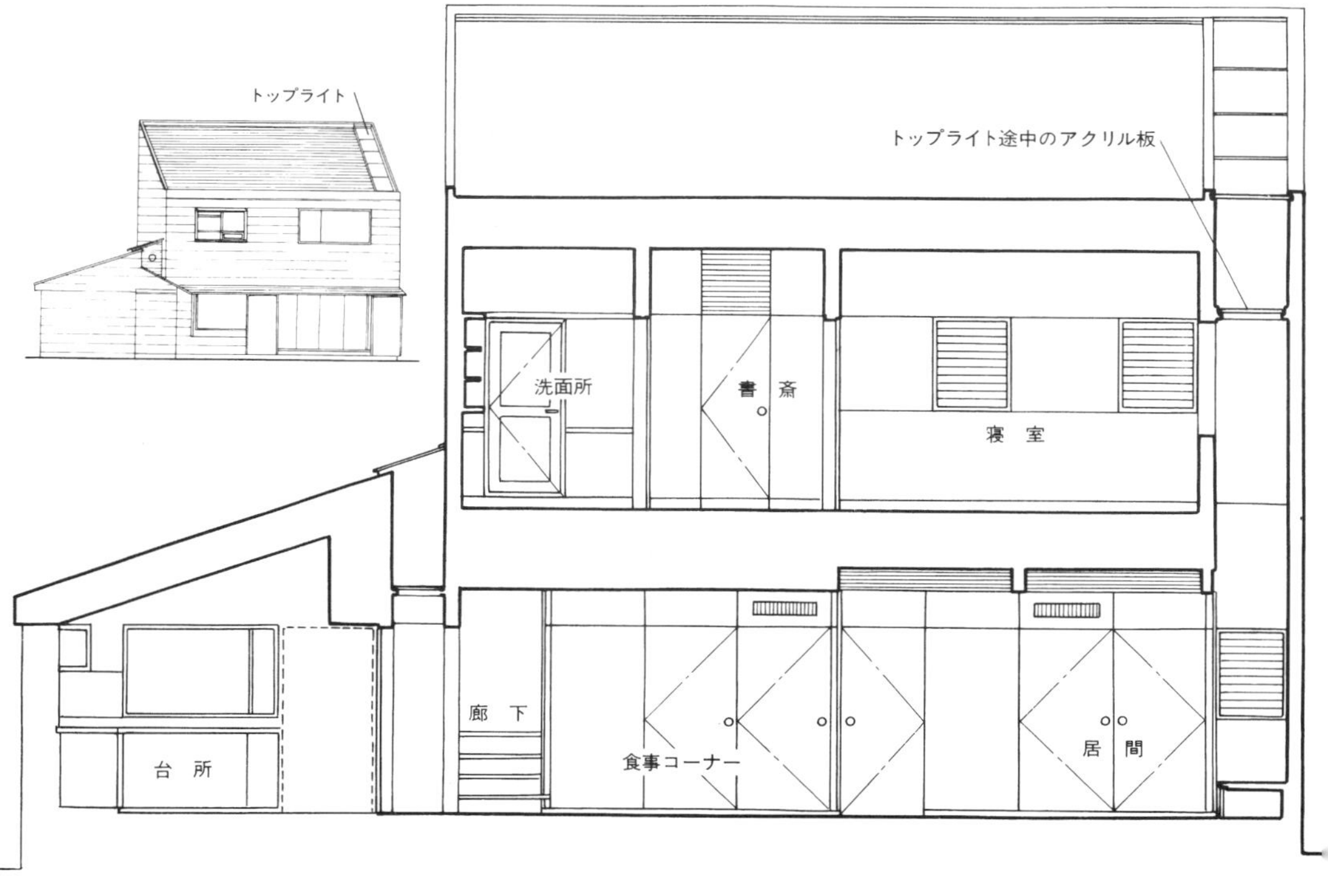

3●8 階段は日常性を破る場所

人間は通常、水平移動を主としている。住宅でも、昔は基本的に平屋であった。宅地が狭くなり、二階屋でなければならなくなったのはごく最近のことで、マンションその他によって階段はもう日常的になってしまったはずなのだが、長い人間の歴史のなかで、垂直に移動することはまだ多少ハレ的な雰囲気を持つ行為である。

都市や建築で階段がいつも劇的な場所として扱われたことを思い出してみればわかる。(『風と共に去りぬ』で、「アシュレー」と言いながらスカーレットが下りてきたあの回り階段、ヒッチコックの『断崖』でケーリーグラントがあの白く光った牛乳を持って上ってくるシーンを思い出してほしい。)

だから階段を設計するときに、そこは何かある特殊な舞台のような場所であること、何か晴れがましい場所であること、何か日常的でない形をもった場所であることを意識して設計した方が、それを登り降りする人間達を楽しくさせるようだ。

下から見上げた時の浮遊の感覚、見下ろしながら降りてくる時の不思議な落着きと、駆け登る時の高揚感。

いやア、こんなに面白い階段、そんなに簡単に設計して良いものですか。

住み手の皆さんにこの感覚、十分に味わってもらわなくては。

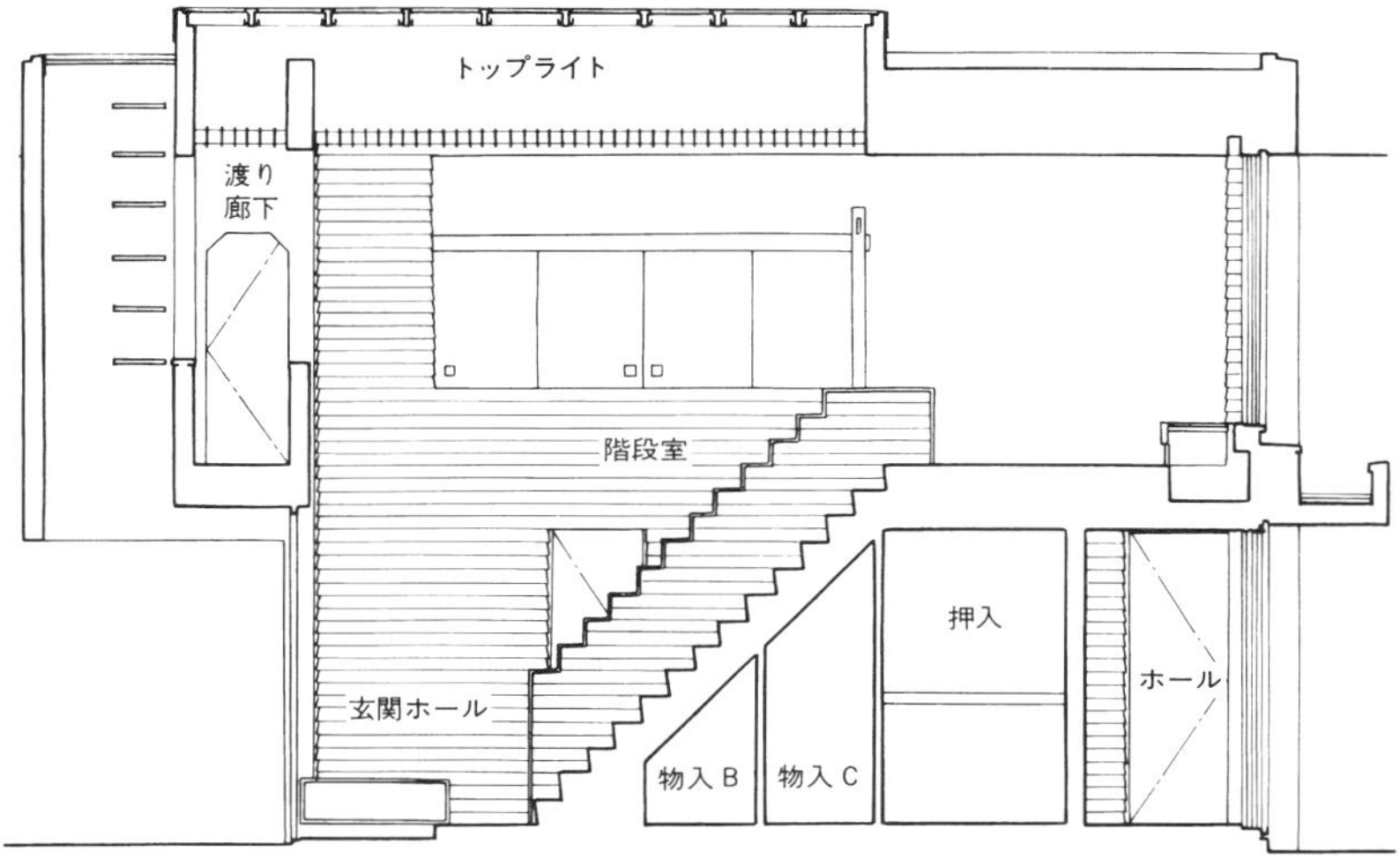

船橋ボックス
トップライトからさんさんと光が降り注ぐ真下の階段.
まだ戸外がそのまま延長しているかの雰囲気を狙って，壁仕上げを，外壁仕上げとして使われる南京下見張りとしている.

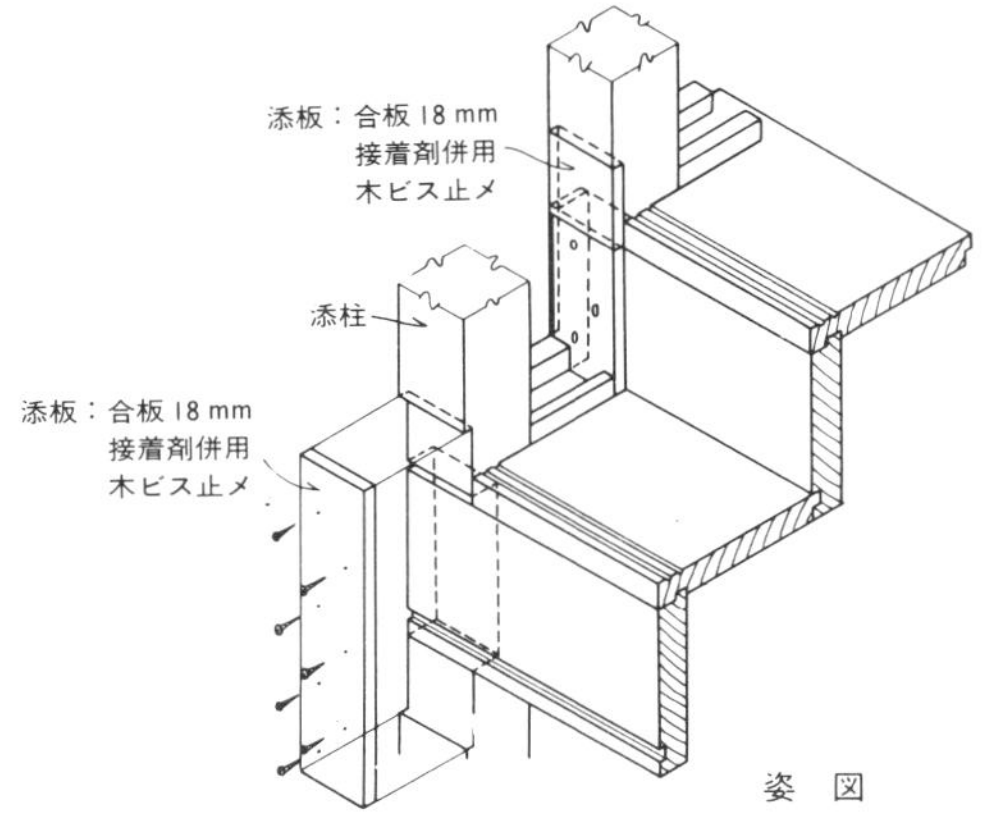

姿図

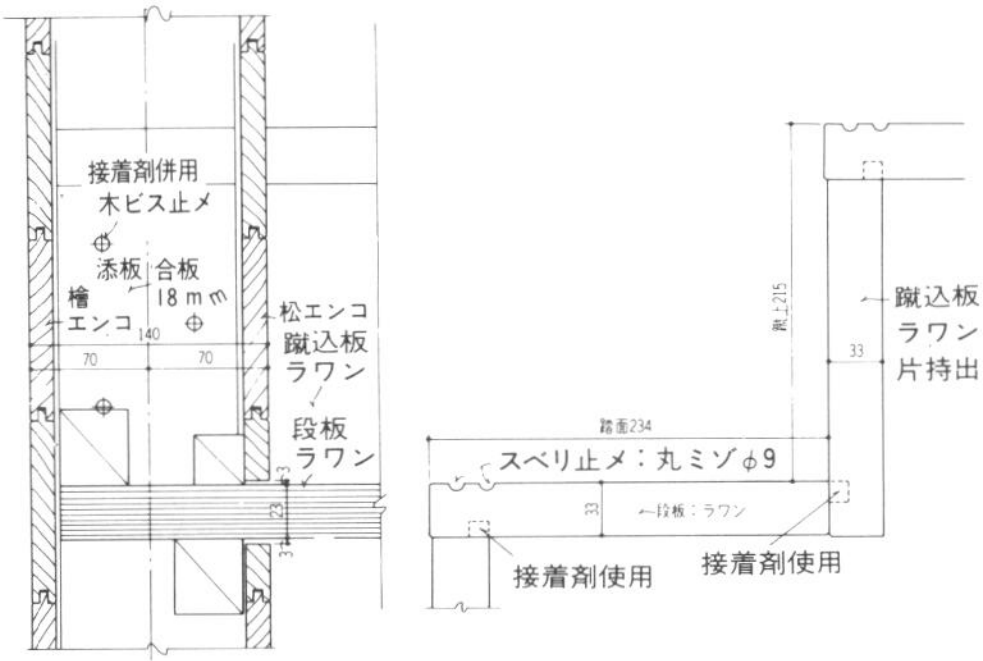

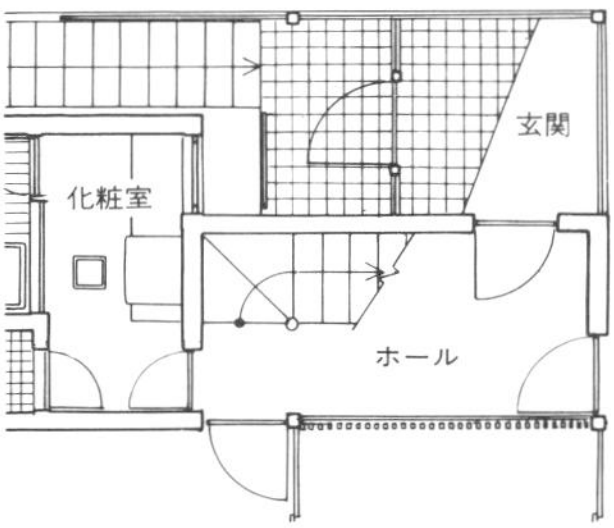

藤江邸

玄関から階段の下をくぐってホールに入るプランのため、階段が意匠的に重い表情にならないように。

現場で踏板と蹴込板をつないで一体化し、キャンティレバー構造とし、一枚板を折り曲げたように表現。

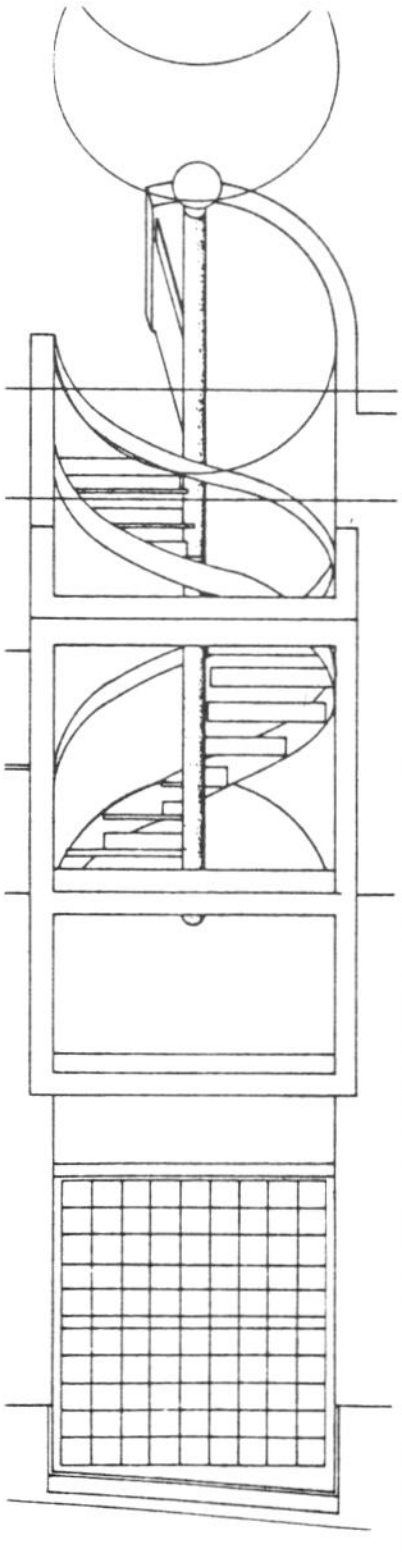

BOX-A QUARTER CIRCLE
トップライト直下の階段。
らせん階段とすることで天空に昇る雰囲気を演出している。
中心軸の頂部の納め方はいろいろ工夫できるところだが、ここでは比較的単純に、照明グローブで。

4●1 いらっしゃいませと開く玄関

玄関扉は外に開くのか内に開くのか、さまざまな議論がないわけではないが、実際にはほとんどの玄関扉は外開きになっているはずである。理由はいろいろあって、消防の立場からいうと、避難方向に開くべきだという理屈もあるし、雨じまいその他の納まりからいうと、外開きのほうがはるかに楽。だから、安いこと、安全であることだけが主体である一般の住宅の玄関扉は外開きになっているのだが、本当にそれでよいのか。

玄関前に立った客がチャイムを押して、いらっしゃいませと客を押し出すように外に開く扉は客をいらっしゃいませと迎えることになるのだろうか。私どもの事務所では、玄関扉は基本的に内側に開け、いらっしゃいませと導き入れるようにしている。その方がいかにも客を迎えるという気分がするからだ。

内開きにした場合の欠陥として、たたき部分が狭いと靴が総なめになってしまうことであるとか、帰りがけの客が扉を引こうと思うと、狭くて扉が開かなかったりすることであるとか、特にドア下部の雨じまい、または風止めが難しいこと等々があり、それが内開きにされない理由らしいのだが、いらっしゃいませと客を招き入れたかったならば、そんな欠点は技術的にどうでも解決できる。ちゃんと開けられる広さのたたきをつくり、扉の下部その他でいろいろな手法を使って雨や風を止めることを考えればすむ話である。

つまり、技術者が技術を駆使しないで、安易な方向に屈して外に開けているのが、一般の玄関扉である。私たちはそうあるべきと考える方向に技術を駆使する人間でありたい。

内側に開けられる玄関扉をメーカーの製品にしてみ

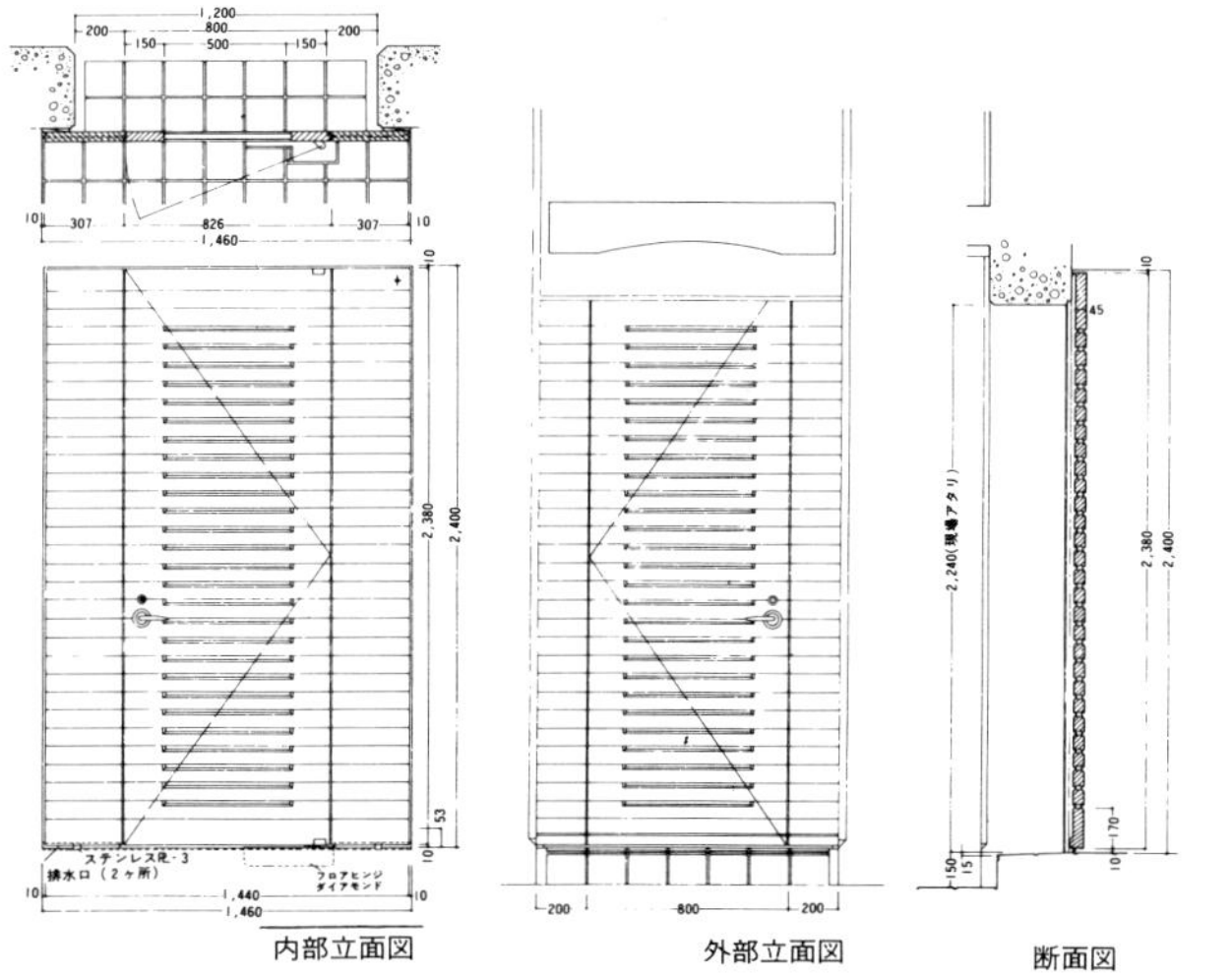

内部立面図　外部立面図　断面図

木村ボックス
玄関扉を内開きとした場合の、扉下部の雨じまい、風じまいの確実な方法は、沓摺りを立上げて、エアタイト材を入れてやればよいのだが、それでは出入りに足がひっかかってしまう。
ここでは馬毛のブラシを使ってみたのだが、ブラシの毛先が床に触れるか触れないかという程度にすることは至難の技。

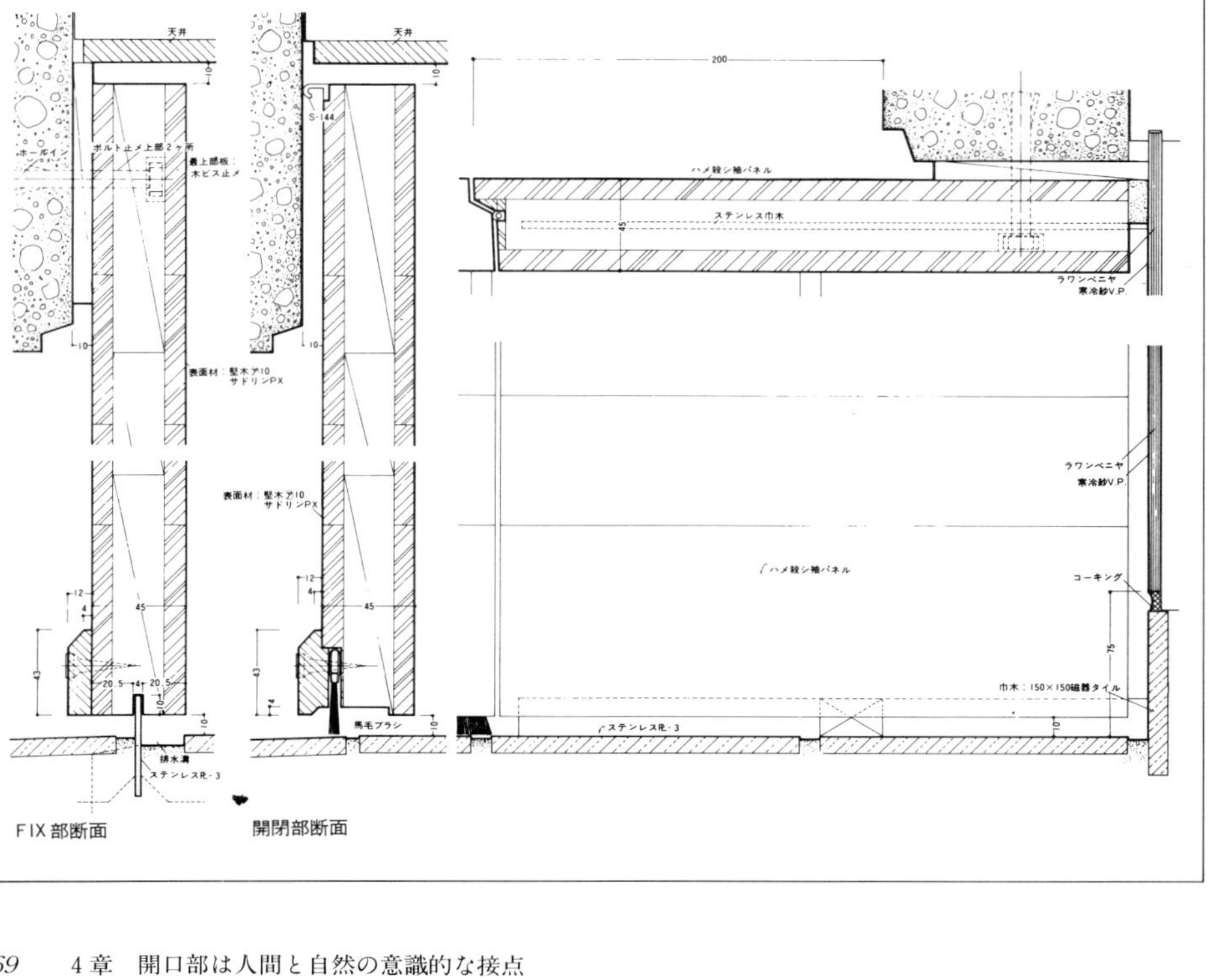

FIX部断面　　開閉部断面

た。内開きの最大の問題点である雨じまいの問題は、グラビティヒンジ（重力ヒンジ）を使い、内側に開くに従ってドアがすり上がっていくという方法で解決される。これでたたきの水勾配を十分クリアして、扉は内開きに開く。もちろん、そのためにたたきの広さが必要なわけで、たたきの広さと絡んだマニュアルが用意されねばならない。

ついでに、この扉に私たちが玄関扉に必要だと思うものを全部盛り込んでみた。たとえば扉を閉めていても風が通る扉があれば、夏の夜など便利であるに違いない。この扉は、一部が開いて網戸が入った開口部が設けられている。また、鍵はダブルでロックできるようにしてあるし、インターホンやポストも組み込まれるようになっている。小さな小窓は、外からアプローチするときも、中から訪れた客を見るときも、たしかに人間の動きが見え（男であるか女であるか、大人であるか子供であるかがわかる程度）、内外の気配がわかるようにしてある。

小さなことだけども、玄関扉に必要だと私達が考えているそこまで配慮してある玄関扉は、既製品では皆無であった。

要するに商品としての玄関扉は見えがかりの豪華さだけで売られているのだ。商品化住宅などの他の部分もそうなのだろうか。

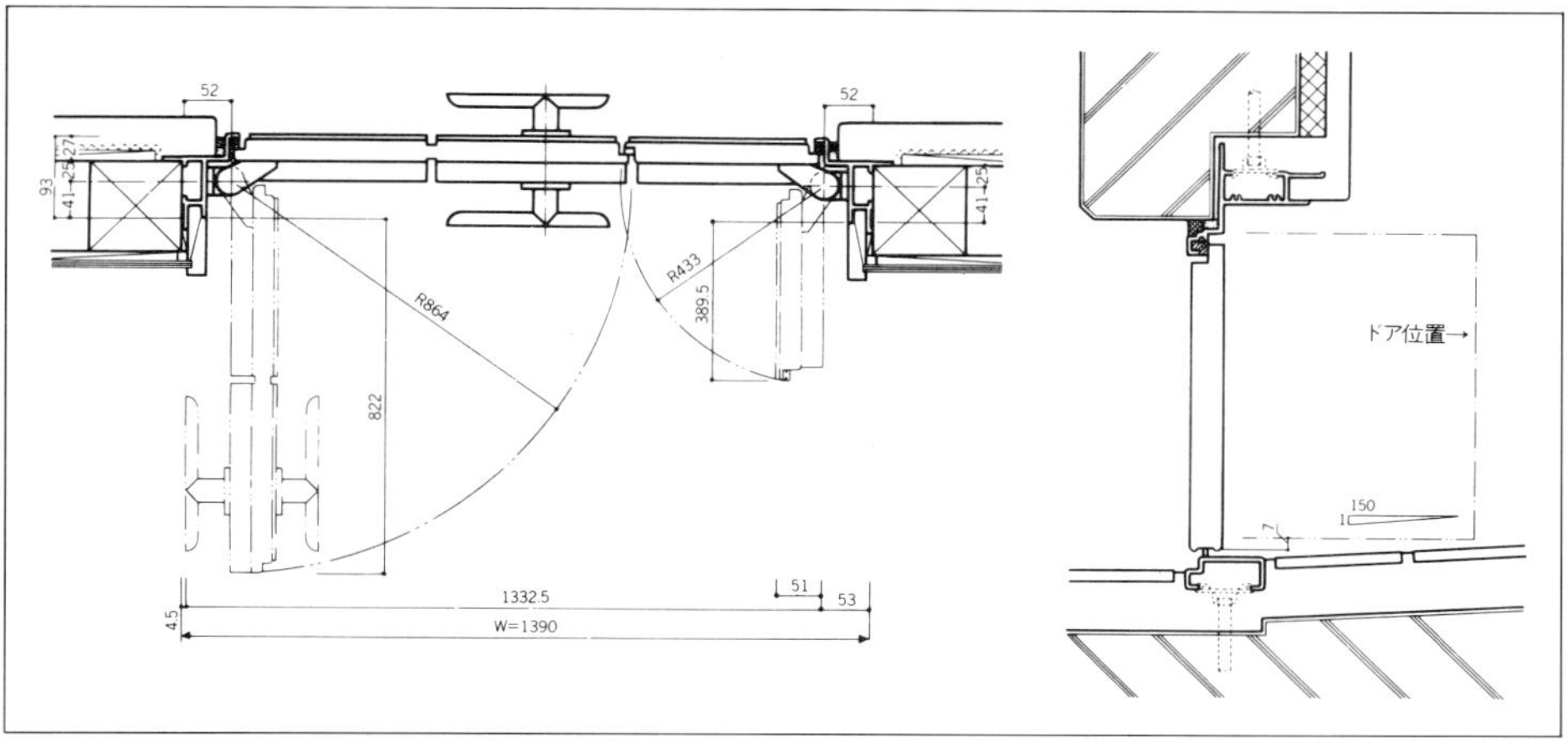

エクゼ断面詳細

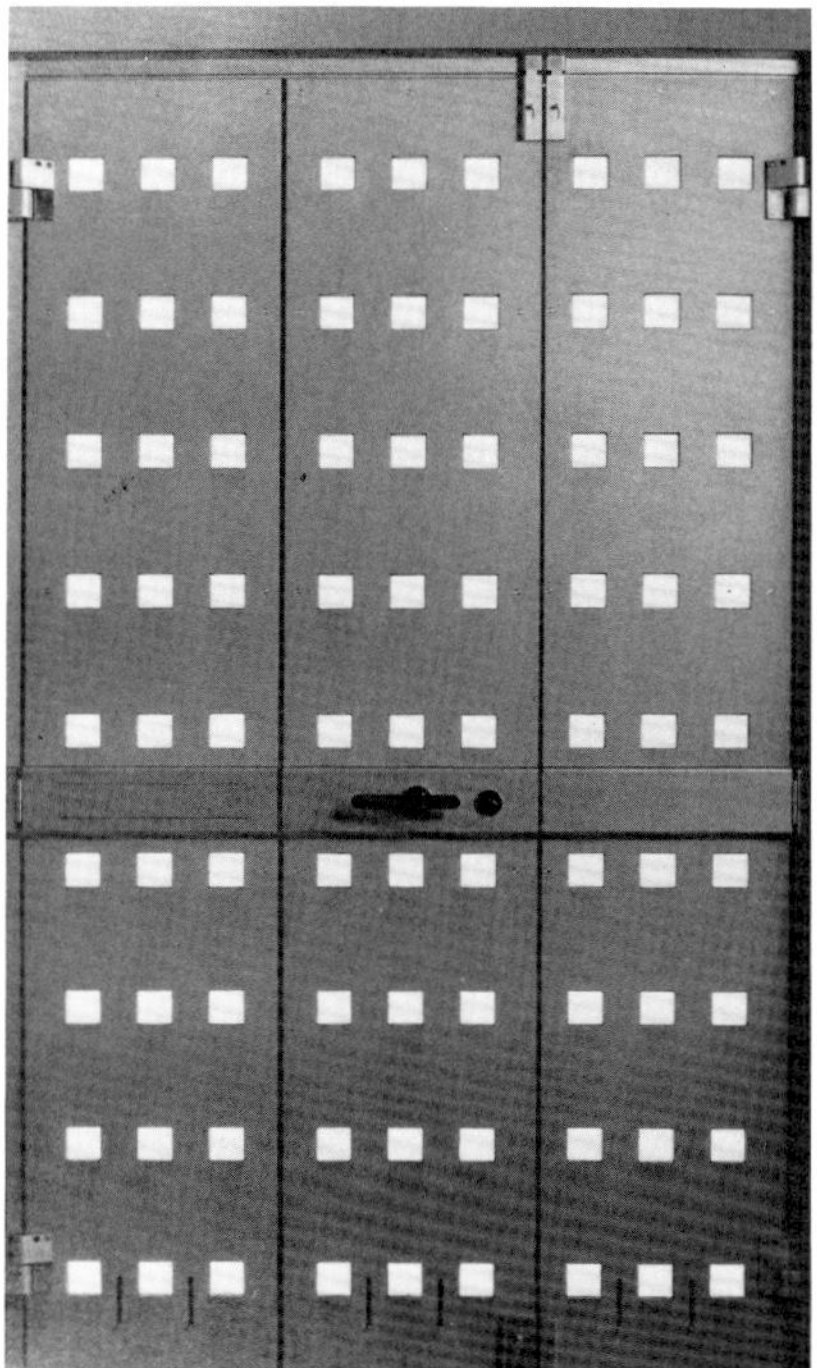

採光小窓を通して気配がわかる．

既製品で内開き扉は画期的

戸締りは内側で三重ロック可能

せり上り構造の丁番を採用

沓摺りを立上げないで，扉下部の雨じまい，風じまいを解決する方法として，ドアが開くにしたがってせり上る機構を持つグラビティヒンジを採用した．

このヒンジは本来，機械的な機構によらないで自動締りができるヒンジとして開発されたものであるが，その動きが内開扉にとって最適であったからだ．

4●2 邪魔者は消せ——全引込建具

建具を全部壁の中に引き込んでしまうのは、なぜ気持ちがいいのだろうか。これは、建具というのはなぜあるのだろうかという問いとオーバーラップする。

建具は外部の荒い気候、寒さ、暑さ、風、雨が入ってこないようにして、内部を守るためにある。虫であるとか、泥棒であるとか、音であるとか、空気であるとか、入ってきてほしくないものを排除するものである。

そういうものが私たちを脅かしているのはまさに事実。だから建具が必要なのは当然なのだが、私たちは必ずしも三六五日二十四時間、外部から建具で縁を切って人工的な空間の中に身を隠して生きていなければならないわけではあるまい。ある晴れた気持ちのいい日、ある気持ちのいい夕方、そんなときに、建具がなくて内部と外部がつながってしまったような全く自然と一体化した空間の中に身を置きたい、という気持ちになることはないのか。そんなときに建具をすべて開けてしまって消えてしまうというふうな住まいがつくれたら、それは気持ちのいいことに違いない。

私たちは、最低限、公室部分では建具が壁の中に入るようなことをいつも考えている。この住宅では、RCの内側に付加した二重壁の中に、開口部の左右にガラス戸、網戸、雨戸を引き分けて、薄い戸袋厚さで建具がしまわれるような工夫をしてみた。

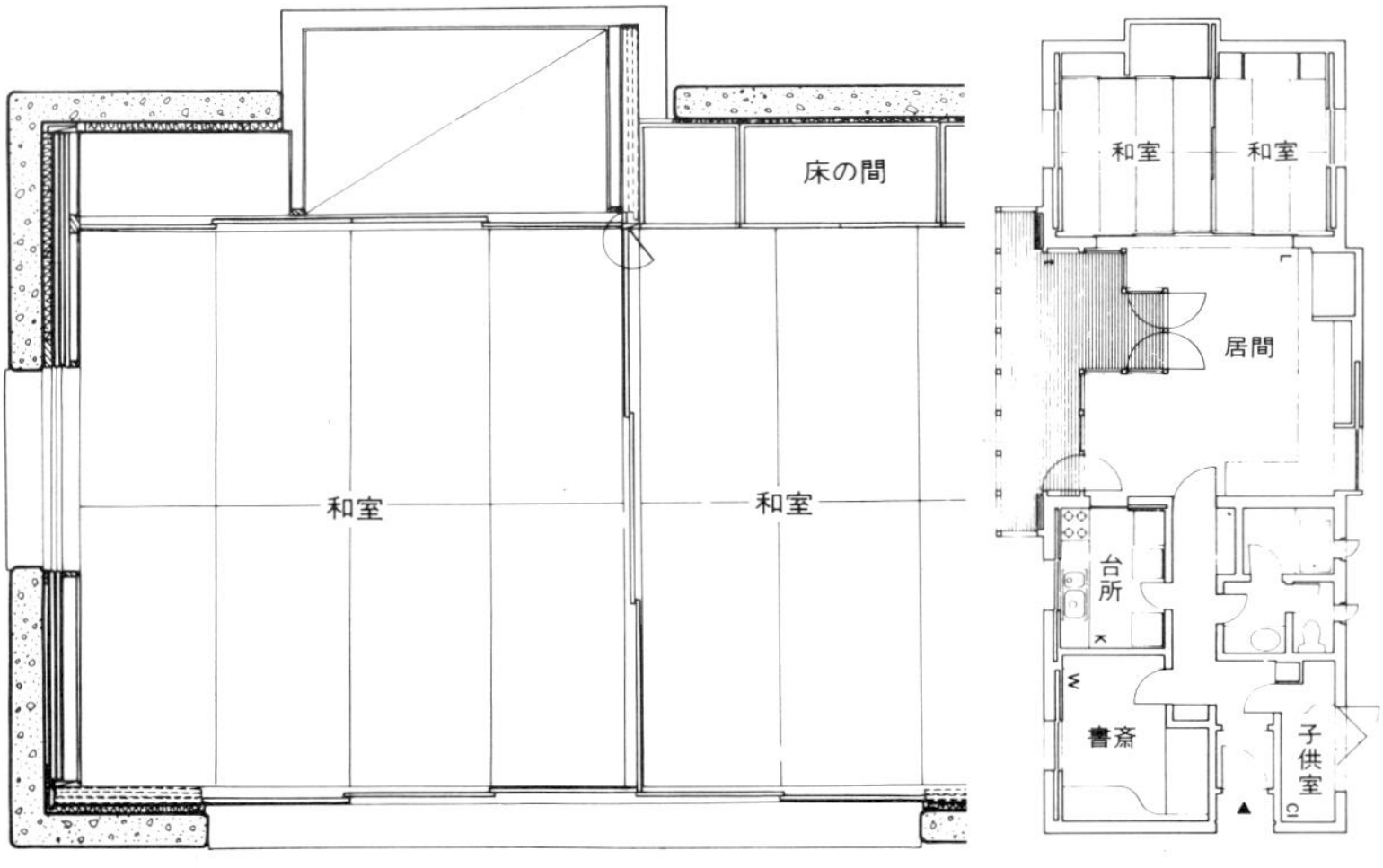

幡谷邸
和室の部分を拡大するため建具を壁の中に引き込む部分の詳細.
柱型が回転する扉として開き内部に3枚の襖が引き込まれる.

幡谷邸
和室と和室，居間を間仕切る建具は三方に引き込まれてワンルームとすることができる．

4●3 邪魔者は消せ——フレームレス建具

一度、決まって常識化されたものに関して、私たちはほとんど疑うことをしないでそれを決まりとして、その次のステップから出発してしまう癖がある。建具の枠などはその際たるものだ。

建具に枠がつくのは当たり前であるとされて、私たちは建具と枠をセットで考える習慣がついてしまっている。大工の中にも造作大工がいて造作をし、造作に合わせて建具がつくられていくというふうに、建築の中で精度の違い、その大きなものと小さなものを直接ぶつけないということから、生み出されてきた手法であると思われていた。

両方の精度を高めていくとか、精度の違いを逃げるための手法が考えられれば、枠のない建具も考えられる。

たとえば内と外がずーっとつながっているような表現をしたいときに、枠で切れてしまうのはいやな話だから、枠なしで外の仕上げが縁がきれないでそのまま内部までつながるような開口部を考えることがある。

この住宅でも外側から回り込んできたRCがそのまま室内に連続するようにつくりたかった。だから枠の代わりに小穴つきにし、上下をピボットヒンジで取りつけられた扉が、閉る時にスーッと納まるような建具を考えてみた。ただそれだけのことだが。

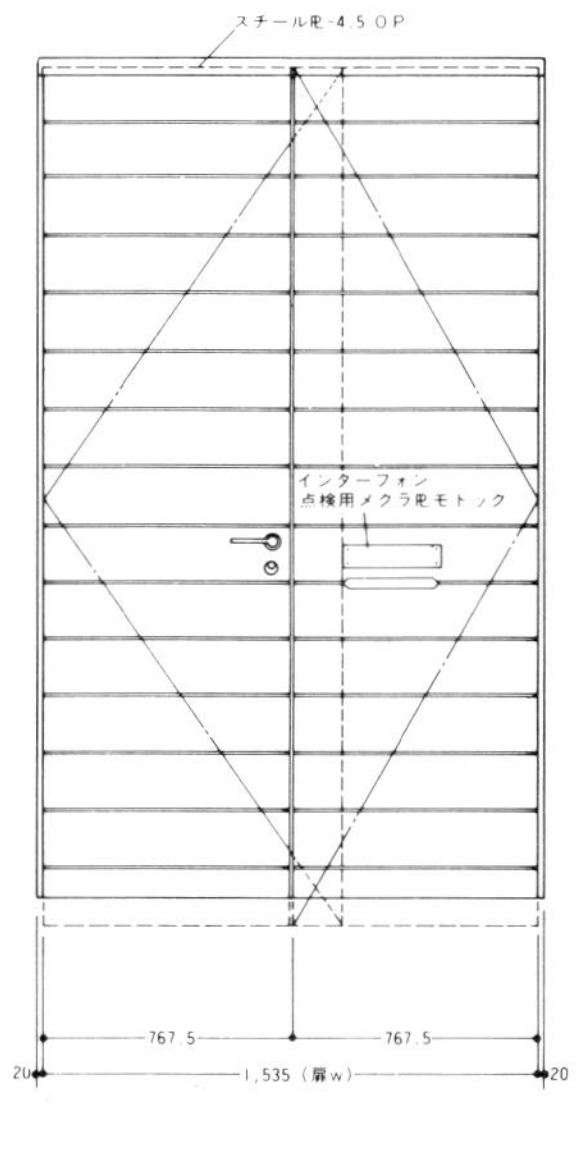

船橋ボックス玄関扉
外観図

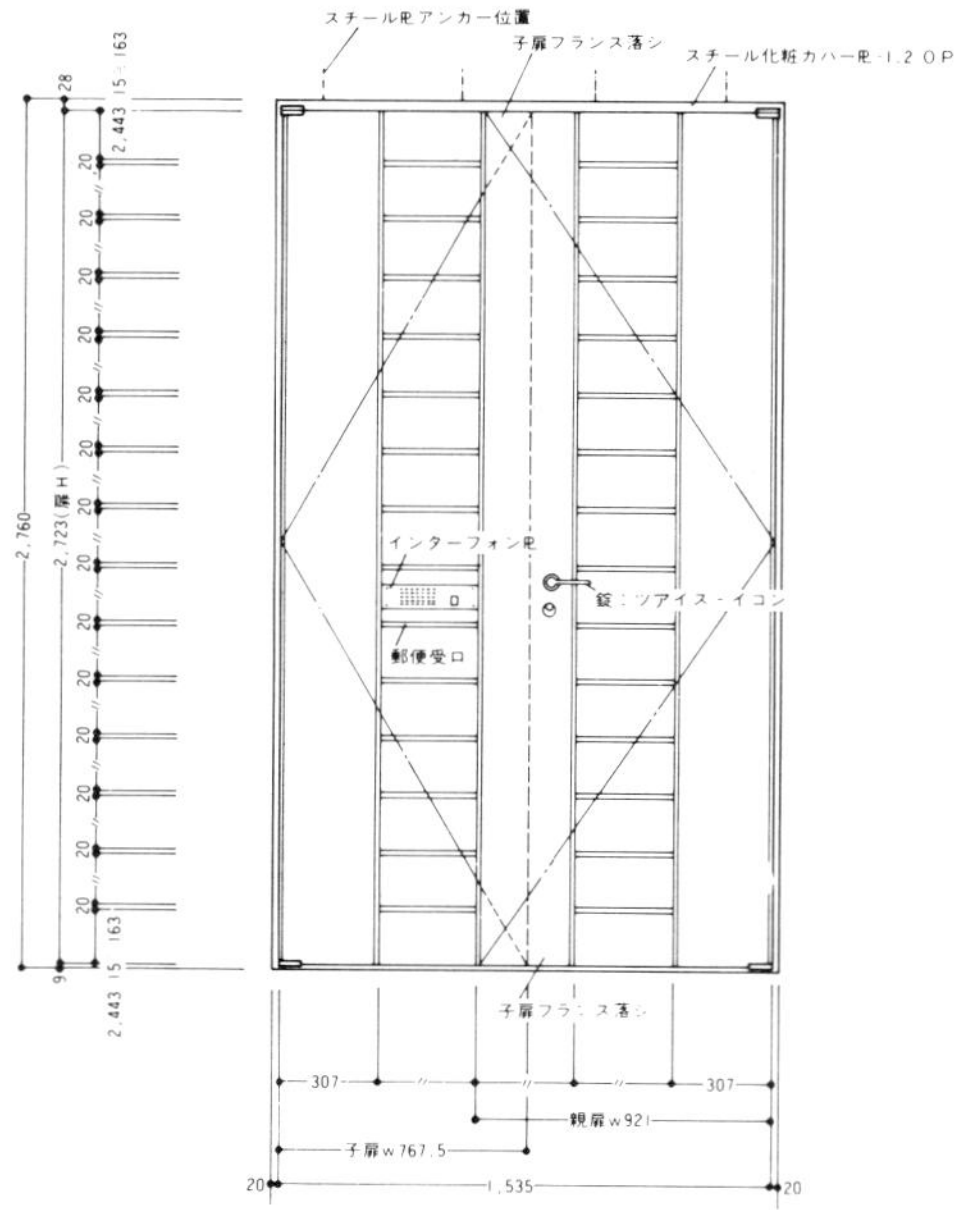

内観図

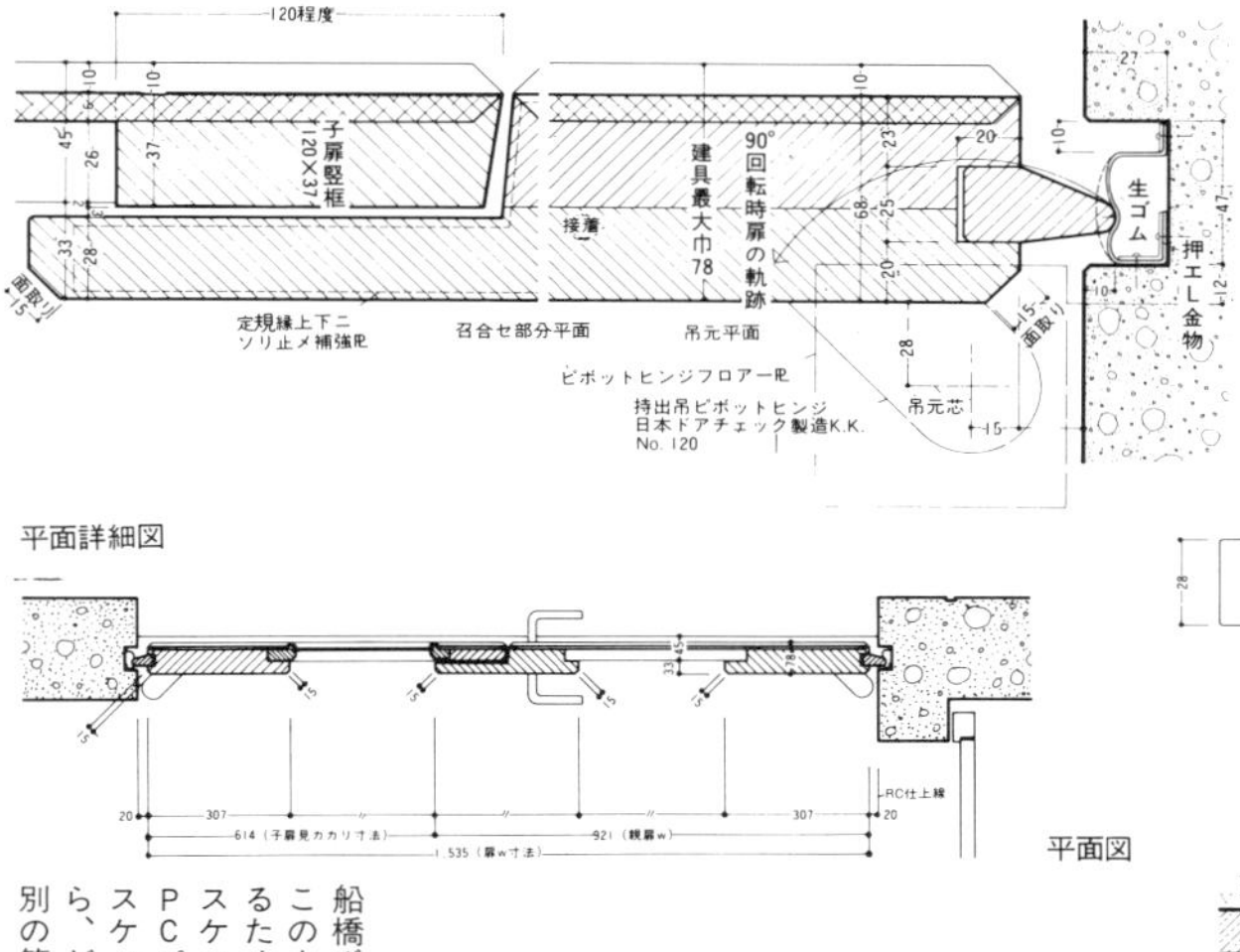

平面詳細図

平面図

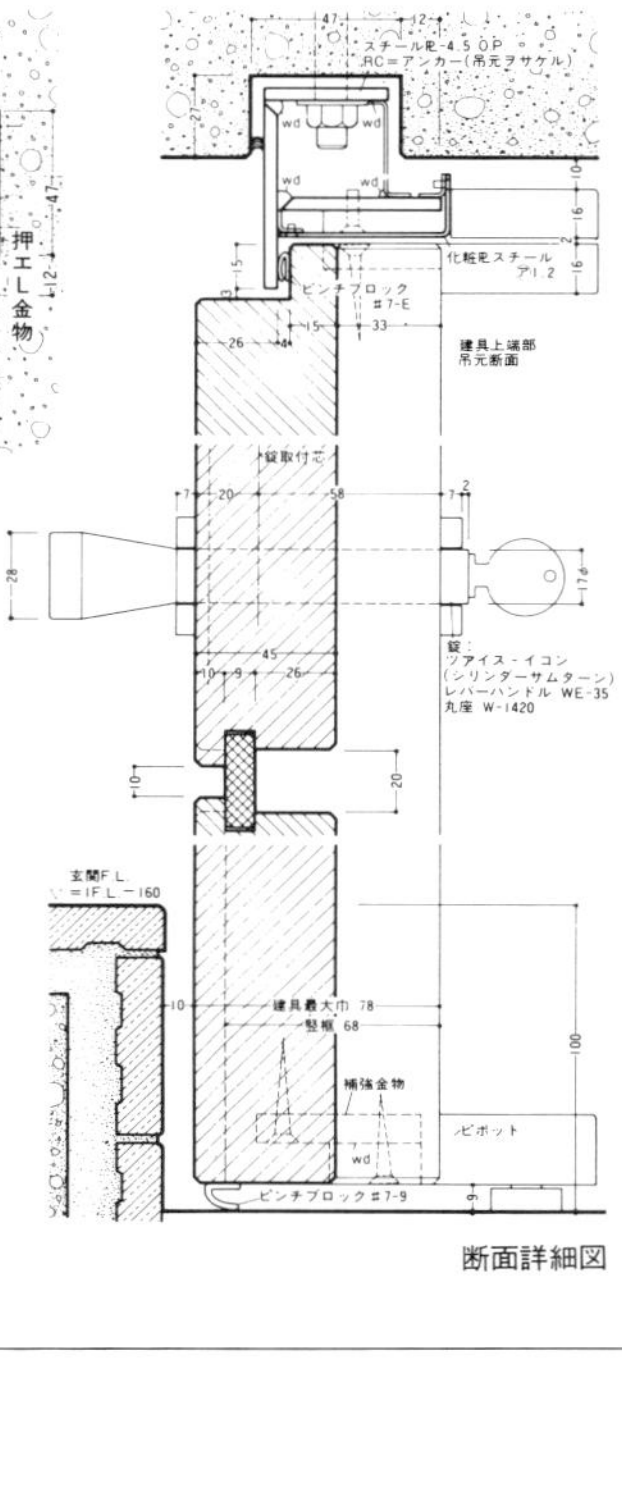

断面詳細図

船橋ボックス

このようなディテールが成立するためには、ネオプレンゴムガスケットの存在が大きい。

PCパネルの納り用に大型のガスケットがいろいろ出ているから、どれを利用するかによって別の答が出る可能性がある。

4●4 邪魔者は消せ―幅広の敷居を消す

建具をすべて引き込みにする場合に、四本建具なら溝は四本になる。それに網戸がつくと八本になりそれに雨戸がつくと十二本になる。十二本の溝が走った鴨居と敷居は、五〇～六〇センチ近い幅になってしまう。

せっかくリビングと庭、またはテラスを低いレベル差でつなごうとしたのに、途中でこんなギザギザの堤防のような敷居や鴨居があったのでは、連続感が消えてしまう。だから引戸の連続するような場合には、なんとかして敷居、鴨居の存在を消したいと思う。

けれども、連続させ、消えてしまうからという理由で採用する引き戸は、この溝を前提としているのだから困る。溝が無くなれば引戸は成立しないし、彫りを浅くできる精度の高いものは金物でなければ無理だから、逆に光ってしまって目立ったりする。

ここでは、敷居を視覚上消すために、敷居の連続としてのテラスをつくるという逆の発想をして、敷居と同じ断面のテラスにして、その中に敷居を消してしまった。

上から吊って敷居だけを消す手法が無い訳ではないけれど、この場合、戸がブラブラして安定感が無いので使う場所が限定される。カウンターハッチの仕切りの様に、あまり力がかからずそれでいて絶対レールを見せたくない所にしか使えない。

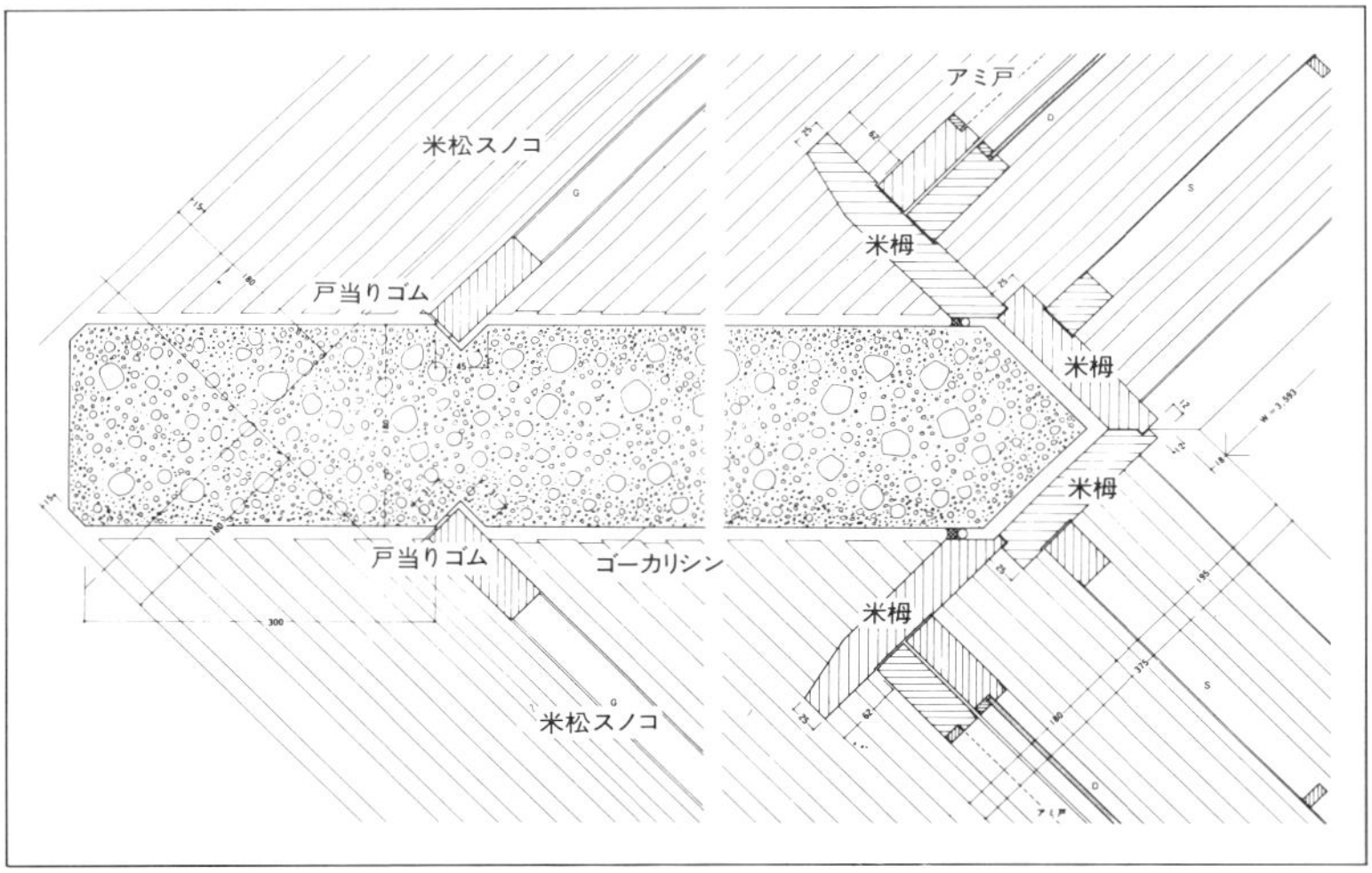

木村ボックス
テラス開口コーナー部平面詳細図

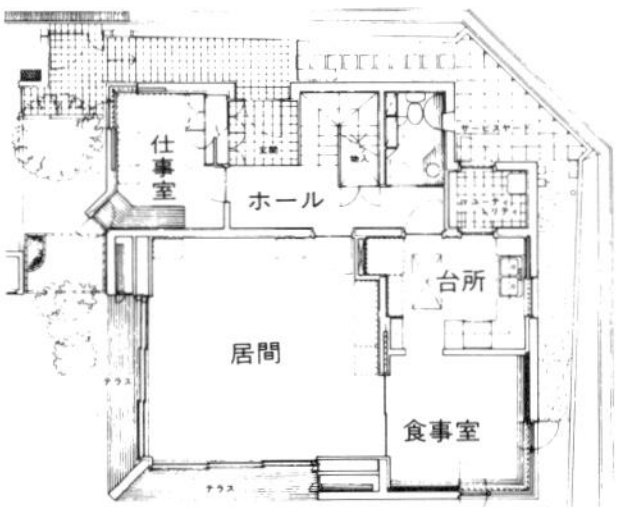

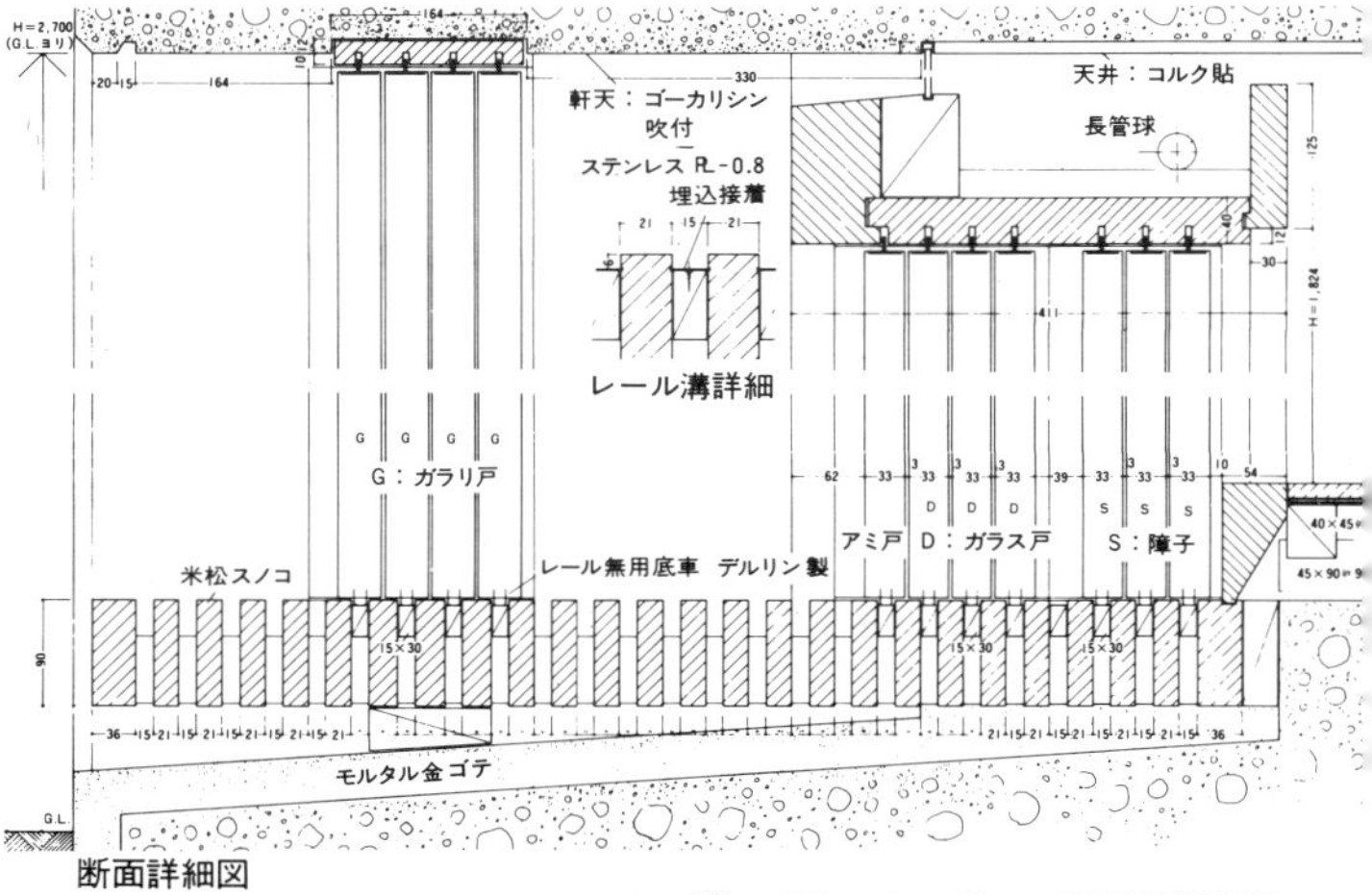

断面詳細図

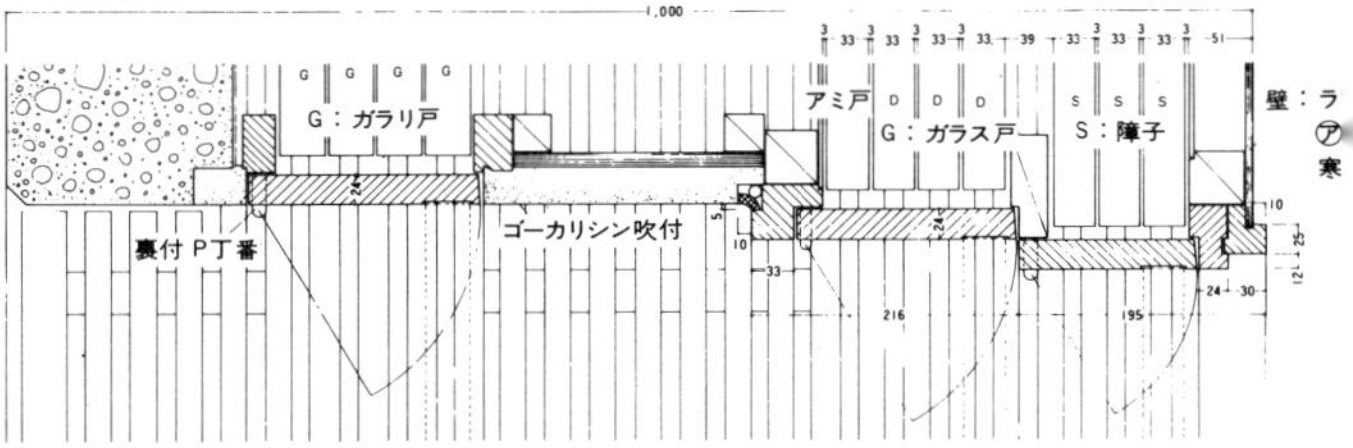

平面詳細図

木村ボックス

敷居の溝幅をスノコのあき間隔としているから、通常のスノコからみたら相当に目のつんだ仕上りになる。

このことは、施工にたいへん手間がかかることを意味するが、落し物をした場合や、スノコ下の掃除にたいへん苦労することも覚悟しなければならない。

戸車が走る部分は、磨耗しないようにとステンレス板を貼ったが、金属光択がスノコの木肌に調和せず、これは失敗。

4●5 邪魔者は消せ――敷居を消す

前者の例は、敷居を延長させてテラス化させ、テラスの中に敷居を消してしまった方法であるが、ここでは逆にテラスの中に敷居を組み込んでしまう方法である。木を隠すなら林に隠せ、石を隠すなら砂浜に隠せといったのは、ブラウン神父であったが、ここではテラスの中にたくさんある目地部分にレールを隠してしまうことを考えた。

敷居がテラスになるか、テラスを敷居にするか同じことを逆にやっているだけのこと。

目地をより強調するために床の縁甲板の中に溝がついてあり、目地がたくさんあるように見せてある。レールを隠すためである。

この溝に水がたまらないようにところどころに穴を開け、雨水がそこから下に落ちるようにしてある。その穴の内側に鮮やかなブルーのオイルペイントが塗ってある。水がそこからしみ込まないようにという防腐上の処理でもあるし、ちょっとしたデザイン上のお遊びでもある。(西沢文隆さんが自邸のコンクリート打放し塀のホームタイの跡に鮮やかな色を塗っていたのを真似させていただいた)

そんなこと設計の最初からディテールとしてあるはず無い訳で、実施の段階で必要となった雨戸とそのレールを、どう生活空間としてのテラスの中央を目立たせず走らせるか――という苦しみが生み出したもの。

幡谷邸
レールをもう少し埋め込むことができたら、たくさんある目地のなかに埋没しているように見せることができたのだが、納まりの関係上かなわず、見えがかり上の消し方はやや中途半端であった。
テラス床の板材にはいろいろな細工をするので、可能な限り厚板を使ってやらないと、雨ざらしになる部分だけにレール埋込部分は狂いがこわい。

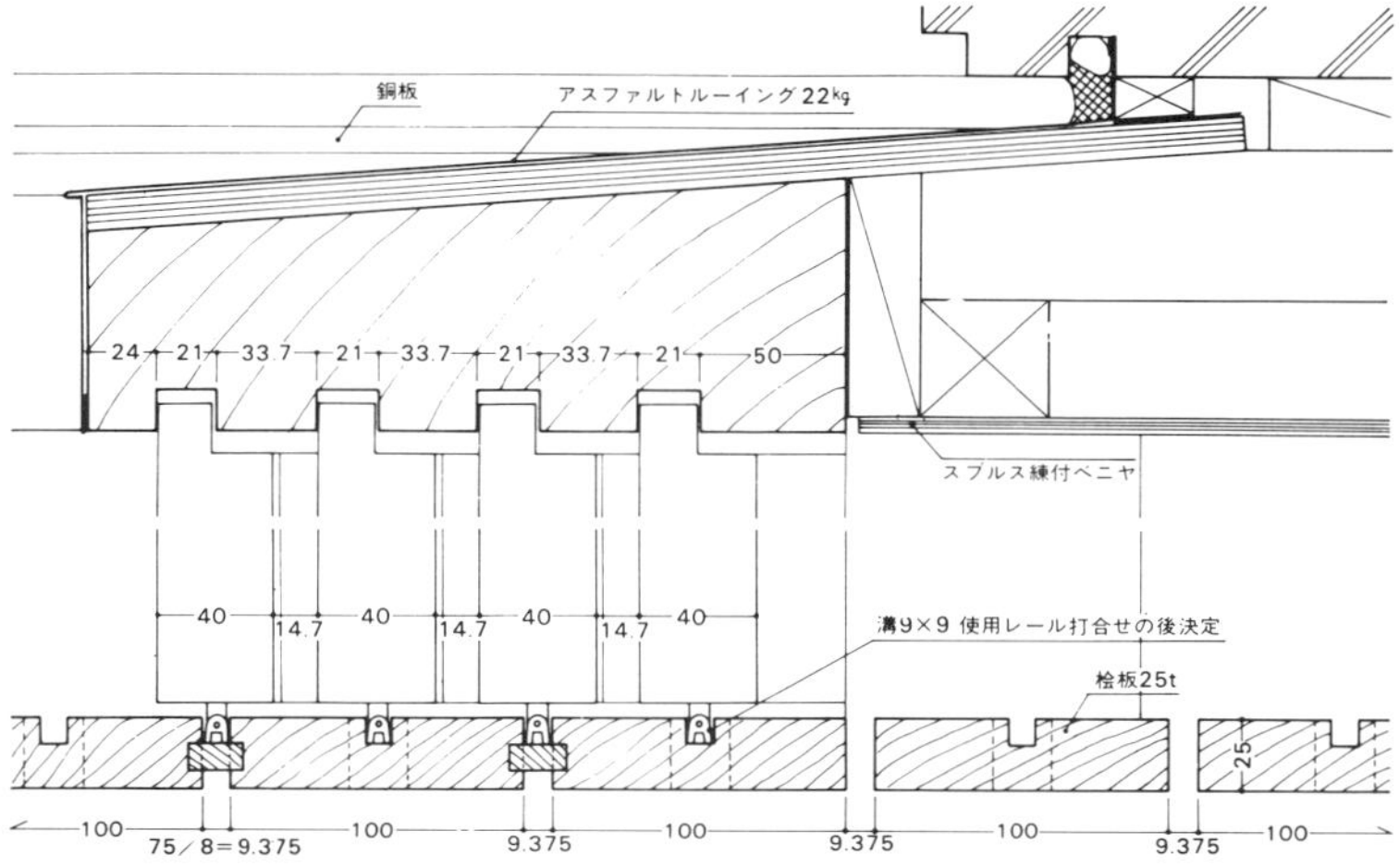

テラス・断面詳細

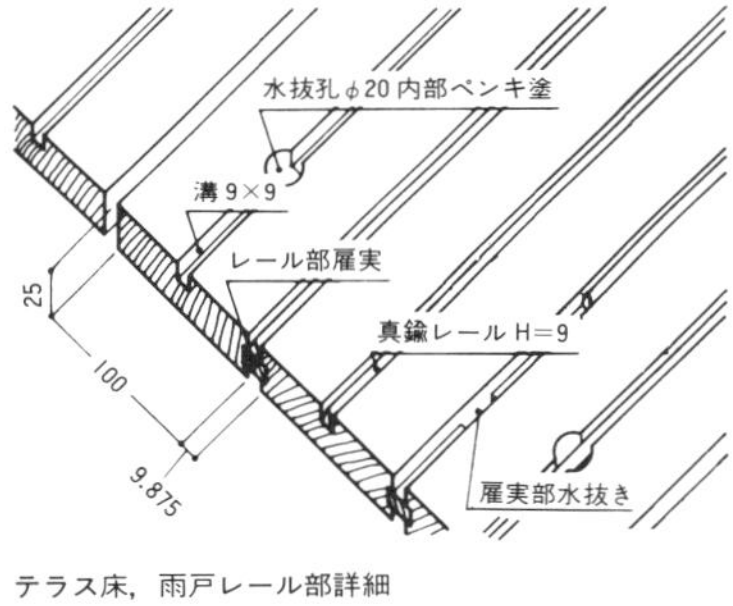

テラス床，雨戸レール部詳細

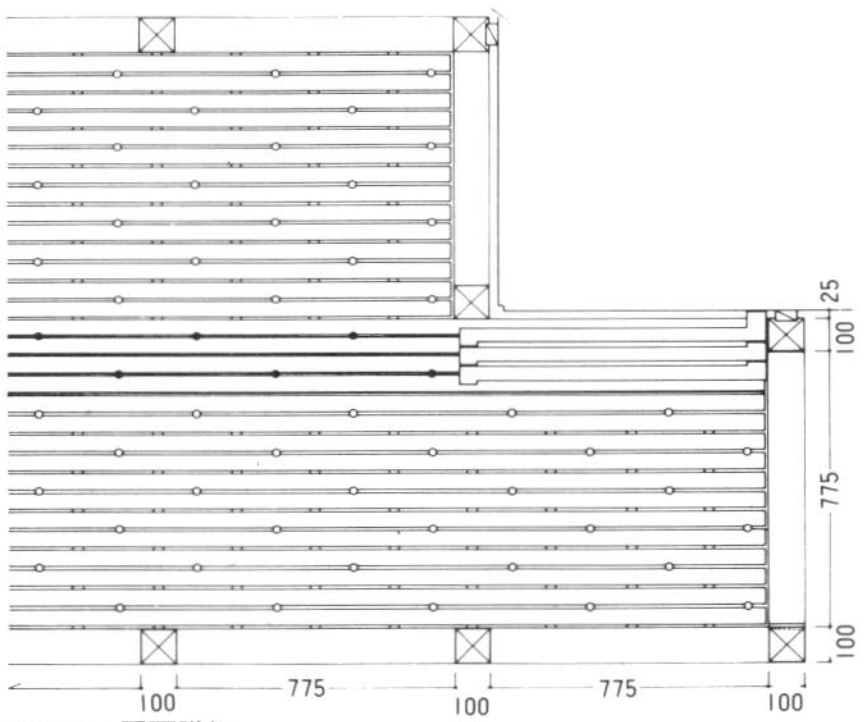

テラス・平面詳細

幡谷邸

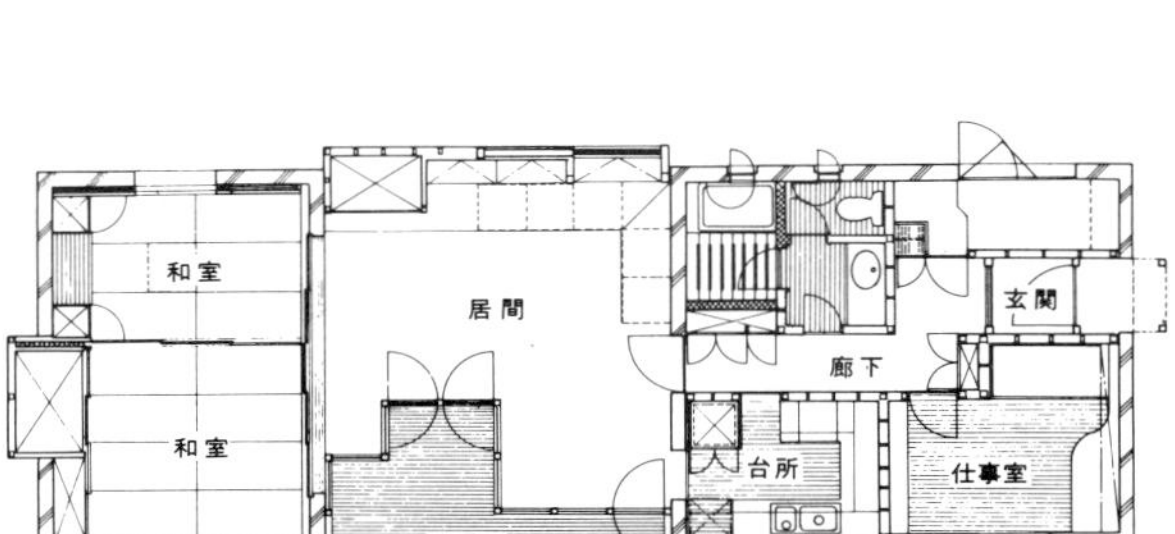

4●6 風の抜ける開口部の工夫

南北に風の抜ける家は必ずできると前に述べたが、私たちの生活の習慣では、一般的に風は窓や扉を開けて通すことになっている。もちろん、大きく室内の空気を入れ替えたり、強い通風を求めたりするときには、開口部をいっぱいに開けるという方法がいちばん効率が高いのは事実だが、通風の最も難しいのは、そよそよと静かな風を入ってこせさることや、通り抜けさせる、つまり、換気のようなことをスムーズにさせること。特に最近のようにサッシュのエアタイト度が高くなり、密閉度が高まってくると、建具を開けないでそれでいて、どこからとなく風を通す工夫が必要になってくる。

考えてみると、風を通すのならずいぶんいろいろな方法があるはず。この例では「床の面を風が通るのは健康にいいことだ」というある老人の言葉をそのまま使わせていただいて、床面に近いところに通風口を取り、そこから入った風が床面をなめていってくれるような開口部を考えている。

壁に沿わせて風を流す、天井面を走らせて家具の間からの空気を吸い上げたり、床から欄間へと斜めの風を考えたり、他にも色々な方法がある。

開口部を開けないで通風を取ろうというのは、たとえばピクチャーウィンドーの場合などには当然必要になってくる。窓はできる限り枠を見せないガラス一枚でありたい、しかし、できたらその部分では風を通したいというそんな場合に考えられるのは、たとえば枠の部分の中に通風の機構を組み込んで、ガラスがはまったまま、そこを通して風が抜けるような手法である。

この住宅では、玄関の正面、中庭に植えたモミジの木が借景となるようなピクチャーウインドーだから、ここに枠などを見せたくなかった。だから、壁際の枠の一部が開いて、そこを風が通るようにしてある。ついでに遊んで、この通風用のスリット部分に照明を仕込んで、夜は風の代わりに光りが入ってくる様になっている。風が入って来ることを誰も気付かないのは当然だが、窓だから明るいのは当然と夜なのに気付かない人が多いのがおかしい。この手法はその後、美しい風景を見るための浴室などにも使ってみたが、かなり有効であった。

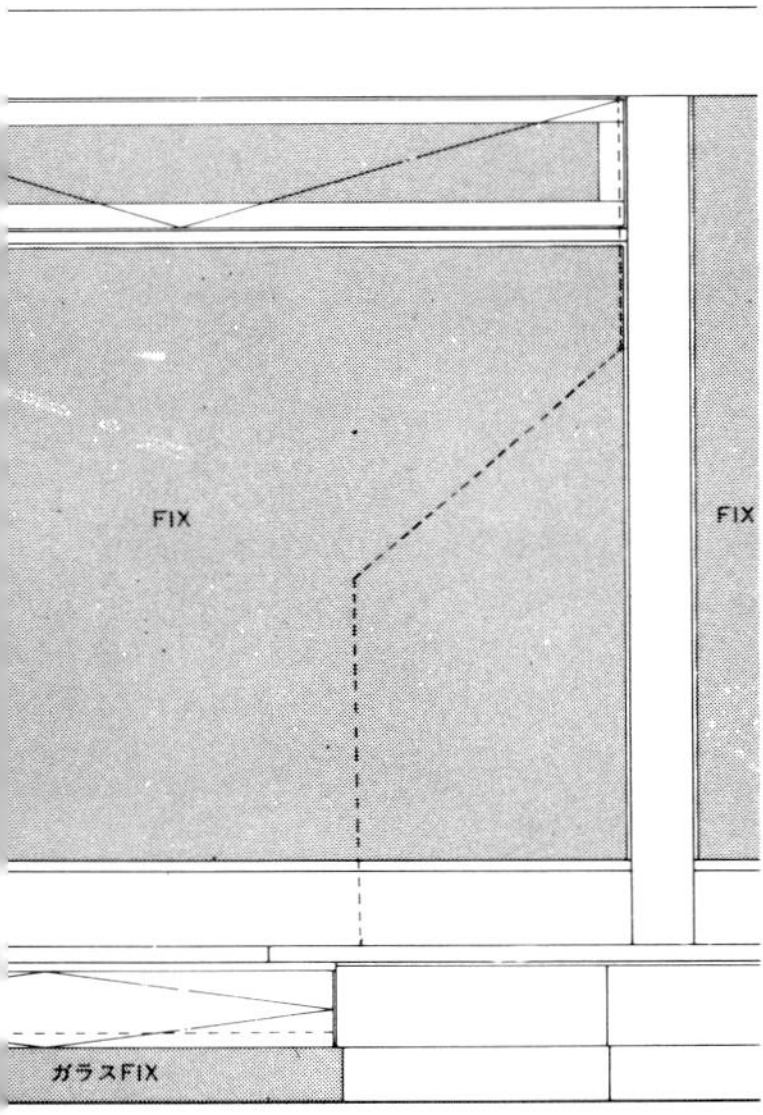

中山邸
通風用の開口部は、ランマ部分とベンチ下の2段構えで考えている。
その時にほしい通風量や、風の道を調節するためである。
ベンチ下の開口部は、通常の視界ではみえない隠し装置である。開閉機構はランマと同様、ガラス面の部分にとってもいいのだが、操作がめんどうになるので、ベンチ下をチャンバーにして開閉機構を手前に移している。

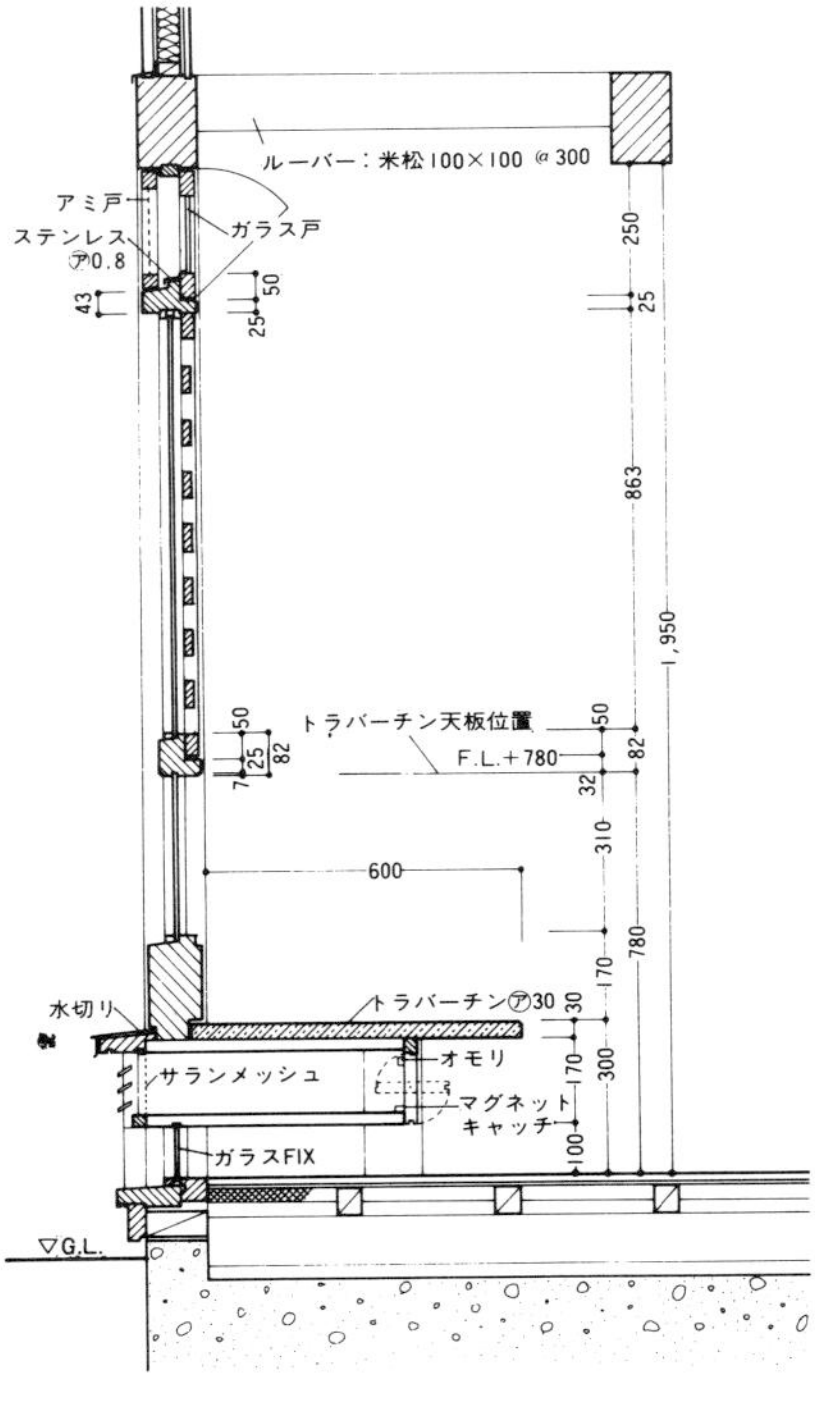

ルーバー：米松100×100 @300
アミ戸
ガラス戸
ステンレス
㋐0.8
トラバーチン天板位置
F.L.＋780
600
水切り
トラバーチン㋐30
サランメッシュ
オモリ
マグネット
キャッチ
ガラスFIX
▽G.L.

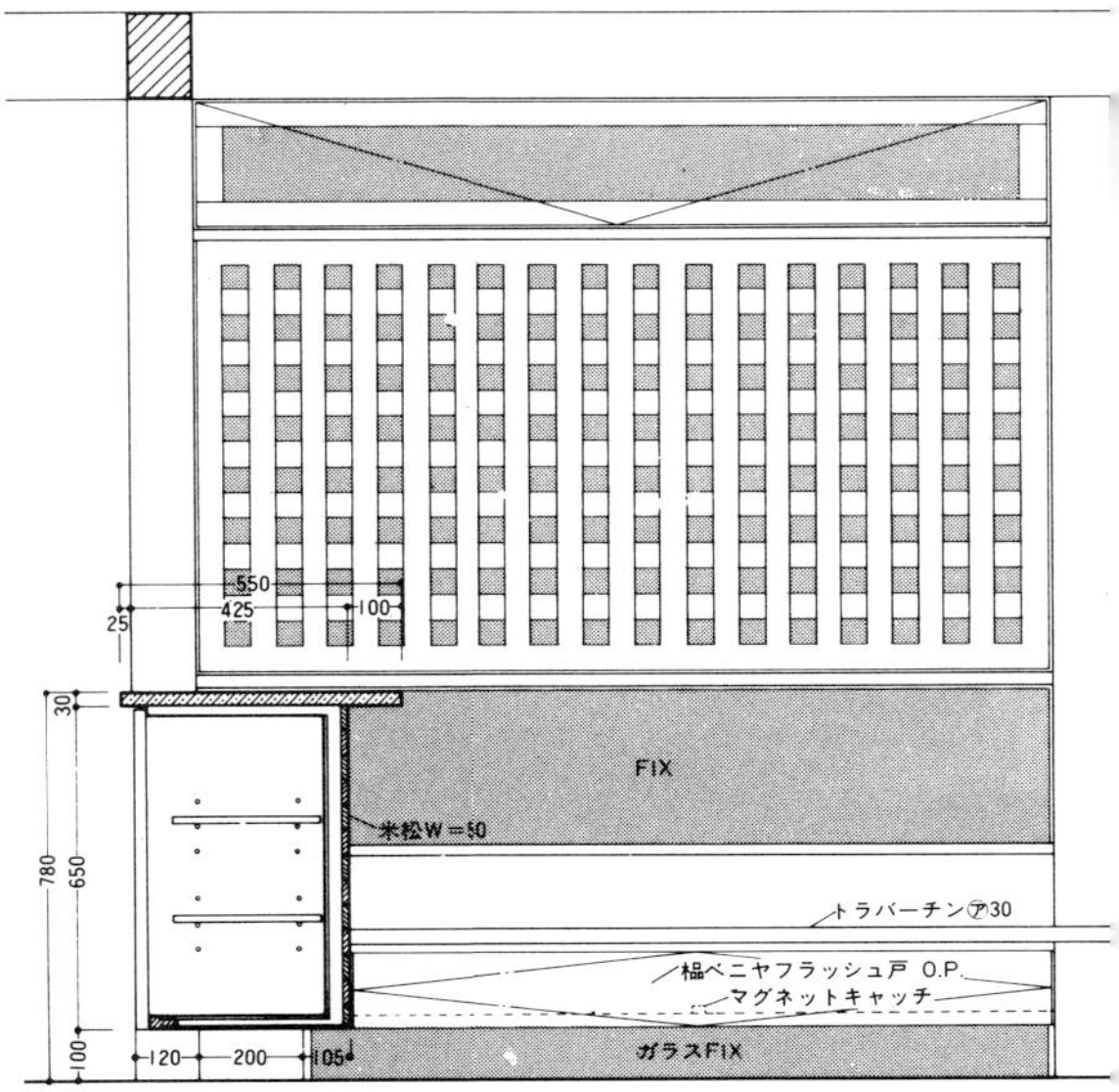

FIX
米松W＝50
トラバーチン㋐30
榀ベニヤフラッシュ戸 O.P.
マグネットキャッチ
ガラスFIX

上写真／中山邸／玄関より中庭を見る．ピクチャーウィンドウの竪枠に仕込まれた通風装置．

森井邸浴室
ピクチャーウィンドウの竪枠に仕込む通風装置の詳細．何の邪魔なしで窓の外の厳島神社の絶景を眺めながら，そよ風をあびつつ風呂に入れたら気持良いだろうと．

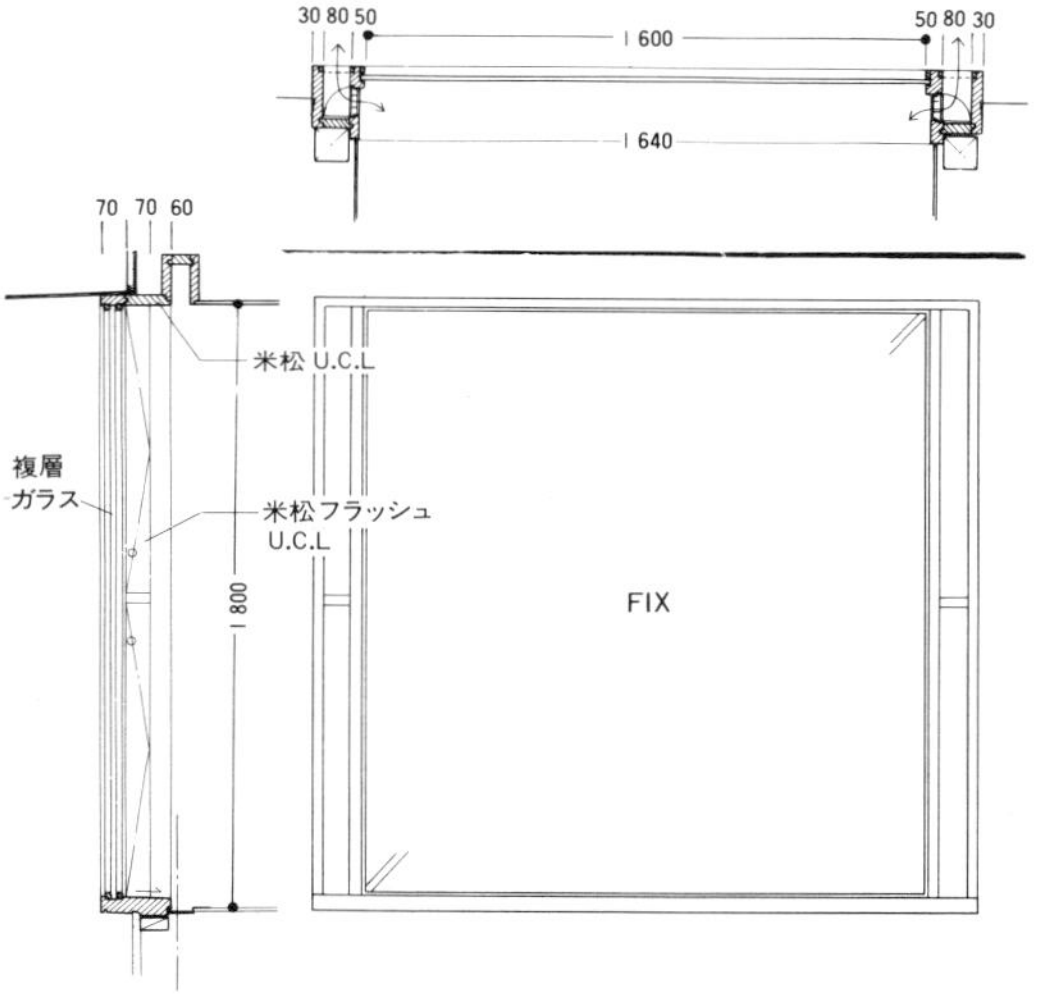

左写真／中山邸／玄関ー中庭間に設けられたピクチャーウィンドウを外と内から見る．室内の正面からみると，竪枠がほとんど見えず，したがって通風装置の存在に気がつかない．
一方外部からみると，竪枠の両側に深いスリットが見えているが，ここが風の抜け道．

4●7 窓際を生活空間に取り込む

真夏のガンガン日が照っているときですら、窓際は魅力的である。

室内側から見て光が最も強い部分が窓際であるし、そこは外の自然環境、雨であるとか、晴れだとか、暖かいとか、寒いとか、冬とか、秋とか、外部のいろいろな情報をいちばん先に感じ取ることができる空間でもある。夏ならば、そこでちょっと肌をさらして身を焼いてみたいと思うし、春や秋の心地よい季節には、そこに少しでも長く身を置きたいし、冬ともなれば、猫ではないけれども、暖かい陽ざしに身を浸したいと思う。

したがって、窓際というのは生活空間としてきわめて大事なはずだが、掃き出し窓が多かった日本では、縁側というあのすばらしい空間以外には、窓際空間を生活空間として活用することが少なかったように思う。特に縁側がなくなってしまった現代住宅では、窓際は単なる窓際でしかないというケースがいくつか見られる。

たとえ掃き出し窓の場合でも、腰がつく場合でも、窓際は室内の他の空間とは少し違った特殊な空間として、生活空間のきわめて快適な部分として、つまり新しい意味での縁側として、窓際空間を設計したい。

この家では、半円を画く壁の外側は下階に陽を落すトップライトでもあり、内部は造り付けの食卓やカウンターが付き、暖房器やブラインドまで内臓した複合機能を持つだけに複雑な窓際である。

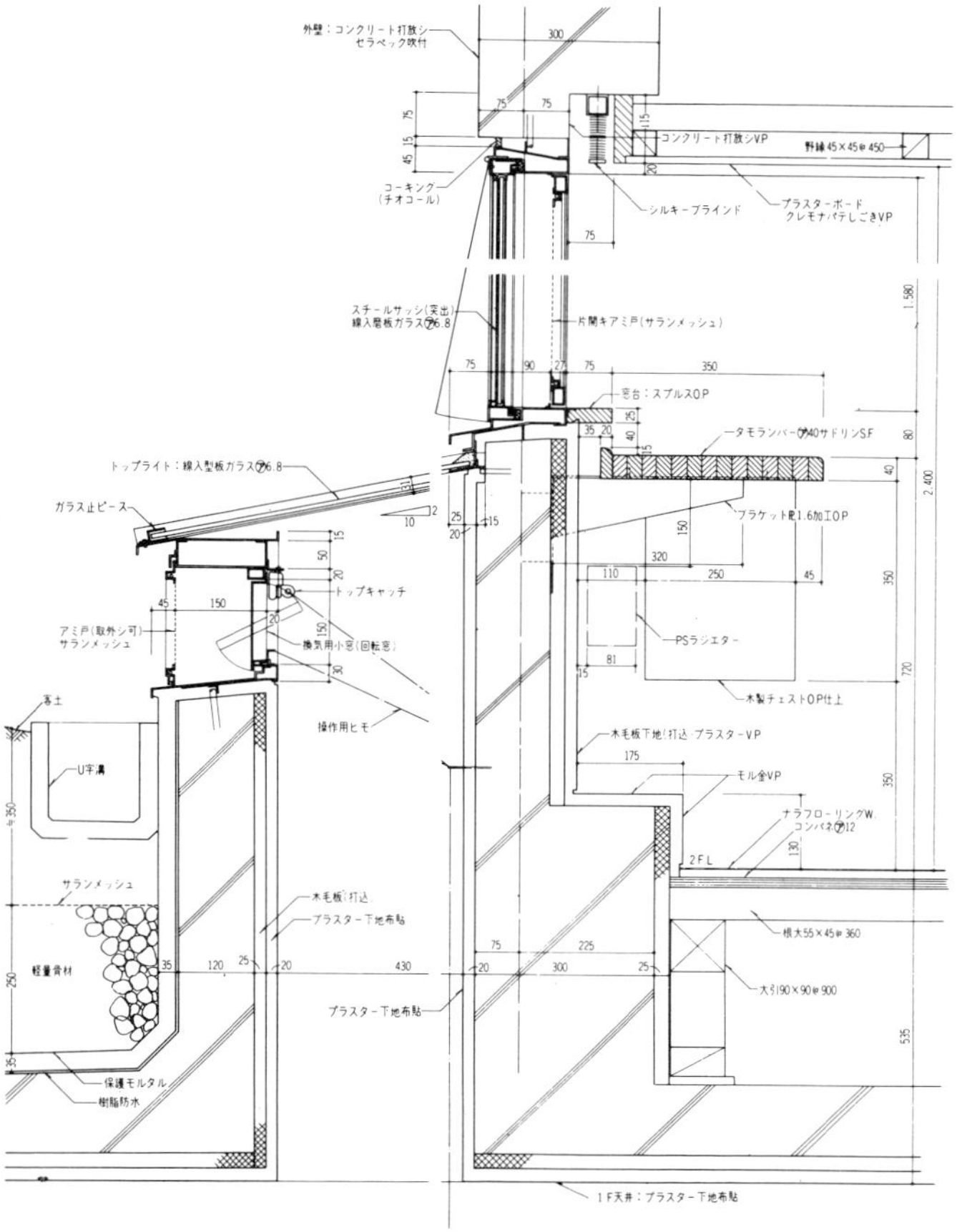

部分平面図／BOX-A QUARTER CIRCLE／窓に沿ってカウンターをめぐらせ，食事スペース，物入れなど必要に応じて確保していく．

部分断面図／BOX-A QUARTER CIRCLE／窓際空間に仕掛けられた装置の詳細をみる．大きな開口部の足元に暖房器をセットするのは，コールドドラフト対策としては常道．暖気の通り道としてカウンターの窓枠寄りのところにはスリットを切ってある．

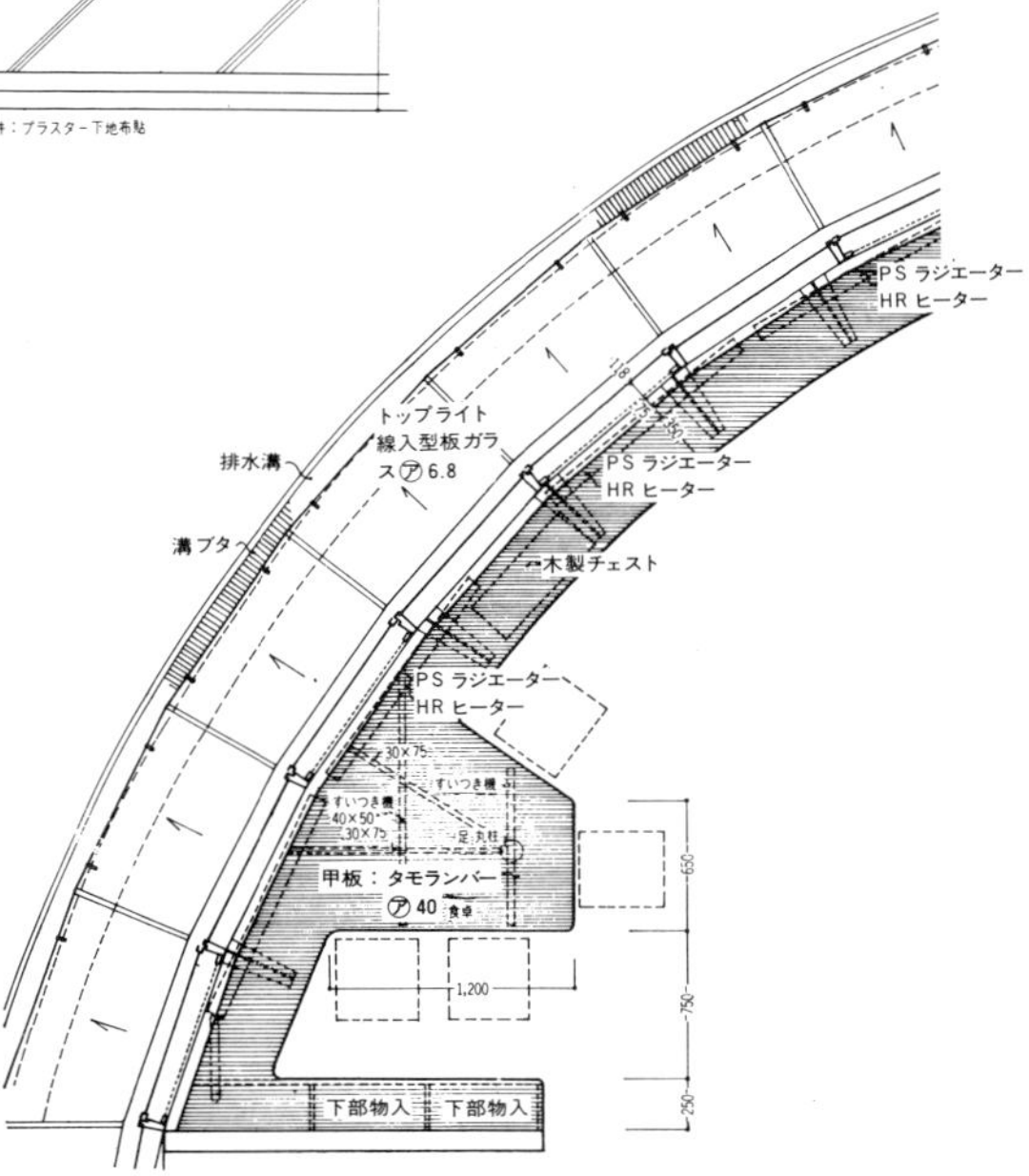

リビングが二階に上げられてしまうと、窓際は一般的にはただ景色を見るだけの窓になってしまいがちだが、二階リビングの項で述べたように、できるならここに人工の庭をつくりたいものだ。そこに庭を持ち上げ、そこで緑やさわやかな空気などを楽しみ、そこで少しばかりの屋外生活ができるようにすること、それによって二階のリビングが窓際空間と一体化され、豊かになる。

つまり通常の住宅なら、ごく普通に庭先で出来ていた自然との行動の場としての繋りが消えてしまっているのだから、設計で頑張らねばならない。

まず、リビングに付属させて人工の庭として十分な――屋外生活を最小限味わえるような広さ、木を植えるか最低でも鉢植えが置ける構造・仕上、すぐ室内から出ていけるようなレベルなどなど――セッティングを作りだすことが必要。

この住宅では、木製のすのこを室内から外部まで連続させ、室内側ではそこにファンコイルのロウボーイを入れて上部から温冷風を吹き出させ、下部に照明を仕込み、天井にはブラインドボックス内にブラインドを入れる。バルコニー側では植木が置かれるようにしてあり、一部では土を入れて草を植えられるようなかたちのテラスにしてある。つまり、窓際空間が内部と外部の両側にわたってあるわけで、この場合、建具はこの両者の中間をかすかに走っているという扱いにしたかった。

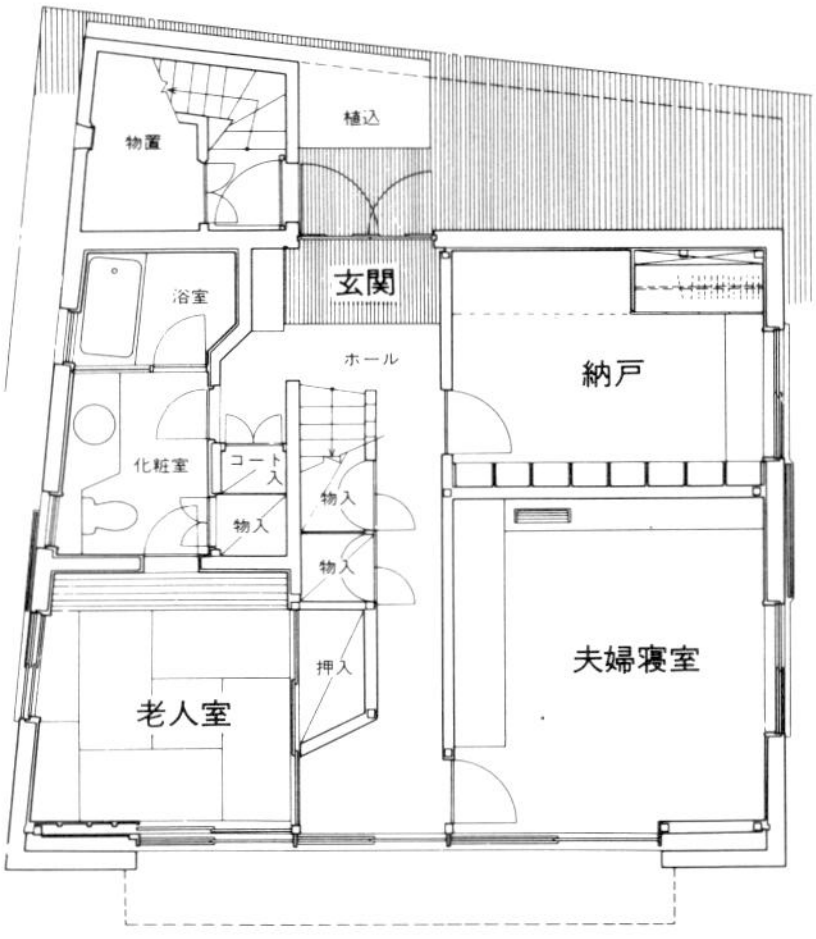

1階平面図

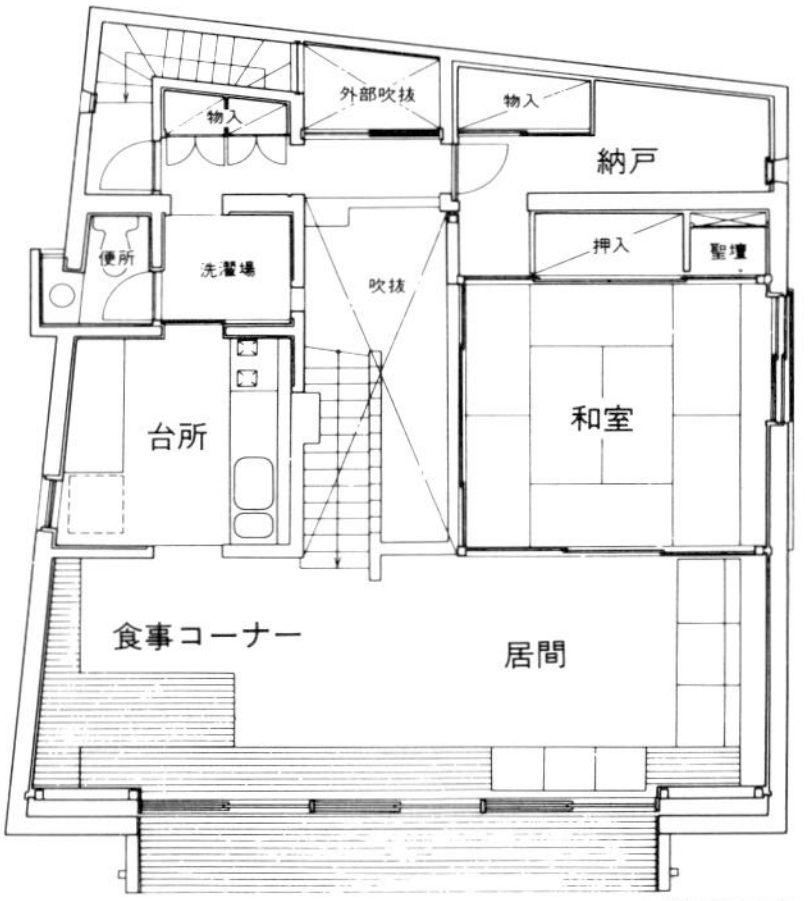

2階平面図

船橋ボックス
ベンチとして最適な座の高さの範囲内で納まってくれるファンコイルユニットが見あたらないので、納まらない分だけ床を切り下げることになった。
ベンチ下のチャンバー内で吹出した空気がショートサーキットしてしまわないように配慮しなければならない。

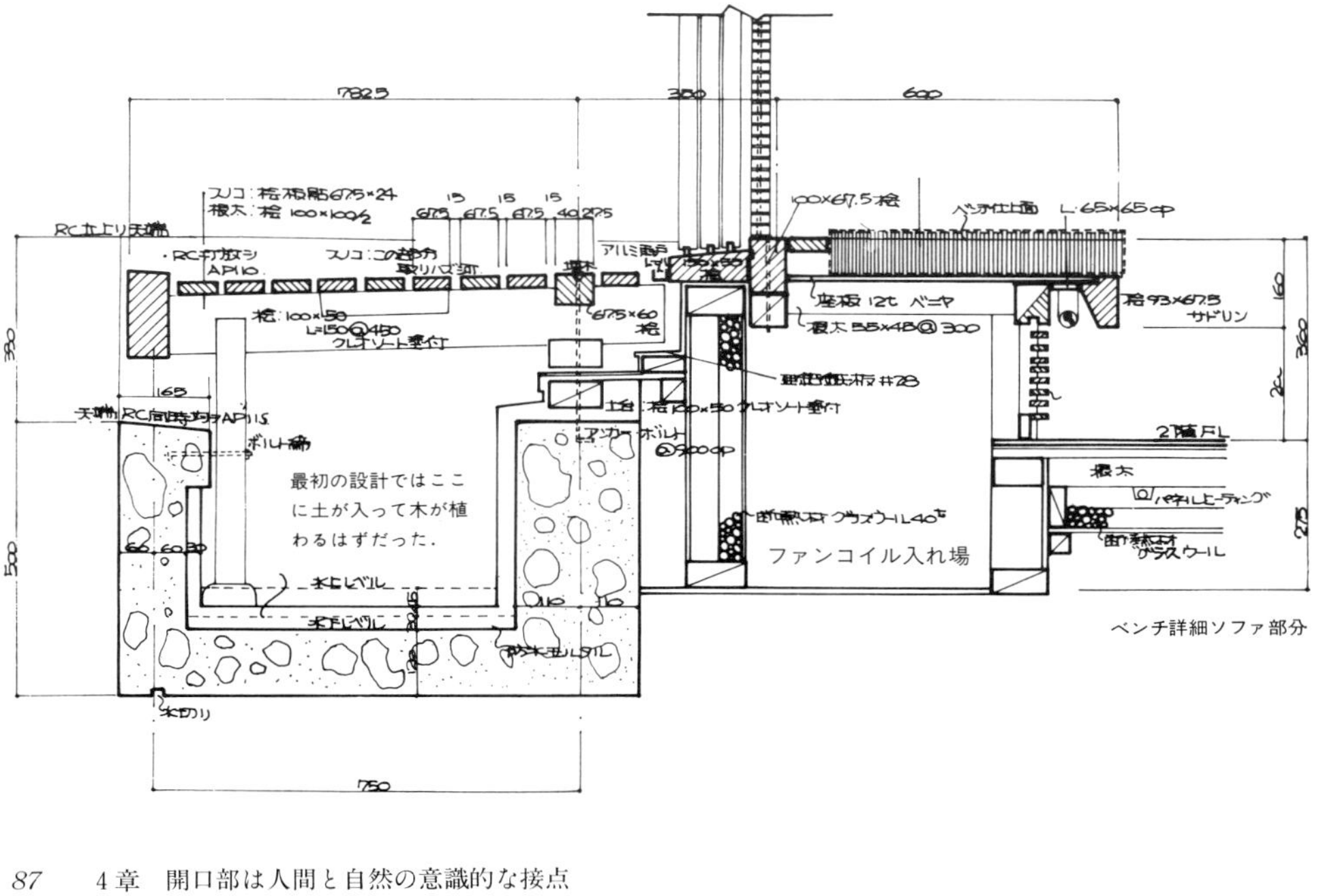

ベンチ詳細ソファ部分

4●8 窓の様々な役割を整理する

開口部というのは、洋の東西でその扱いに違いがあるが、それぞれ単純ではなく、いろいろな機能が複合されたものであることは共通している。

窓を通して内外が見えるという、視線をつなぐものでもあるし、建具を閉めることによって内外を遮断するものでもあるし、そこから入る音や光を調整するという導入の装置でもあるし、そこから風を通して室内の環境をよくするための装置でもある。さまざまな機能が複合化されたものを、われわれは一般に窓というかたちで理解していたけれども、そのそれぞれの役割の部分をはっきり分けて一つの窓をつくる方法もないわけではない。

ひとつひとつの機能をはっきり意識して一つの窓に盛り込むことによって、窓のそれぞれの役割が純化され、すっきりしたものになるかもしれないということで、窓を作ってみた。光と風を室内に取り入れ、外を見るための一般的な窓の一部に、それを遮断するブラインドが組み込まれていて、その上部には屋根裏に空気を導入するルーバーが仕込まれた換気部分がつくられている。

この換気部分から入った風は天井裏を抜けて、屋根に設けられたドーマーから外に排出され、暖められた天井の空気を冷やす効果を持っている。このドーマーは、同時に北側の光線を室内に入れながら、夏の暑い盛りには室内空気を北側に抜く役目も持たせてある。

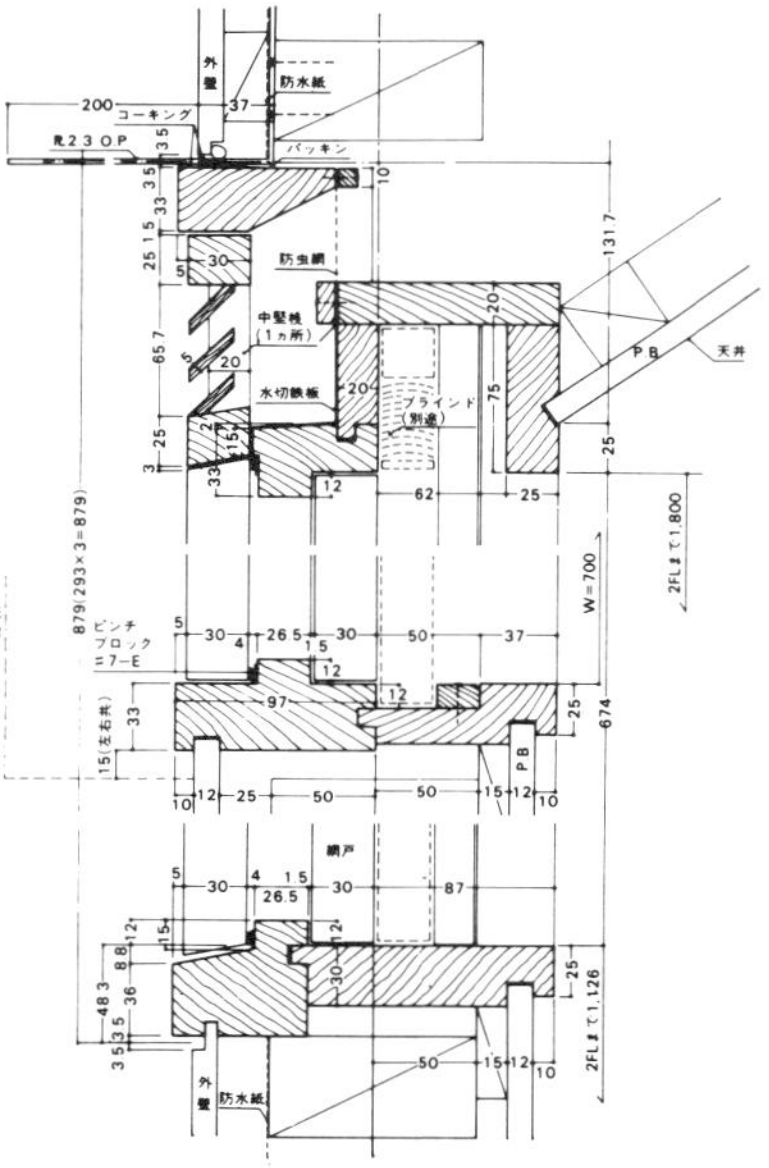

田中邸
外部からみると，庇の下までが窓枠であるように見えるが，庇下の部分は屋根裏換気ガラリになっていて，室内からはまったく見えない部分である．
このような複雑な構成の窓枠は当然大工泣かせとなるから，現場での打合わせに気を使う．

田中邸
右ページの図面のつづきで棟部分の詳細である．棟部分にトップライトがあって，その頂部に屋根換気ガラリをとっている．
ここでも外部からは窓枠と一体にみえるようにまとめている．

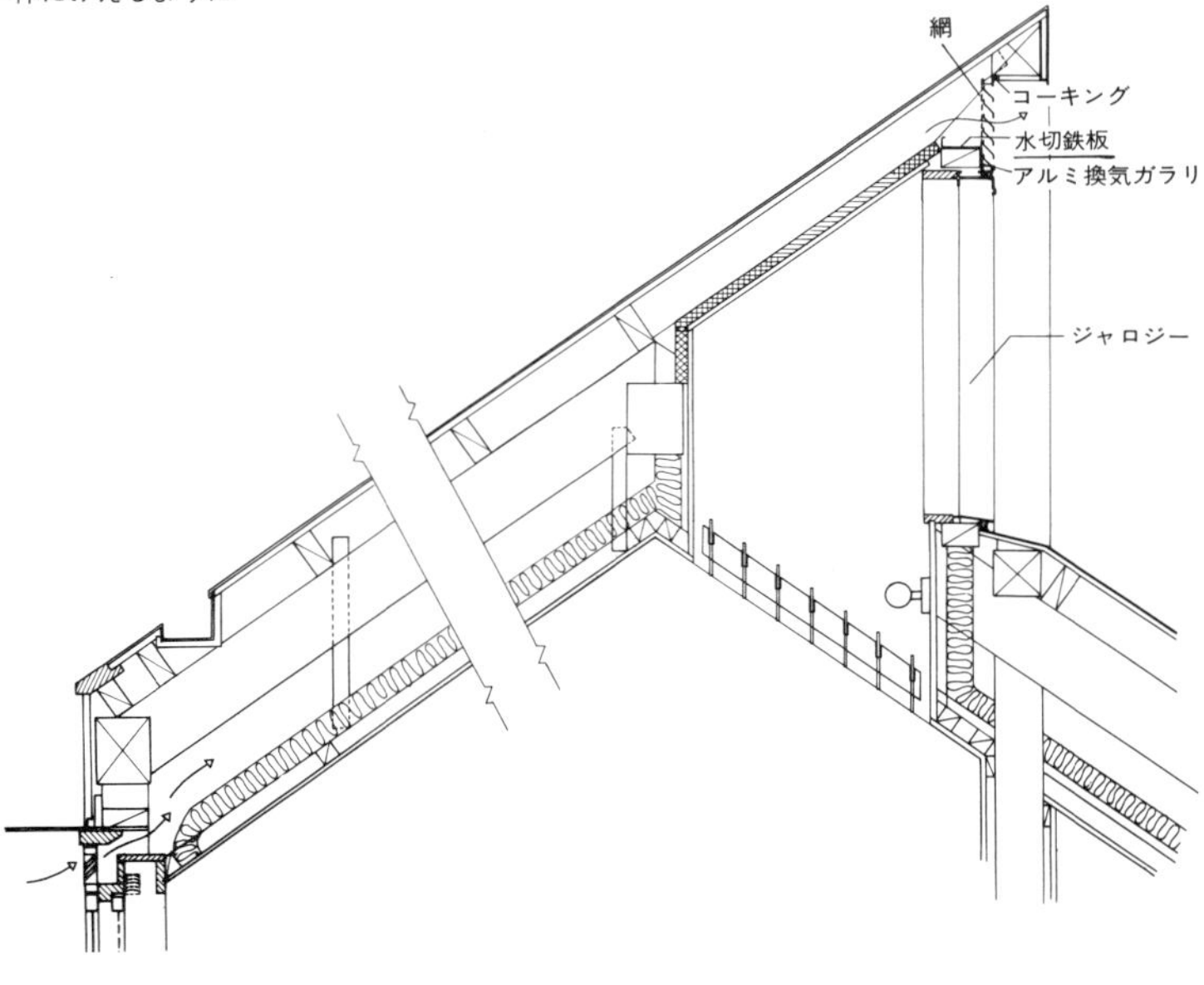

4●9 景色を見せる台所の窓

調理が労働であるのかどうかという問題に関しては、諸論があるところだが、明らかに労働的、義務的な部分があって、それから解放されたいと望む主婦の気持ちがわからないわけではない。それに、調理という作業は、必ずしも連続的に、途切れがなく走りながらするようなものではなく、ところどころ節目を持ちながらしていく作業であるとするならば、料理をしながらちょっと目を遊ばせて、ほかのものを見たり聞いたりすることがあってもいいのだろうとは思う。だからかなり高度なオーディオを用意した台所を設計し、主婦が楽しみながら調理をするとか、調理をしながら家中がながめていられる台所などを設計してきた。

一般的には、流し、レンジの前の壁はかなり有効な壁で、そこにお玉やフライパン、フライ返しをつっておいたり、布巾があったり、洗剤があったりするほうが、便利であるには違いない。しかし思い切ってその壁に穴を開けて窓にしてしまうというのは、台所を気持ちよくするよい方法である。できたならば、窓の外には当然美しい風景がほしい。遠くの山なり、窓先にしつらえられた庭なりが見られれば、いうことはない。

物をつることとか、つり戸棚などという便利さが失われる代わりに、楽しさが生まれる。きつい家事労働だから息抜きにというわけではないが、台所もそんな余裕を持って設計したいと思う。

伊藤明邸
変型敷地のために残った坪庭風のスペースを台所から見る専用庭に仕立てている．
台所の流し台というのは調理作業の中ではその前に立っている時間がもっとも長い場所になるから，目と心の安めとしてその前に窓を設ける．

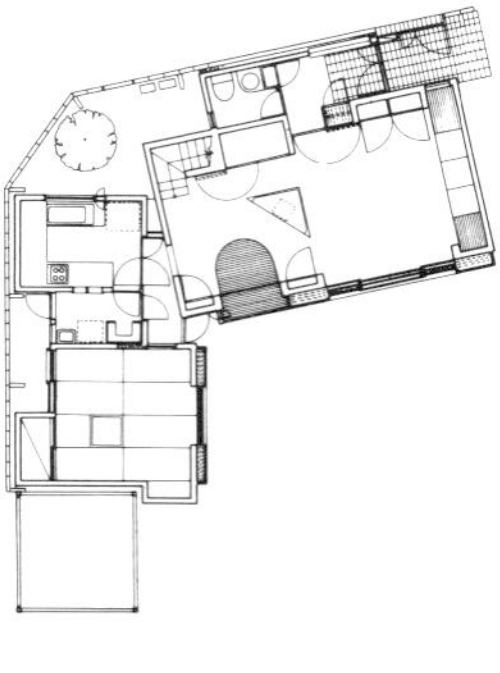

左写真／木村ボックス／規則正しく宅地割のできている分譲地で，周辺より遅れて建てることになったら，眺めのひらけるポイントが2か所しかなく，ひとつを台所に回す．
せっかくのビューポイントを流し台での作業だけに与えるのはもったいないので，窓の位置を少し調理台側にずらしてある．

かすかに緑が写っているはず

木村ボックス

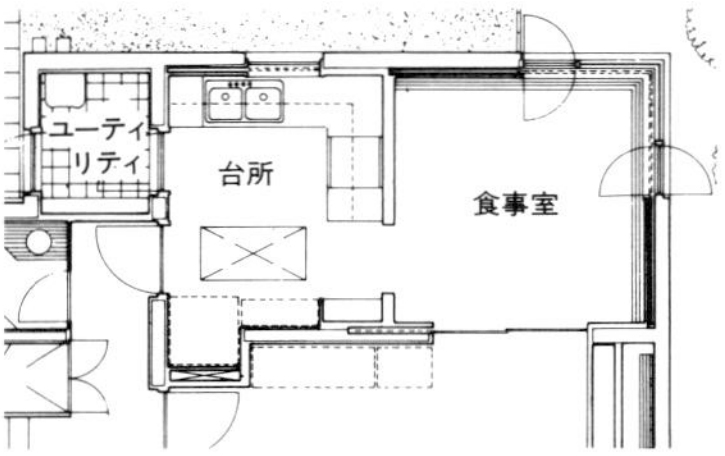

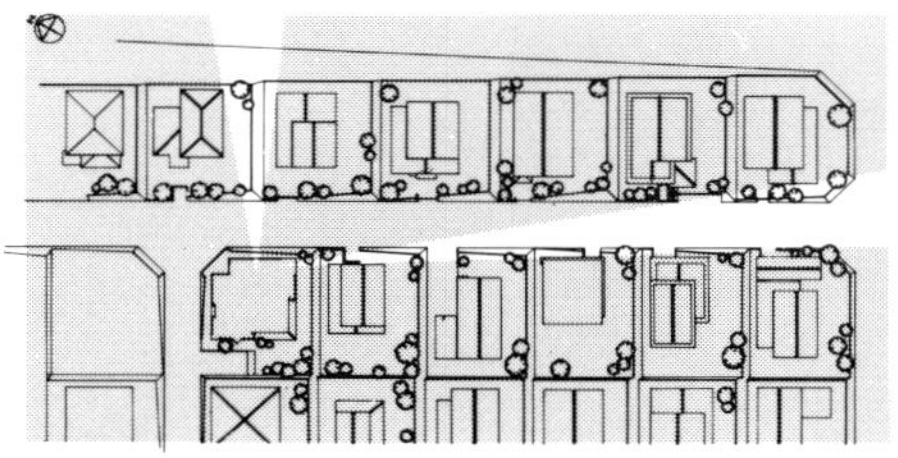

4●10 二段構えの玄関扉

玄関扉は家の開口部の中で最も他人が多く出入りをする開口部である。だから他の開口部と違って、他人に対する気配りを最もたくさんしなければならない。内開きにするのもその性質上からだが、それ以外に、たった一枚のこの扉を開けてしまうと、いきなり内部になってしまうという扉でもあるので、ときによってそれを二重にするという配慮が必要になってくる場合がある。

つまり、一枚開けたらワンルーム的な室内の全部が見えてしまうときなど、または、開けたときに見せたくないものを隠すために、あるいは、いつもは開けやすい玄関扉なのだが、開けやすいということは、入られやすいわけだから、たとえば旅をよくする家族などの場合に、もう一つ旅のときに密閉しておく扉を用意しておくことも必要になってくる。洋服でいえばちゃんとした外出用の毛皮のコートと煙草を買いに行く時のハーフコートの二つを用意するような事。

もちろん、もう一枚の扉が、普段あまり見せたくない時には、それをどう隠すか、またはどう目立たないようにするかの配慮が必要。

森井邸
写真，左ページ上・左右図／森井邸玄関の上り框の部分に一本引の引込戸が第二の玄関扉として用意してある．
外出の多い夫婦の郊外の家のガードとして．

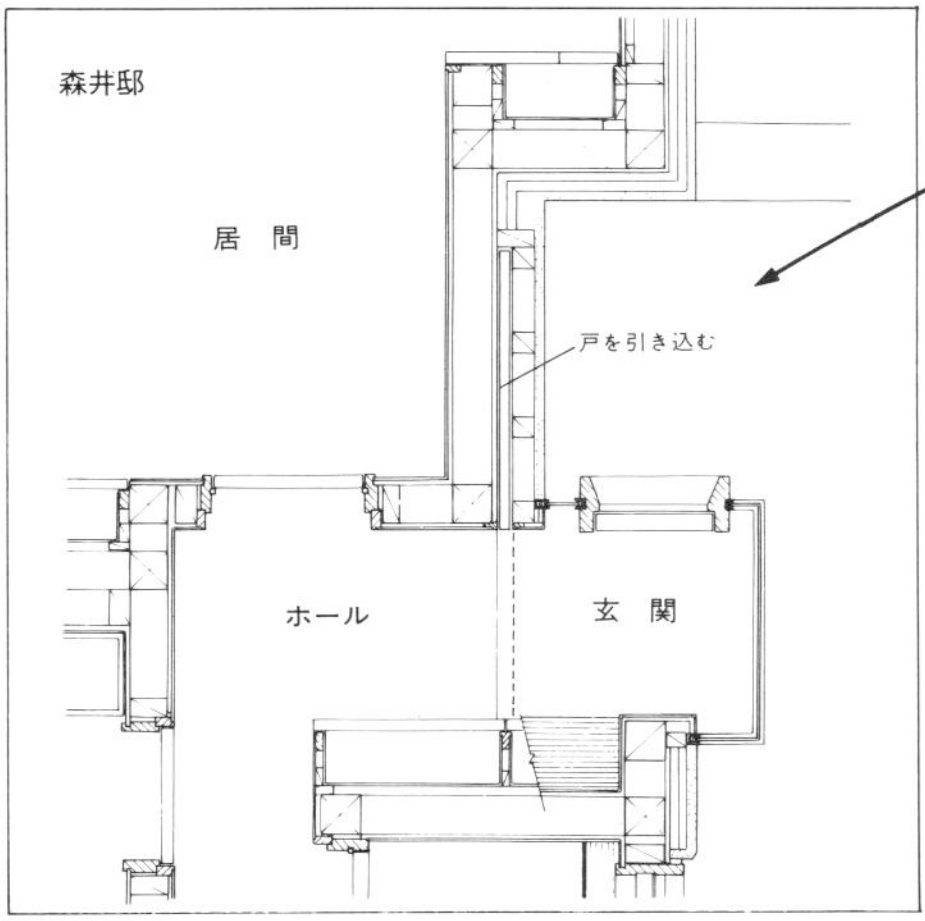

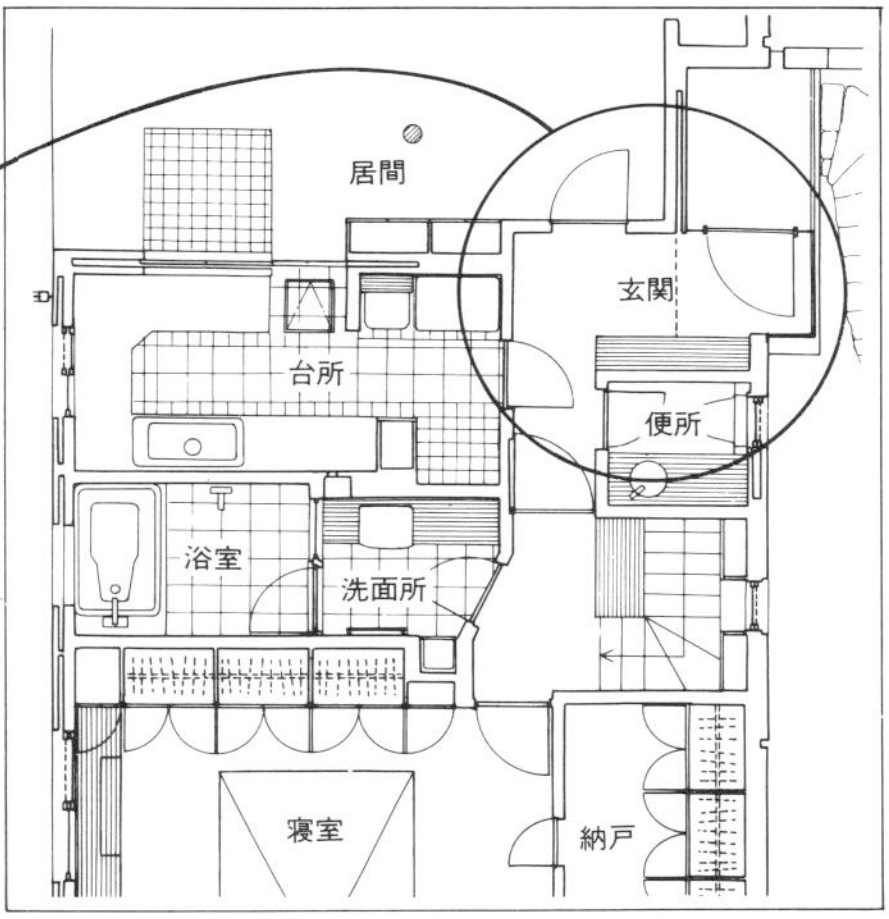

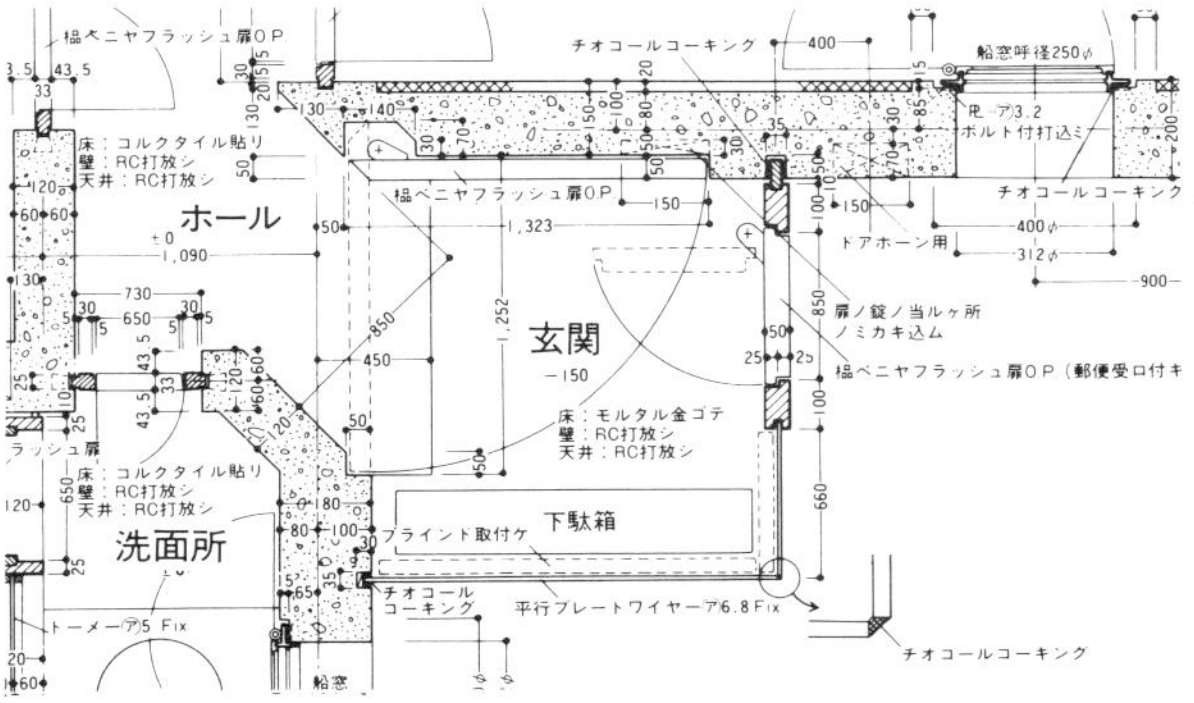

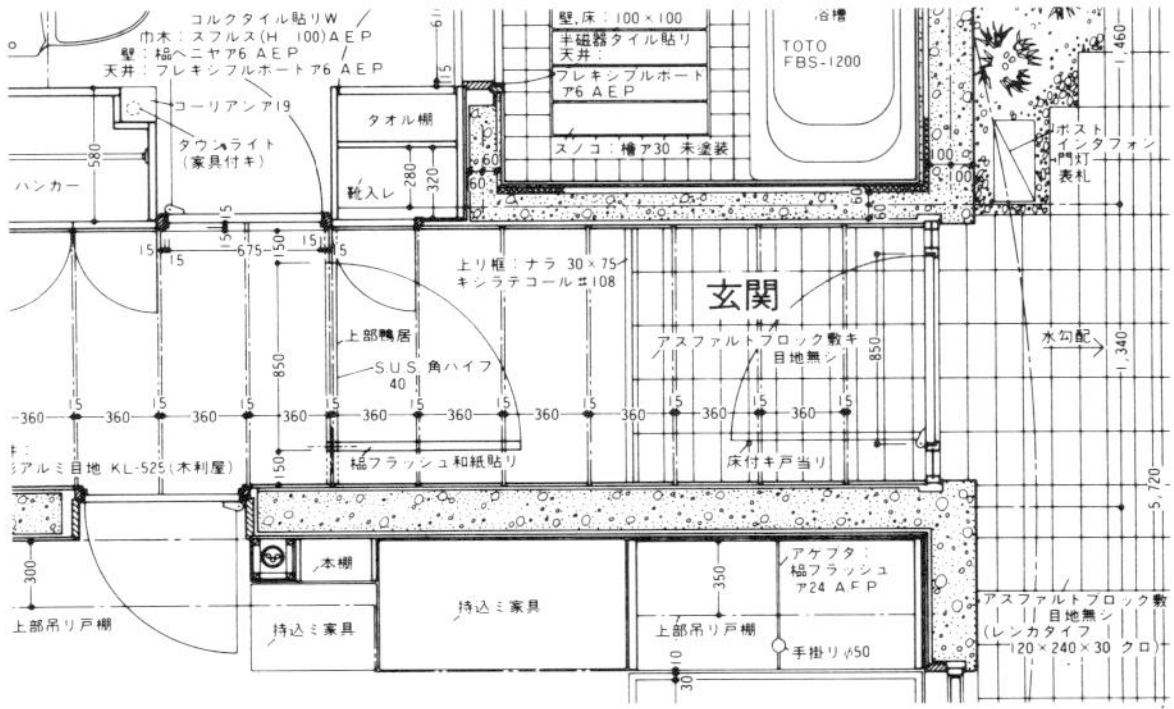

中図，中写真／森ボックス，RC造の外壁入隅に置いたガラスボックスが玄関．そのため上り框部分に第二の扉を設けたのだが，ここでは壁埋込の片開扉としている．

下図，下写真／CHOI・BOX プランニング上，玄関の真正面に廊下が延び，家の様子が丸見えになるため，気配隠しの扉を設けている．

5●1 居間は広く広く

居間という部屋がいったい何の部屋であるのかという根本の問いをしてみなければ、この問題の解決にはならないのだが、標準的には八畳＋一間の床＋一間の押入＋廊下。つまり二間半×二間半ぐらいの広さが標準家族の標準リビングであるといわれている。しかし日本のように、そこが接客のためのハレの空間であって、客以外の、子供は入ると怒られるような居間になりがちな場合に、それを破る一つの方法は、家の他の部分をできる限り小さくし、その機能のいくつかを居間に集中させることであるように思われる。

小さな個室。小さな各機能空間に対して、居間をできる限り大きく（空間的にも）つくり、家にあるありとあらゆる面白いもの、楽しいものをここに集めてしまう。広いからいろいろなコーナーができ、そのいろいろなコーナーにいろいろな装置を置き、いろいろな機能を持たせる。こちらのコーナーでファミコンで遊び、あちらのコーナーで語り合い、こちらのコーナーで音楽が鳴り、こちらのコーナーで本を読むというふうないろいろなコーナーがつくられ、それぞれにふさわしいものが置かれたときに、その居間は単なる客間ではない、本当に生きたリビングになるだろう。家の面積がある程度なくてはできないという欠点はあるが、居間は可能な限りそういう大きさでありたい。

つまり、個室には最小限のものしか置かないで、たとえば子供達の勉強机、パソコン、ラジカセ、ゲーム、コミック類、親の本箱、百科事典、ワープロ、ク

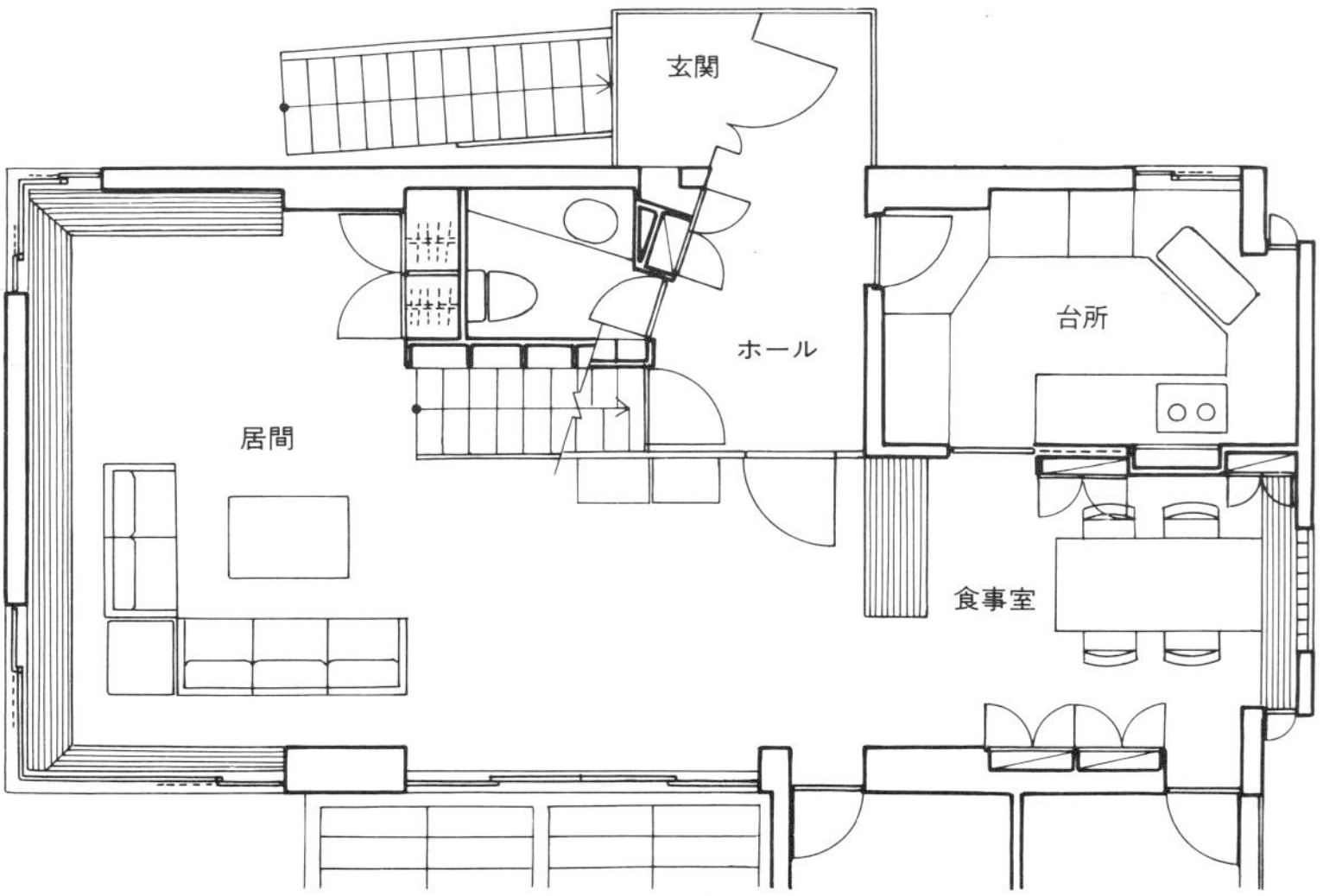

和久井邸平面図

和久井邸
どこまでが居間と呼ぶ領域なのかきわめてあいまいなプラン．図面の左側を居間コーナーと見れば，そこは20m²ほどだが，食事コーナーを含めたワンルームでみると約45m²の大広間である．

最初のスケッチ

和久井邸
広がっているのは平面的にだけでなく，立体的にも広がっている．

ッキングブック、ミシン、裁縫箱、観葉植物に小鳥のかごにいたるまでをここに集める。

家にある面白いものがすべてここにあるのだから、子も親も寝る時以外は絶えずここにいる習慣がついてしまう。

そうした道具や装置の間をさまよいながら自然に時間が経っていくのが、あるべきだんらんの姿だと思う。そのためには居間は広ければ広い程良い。広い程ものが沢山置け、選択肢が増えて楽しさが増す。

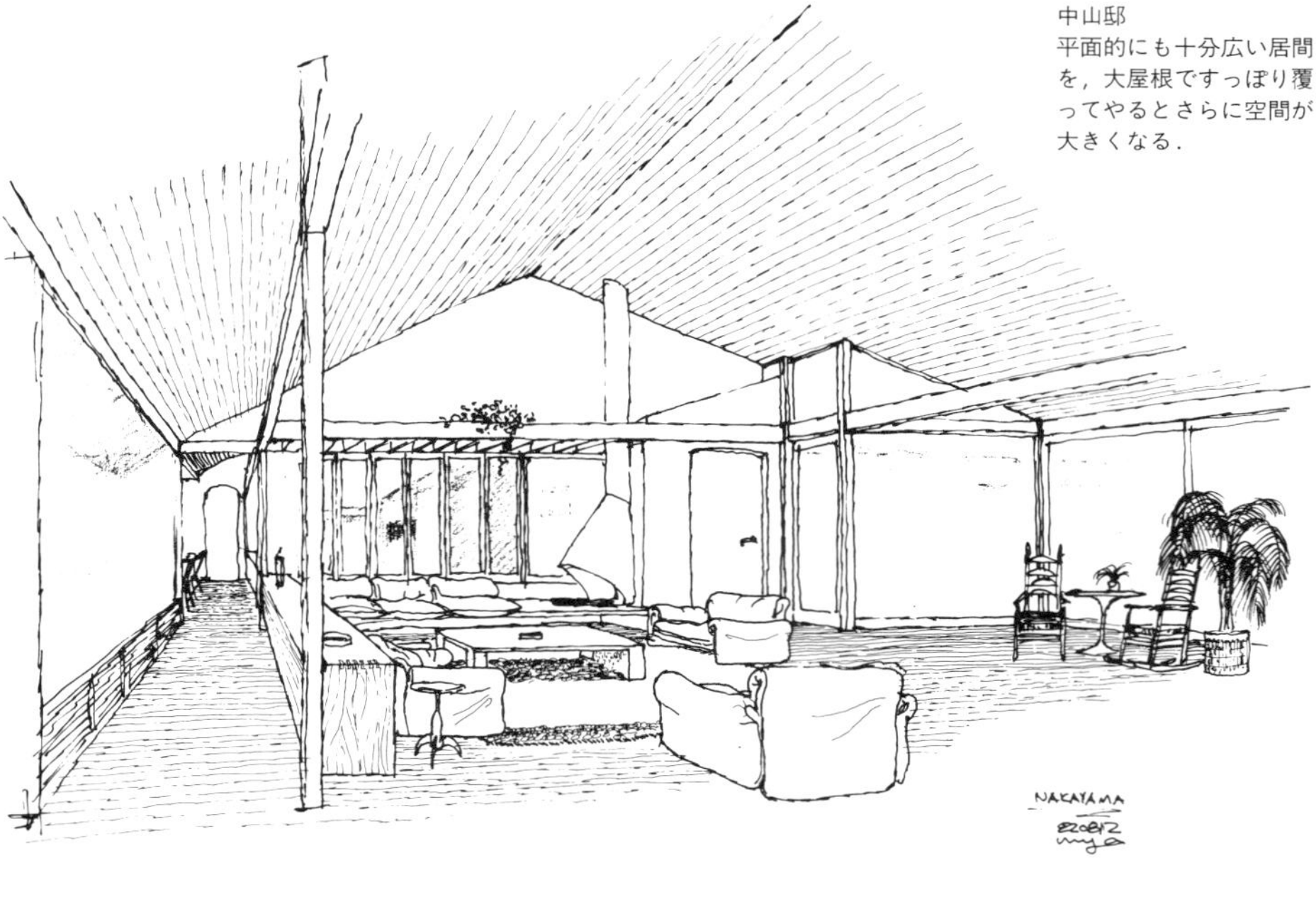

中山邸
平面的にも十分広い居間を，大屋根ですっぽり覆ってやるとさらに空間が大きくなる．

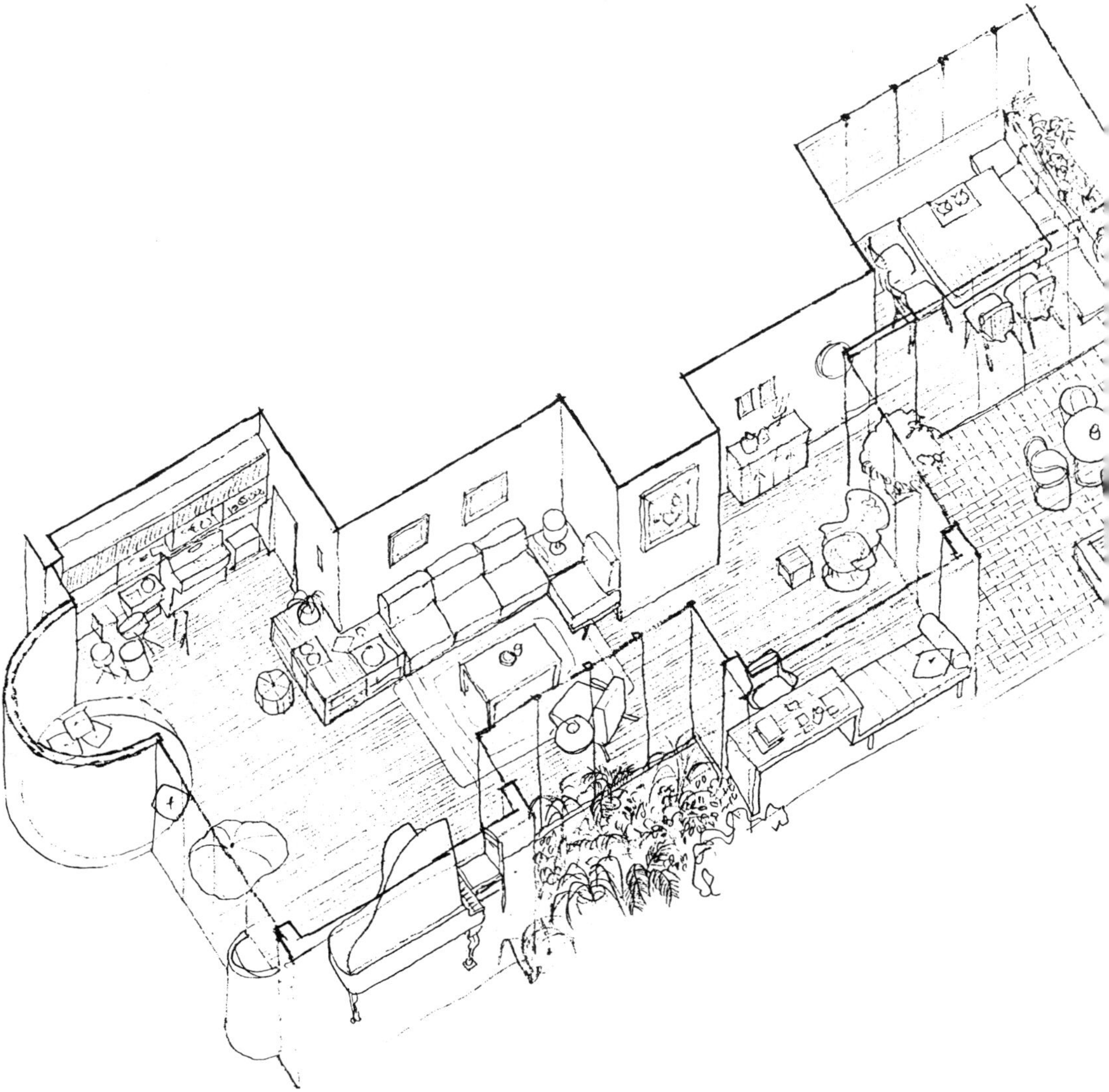

藤岡邸計画案
必要なスペースをふくらましたり，絞ったりしながら続々と結んでいって，大ワンルーム空間をつくっている例．
港から港へと立寄る旅のように，コーナーからコーナーへと渡り歩いて使う居間は楽しい生活を約束してくれそうだ．

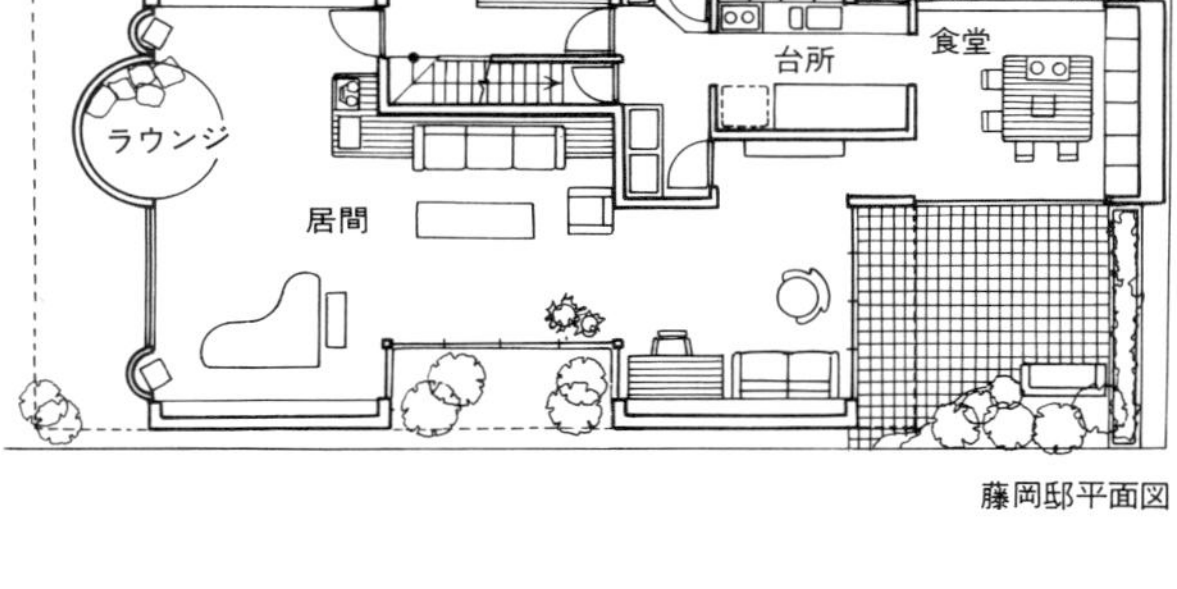

藤岡邸平面図

5●2 顔見合わせながら調理したい

調理を家事労働だと考える理由のいくつかの中に、家族の食事の最中に、調理をする側の主婦だけが台所という孤立した空間に追いやられて、会話に参加できないという部分があるのは事実である。オープンキッチンという形式は、DとKとをオープンにして、Kの側で主婦が調理をしながら、食卓についている家族たちと顔を合わせることができるということで、食べるところ、つくるところ、サービスをする人、される人という区別をなくす所に意味があるのだ。

一般のシステムキッチンメーカー等も、このオープンキッチンのメリットを追って、さまざまなバリエーションを出してきているが、ほとんどは食堂、食卓側に流しが用意されていて、レンジが反対側の壁際というケースが多い。

調理の全工程をチェックしてみると、流しを使う行為は、一つは下洗いであり、もう一つは食後の食器洗いである。下洗いのときに食卓のほうを向いてする必要はさらさらないわけで、流しが食卓側にあるのは、ひとえに食器を洗うというあの時間がわびしいからだと主婦は言う。しかし、調理する時間に比べると、食器を洗う時間はきわめて短い。だから私達のオープンキッチンでは、本来はレンジが食堂側に向くように設計する。

ただし、この場合、部屋の中央部にレンジがきて、そのために換気扇を取りつける壁がなくなるというデメリットがある。それが一般的に普及しない理由のようだ。つまり壁側にレンジがあれば、壁に穴あけて安い換気扇つければ済むという安易さが家族の関係を作る事より優先しているのだ。しかし、使いやすい換気扇をつくり、中に照明を仕込んで明るくすることは、技術的にはきわめて簡単なことであって、これを試みないで安易な方法を選ぶことは設計者として怠慢である以外の何物でもない。

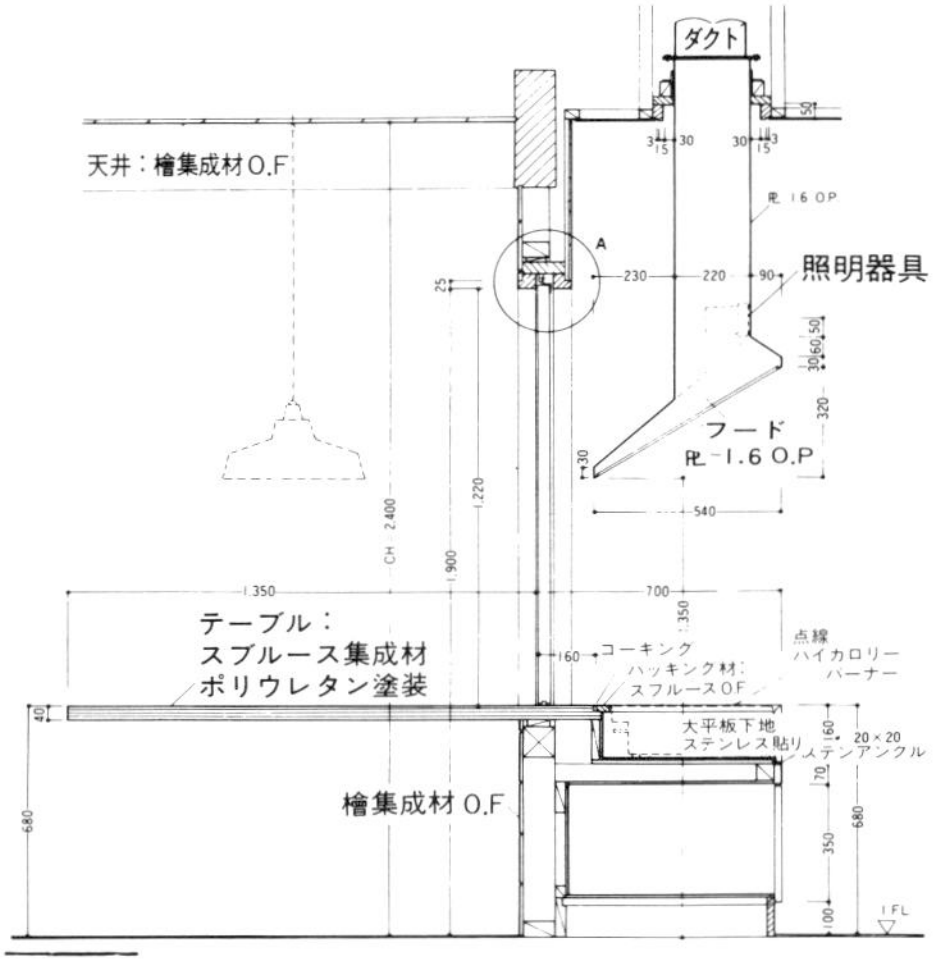

断面図

吉見ボックス
食卓の延長上にレンジを据えるためには解決しておかなければならない問題がいくつかある。
ひとつは食卓の高さと調理台の高さの差をどうするか。幸いレンジは低くても作業に支障ないので食卓上でもよいが、ここでは別に通常の調理台の高さのものも用意している。
フードが顔を隠してしまっては意味がないので位置と吸い込み効率の関係をチェックしながら形状を考えなければならない。

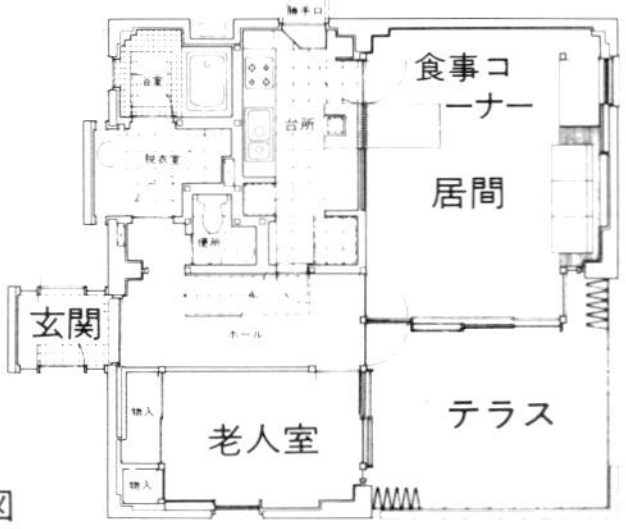

平面図

右写真／佐藤ボックス

佐藤ボックス

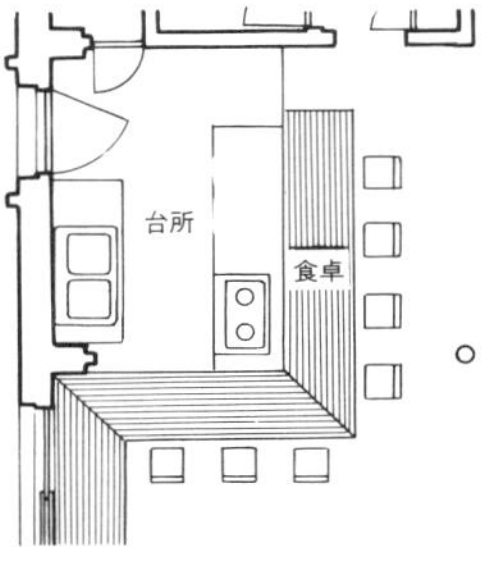

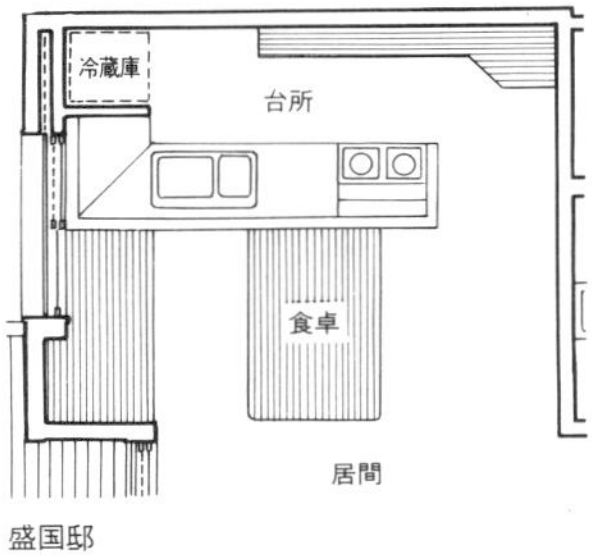

盛国邸

上写真／盛国邸

左写真／松原山倉

松原山倉

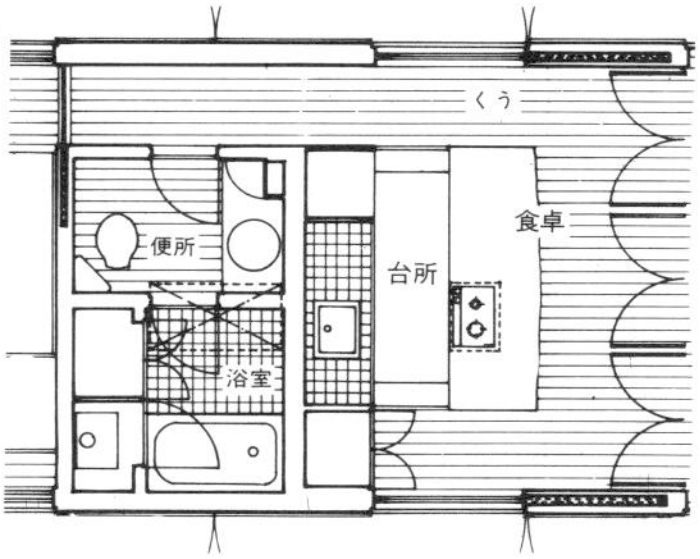

森ボックス

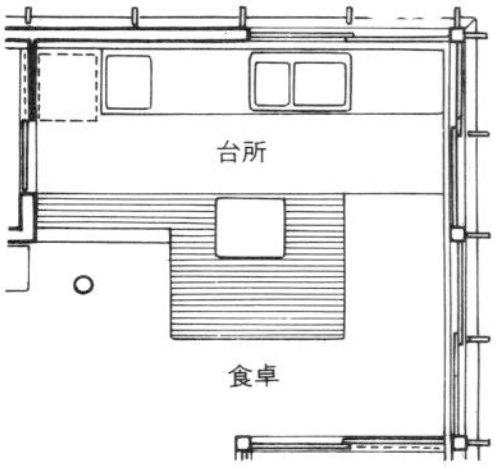

右写真／森ボックス

左写真／渡辺邸

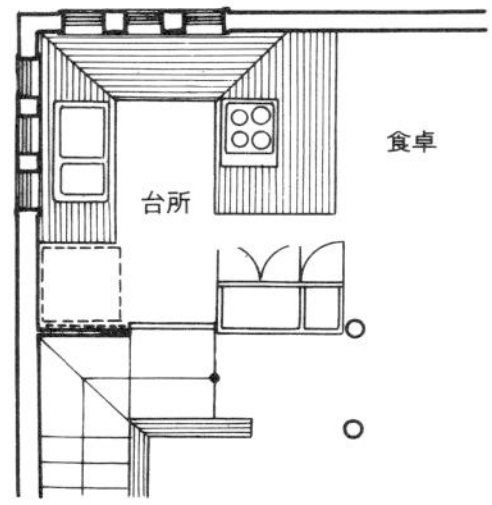

渡辺邸

5●3 子供部屋を独房にしない

動物は明らかにその巣を子供のためにつくる。育児のためにつくられた動物の巣に対して、人間の住居はそれほど単純ではない。しかし家をつくる動機の多くが、子供の受験等に理由をつけているところを見ると、子供に子供室を与えて、そこでゆっくり勉強をさせたい、または個性を涵養させたいというのは、一般の親の希望であるように見える。

けれども、さまざまな調査が示しているように、子供たちは本当に閉ざされた子供部屋で幸せに勉強しているのだろうか。幼児たちは、まず閉ざされた子供室が嫌いである。そんなところに押し込められるよりは、家族がたくさんいるおこたや食卓のところにいたいし、宿題だって、幼児の時期の宿題はそんな所で十分である。

本当に勉強部屋としての子供室が必要になるのは、大学受験を控えた高校時代以外にはないといってもいいのではないか。だとすると、子供が勉強もしない子供室をつくって無理やり独房ふうに押し込めておくことは、親の勝手な思い入れであって、子供たちにとっては迷惑至極のこと。

ある時期までは子供部屋をクローズしないでオープンにし、他の生活空間と一体化してつくっておく方法、そして子供が成長するに従って、その仕切り方を相談しながら決めていく方法が今の所最良の答えであると考えている。

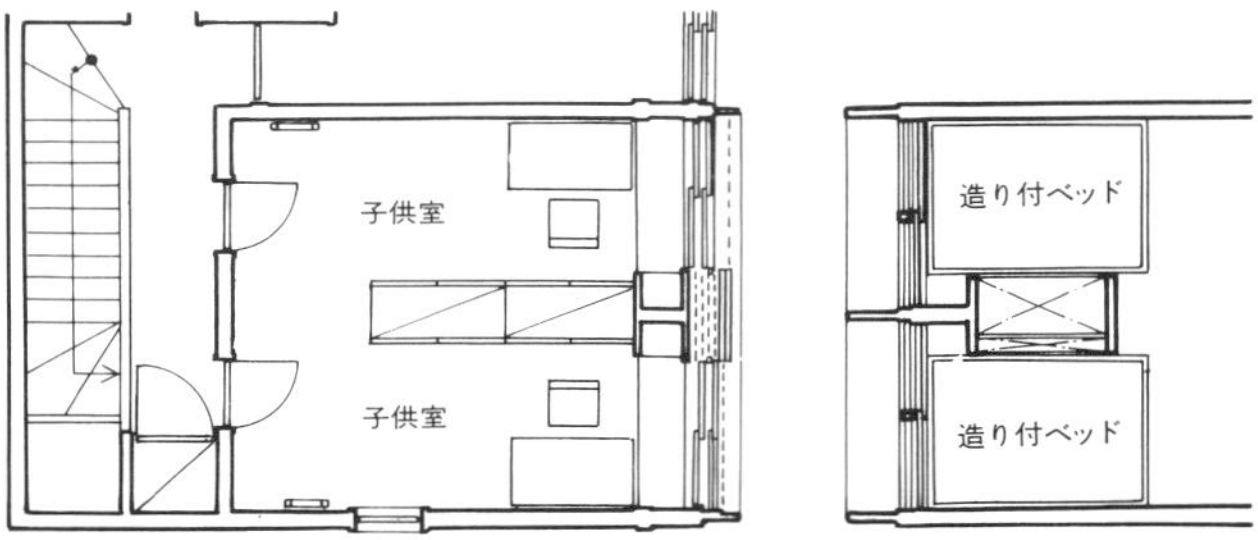

島田ボックス
ドアが２つあるものの子供たちがある程度成長するまではワンルーム状にしておいて，あとから本棚や洋服入れで間仕切っている．
ただし間仕切るといっても天井いっぱいまで家具を立上げないで空間をつないでおいて，両方の部屋の雰囲気がわかるようにしておく．

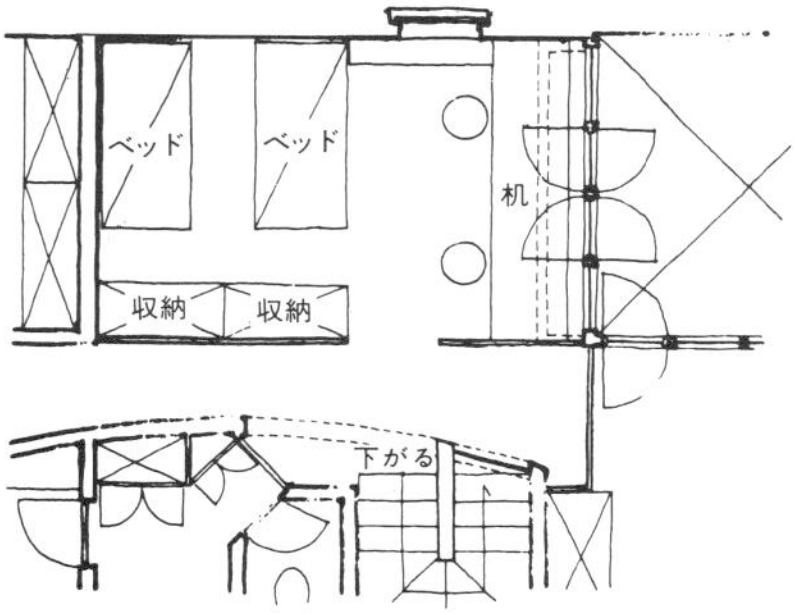

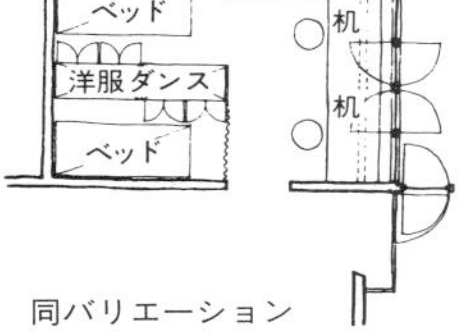

同バリエーション

高畠ボックス
子供室前の廊下左側に親の寝室がある．子供室の入口には扉が無く，親は常に子供の様子を感じることができる．子供室を改装してベッドをセパレートしても，扉を付けないスタイルは残した．

5●4 子供部屋は四畳で十分

郊外に建ち並んでいる住宅の子供室の平均は六畳である。六畳というのは、日本の中流以上の住宅の規準の部屋の単位として存在しているようだ。台所も規模を聞けば、ほとんどの場合六畳という答えが出てくる。子供部屋に六畳必要なのだろうか。そこを子供の勉強部屋であり、子供の主たる生活空間であるとして、オーディオからテレビ、ベッド、洋服だんす、勉強机、本箱まで置こうと思うと、六畳必要なのだろうが、生活空間の大部分をリビングに持ってきて、そこは単に寝て、洋服類を収納して整理する最小限のものを置く場所でいいのだと考えると、子供室は実は四畳で十分なのだ。

逆のいい方をすれば、六畳もの広さを与えるから、そこでゴロゴロしたり、遊んだり、ベッドでコミック読んだり、散らかし放題にしてしまうなどという事が可能になる訳。別ないいかたをすれば、六畳必要と考えられた子供部屋から二畳はぎ取って、二つ分（四畳）を居間のほうに加えてやれば、八畳であった居間は十二畳になる。一方で子供室を狭くした分だけ居間が広くなるだけで、この小さな子供室、広い居間の組み合わせが、本当の意味での家族生活をつくる望ましいプロポーションであるような気がしていつも提案するのだが……。

子供室とは何であるか、家族のだんらんとは何であるかの部分の追求が皆無くて習慣としての六畳が優先する。

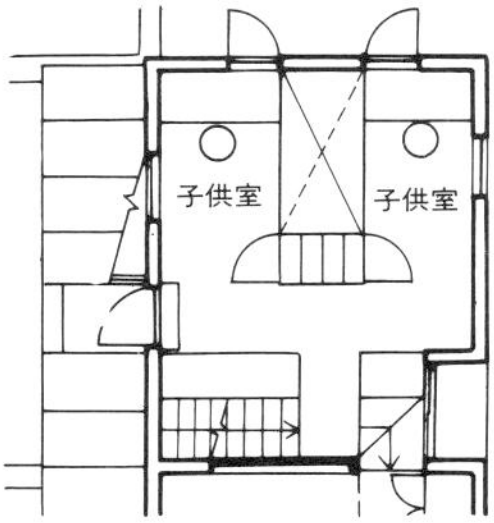

平面図

鹿島邸
最小限の子供室スペースのとり方の典型例である．ベッドは２段とし，左右から使い分ける．ベッドの幅を利用して洋服入れを設けてある．

和久井邸
ベッドを置くスペースがとれなければ，中2階にあげる方法がある．ベッド下の天井の低い部分は机をセットする．
子供室の位置が最上階のときに使える手法である．

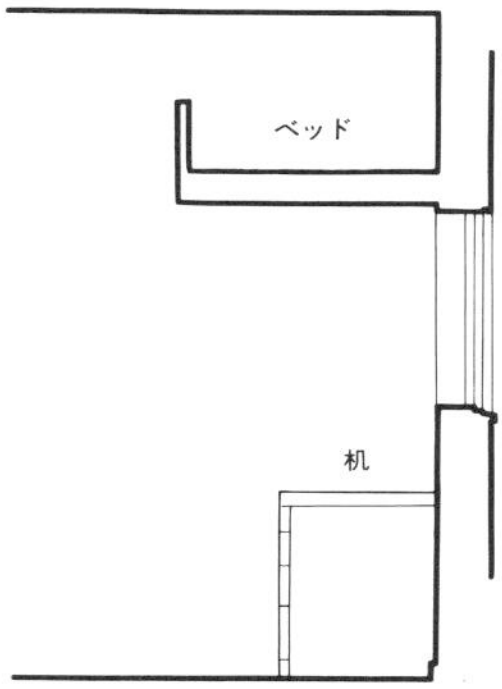

立断面図

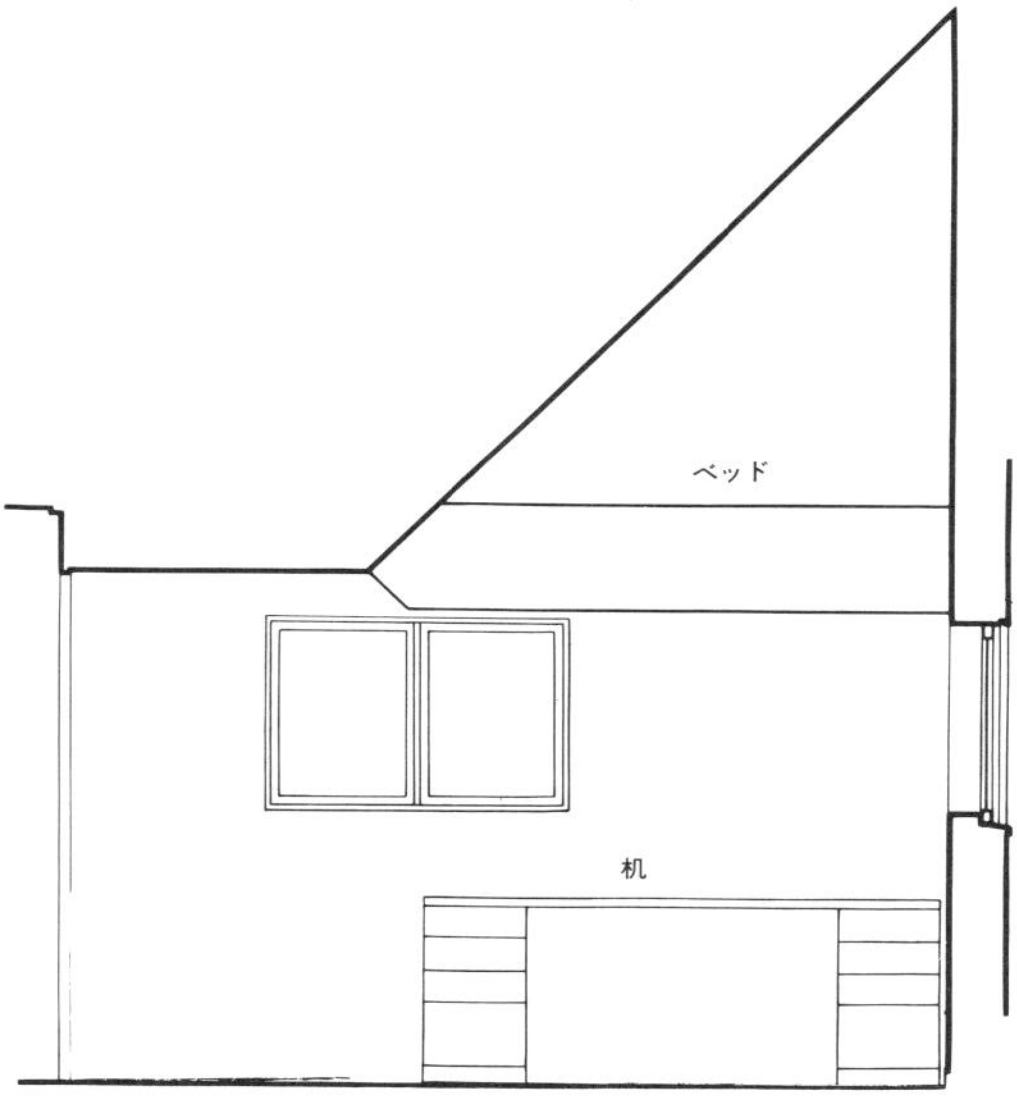

立断面図

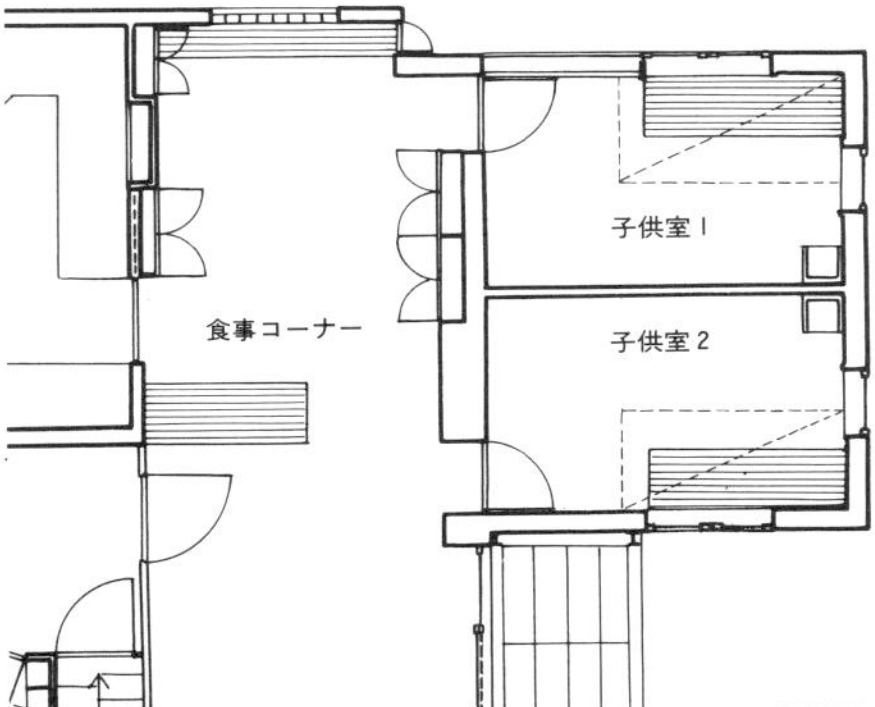

平面図

5●5 ダイニングルームはファミリールーム

日本人の大部分はリビングルームで団らんをしていない。リビングルームがそのようにつくられていないということもあるが、基本的に神人共食の思想が、心の片隅を支配している日本人には、食事をすることで神と人すら心が通い合うならば、なぜ人間の心が通い合わないことがあるだろうかと食事を大事にするくせがある。

だから観察してみると、日本人の家族の団らんはほとんど食卓に始まって、夜中まで食卓の周辺で行われていることがわかる。一方、一般的な西欧風ダイニングは文字どおり食事をするためだけの場所で終ったらリビングに移るものと、食事の施設しか整っていない食堂がほとんどである。

そこで新聞を読み、酒を飲み、お茶を飲み、食事をし、会話をし、ついでにテレビも見てしまうという日本人の団らんのパターンに合わせるために、ダイニングルームは単に食事の場所だけではなく、一種のファミリールームとしてセッティングされる必要がある。周りに机や椅子、オーディオ、さまざまな収納を持った豊かな空間としてダイニングルームをつくれば、そこは自動的に洋風茶の間としてのファミリールームになる。

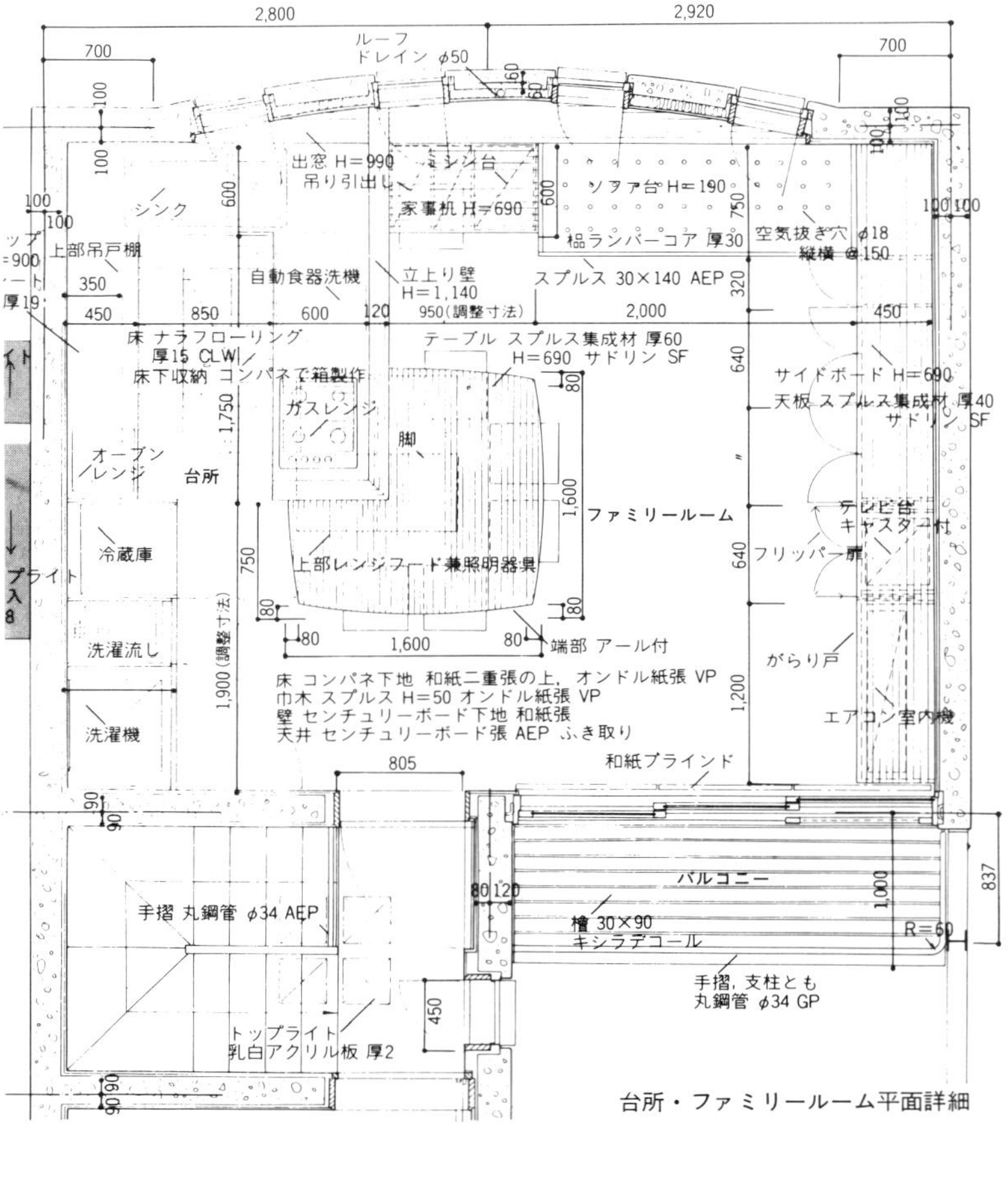

台所・ファミリールーム平面詳細

CHOI・BOX／部屋入口より食卓越しに家事テーブル方面を見る．
家事テーブルの右はソファ．さらに右は物入れがみえる．
写真にはみえないが左側には洗濯機を置くコーナーがあり，この部屋でたいていの用が済ませる．

5●6 朝日のあたるダイニングで一日を始める

昔、出来たばかりの倉敷の国際ホテルに泊まりに行った。ホテルのダイニングに窓がなく外が見えない…などということが多い最近のホテルとは違い、この浦辺さん設計のホテルでは、東側にカットグラスの大きな窓が開いて、白いテーブルクロスに朝日がキラキラと紅の光を落としていて、そこでの朝食の印象の強烈であったこと。

家族が夕食よりも朝食を一緒に取る機会が多いという統計データがある。食事をすることが楽しいことであって、しかも、それを家族が一緒にするのは朝が多いということ、それから朝気持ちがいいと、その日一日気持ちがいいという私たちの日常の体験、そんなことから、可能な限り朝日の当たる位置にダイニングルームをつくるべきだというのが、私の事務所のマニュアルである。

もちろん、すべてそううまくいくわけではない。東側に持っていかないほうがよいプランができる場合もある。しかしそんな場合でも、必ず朝日がどこかに意識されるようなつくり方をすることは必要だ。ということで、たとえばトップライトから朝日が落ちてくる、反対側の壁に朝日が当る等々、最悪の場合、庭にさす朝日が美しく見える様にする等の工夫をする。

それによって気持ちのよい朝が持て、気持ちのよい朝が気持ちのよい一日を約束するとするなら、それは設計者が家族のためにしてあげられることの大事な一つであるはず。

そんな配慮の積み上げが家を住み易くしてくれるのだ。

上写真／花房邸／食卓越しに東側の窓を見る。
こんなに隣家の壁が密接していても二階居間だから十分朝の日が射し込む。

左ページ写真／有賀邸／居間側よりファミリールーム東面を見る。
東に面した開口部をとるために、プランニングの上で食堂をとび出させている。

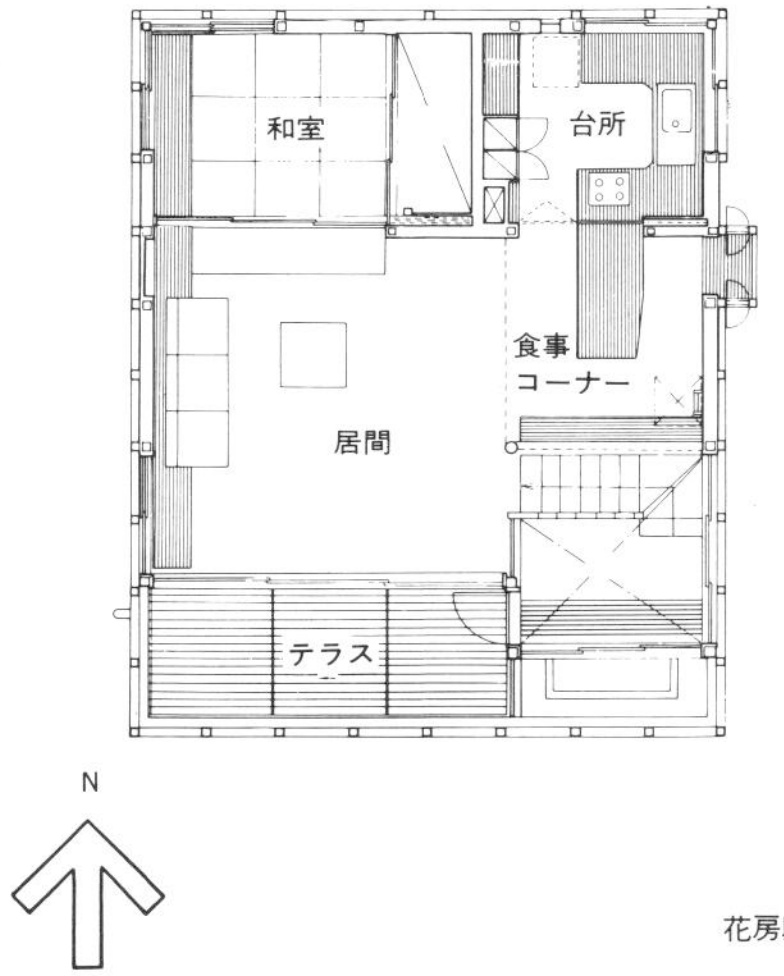

花房邸

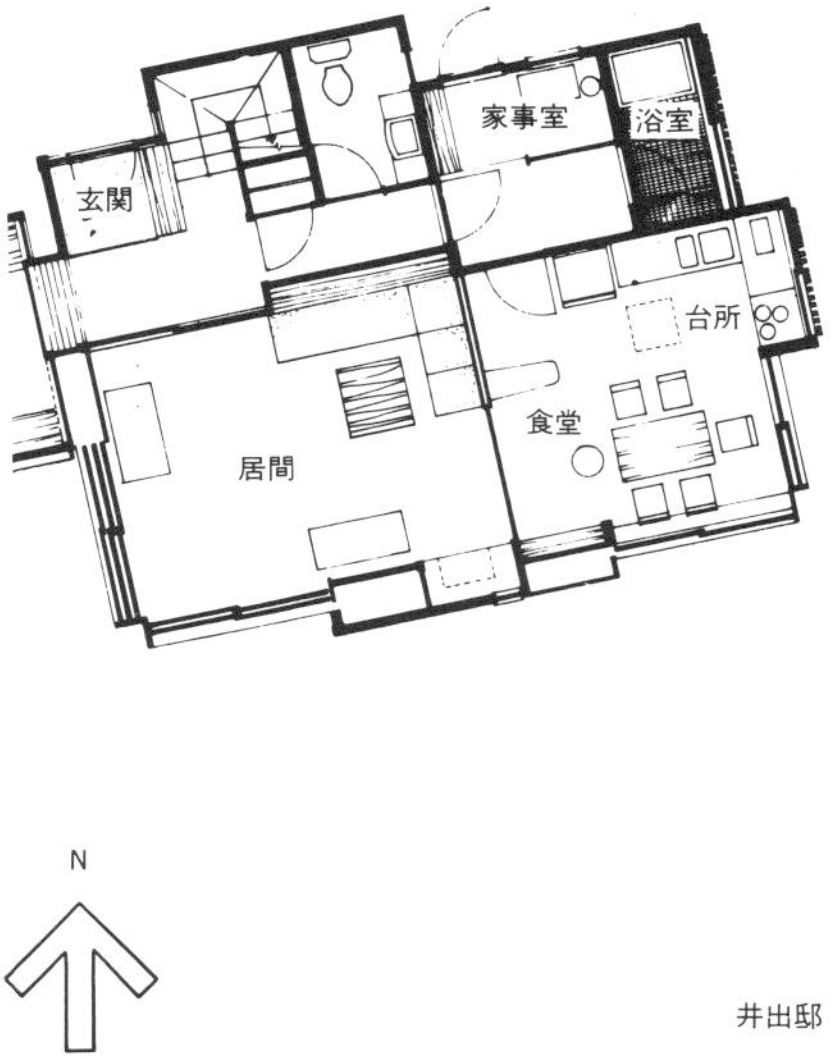

井出邸

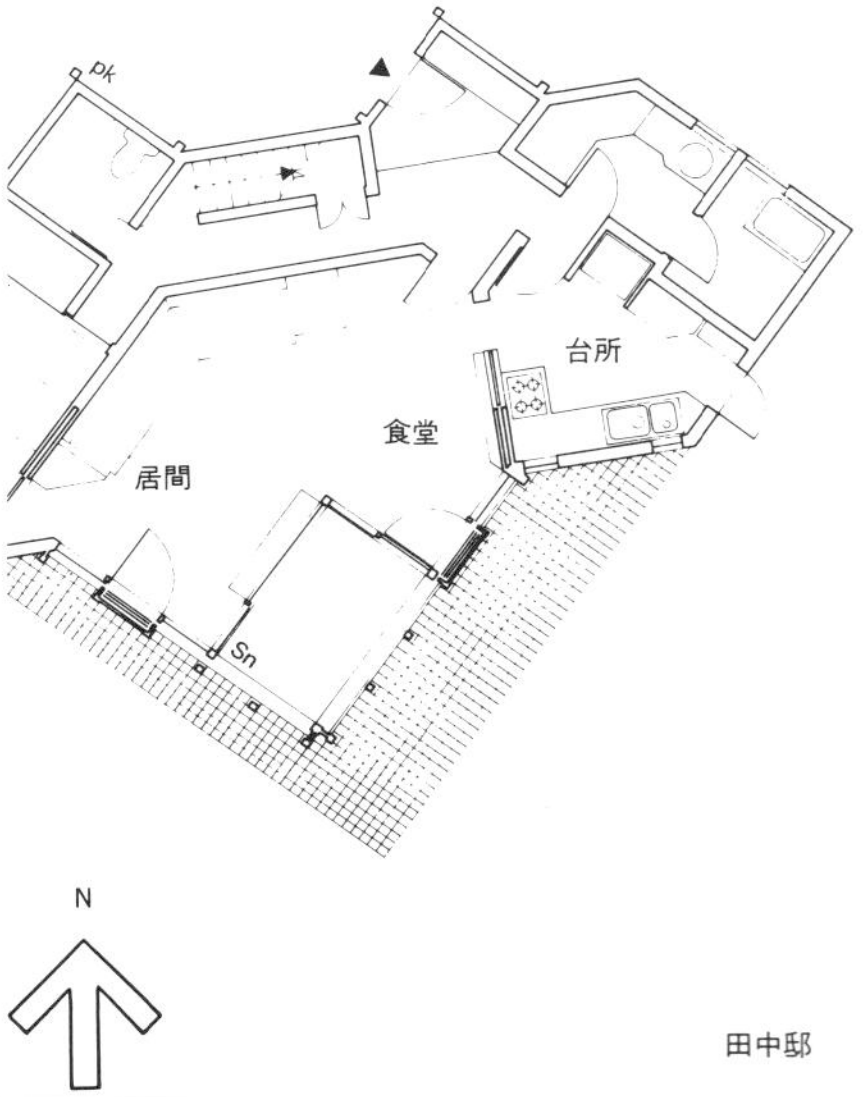

田中邸

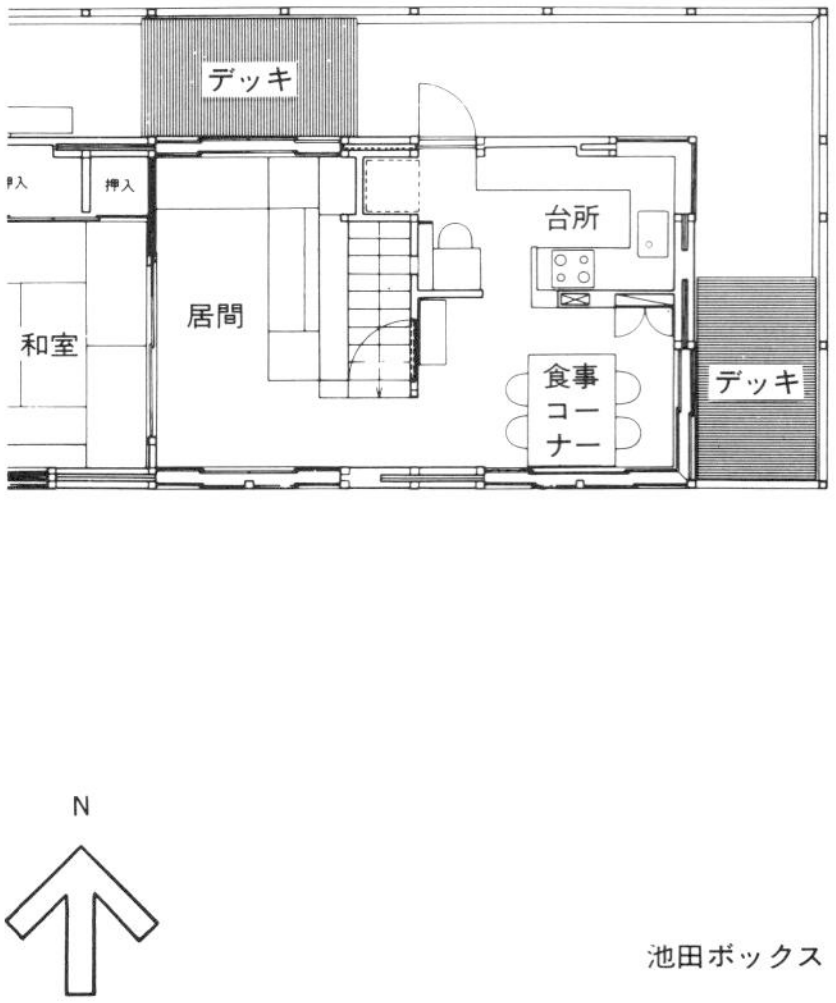

池田ボックス

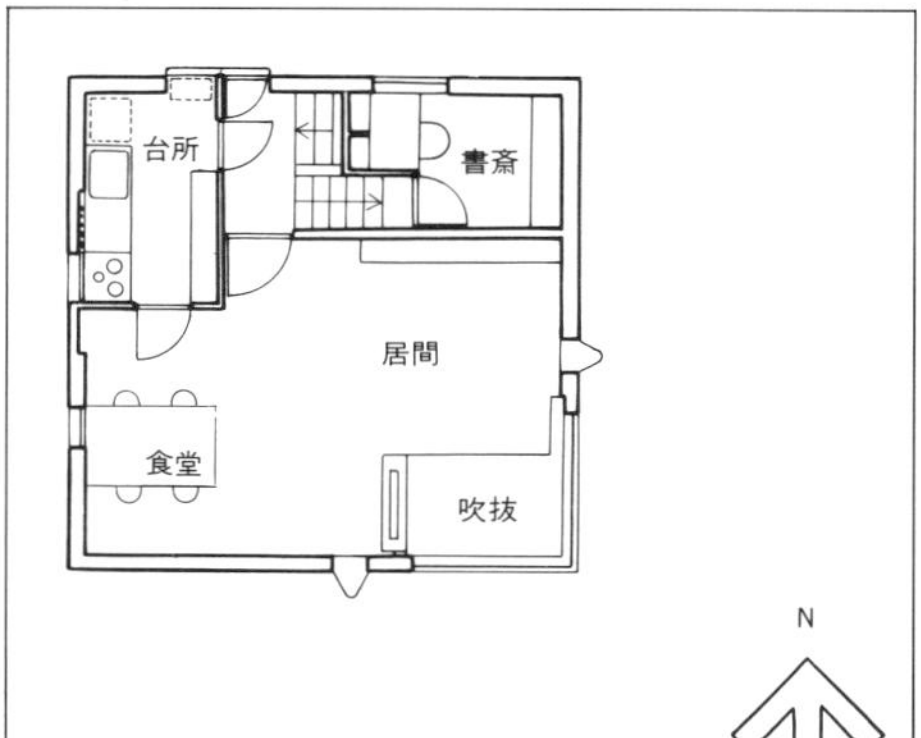

グリーンボックス＃2

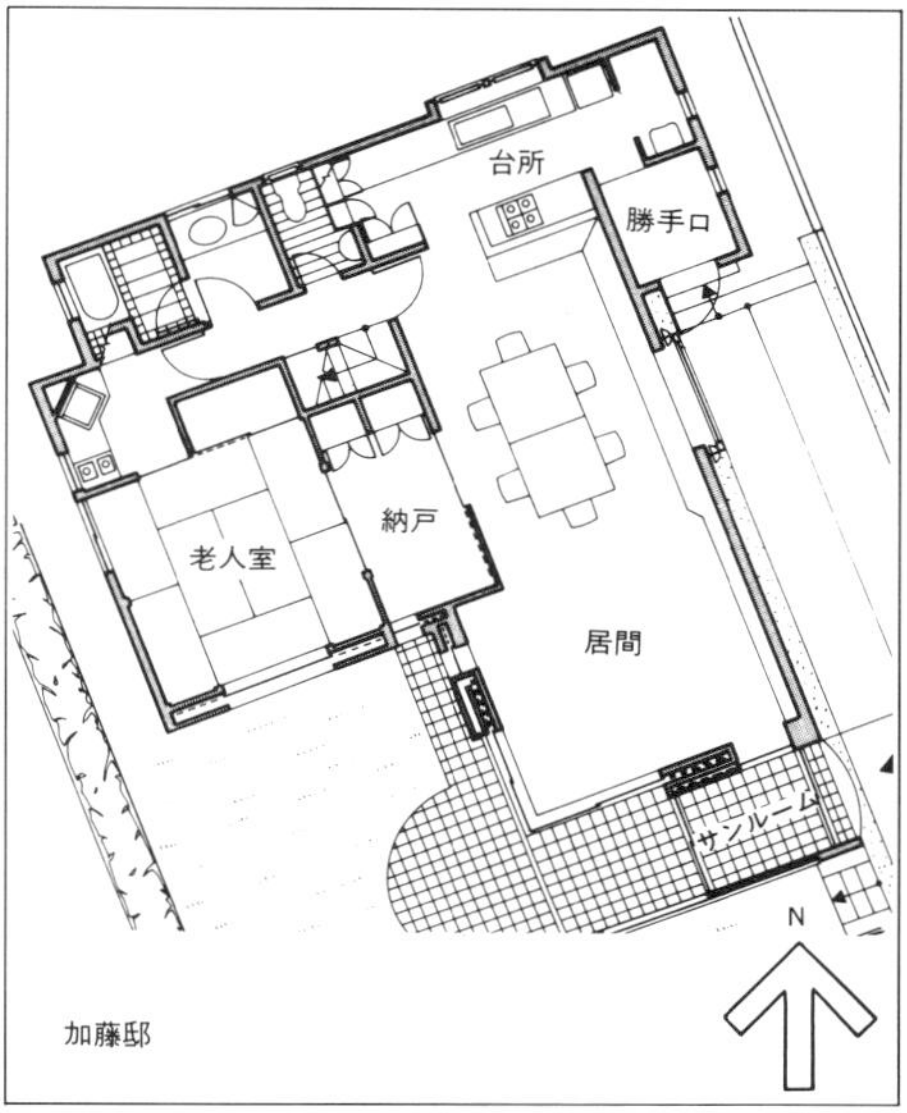

加藤邸

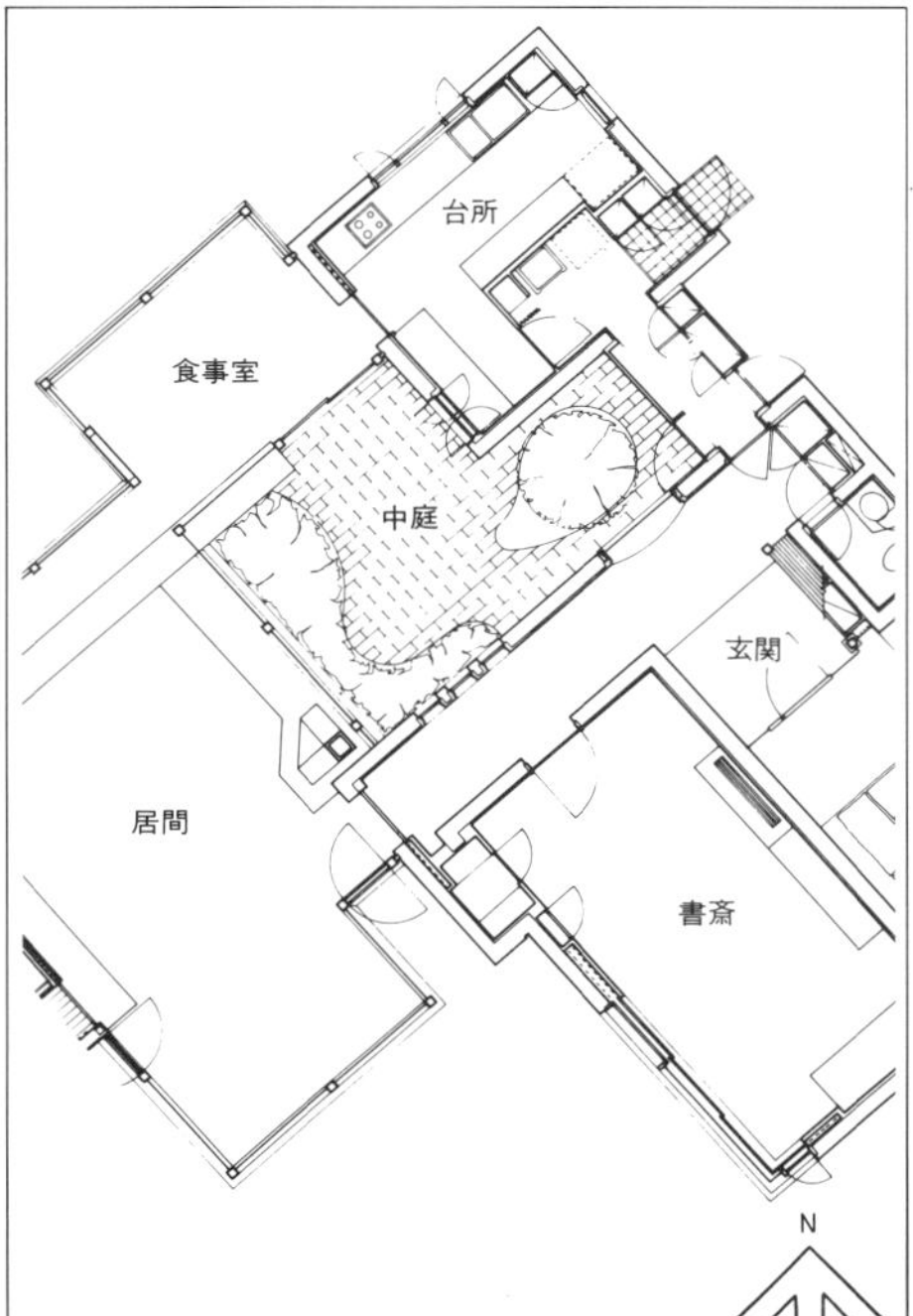

中山邸

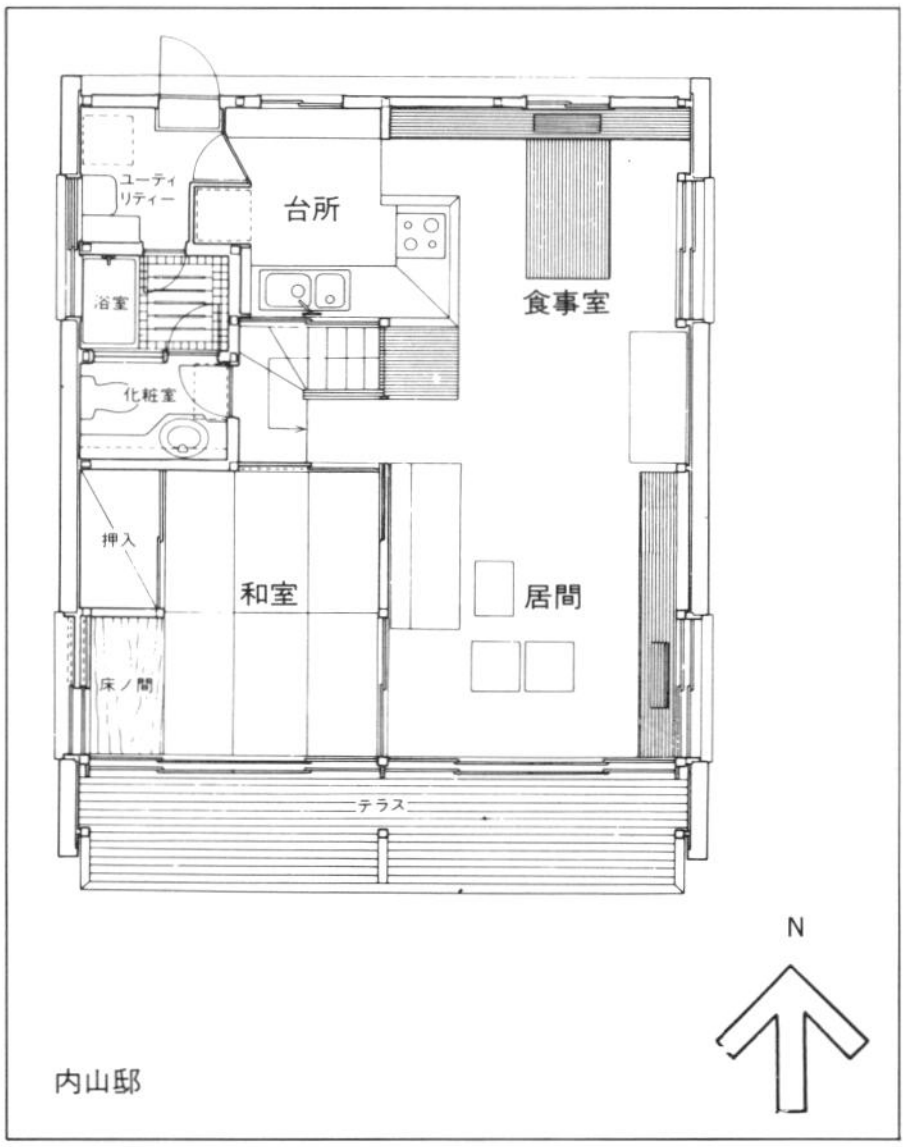

内山邸

5●7 二つのトイレ・一つは家族専用

従来、トイレは洗面所、浴室とセットになり、一階の玄関脇か台所の並びにつくられるのが常であった。

そして洗面所、浴室というのは、きわめてプライベートな空間である。そこには家族だけが知っているさまざまな、細かな秘密、お父さんの痔の薬だとか、お母さんの入れ歯だとか、下着だとか、そんなものがついこぼれてしまう場所でもある。

トイレが一つしかない場合には、そんな洗面所を通って客が便所を使う。つまりプライベートな部分に外部の人間が入ってくることによって、プライバシーが侵害される。客にとっても、家族にとっても気持良いものではない。そこでトイレだけを洗面浴室と切り離して単独に使える方法が生み出されてくるのだが、それでも汚れたりして問題は残っていた。それが最近、一階と二階に二つのトイレを持つようになって、かなり問題が整理され得るようになってきた。

この場合、一階の玄関近くにあるトイレは、明らかに居間および客用である。ここは小ぎれいにつくっておく。客用のタオル、花を置く台、エルメスの石ケン。もう一つの二階の家族用のトイレは、明らかに家族専用なのだから、家族が使うさまざまな小物類、薬だとか化粧品、リネン、タオルなどをしまえる収納が必要である。場合によっては下着用の引出しさえ必要かもしれない。洗剤や掃除用の道具なども、もちろん別に分けおくのは当然。

木村ボックス

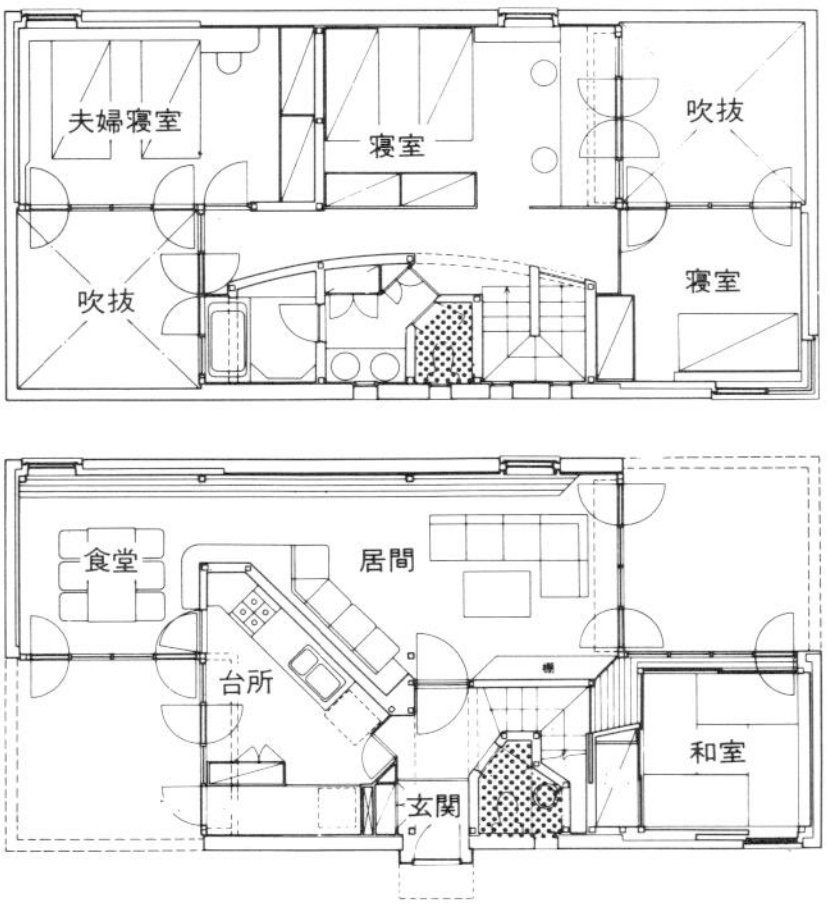

高畠ボックス

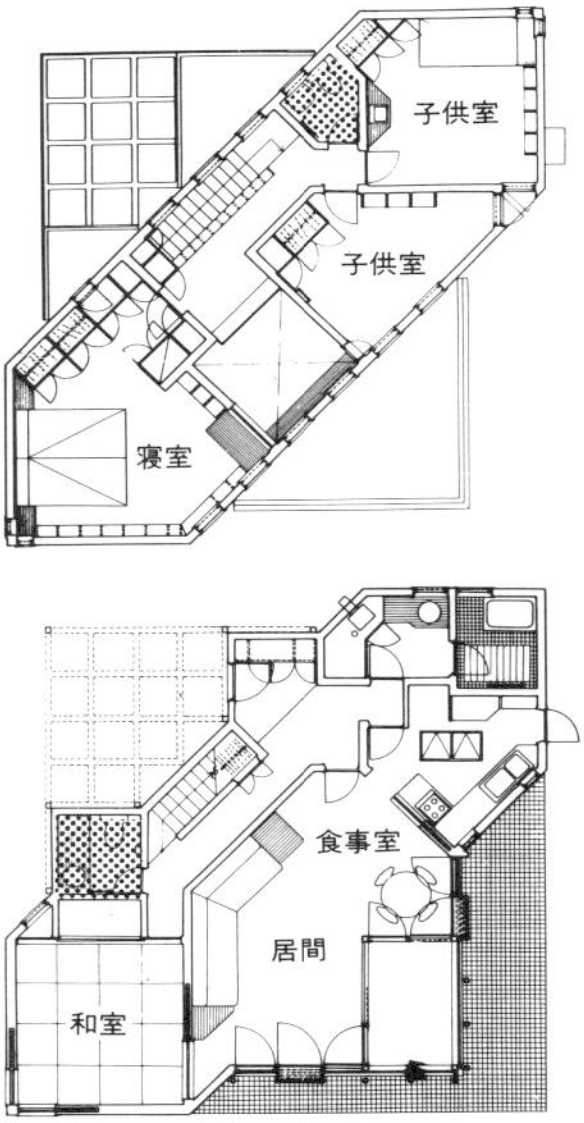

田中邸

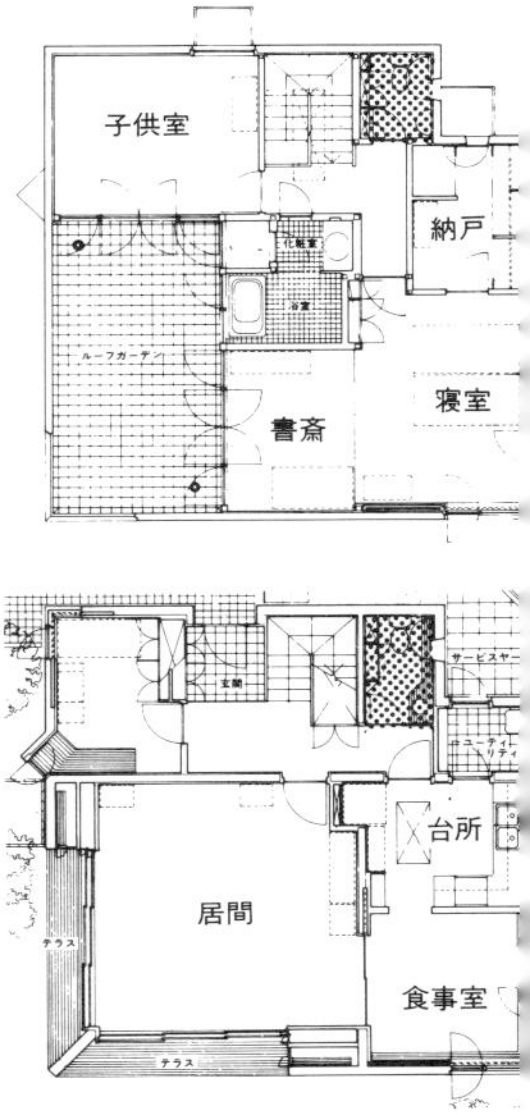

木村ボック

岩前邸

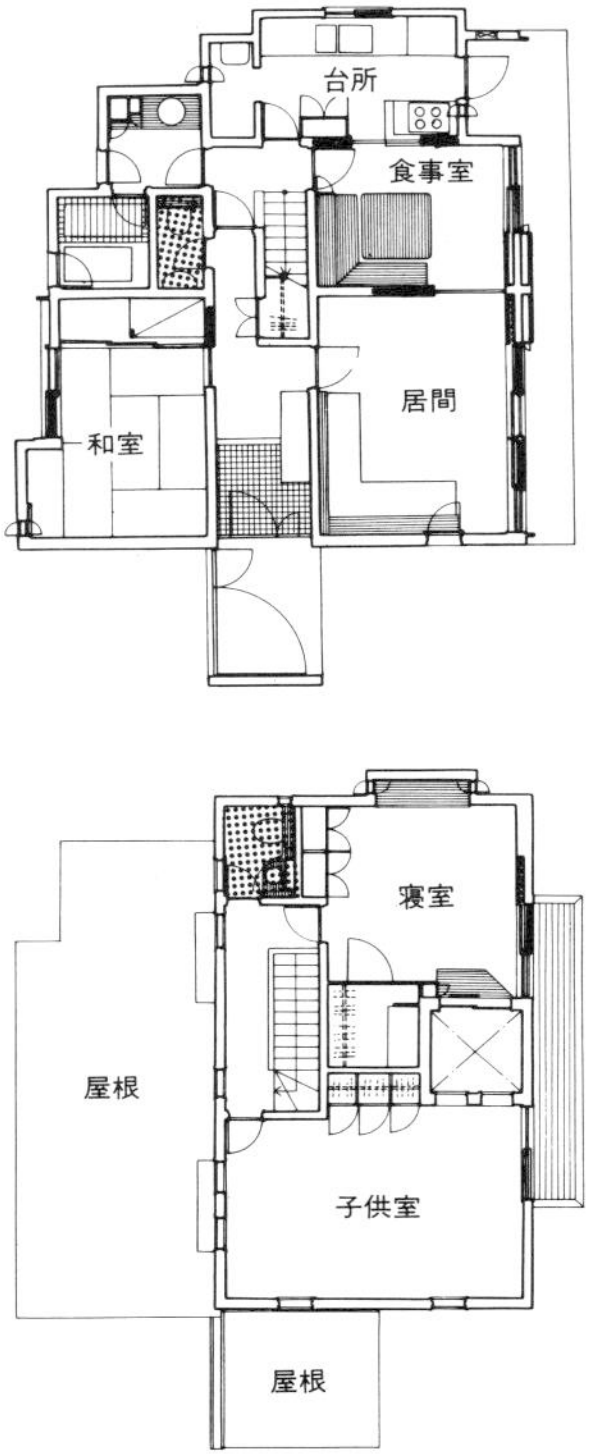

トイレ部分

大場邸

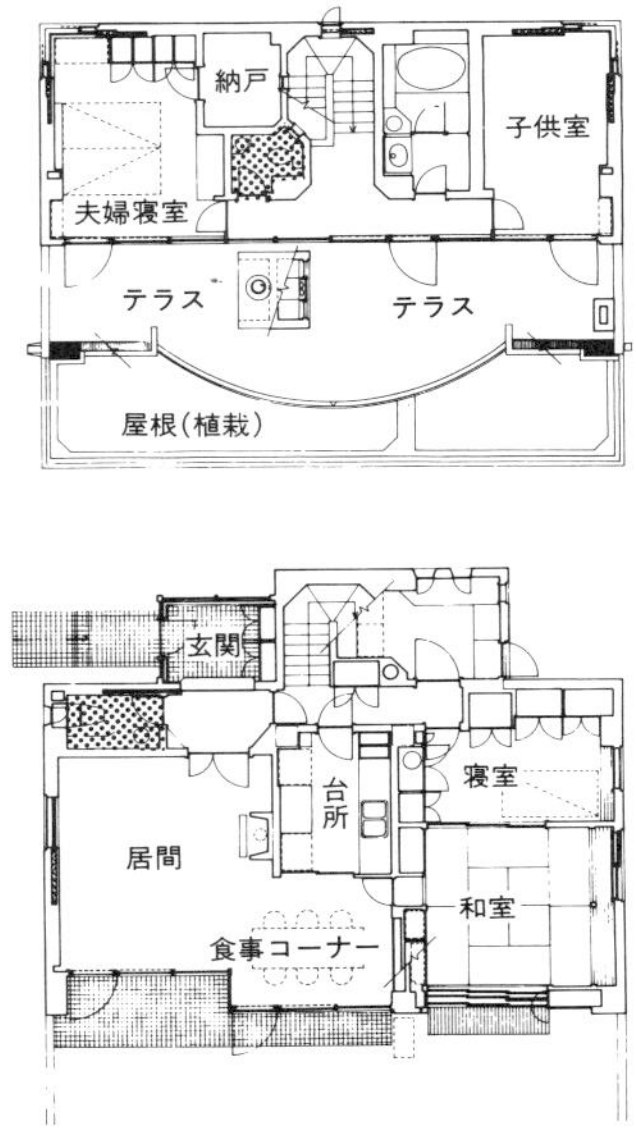

河崎ボック

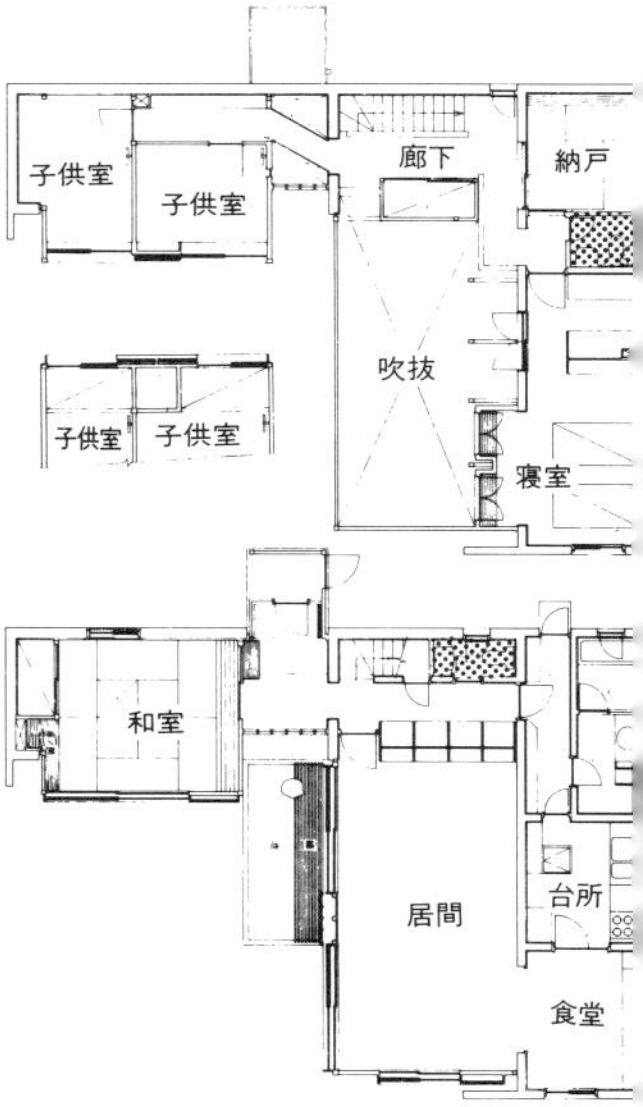

5●8 夫婦の寝室のプライバシーはどうとる

夫婦の寝室は子供の寝室とは違う。それは社会の最小単位、夫婦という単位のための空間である。愛のための空間であるとカッコいいことをいうわけではなく、そこでセックスが行われる。セックスだけの意味でなく、日常から遠ざかった夫婦だけの他人に見せない様々な生活行為が行われる場所であることを、意識しなくてはいけない。

この部屋の音を外にもらしたくないし、せっかく昼の喧騒が終って静かな時間を持つための場所に他からの音の進入はさせたくないという意味で。

子供部屋、他の部屋、水音が発生するような部屋、そういうものと隣り合うことは、極力避けたいし、位置的にもなるべく離れたところに置くべきである。まず位置として道路などと反対の場所、他の生活空間から切り離された場であるべき。そうした距離がとれないでどうしても他のそのような部屋と隣接する場合には、その中に十分な遮音材となるような洋服だんす、物入れ、押入等を介入させるべきだし、それも不可能な場合には、今度は重さ厚さで遮断するようにせねばならぬ裏表四枚張りの防音壁を天井裏まで立ち上げてつくるようにするべきだと、小さな声で、所員たちにソッと指示しているのだが。

河崎ボックス

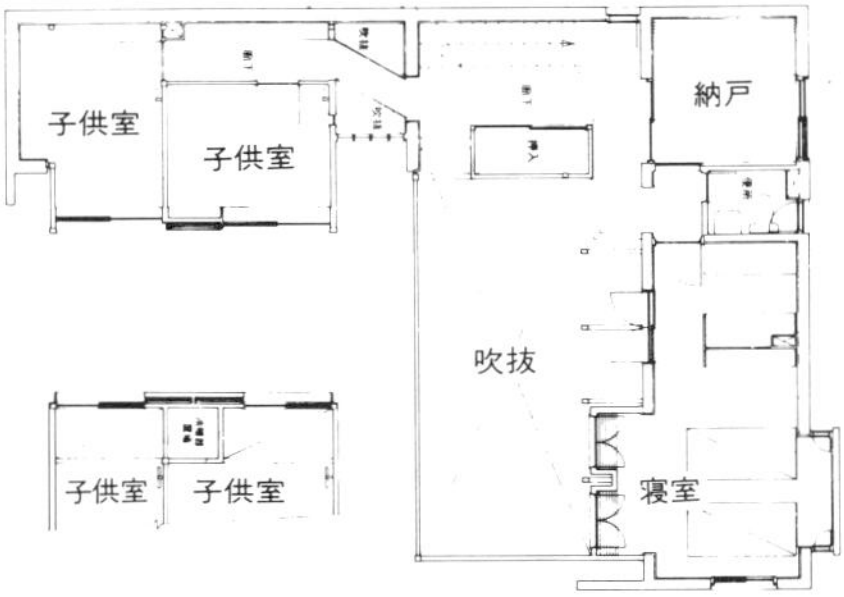

ブルーボックス

冨士道邸

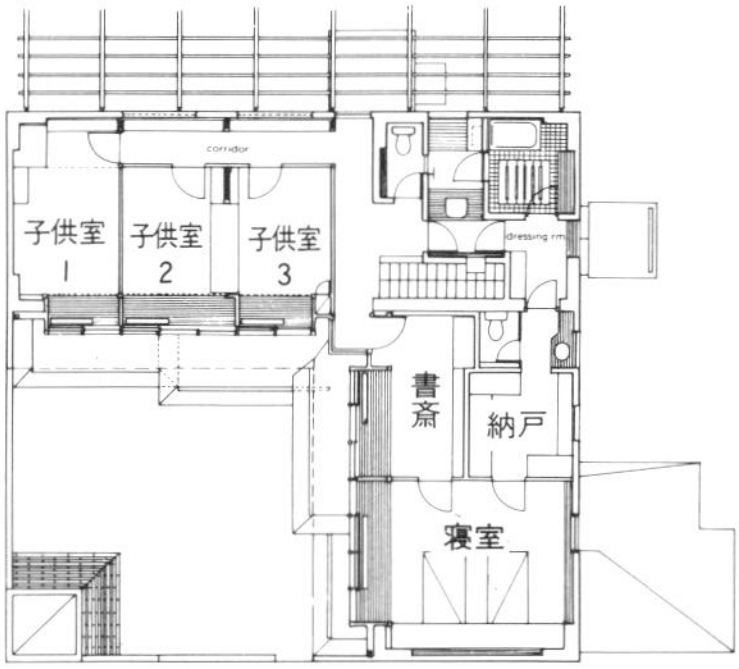

大場邸

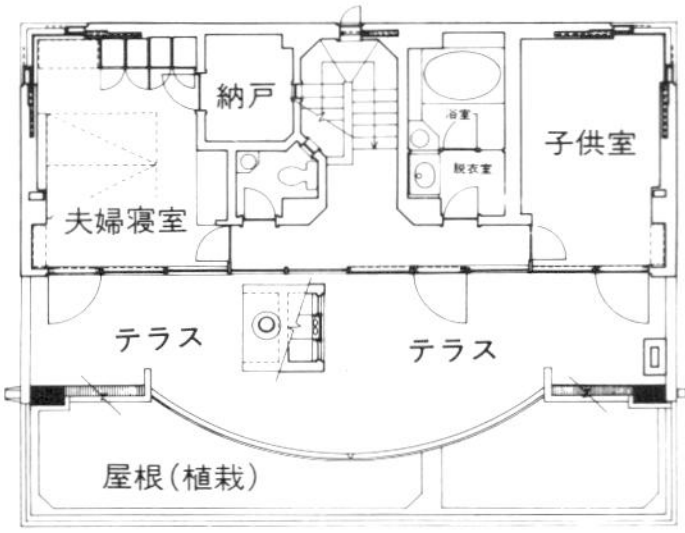

三原ボックス

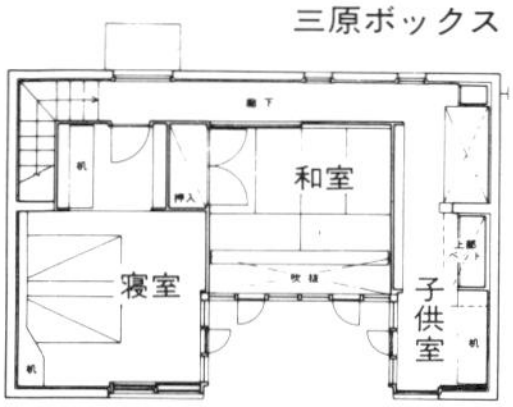

花房邸

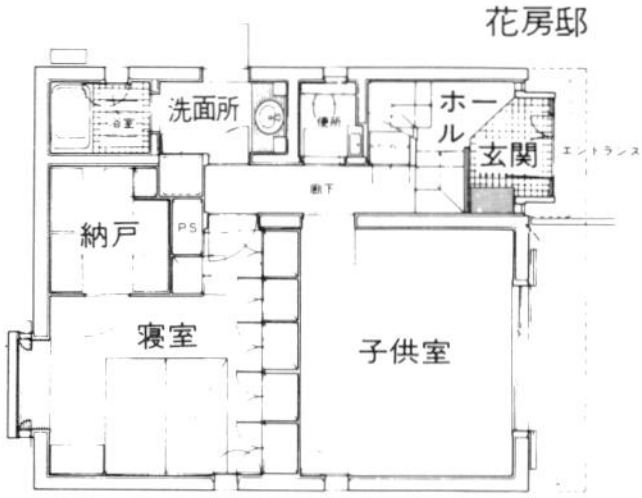

三宅ボックス

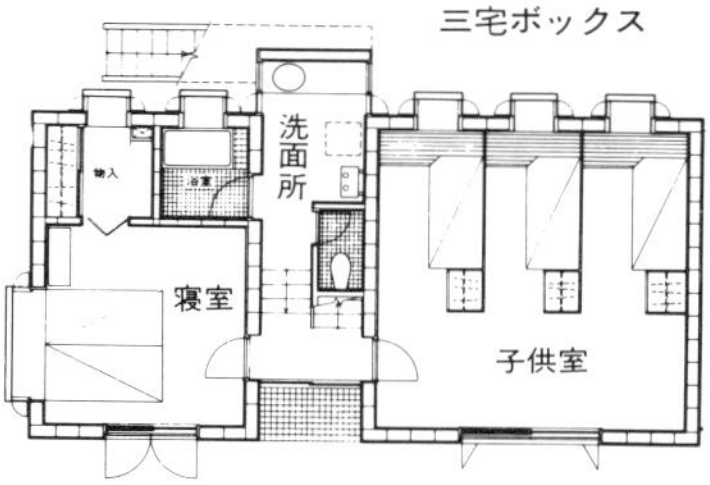

岩前邸

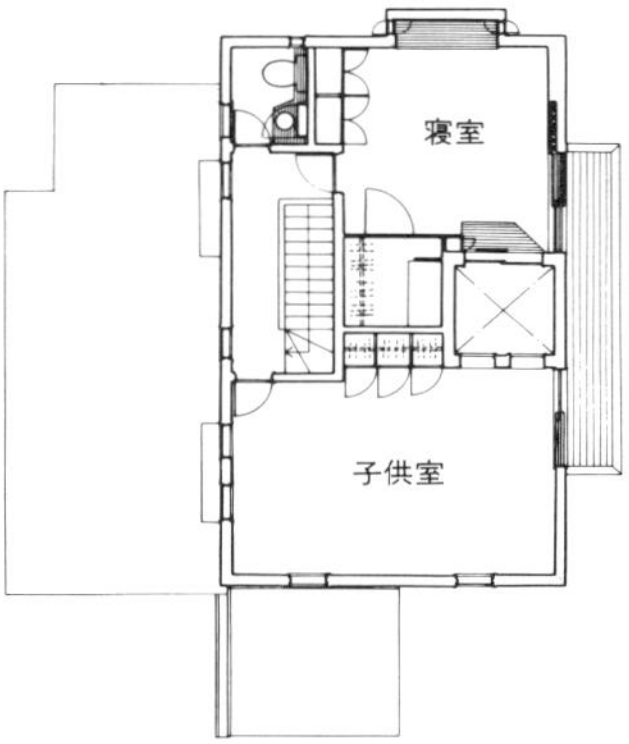

林邸

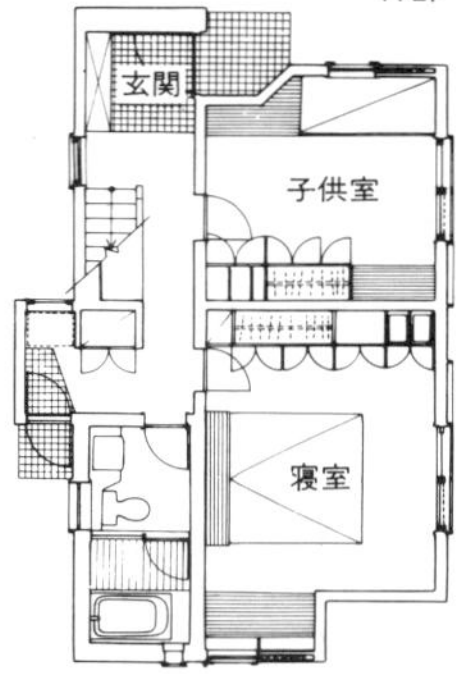

グリーンボックス＃3

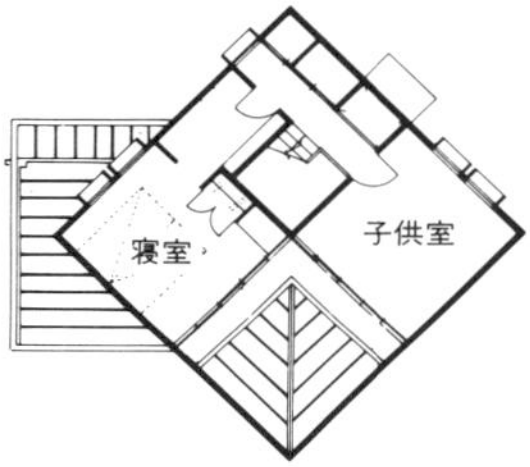

木村ボックス

小松邸

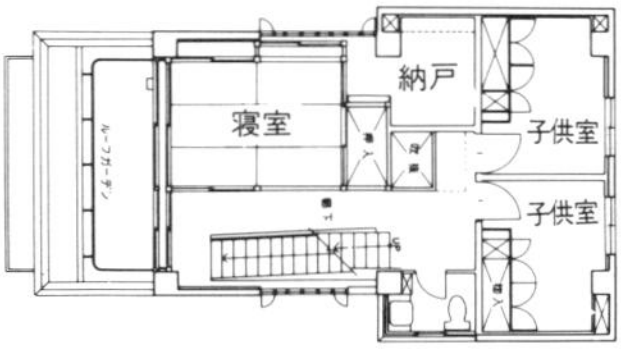

BOX-A QUARTER CIRCLE

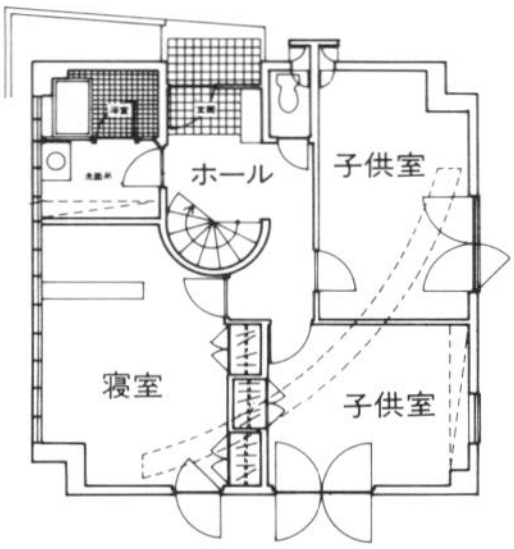

小出邸

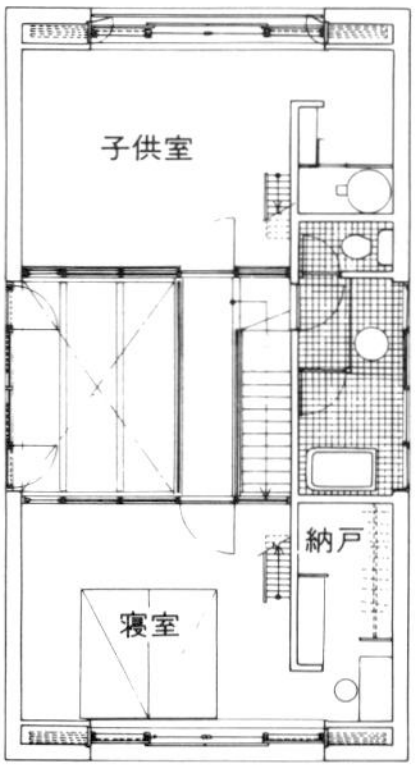

有賀邸

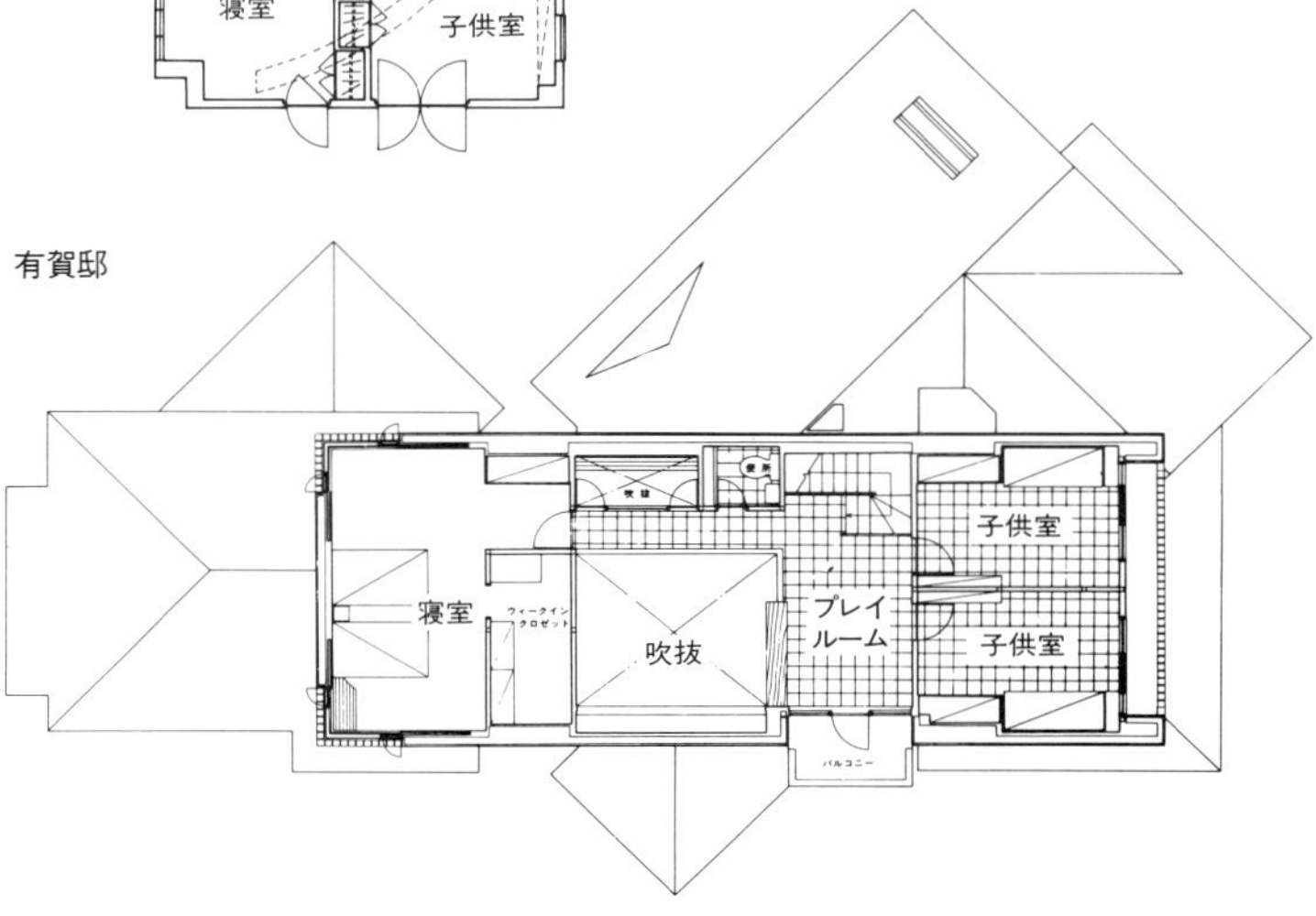

5●9 夫婦でも着替えは見せない

夫婦の主寝室はかなり複雑な部屋である。夫婦が寝る部屋でもあればセックスの部屋でもある。家族にも内緒の秘密の話を夫婦だけで語らい合う場所でもあれば、銀行の証券であるとか、国債であるとか、株券であるとか、かなりプライベートなものをしまっておく場所でもある。そこで本を読んだり、寝る前の一時を過ごす生活空間でもあるし、そこで脱いだり着たりという着替えの場所でもある。

脱いだり着たりする着替えの場所だから、そこで脱げばいいといってしまえばおしまいなのだが、その脱いだり着たりする行為の横に、静かに本を読んでいたかったり、静かに寝る前の生活時間を過ごしていたかったりする相手がいることを忘れてはならない。ストリップティーズでもあるまいし、醜い姿になってしまう着替えなどという光景、できたら夫婦ともお互いの前ではしたくないと思っているだろう。

中年を過ぎ体形が崩れてくると、その意識はかなり強くなるはずで、そんな人のためには、ウォークインクロゼットという納戸のような、中に洋服をつるした部屋が、きわめて有効である。身を隠すという行為が露骨でなく、下着をとりに行ったという感じで行なえるからである。もちろん、洋服をつり、小だんすを置いた中で、両手を広げて洋服の着替えができるような大きさが要求されるのは当然のことである。

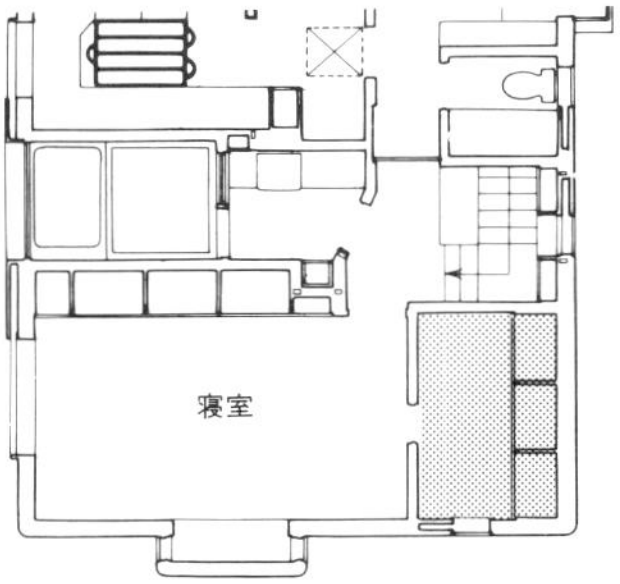

森井邸
納戸には造り付の洋服入れがあって，そのほかには，手持ちのタンスが収納されるが，用意してあるスペースはここで着替えができるように広くとってある．

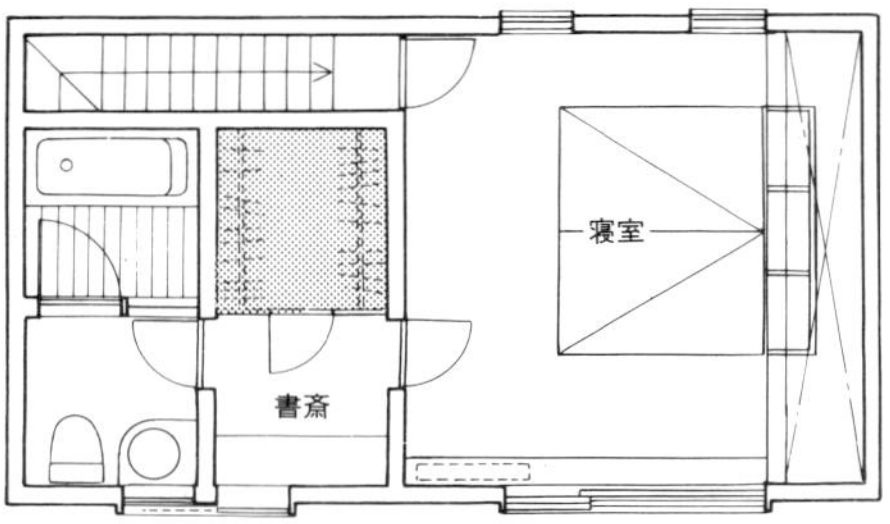

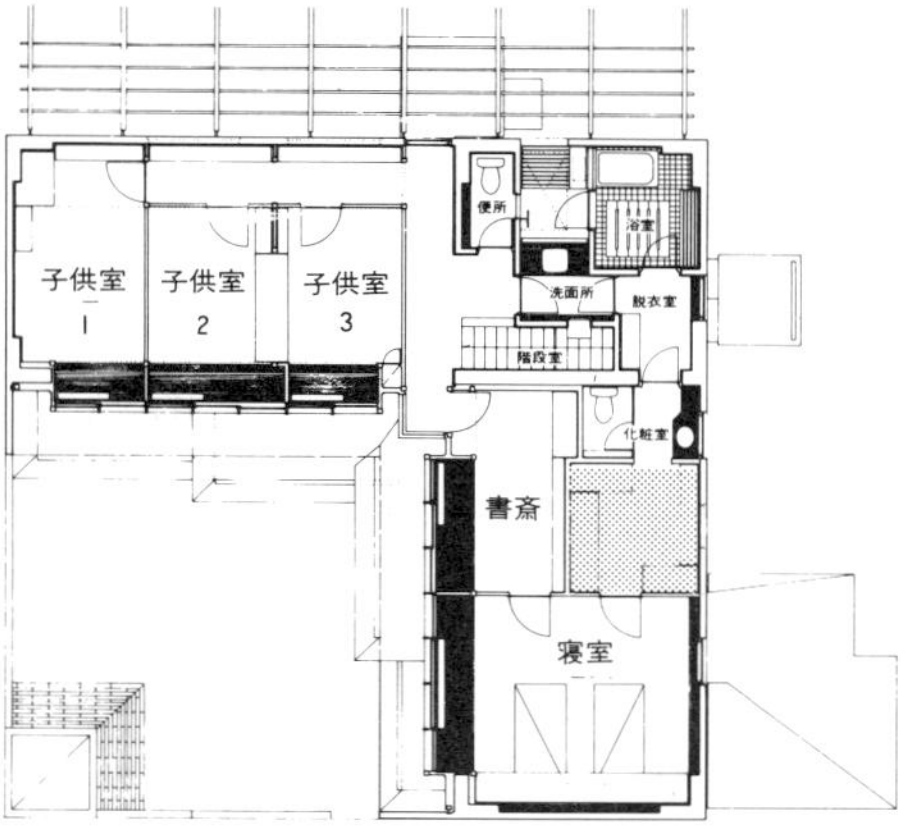

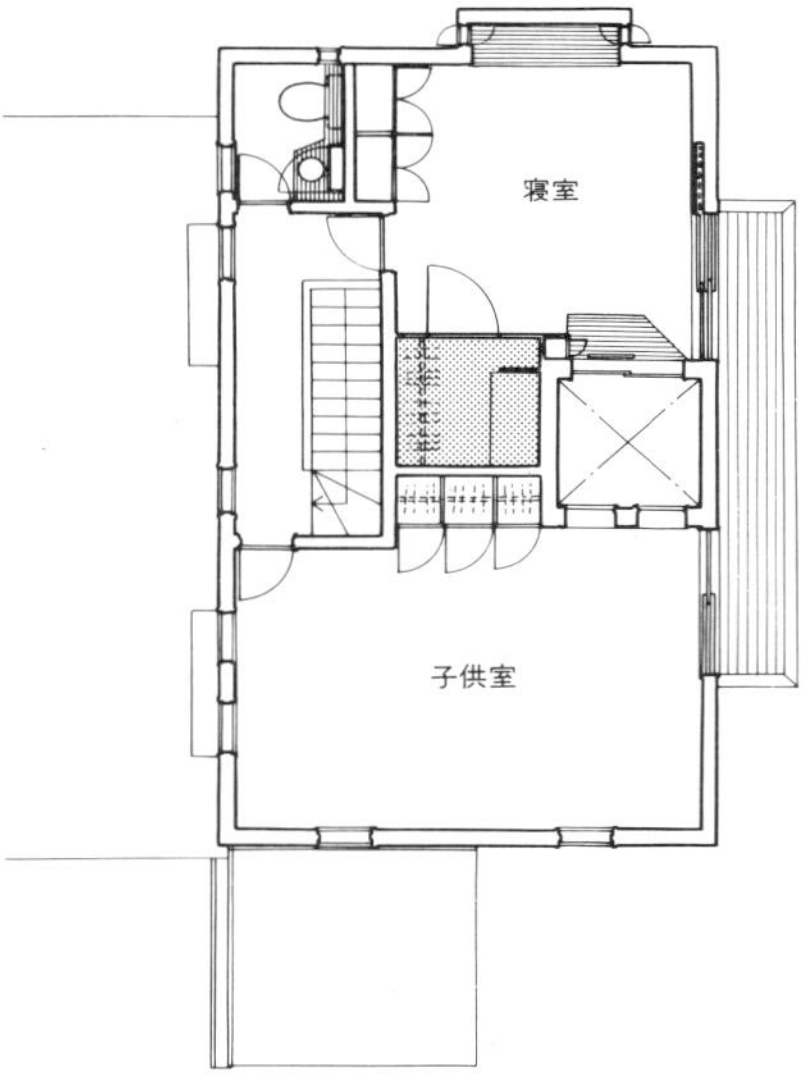

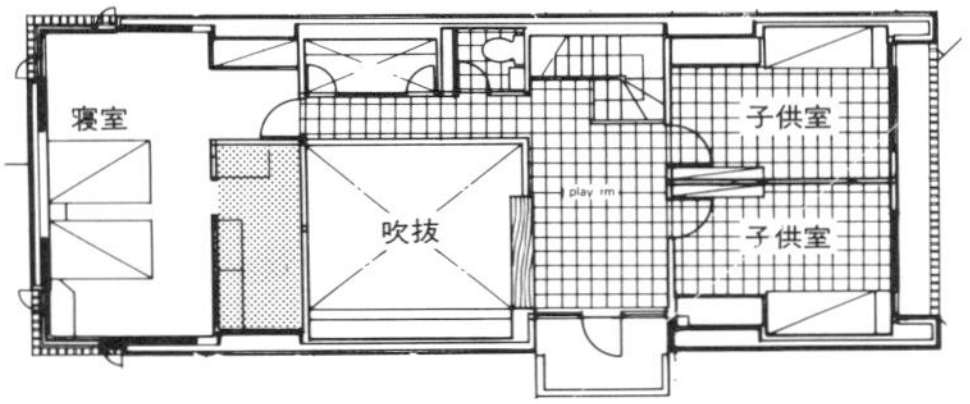

ウォークインクロゼット

右上／冨士道邸
右下／有賀邸
左上／伊藤明邸
左下／岩前邸

ウォークインクロゼットは，内にどうタンスを置くかで形や位置が微妙に変る．

6●1 木は木らしく・線材として

木という私たちになじみの多い材料は、最近はベニヤというかたちの面状にむかれた材料や、パーティクルボード、ホモゲンホルツのようにチップにしてボード化したものなど、いろいろなものが出てくるようになった。けれども、木が最も木らしいのは、むくの木そのものの形態を保っているときであって、そういう場合に木は常に棒状の存在である。

だから一つの仕上げ材として面的に使う場合には、ベニヤなどの使い回しで、ある効果は期待できるが、木を本当に木らしく使おうと思うと、やはり棒状の部材を組み合わせて、空間や構造を構築していくという使い方が自然である、いわゆる柱、梁による楣（まぐさ）構造である。2×4工法などという棒材としての木材と、面材化されたベニヤとを組み合わせた中間的な構法もある。

材そのものが脂の多く弾性の強い内地材から、外材に変って、仕口その他構造そのものが変っていく状況はあるのだから、私たちは、木は線材として、組み合わせる可能性をまだまだ持っていることを信じて、いろいろな木の使い方に挑戦している。

たとえ安い木であろうと、線材としてその断面が分かる様な陰影のある使い方をする方が、高級なネリッケ等の平滑さに比べてはるかに木材らしさが生きる。

高畠ボックス／RC造の箱の中にあらためて木造2階建を組み上げている．それを表現するために柱・梁をみせる納まりを採用すると共に，2階の床梁も化粧仕上げとしてそのままみせている．

もうびいでっく／木造の屋根を化粧垂木仕上げでかけている．屋根の形状の変化がそのまま化粧垂木のみえ方の変化となって，ダイナミックな空間をつくり出している．

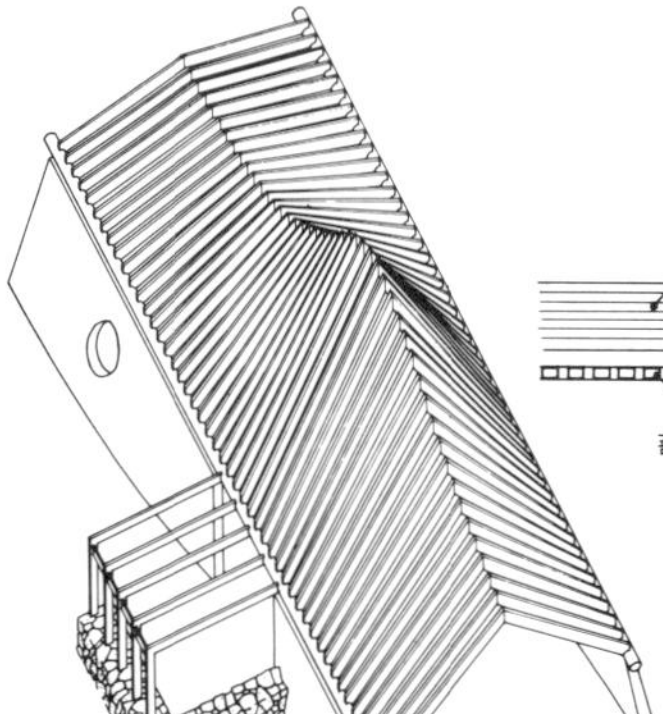

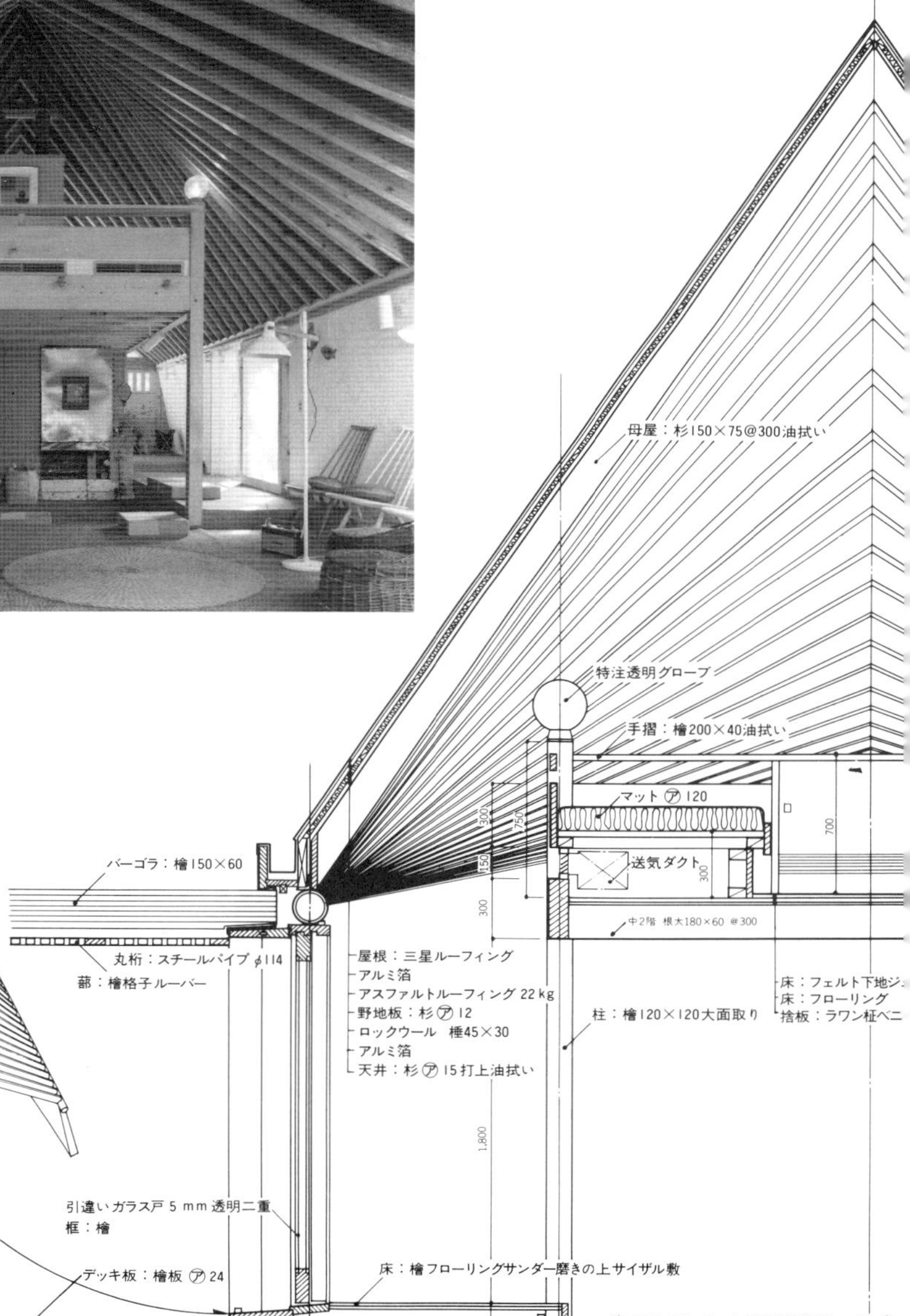

6●2 コンクリートは面で使いたい

小住宅の場合、私たちは基本的に壁構造を使う。ラーメンのあの太い柱が小さな住宅の部屋の隅に突出してくるのが嫌だからという大きな理由もあるし、フラットな面が多ければ多いほど、仮枠の加工が楽だという部分もないわけではない。私達が多様するコンクリート打ち放しは単純な断面ほどコンクリートのまわりが良く、肌が美しく上るからでもある。しかし最大の理由は、キャストされた、またはキャストするというコンクリートの性質が、単純なフラットな面の場合何故かもっとも迫力を持って表現されているように思うからだ。コンクリート・ダムのあの巨大な面の記憶がそうさせるのだろうか。

またエッジを際立たせた明瞭な形態をきちっと鋳込んだように作るのは、削ったり、研いだり、折ったりしたのとは違った重さがあるように思えて仕方が無い。だからコンクリートは出来るだけ単純でフラットで、大きくプライマリイな形で作ろうとする。混構造の場合は前述の線状の木材と対比的に表現させる意味もあって、全く個人的な思い込みなのだけれど。

大場邸／コンクリートを面でみせるといっても，そのままコンクリートの塊りをみせてもしょうがない．コンクリートの箱の形状に工夫を加えたり，目地を入れたり，色を塗ったりと手法はいろいろある．

高畠ボックス
天井はコンクリートスラブ直仕上.
コンクリートに囲まれている感じが出したかった.

ブルーボックス

グリーンボックス＃2
コンクリートを面でみせるために，開口部のとり方に細心の注意を払う.

6●3 箱と軸組との組み合せ

コンクリートの持っている特性のうち、私たちが重視するのは、その強固な遮断性である。コンクリートでつくられた箱は、その重さ、厚さ、純重さで現在入手できる他の何物より強く、内部の空間を外から守ってくれる。だから、現在のように住環境が悪化している住宅地で、他から邪魔されないプライバシーの高い空間をつくり出そうと思うと、RCで箱をつくるのが最も効果的な手段である。

一方、コンクリートは材質的には粗く、スケールも大きくつくらなければならないので、人間が触る、または人間の行為に直接対応する細やかな部分には不向きである。したがってそんな部分には木材という、私たちの歴史のなかになじみが深く、加工性もよく、触れても優しい材料を使うほうが良い。

混構造住宅は、コンクリート、木以外にいろいろ考えられるはずなのだが、この二者の組合せが多いのは、コンクリートの持っている遮断性と、木の持っている優しさの両者を、それぞれの欠陥を補完するものとして使いたいから。対比性が高く法の要求する壁面線や斜線、高度から自然に導き出されてくる箱をガッシリとコンクリートで作り、その内部に細やかな人間の要求を請けて作った木造の空間をはめ込むという混構造の原理はこうして生まれた。構法上の両者の違いをそのまま強さと優しさとして組み合わせるのだが。

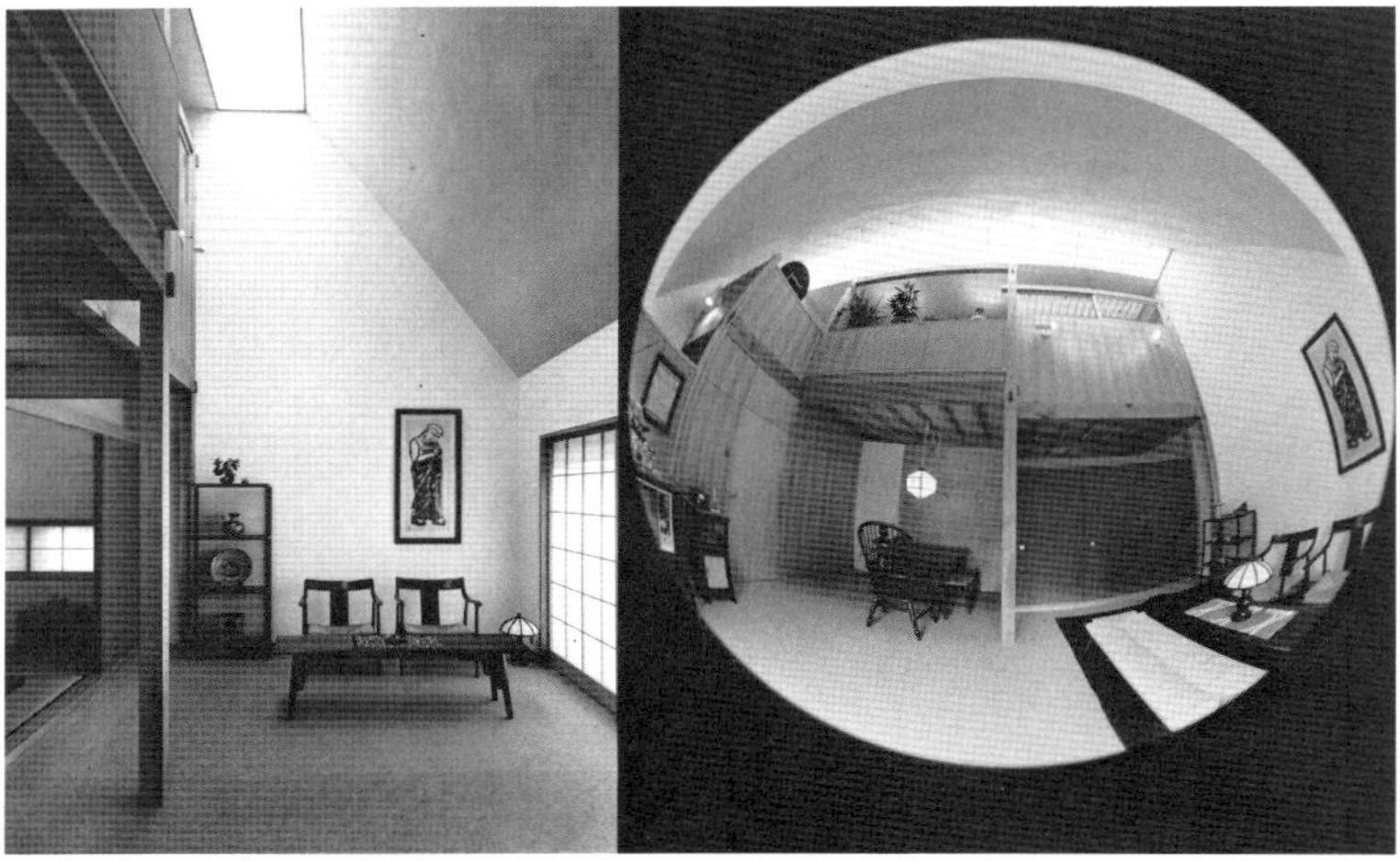

松川ボックス＃１
魚眼レンズでみると，コンクリートの箱の中に組み込まれた木造の軸組がよくみえる．

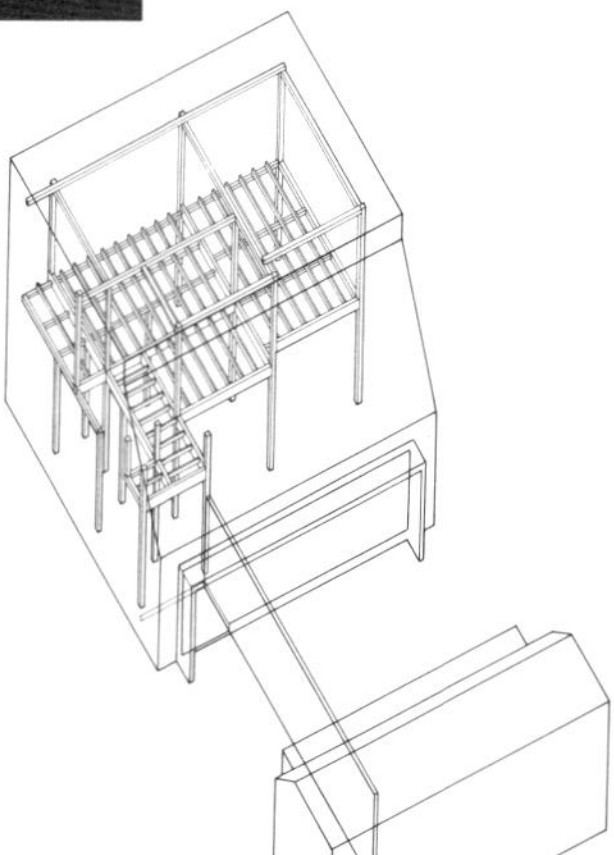

幡谷邸（上・左）

菅野ボックス

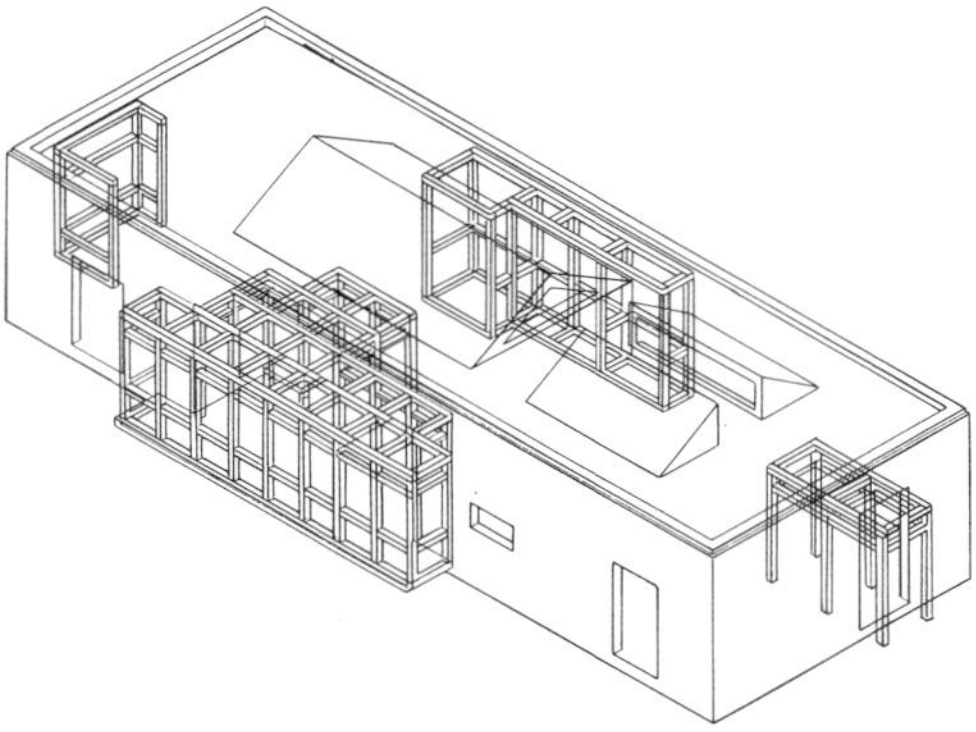

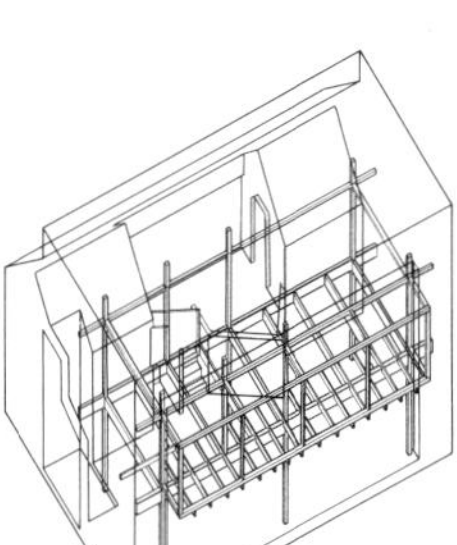

6●4 トップライトは暗い所で有効

トップライトが一時の流行現象であったときに、ずいぶんいろいろなトップライトをつくってもみたし、類例も見た。そして私自身もそうだし、かなりの人が失敗したことの中に、明るい部屋でトップライトをつくってしまうという失敗がある。

たしかに、トップライトは小さな面積で大きな光量を得ることができる窓であるが、大きな壁面の開口部があれば、小さなトップライトは負けてしまうのは当り前。

けれどトップライトがすべてを救ってくれる救世主の様に信じて、何でもかでもと作りまくる傾向が無いとはいえない。明るい部屋に昼行灯のようなトップライトがあるなどということになってしまうのだ。

やはりトップライトの光はトップライトらしく、つまり、壁から光が採れないような部分で、上から落ちてくるかなり強い光が劇的な、スポットライトのような効果を上げてくれる部屋に使うのが、最もふさわしい。それに直接光が入って来るような形式のトップライトの場合、グレア（輝度対比）が強すぎてかえって不愉快。もちろん、ルイス・カーンのキンベルのように、上から入れた光をルーバーその他で操作し、やわらかくして室内に満ちさせる方法もないわけではないが、それが出来るようになるには修練か無数の試行錯誤が必要。

精巧な模型を作ってみて、大陽光の下でチェックしてみるのもミスをしない一つの方法である。

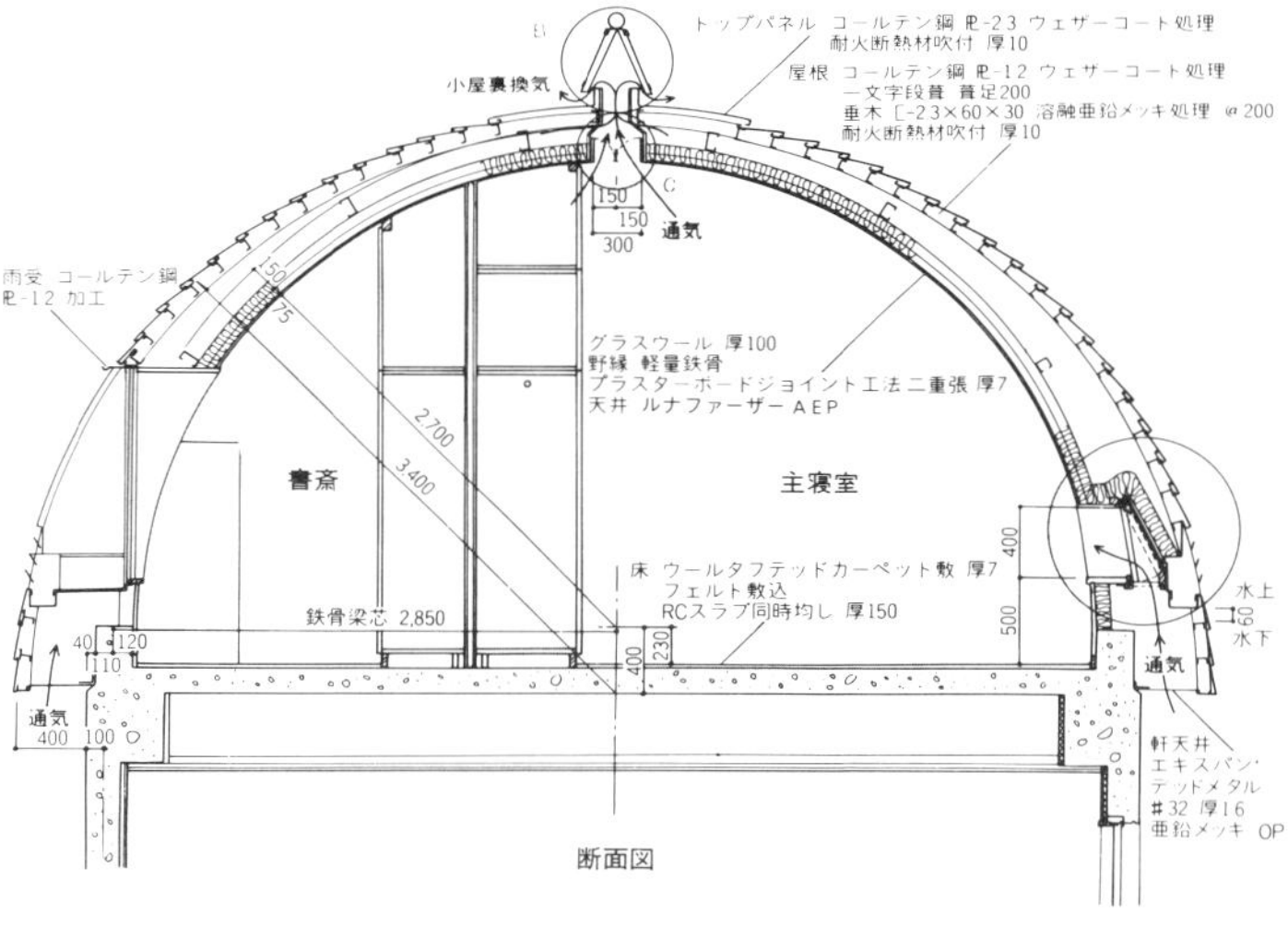

和久井邸
トップライトの採光にたよる主寝室では、壁面に他の採光窓をいっさい設けていない。

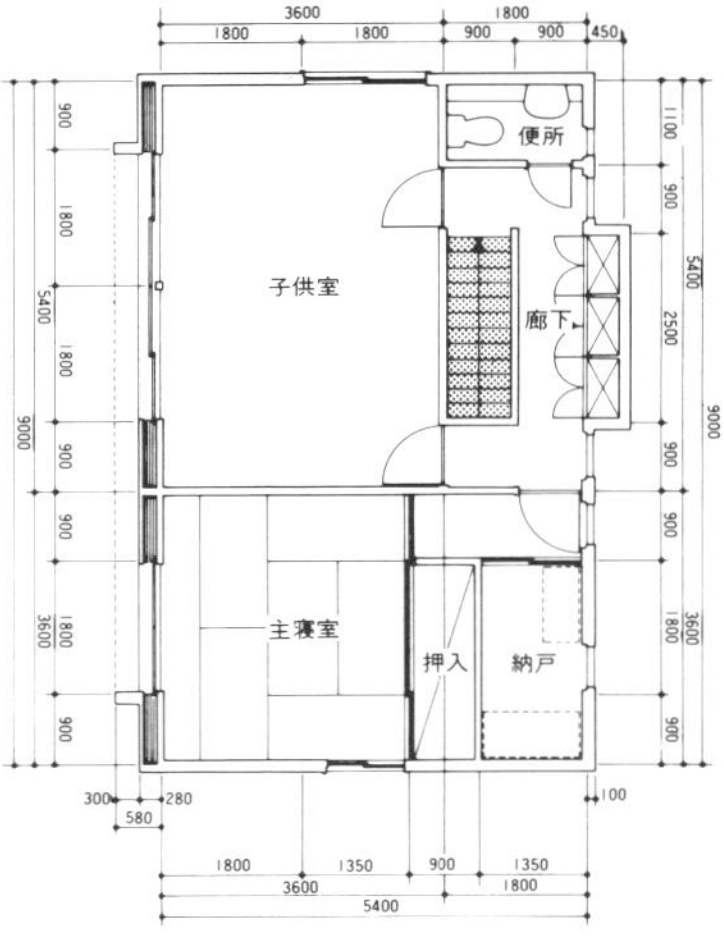

加藤邸平面図

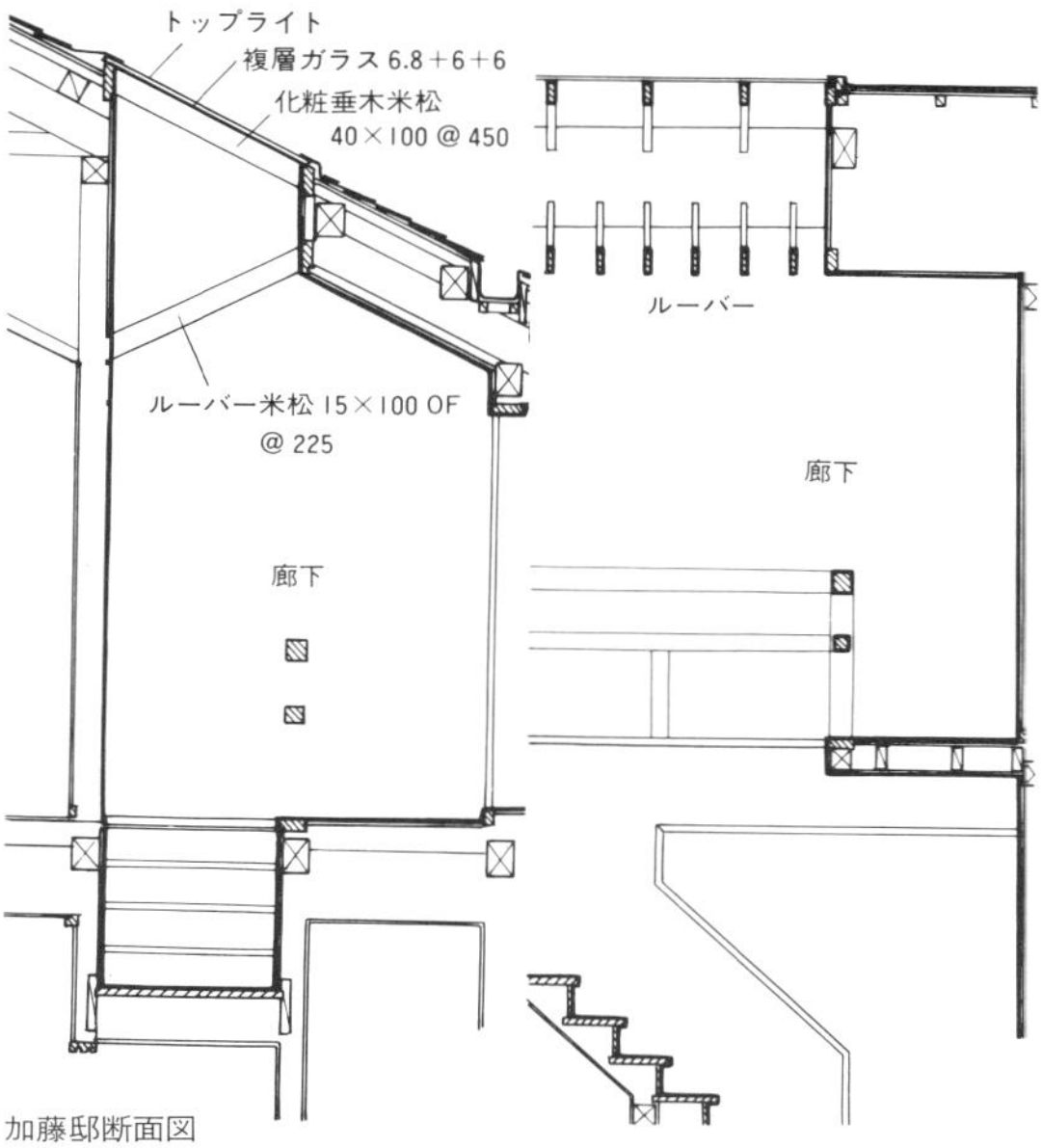

加藤邸断面図

加藤邸
前後左右を部屋に囲まれた階段室は、トップライトがないと行灯部屋になってしまう。

もうびいでっく
地下室は採光のために壁面に開口部がとれないからトップライトになる。
照明器具を外部に設置すると昼と夜とであかりの来る方向が変らない。

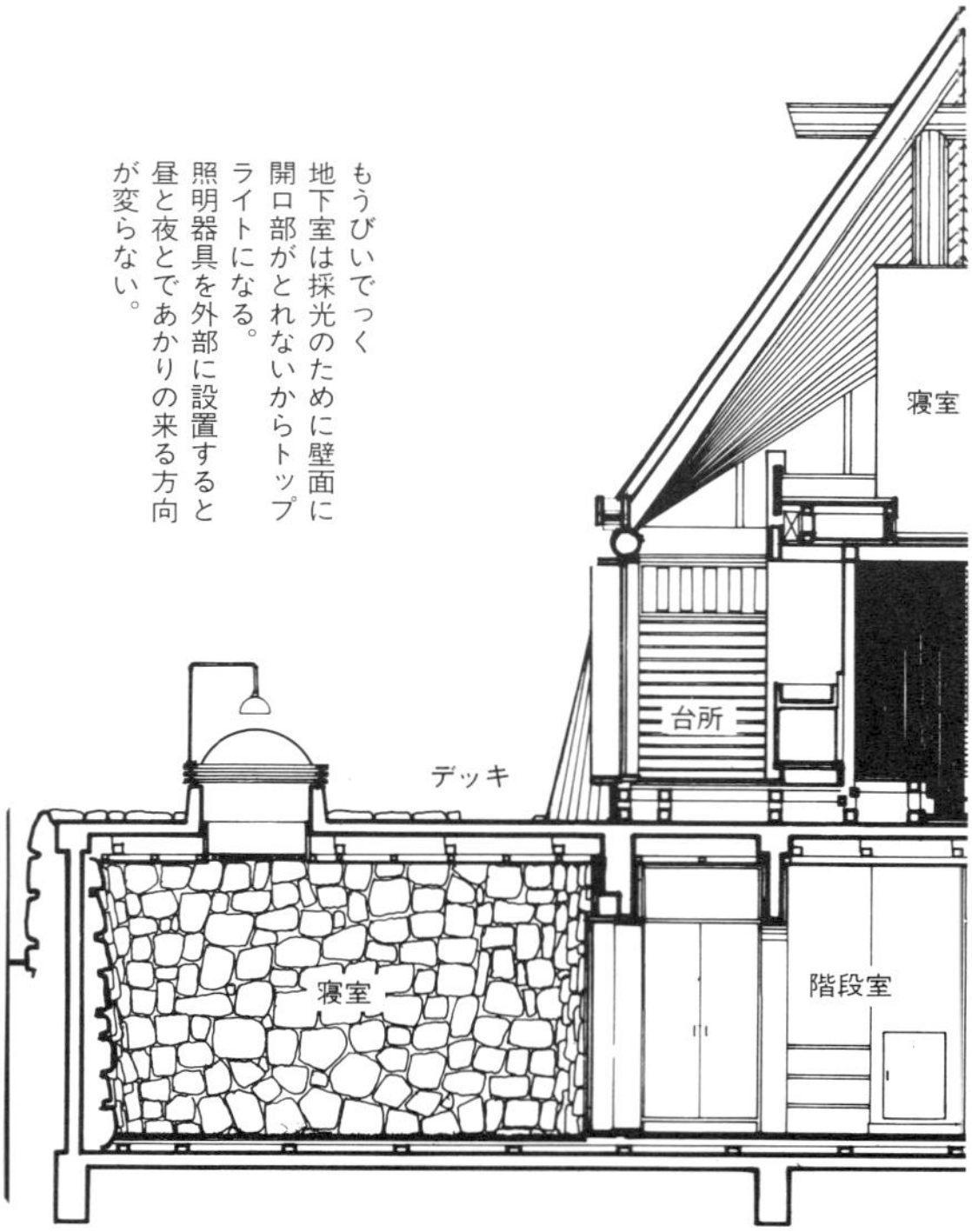

6●5 ポーチ・入る前の一瞬のために

玄関扉の前に人が立ち止まる場所としてのポーチがあるのだが、往々にしてポーチは狭くて、雨の日に傘を折りたたんでいると濡れてしまうようなものを見掛ける。

ポーチは、原則として二人連れの客が訪問して、外でオーバーを脱ぎ、傘をたたんで入ってくるか、または、出がけにオーバーを着て傘を開き、一歩踏み出すことができる程度の、十分な広さが要る。

始めての家を訪問する時の、訪ねる側の人間が持つためらいや気取り、構え。そしてそれらを一気に整理する場としてのポーチ。ほんの一瞬のために用意される場。

他人様の家に入ろうとする時の、何となく気配をうかがい、身づくろいして…という感覚に応えてあげようとすれば必ずそういう大きさになるはず。

ポーチだけで無く、住居や建築のあらゆる部分で、そこで人間が持つであろう感情を受けてあげることが設計というもののはず。

下右写真／池田ボックス／2階のテラス下に取ったポーチは1坪強の広さがある.
下左写真／岩前邸／下屋部分をポーチとするのは常套手段
左ページ上写真／龍神邸／道路際の機械室と玄関との間の渡廊下風のポーチと，キャンチレバーで持出した2階下の部分のポーチと2段構え.
左ページ下写真／有賀邸／木造部分と，RC部分の軸線のズレを利用して，三角形のアルコーブをとってポーチとする.

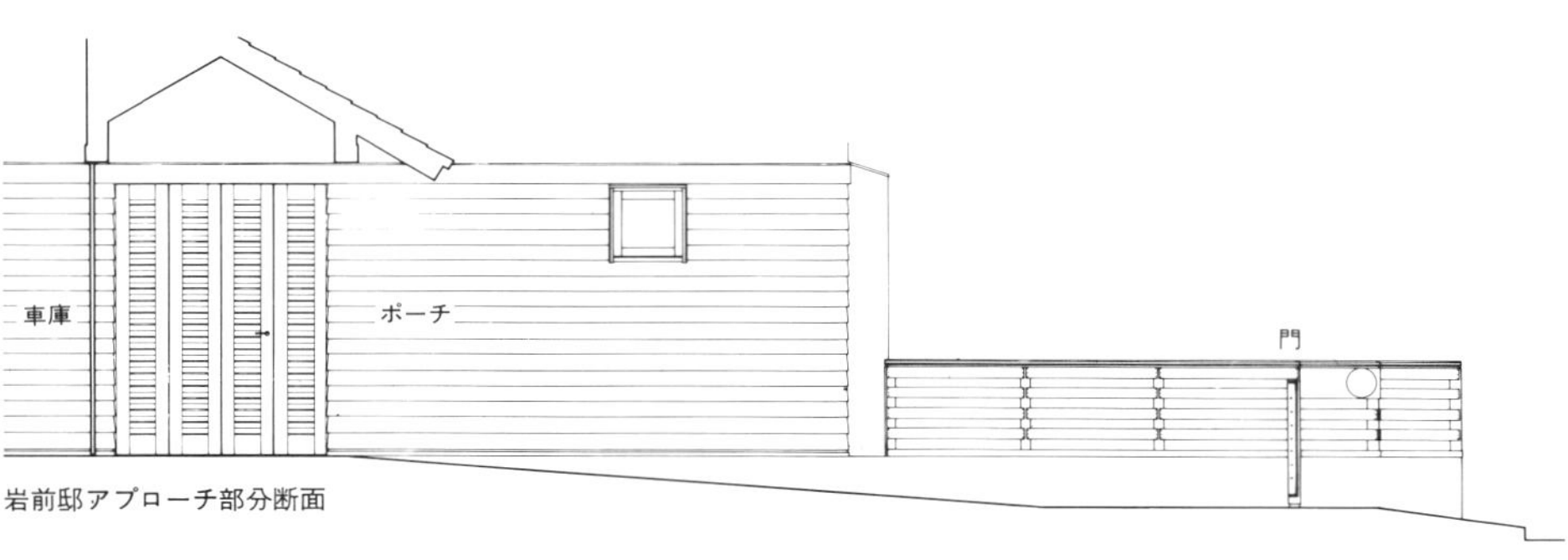

岩前邸アプローチ部分断面

6●6 小庇は最小限の守備

日本のように、雨量がきわめて多い国で、しかもその雨が常に風を伴って降ってくる国、また同時に、湿気が高いので温度の高い夏には窓を開けて通風を取りたい国では、庇をつけるのが当然とされている。だから日本の伝統的な住宅には、すべて大きな屋根が深々とかかっていたわけだが、デザイン上、どうしてもそんな庇をつけたくないときもあるし、技術的につけにくいときもある。そういう場合に降り込む雨から開口部を守る、建具を守るための最小限の守備としての小庇がある。

折角大庇もなにも無い単純でスッキリとした箱を作ったのだから、庇などでそれを壊したくないと思うのはデザイナーとしては当然のこと。

けれど、ちょっと小庇のデザインに気をつけて重くならない様なものを作ってやると、ほとんど全体に関係無く、それでいて、かなり効果的であったりすることも事実。

庇をつけたくないというデザイン上のわがままのために、庇をスッポリ取ったりなどしないで、なんとかデザイン的に我慢できるような、最小限の防備を考えることは、日本という国における設計者の最小限の礼儀であるように思われる。

逆にその小庇を何とかデザイン上有効に使うことも十分あり得ることでそれが出来なければデザイナーなどと大きな口をたたくなといってはいるのだが。

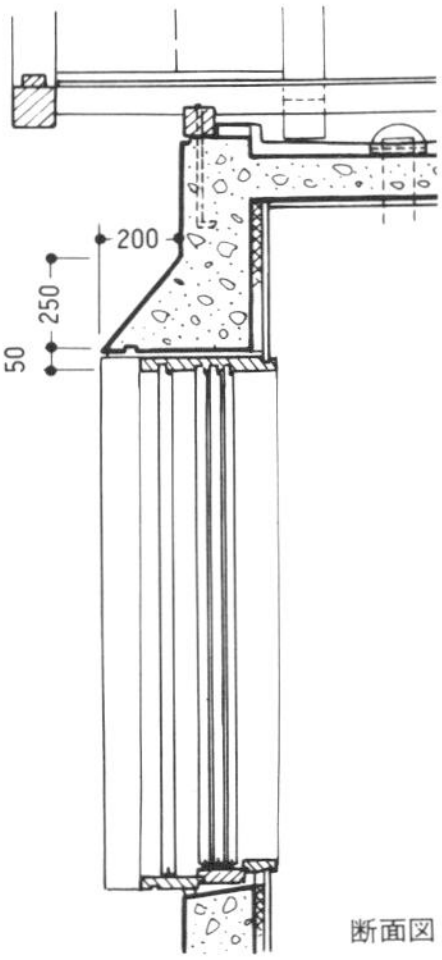

断面図

内山邸
2階ベランダ下の窓．建具納りのために必要な厚さを確保すると同時に水切庇を兼ねて，RCの躯体を少しふくらませる．

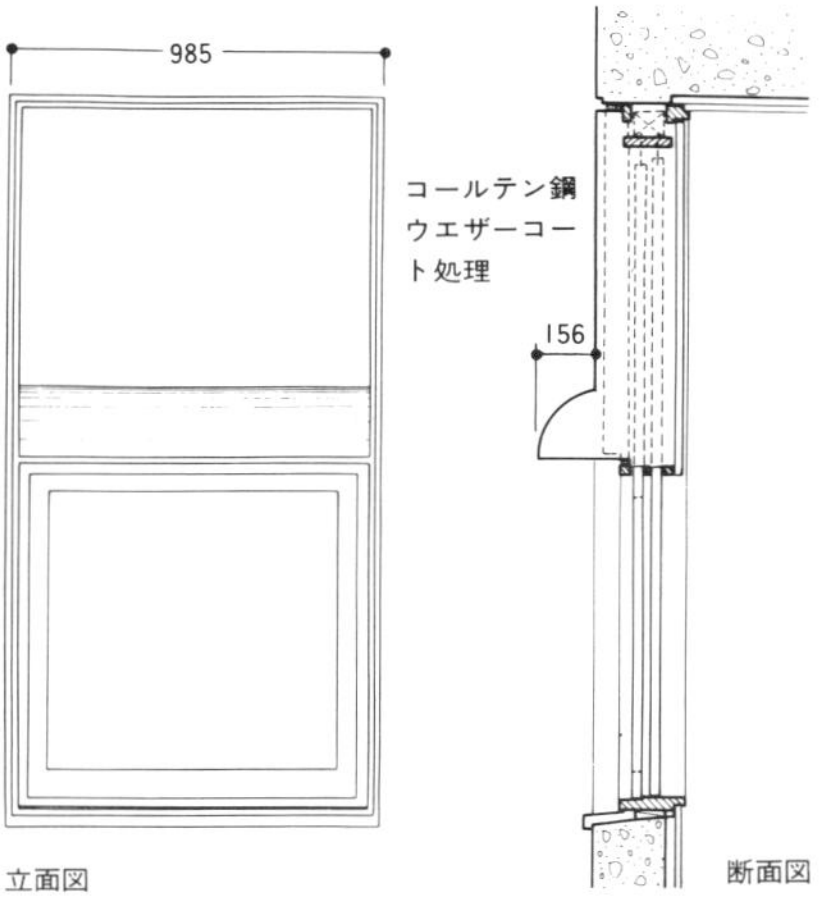

龍神邸
上げ下げ窓をRC壁の内側で納めたらこの枠見込の倍は必要になってしまう．
そこでバランサーを納める部分も建具化して，RC開口にはめ込んでしまった．その外部カバーを鉄板で考えたので，ちょっと曲げて小庇付とした．

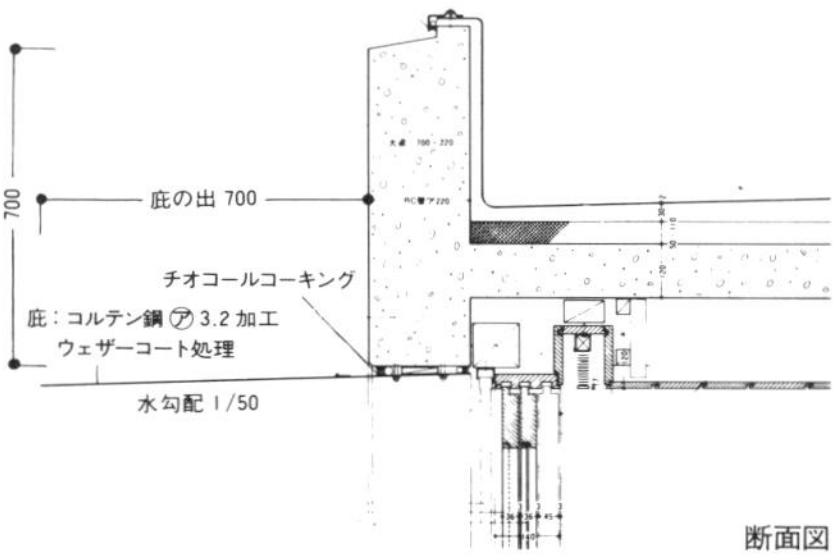

船橋ボックス
鉄板一枚の小庇は，デザイン上，庇をつけたくないが現実には必要だという場合に有効な手段となる．

6●7 生活を支える床はガッシリと

床は、たとえそれが住宅の内部にあっても、一種の大地である。つまり、大地がそうであるように、私たちの生活や生活の営みその他をがっしりと受け止めてほしいのだ。地盤そのものすら軟弱だったりする事があるのだから、床はことさらである。

だから私たちは、ギシギシ鳴る木造の床や、フカフカしてしまうパネルの床などの上を歩くと、心が落ち着かない。そういう意味でRCのスラブでつくった床は、踏みごたえが確実でしっかり身体を受け止めてくれるし、そのまま直接大地につながっているという安定感があって、私は好きだ。

だから私たちの住宅は、たとえそれが木造であっても、床だけはスラブを打つか土間コン打ちにして、防湿その他の処置をちゃんとしたものにして、その上に木造を建てるというケースが多い。

混構造の二階の床スラブまでRCでつくって上の構造をそこから木や鉄骨に変えたりするのも、一、二階の床の踏み心地を同じにしようという考え方からである。やわな木造の床を作っておいて、ピアノを置く部分だけ補強するという建売りやプレファブのやり方はそういう意味でいえば人間に失礼な話。

マンションなどで、下の階の人に気兼ねして、自由に歩けない——などというのももっての他、厚いスラブをガッチリ打って、大足振って（？）歩けるように作るのは当然。

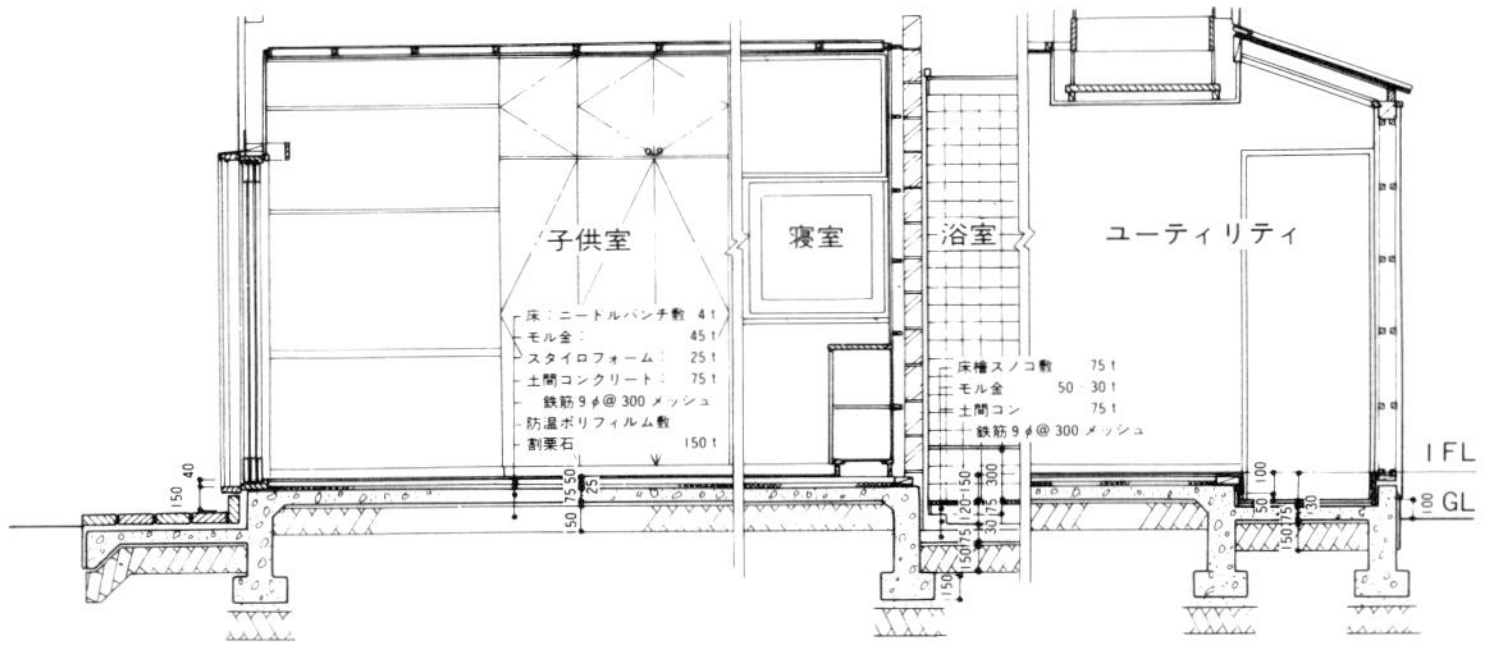

部分断面詳細図

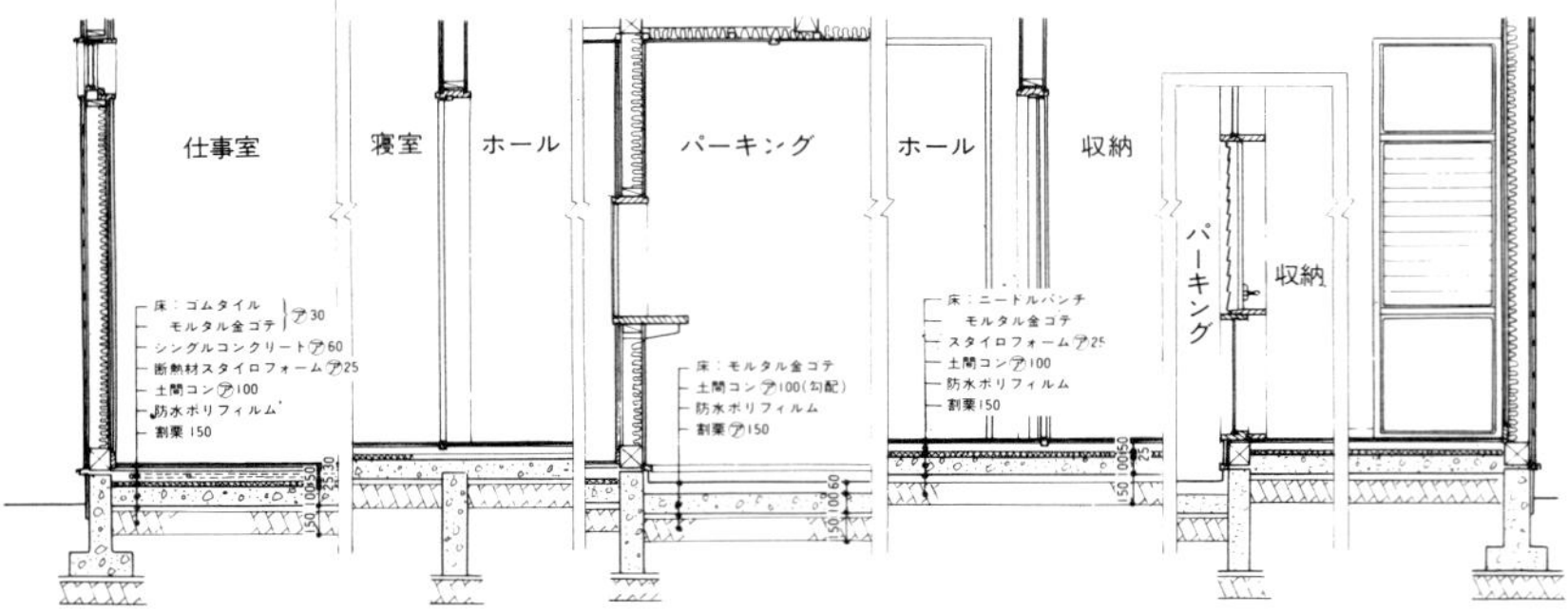

部分断面詳細図

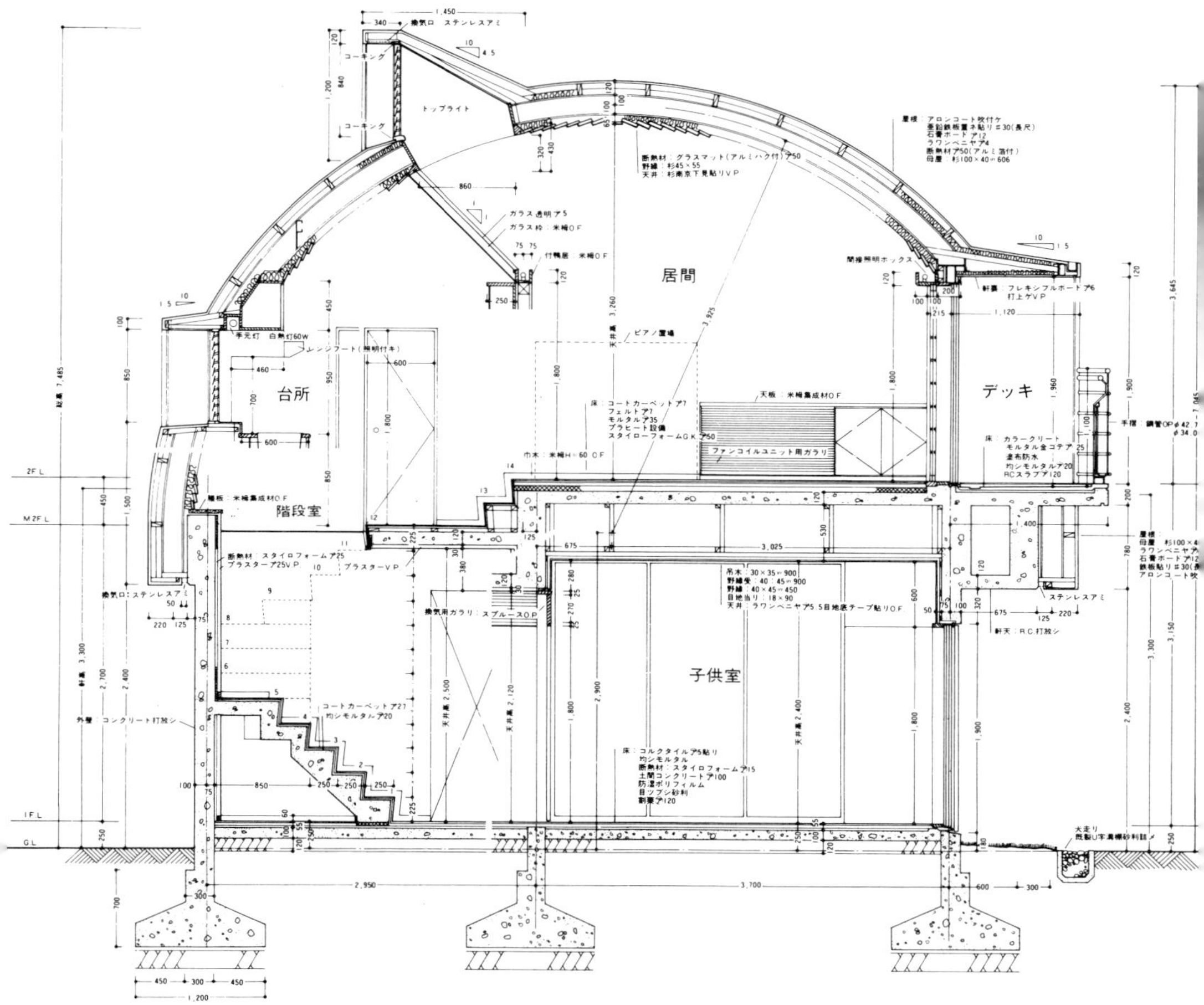

矩計詳細図

上／シリンダーボックス
1階の床仕上げは，防湿のためポリフィルムを必ず敷くが，床からの冷え込みを防ぐために断熱材の併用も忘れてはならない．

6●8 握れない手すりはいらない

階段は家庭内災害の最も多い場所だと思われがちだが、実はそうではない。階段というのは、かなりみんなが注意して上り下りするからだろうか、パーセンテージからいうと、事故の発生率の低い場所でもある。

しかし、なにしろワンフロア分、または半階分のレベル差を持った場所であるから、パーセンテージは少なくても、事故が起きると大きくなる可能性は強い。だから階段には転落しないように手摺をつけることになっているのだが、よく見ると、なんとなく手摺がついているというケースがかなり多い。

手摺は、それが握れない限り手摺ではない。握れない手摺ならば、つけないほうがいい。

手触りの関係で、私たちは木製の手摺をつけることが多いのだが、一番簡単なのは規制品の60φの集成材をちゃんと手が入る距離だけ浮かしてつけるものである。デザイン上、それでは少し軽すぎる時、大きめの板状のものになることが多い。そんな時は裏側等手の当る部分をちゃんと加工して、どうやったら握りやすい断面ができるかが腕の見せ所。

カーンもライトも確かかなり握りやすい手摺をつけていたような記憶がある。あんな手摺をつけたいと何時も思い、トライしてみるのだが、気がつくと見え掛りが優先していたりして。

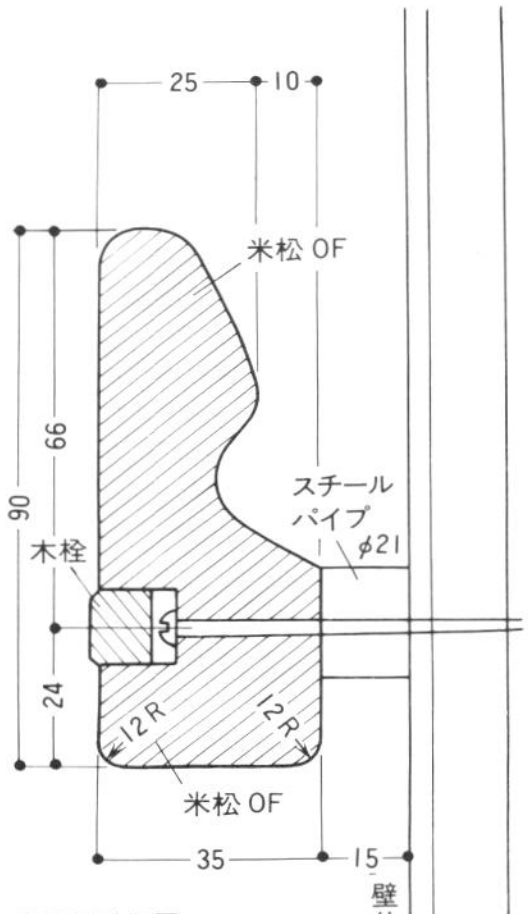

手摺り詳細図

森井邸
強度上必要な断面と、握りやすい断面とは別のものである。それを無垢材で削り出してみた一例。

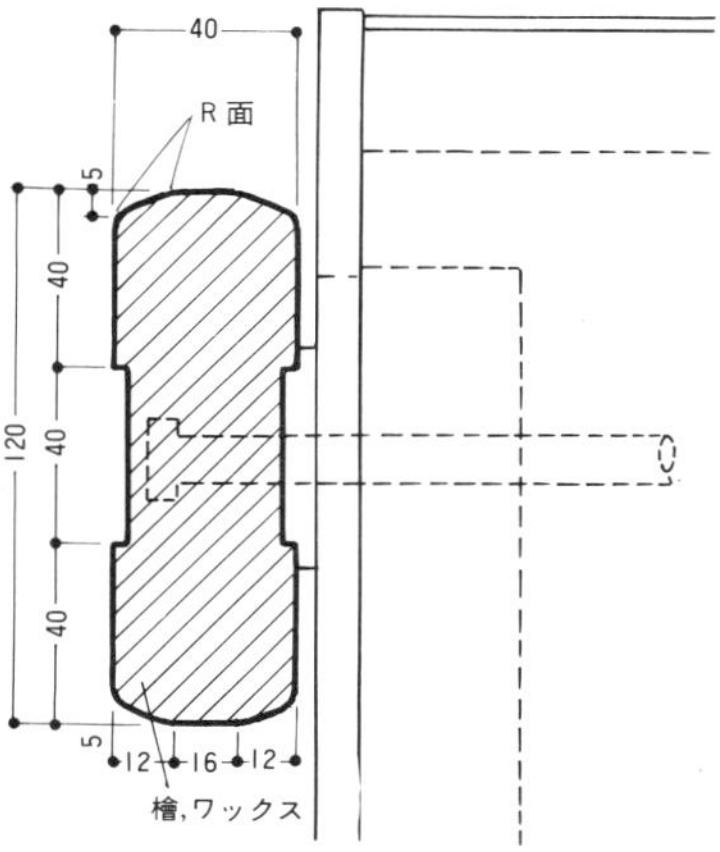

手摺り詳細図

有賀邸
折返し階段の手摺を、中央の一本で処理している。両面から握れる形で、固定しやすく、加工手間をあまりかけないということでできた断面。左図面は壁の取付け部。

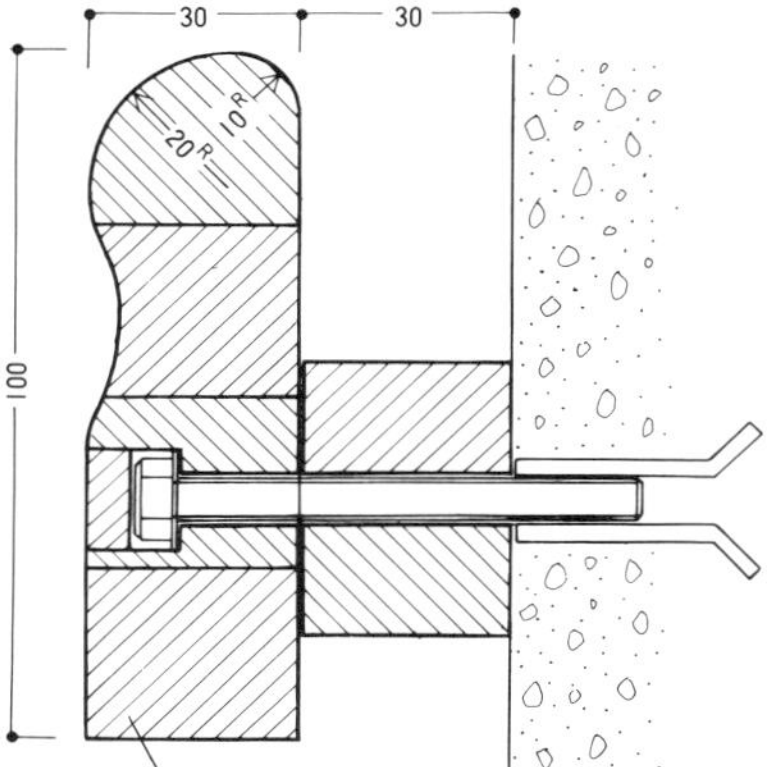

手摺り詳細図

船橋ボックス
集成材を削り出したもの。断面形状は右ページの例とは逆だが、どちらがより握りやすいかの結論は出ていない。

6●9 プライバシーを持つ出窓

出窓が流行していて、エレベーションのアクセントとしてもてはやされている。建売りもプレファブ住宅もマンションもいたる所出窓だらけだ。サッシュメーカーもまたそれぞれ、さまざまな出窓の類例をつくっている。女性たちにはことの外好まれているらしい。

私たちは、出窓の持っている光の採り入れ口のようなその効果を重視するために、開口部の比較的少ない夫婦の寝室などに出窓をよく使う。しかし、夫婦の寝室であるからプライバシーは欲しいし、最近の住宅地のように隣家が密接しているところでは、出窓の正面まで透明ガラスにしてしまうわけにはいかない。

そこでよく使うのは、上から光が入ってきて左右から風が通り抜け、ベッドの頭にあってベッドヘッドになり、中に照明を仕込んで飾り棚にも使えるというふうな出窓である。木造、RCから鉄骨まで。

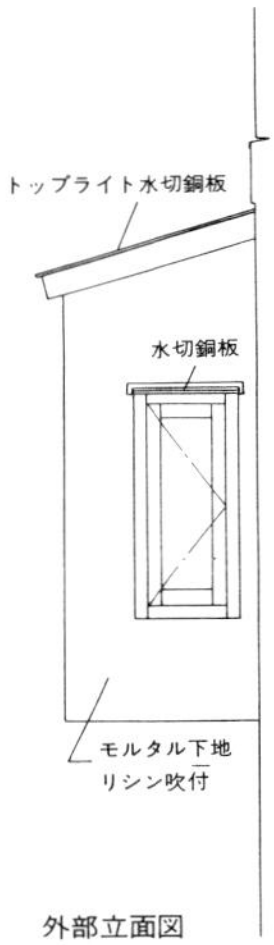

外部立面図

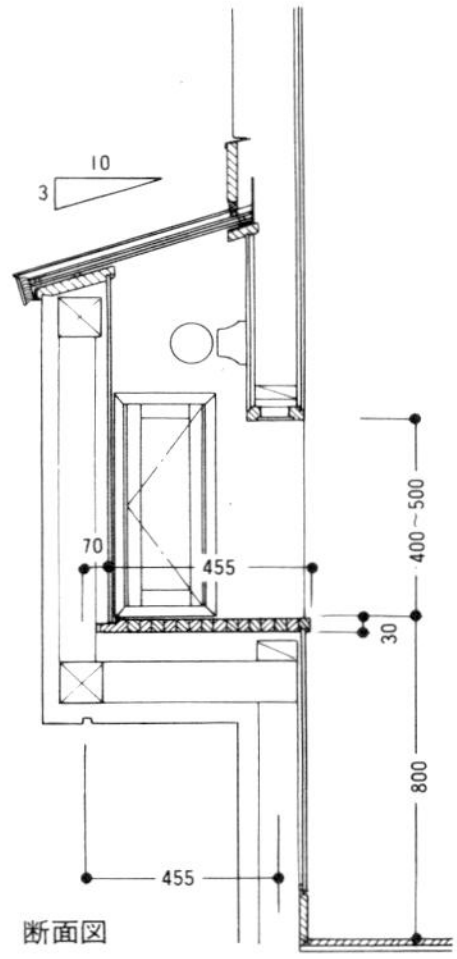

断面図

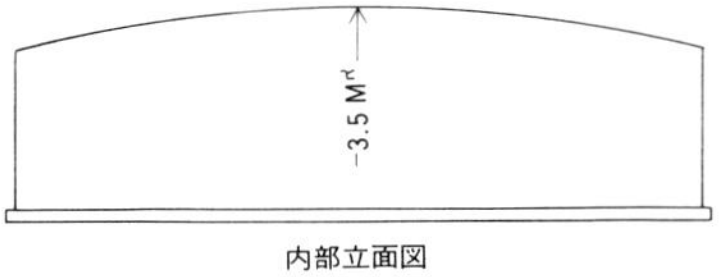

内部立面図

岩前邸
ベッドヘッドに設ける出窓の典型例で木造の場合．屋根は片流れで照明器具組込みの例．

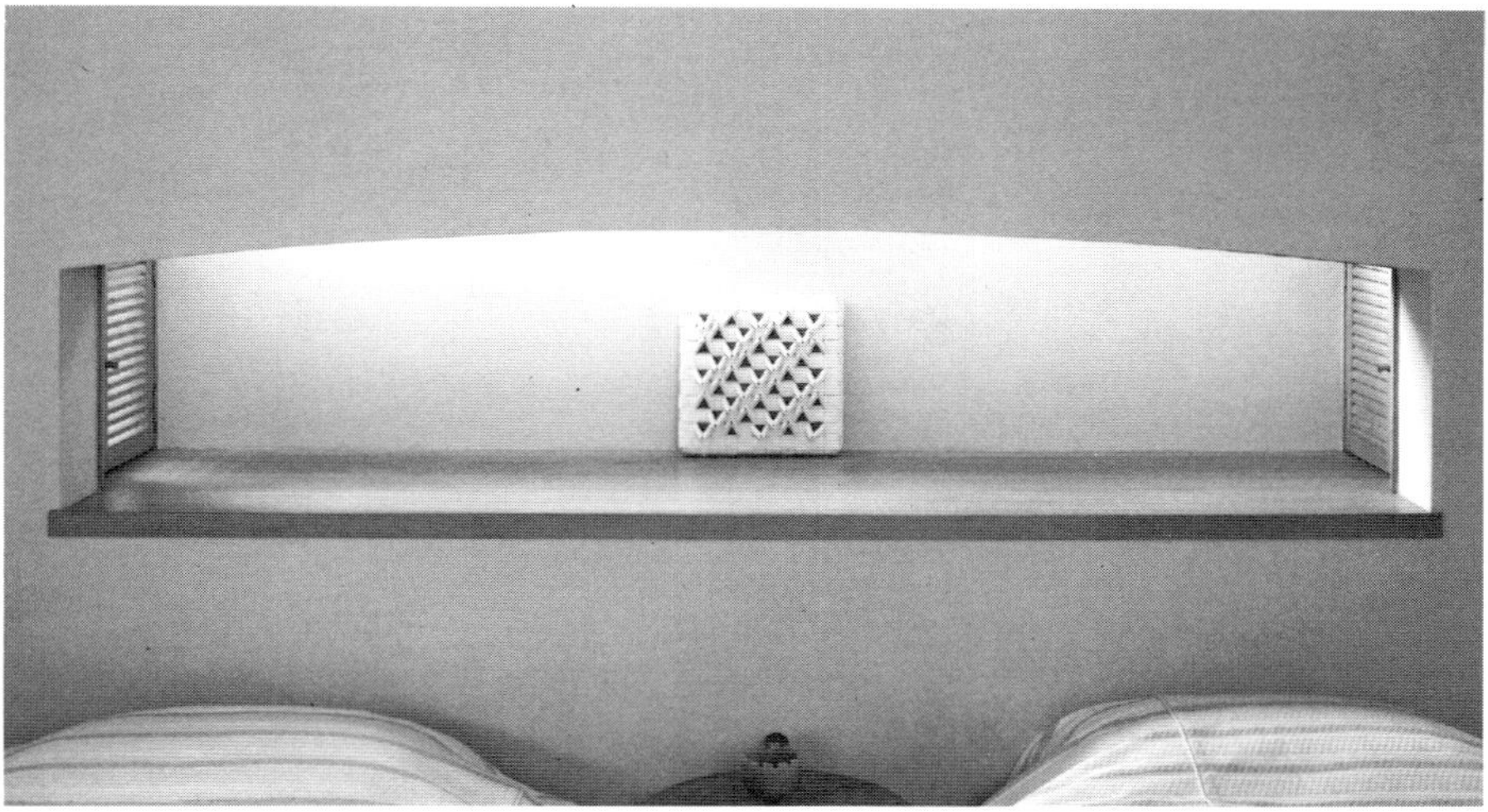

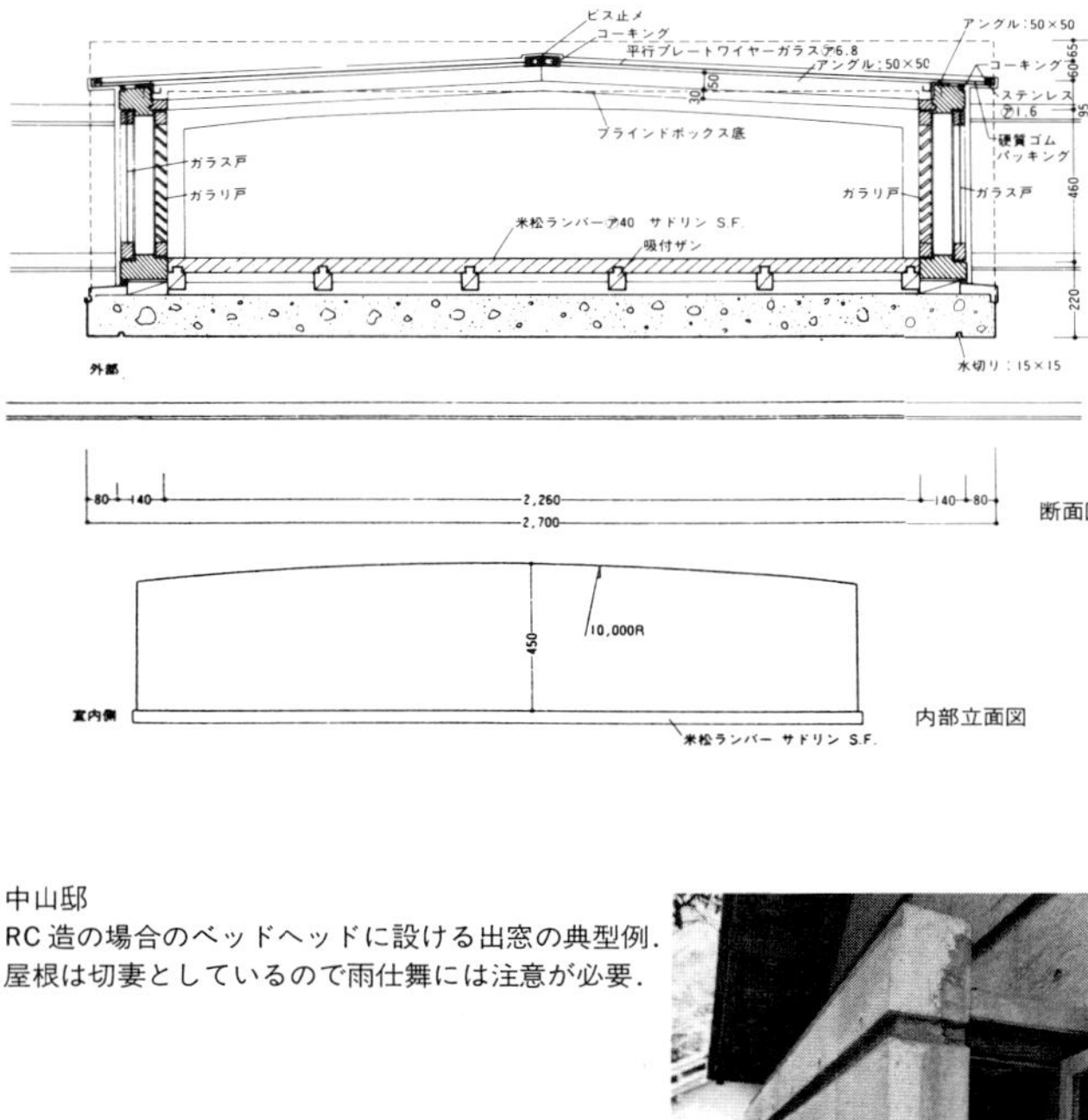

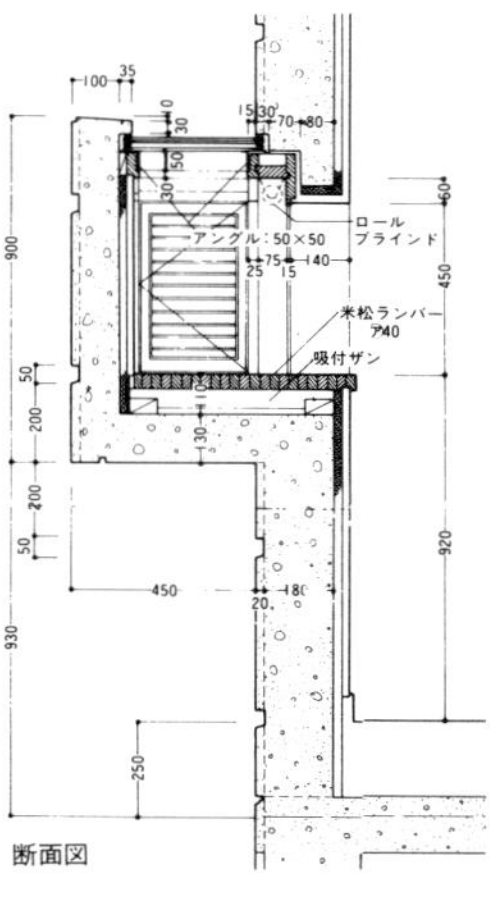

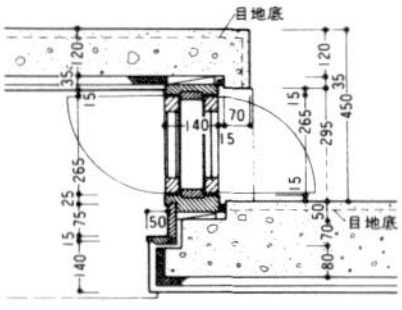

中山邸
RC 造の場合のベッドヘッドに設ける出窓の典型例.
屋根は切妻としているので雨仕舞には注意が必要.

7●1 内樋やるなら徹底して

樋は建築の設計のときにまま忘れてしまい、あとからそれがついたときにエッと驚くことの多い部材である。もちろん、樋を忘れて設計をする、などというのはデザイナーとして恥ずかしいことなので、いつも樋のことを考えているべきだが、あの既製品の竪樋、横樋に関しては、どう見てもわれわれの建物には使える程の質では無い。

そこで、軒樋は内樋にして隠し、竪樋も壁の中に埋めるということについ走ってしまうのだが、内樋をいい加減にやって、十年近く雨が漏ってしまったという過去の失敗の例からいって、もし内樋をやるなら、か

CHOI・BOX
H型鋼の枠に大きな樋を乗せている．外壁の内側で納めて一体化させているので，外からの見上げでは樋の存在が気にならない．

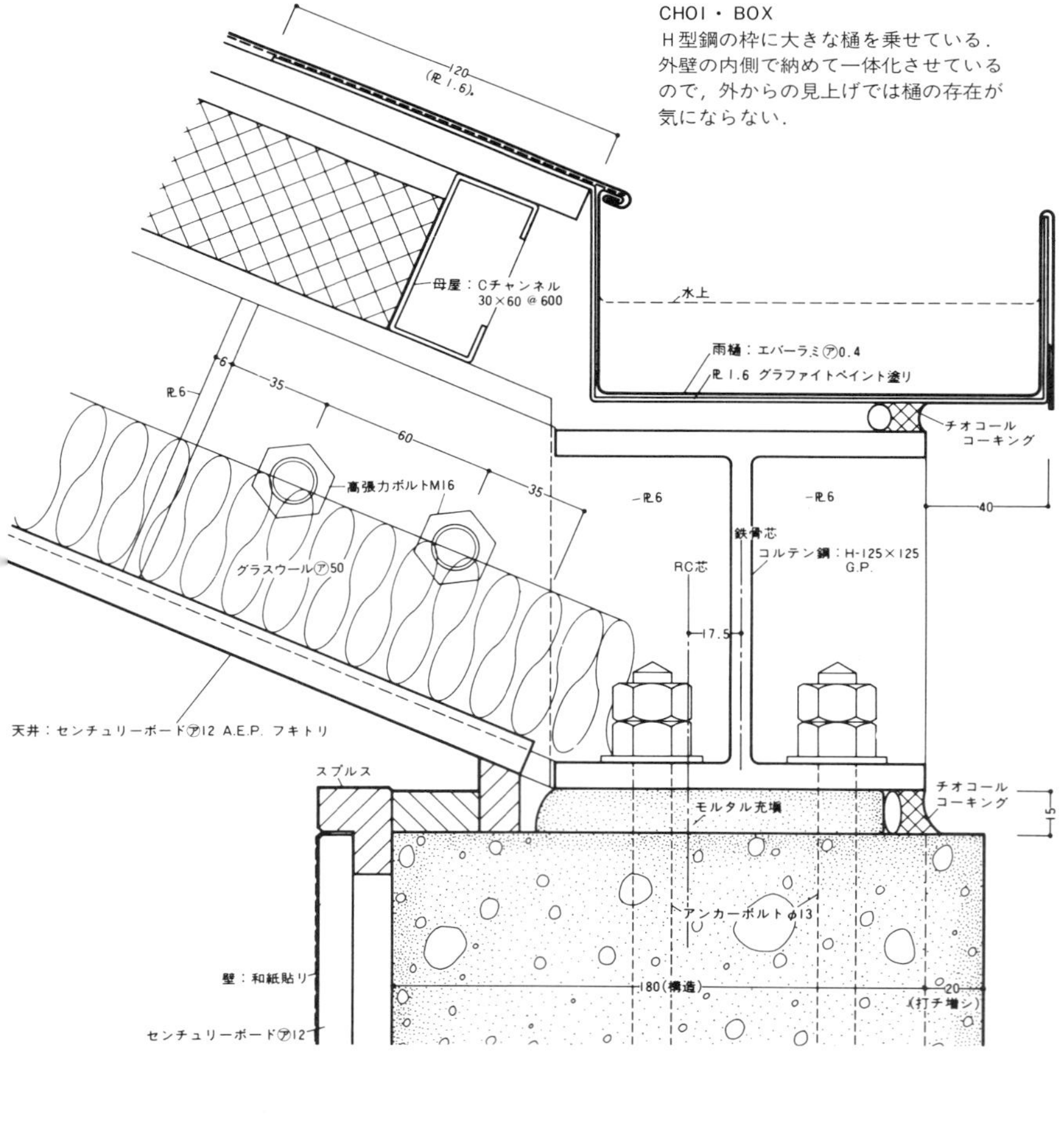

断面詳細図

なりちゃんとした処置をして徹底してしなければならないと思っている。

漏らない方向へ持っていくことも大事だが、まず漏ると考えておいて漏った場合に室内側に水が出てこない配慮までも考えてする必要がある。漏りにくい様に断面をできる限り大きくする。コストがなくても、ここだけは銅板やステンレスを使う。流れの勾配を十分強くする。その上で漏った場合もう一度下で受けて外に流す等々、やる限りは徹底した配慮をしないと、内樋は失敗してしまうと考えておいたほうがいいだろう。

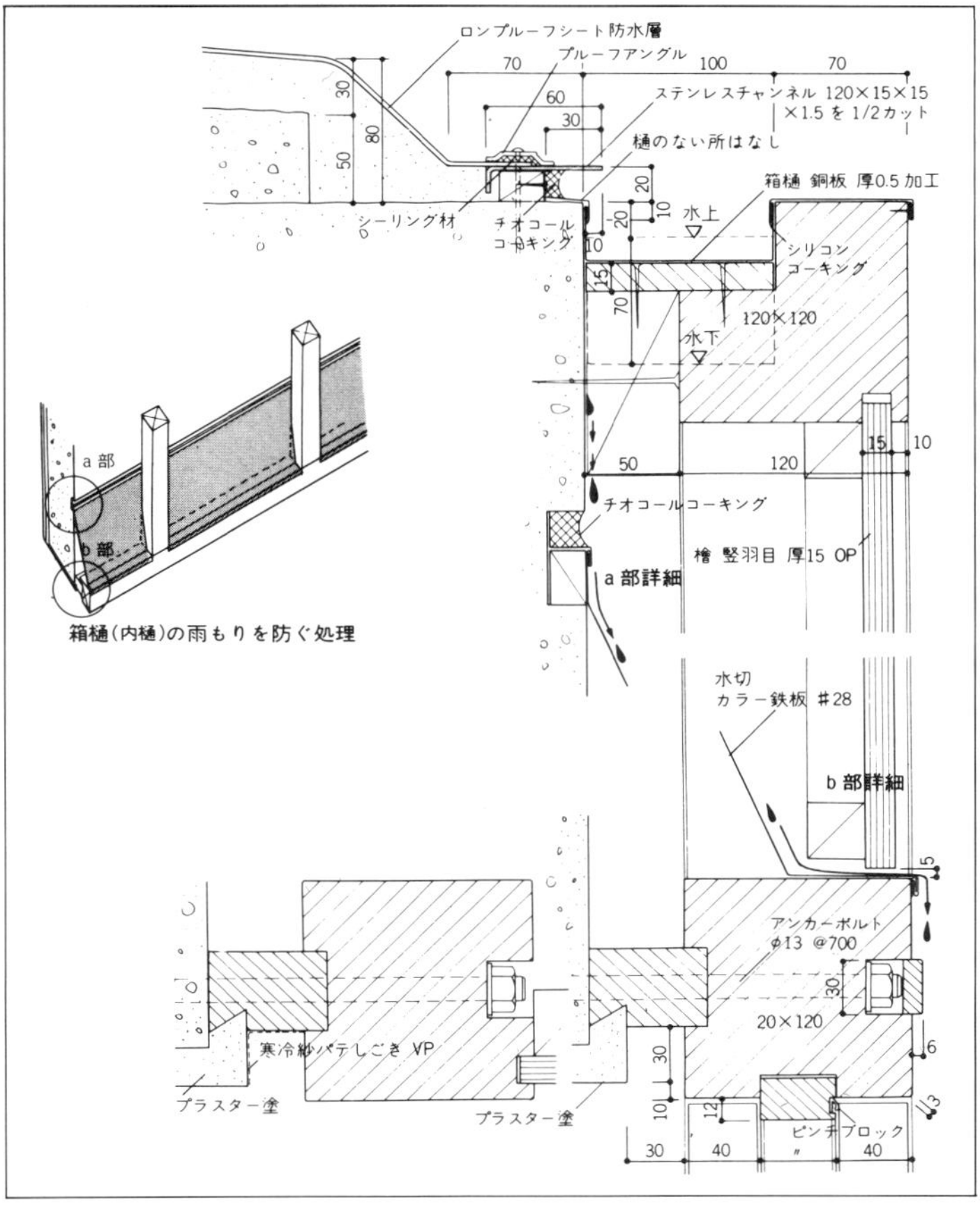

横尾ボックス
簡単にオーバーフローを起しそうな内樋断面であるが，漏水に備えての処置は施してある．

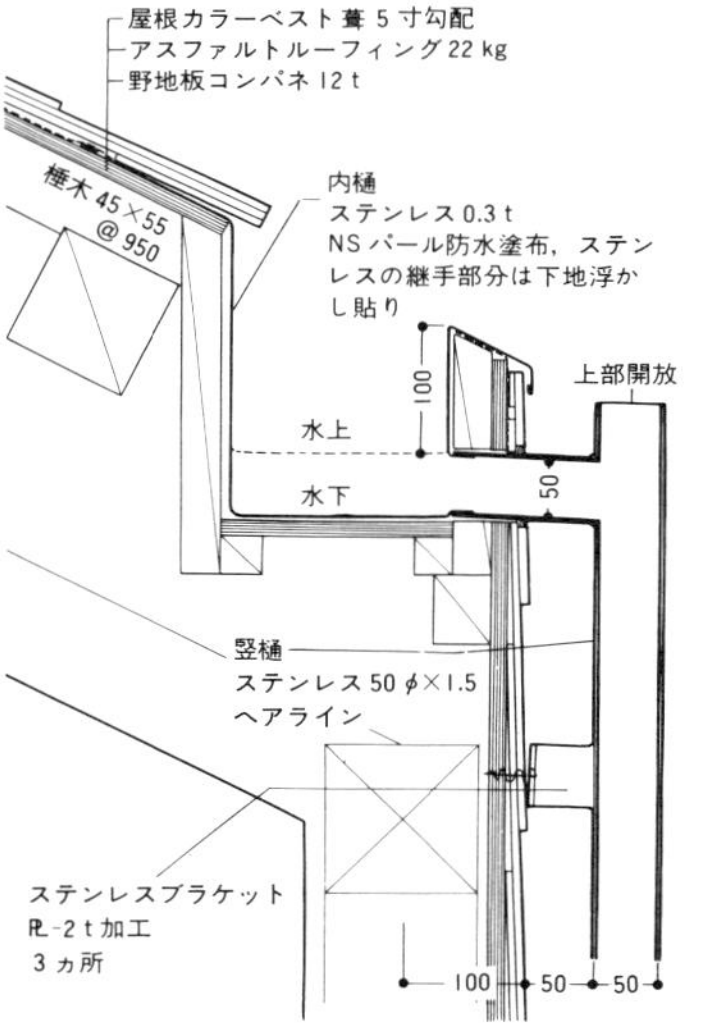

加藤邸／屋根の一部に内樋を設けている．深さと幅をたっぷりとってオーバーフローに備えると共に，ステンレス板と塗布防水剤を組み合わせて漏水対策としている．

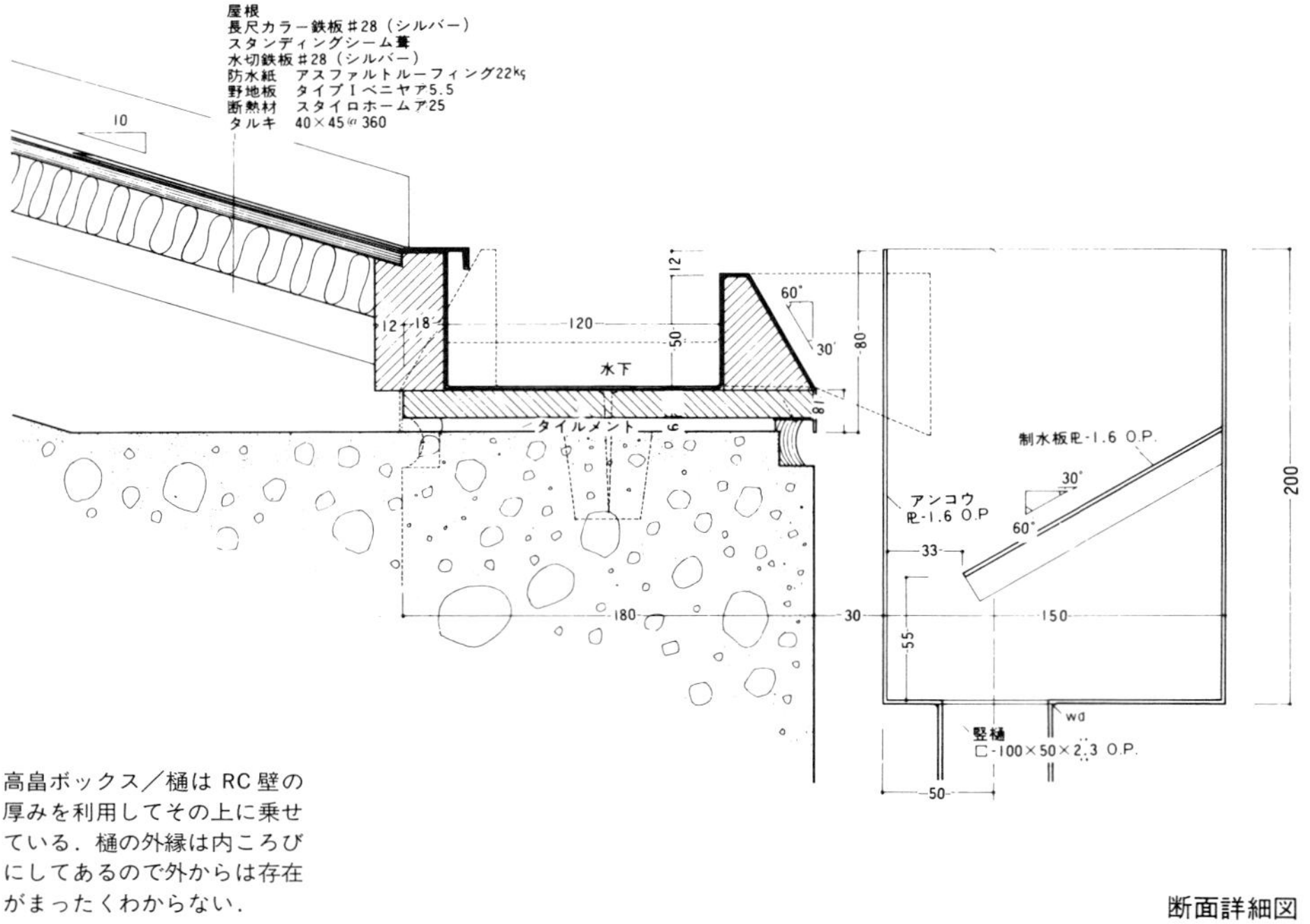

高畠ボックス／樋は RC 壁の厚みを利用してその上に乗せている．樋の外縁は内ころびにしてあるので外からは存在がまったくわからない．

断面詳細図

上／和久井邸／屋根の途中に設けた内樋だが，屋根がヴォールト状のためこの部分は壁面に埋めたようにみえる．

内樋といっても屋根ふところを厚くとっているので位置は外壁の外になり，万一オーバーフローしてもメッシュ張りの軒天井から漏れてくれる．

下右／田中邸／これも屋根途中に設けた内樋．万一漏れたときの逃げがきかないので施工にも神経を使う．

下左／木村ボックス／RC壁の厚みの上に樋を乗せている．この樋は屋根垂木の鼻止めを兼ねているし，外部からも鼻隠し風にみえる．

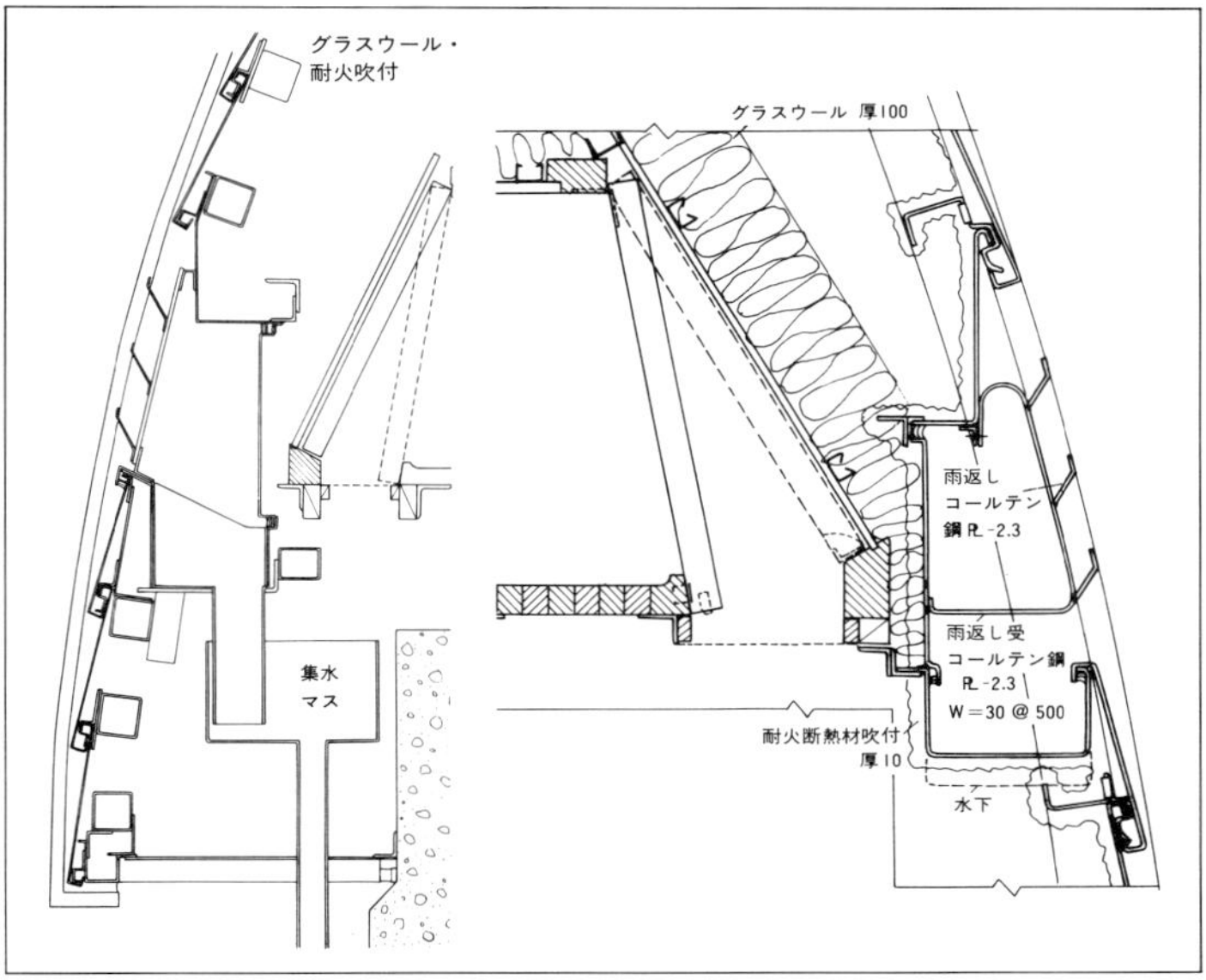

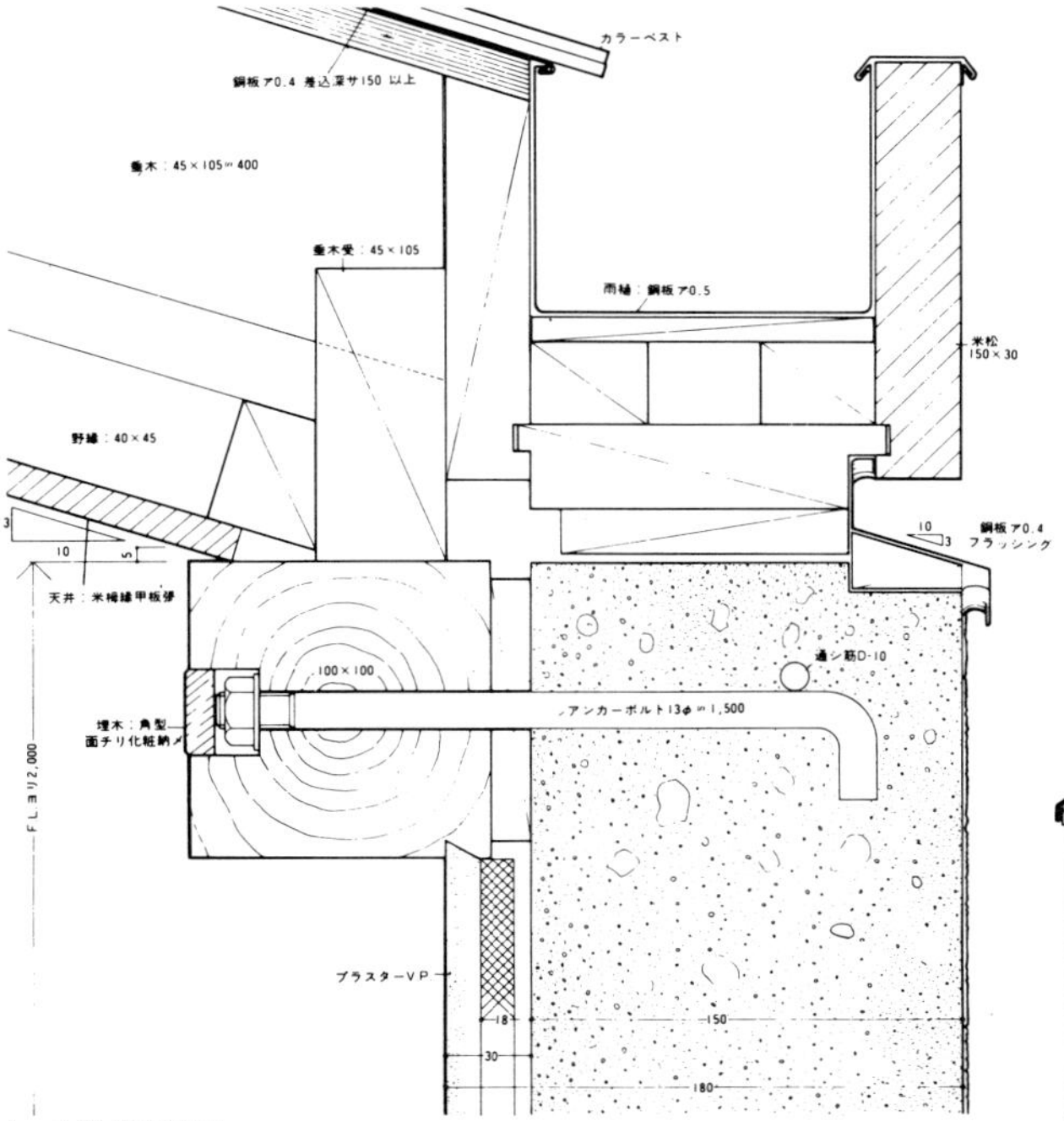

A，B 部分詳細図

内樋断面詳細図

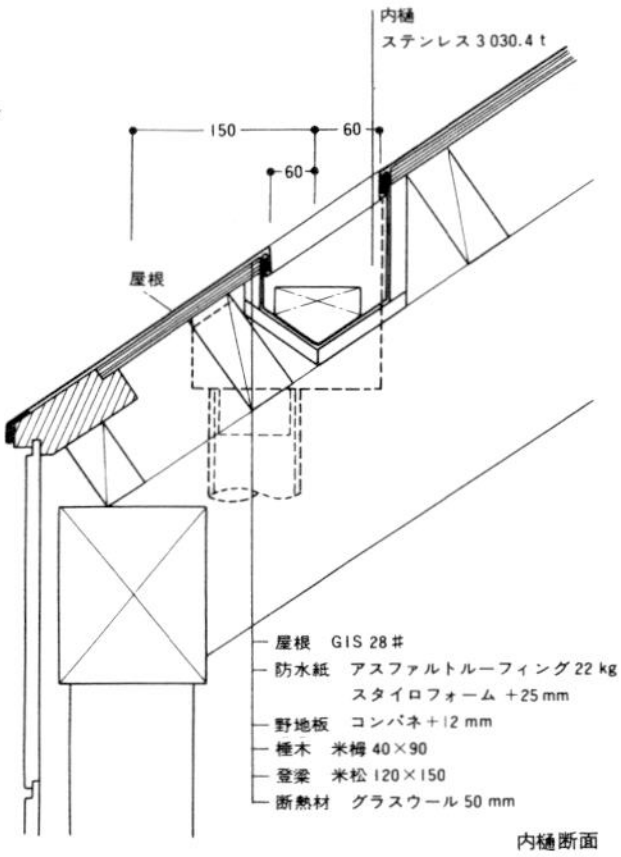

内樋断面

7●2 竪樋もデザインの内

軒樋の部分でも述べたように、樋は外観に大きな影響を与える部材である。その割に樋は既製品をおざなりに使うケースが多く、これをなんとか建築のデザインの中に持ち込めないかと毎回苦労する。

雨が滝の流れのようになって落ちている部分が竪樋なのだから、その水を密封したチューブの中を走らせ、そのまま道に捨ててしまうのはもったいないなどと、つい考えてしまったりする。雨の降っている日に雨の流れを見たところでしかたがない、何の意味があるかといってしまえばそれまでだが、建築の中に組み込んで、雨の日に建築の一部を水が走るなどということは楽しいような気がするのは、私だけだろうか。

昔、ライトの帝国ホテルのエレベーションに、外壁に雨水が集中して落ちていく部分がつくってあり、そこだけタイルの張り方が違い、その上こけが生えて、エレベーションに美しいパターンをつくっていたのを覚えている。ただ、雨水という水を対象とするデザインだから、竪樋が腐ったり、落葉が詰まったりしないように、また、水が飛んだり漏らないように、細心の注意が必要なことは当然である。今のところ、チャンネル型の竪樋で、そこを水が流れるのを見たり音を聞いたりするという程度にとどまっているが、もう少しデザインとして発展させたいとも考えている。

松川ボックス＃1
RCの打放し仕上げは，必要なかぶり厚の他に増し打分をみておくとその厚みの中でいろいろな細工ができる．幅の広い目地をとってそこを竪樋代りに水を流すというデザインは竪樋らしさを消している．

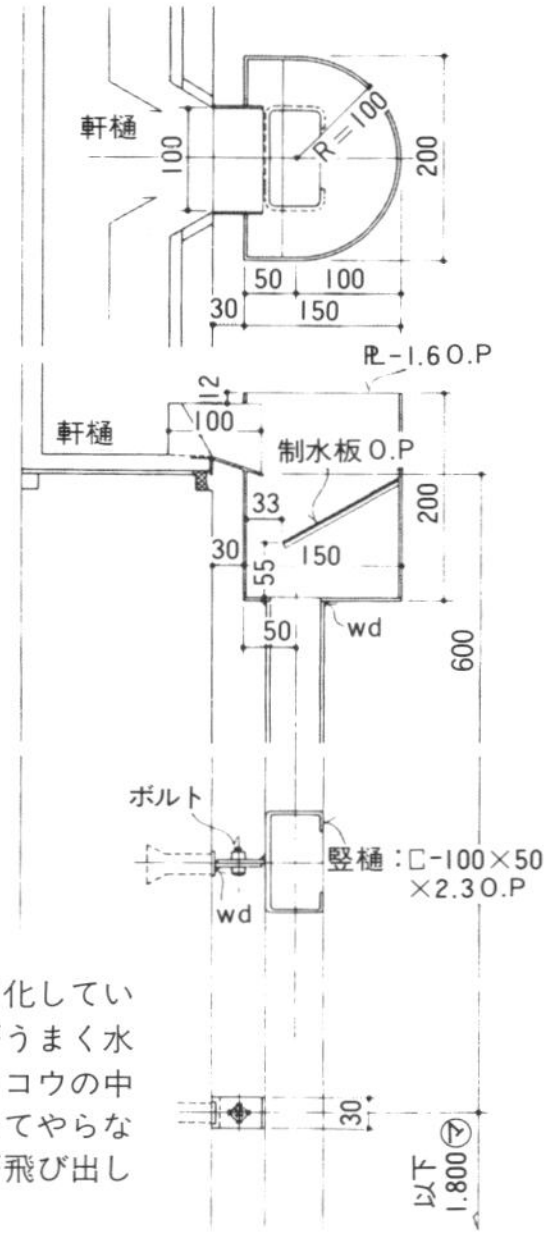

高畠ボックス
私たちの研究室ではスタンダード化している竪樋．Cチャンネルのリップがうまく水を返してくれるが，その前にアンコウの中の整水板で雨水をいい位置に導いてやらないと，Cチャンネルの溝から水が飛び出してしまう．

森井邸
考え方は上図と同じ開放型竪樋であるが，竪樋を壁に埋め込んでみた．

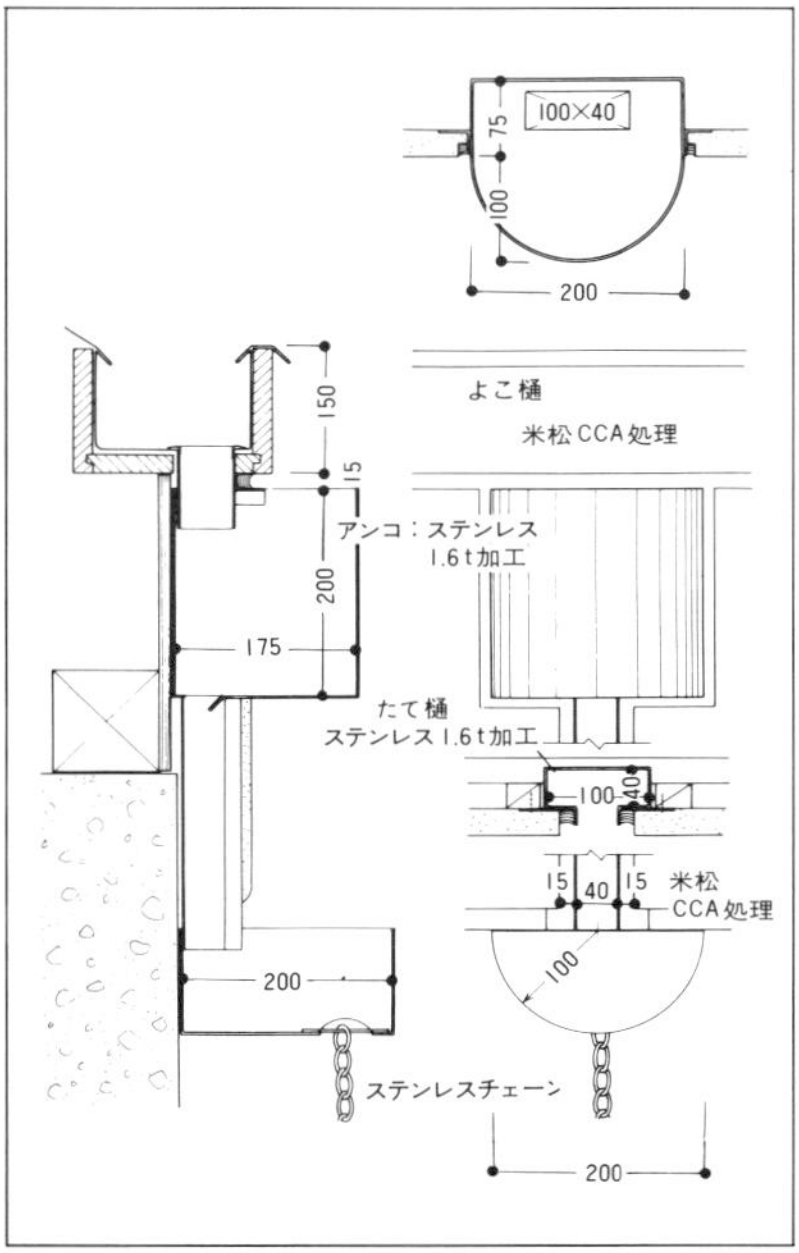

7●3 キチッとした感覚・揃える

東孝光さんの住宅設計のポイントは揃えないことである。と冗談のようにおっしゃっていたのを聞いたことがある。私の事務所では、なぜか目地を揃える、面を揃える、線を揃えるというふうなことが、いつの間にか仕上げの決まりのようになってしまっている。ものを揃えようとするために大工さんたちに無理強いをさせ、大工手間を増やし、泣かせているのだが、なぜそこまでしてものを揃えなければならないのだろうか。

これは個人的な感覚の問題なのだけれど、ものを揃えるということは、私はそれをつくった人間の意思の表現法の一つだと思いたい。抑制された創造性が、研ぎ澄まされてその中に表現されているというのは、いい過ぎだろうが。

ものの納め方にはすべて様々のルールがあるのだが、一般的には仕事が楽なよう逃げが沢山あって手間がはぶけるようにという方向になっている中で、設計者だけが一人頑張る感じなのだが……。

キチッとした納まりは自然に出来るものとしては不自然であって、それを強調強制する無理さの中にどうしてもこうした空間が作りたいという意志が表現されると思うのだ。その意志に打たれて大工さんは一生懸命仕事をしてくれ、住み手は設計者の存在を感じる。そのために今日も私たちの製図板の上では、ものを揃えた図面がかき続けられているということになる。

上および右写真／田中邸／和室の各部分を見る．目地を揃え，面を揃えている様子がわかる．

目地を揃えるとなると壁面と建具のフラッシュ面から枠までも揃えてしまう.

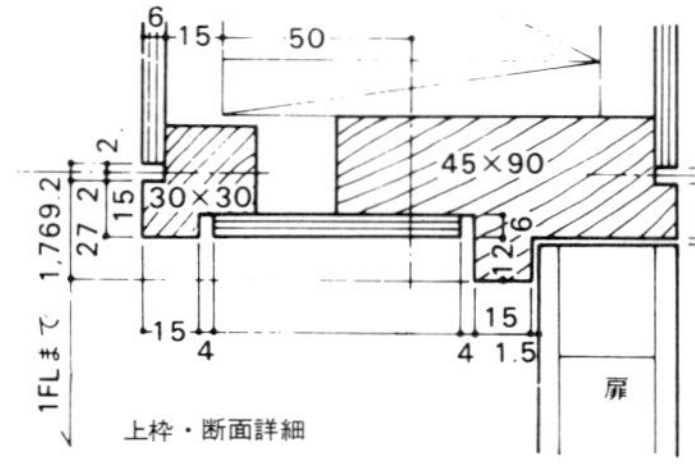

上枠・断面詳細

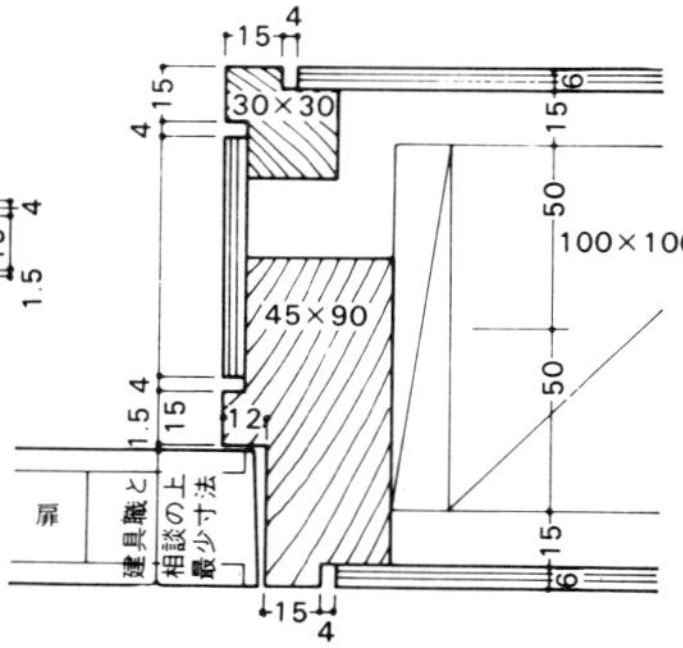

壁面と，枠面，幅木面も揃える.
目地をとっているのは，デザインが目地通しを意図しているためと，面違いが起きた場合に対する備えである.

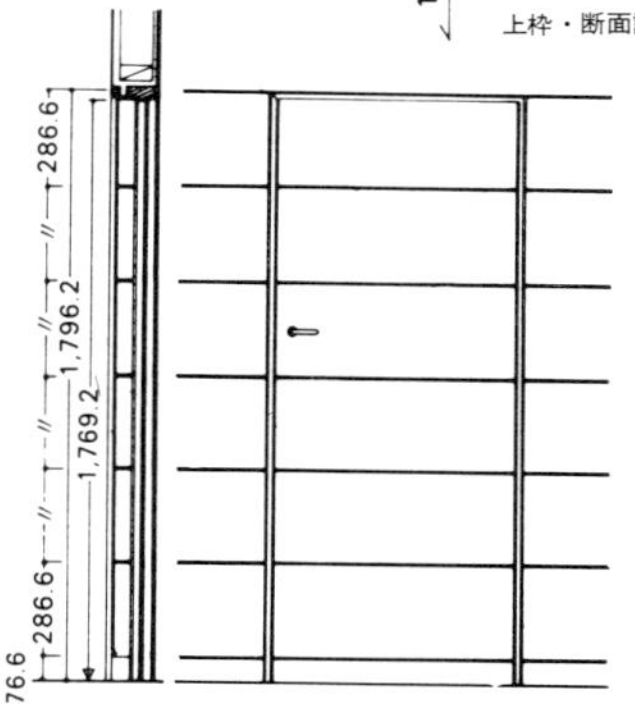

1階枠廻り・基本断面・立面

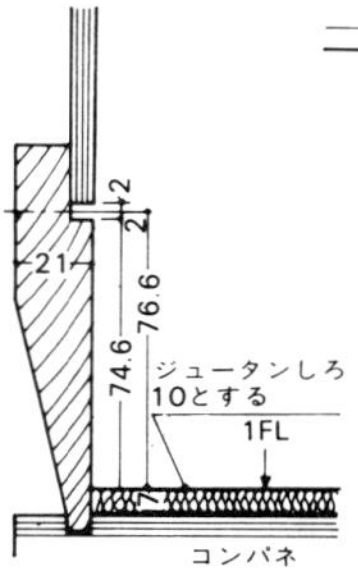

1階巾木・断面詳細

造り付けの天井埋込灯のカバーの面を天井面に揃える.
カバーの枠が出ると線が見えすぎてしまうので図のような納め方となる.

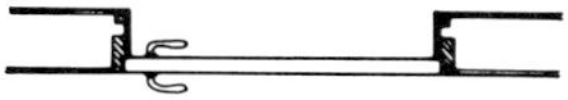

基本平面

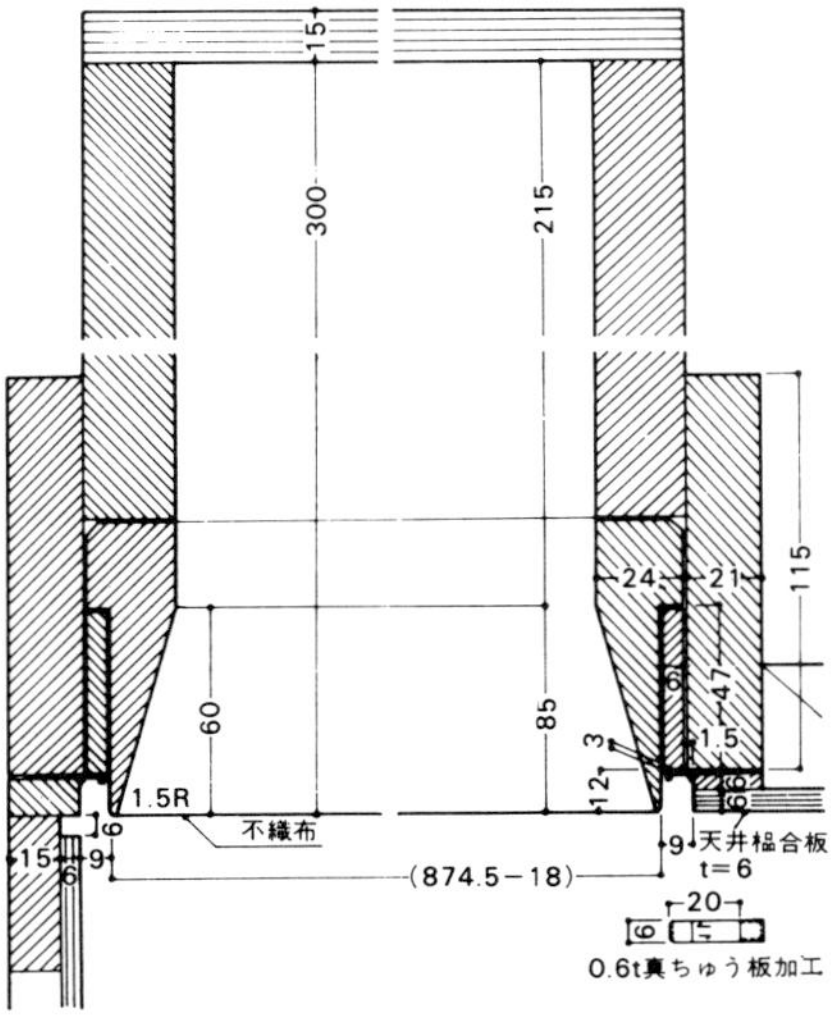

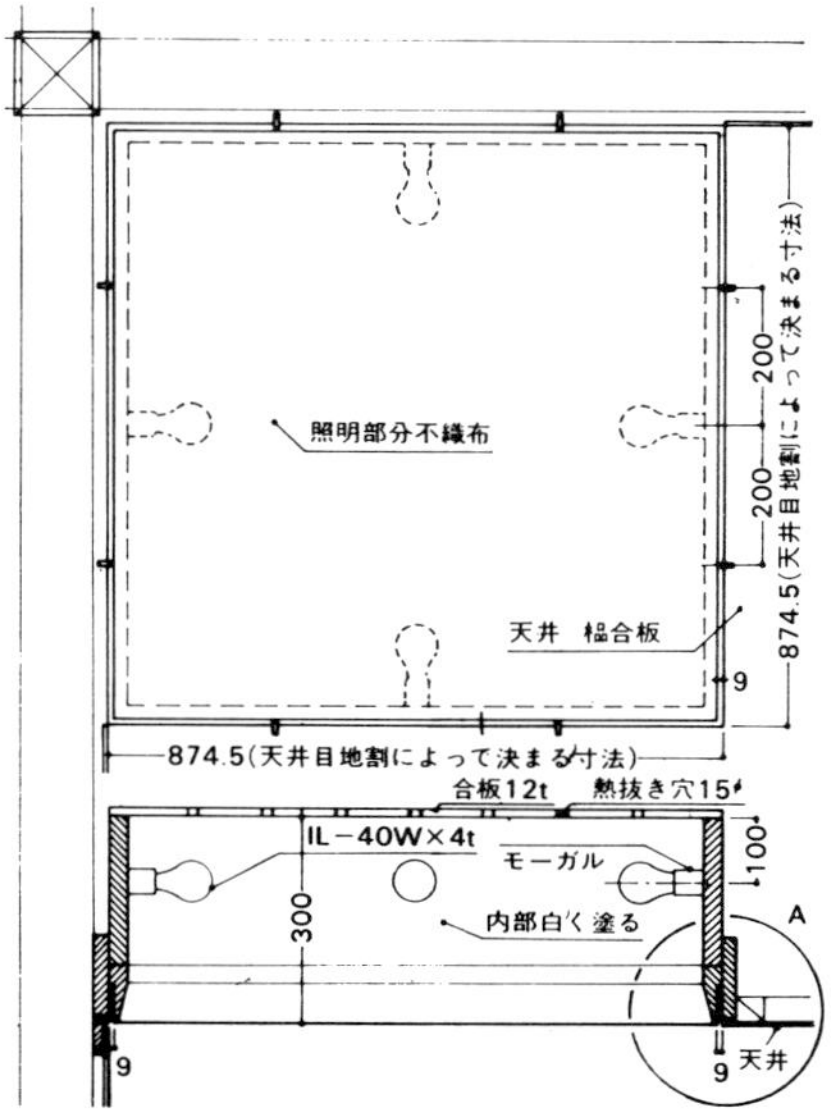

田中邸各部詳細図

A 部分写真

伊藤明邸
建具の枠を隠し枠にして、建具の面と壁の面を揃えている。建具に握り手がなかったら壁との区別がつかない。

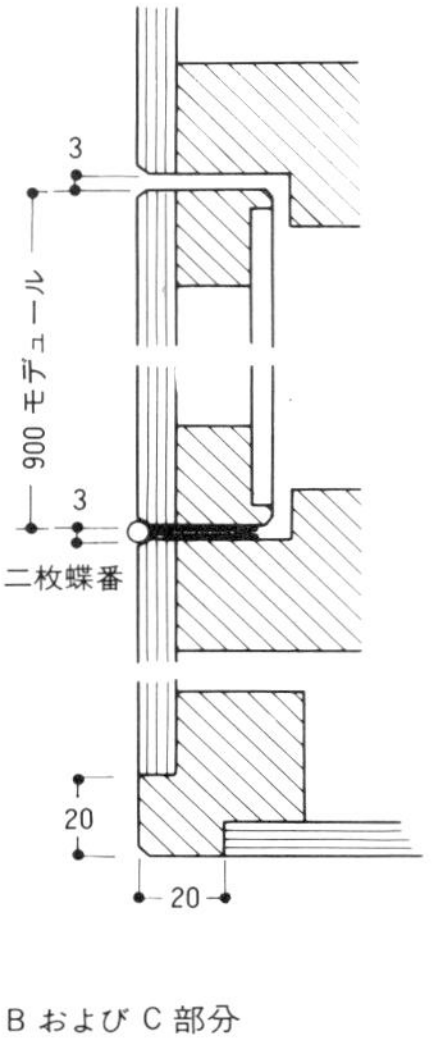

B および C 部分

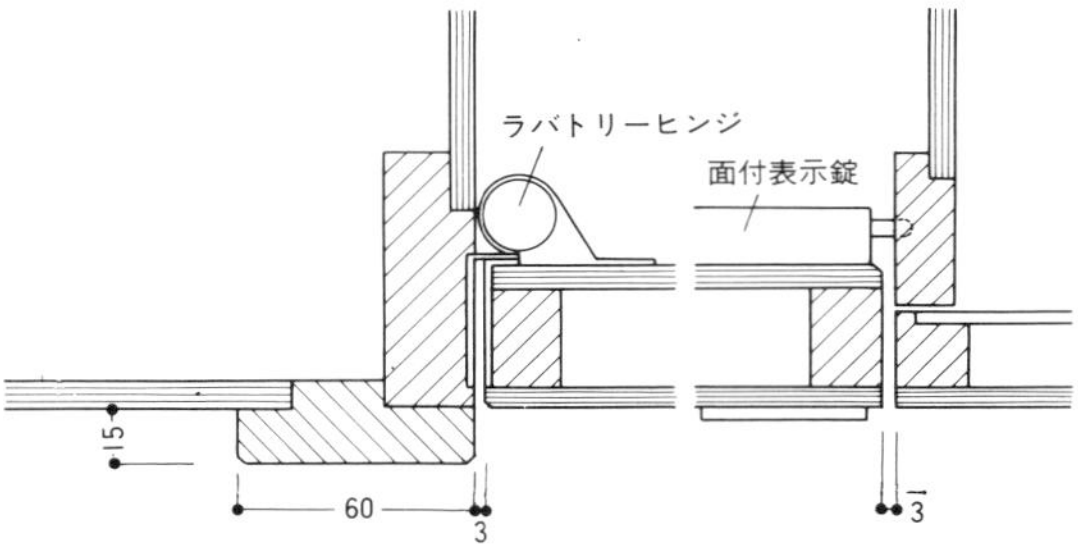

A 部分

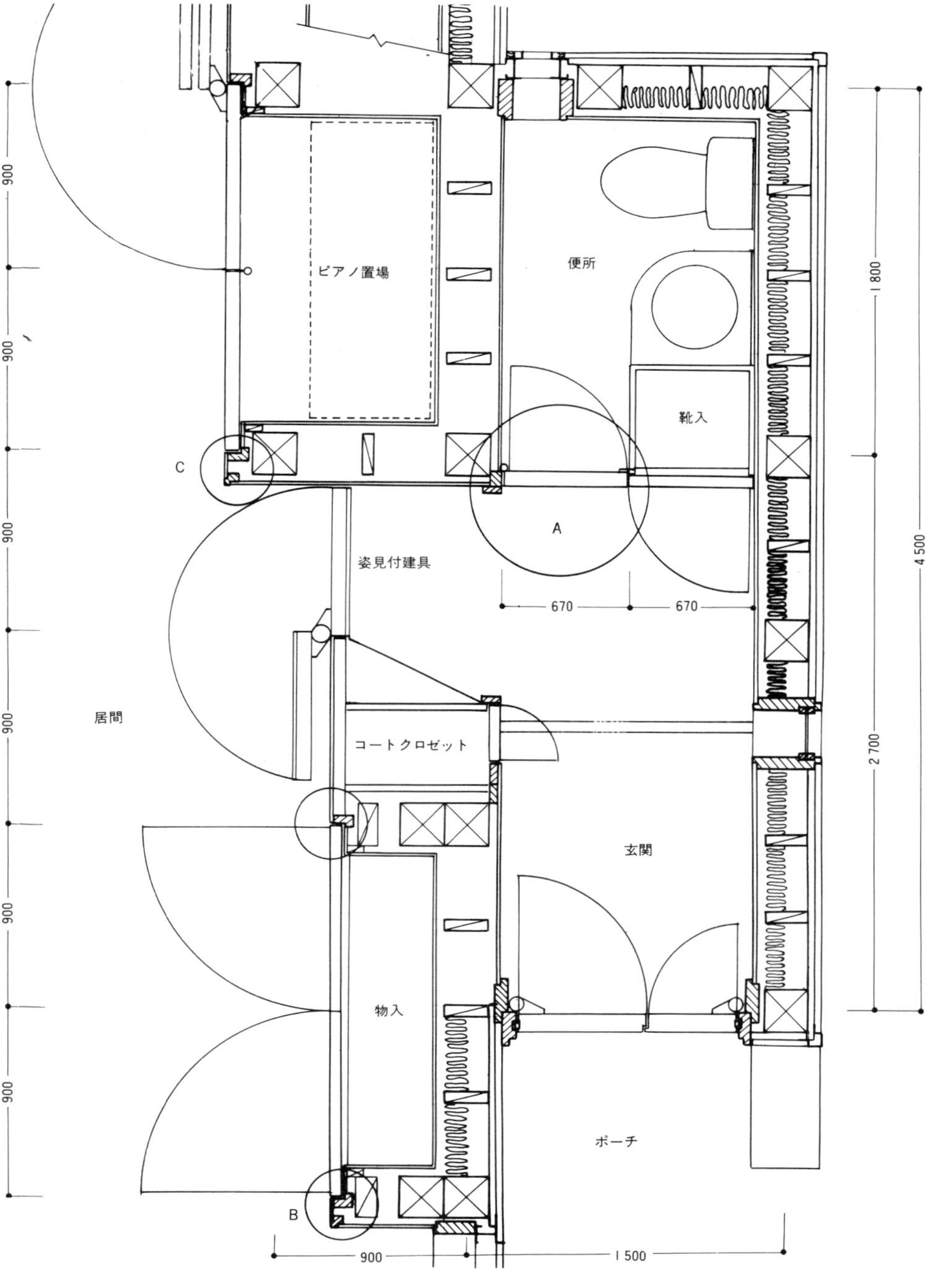
ピアノ置場
便所
靴入
A
C
670
670
姿見付建具
居間
コートクロゼット
玄関
物入
ポーチ
B
900
1 500
900
900
900
900
900
900
1 800
2 700
4 500

7●4 スノコは冬の入浴用

浴室の仕上げは、裸になっている人間のために優しいものでありたいから、水で腐らないというしかメリットがなく、人が触ると冷たいタイルのようなものは使いたくない。本当は木製の浴槽、木の壁、すのこの床というのが、浴室の理想だと思っている。

しかし現実として、木の壁、木の床、木の浴槽は、完全に空気の入れ替えができる大きな窓を持っていたり、絶えずそれを洗ってくれる使用人がいたり、腐ってきたらそのつど取り替えるような経済的な余裕がない限り、すぐ壁にカビが生えてきたりして、使いものにならなくなってしまう。だから浴槽はいちばん木の浴槽に近く、保温力のある鋳物のホーロー浴槽を私たちの事務所のスタンダードにしているし、壁もタイルですることが普通になってしまったのだが、必ず洗い場の一部はすのこ張りにしてある。

これは京都の旅館で体験して以来多用しているのだが、冬、浴室に入って足の裏が冷えるあの嫌な感覚が、すのこ張りにすればなくなるからだ。また、そのすのこ張りも浴室の全面にする必要はなく、人間がしゃがんで体を洗う部分を小さくカバーしていればいい。小さくて、しかもピースに分けてあれば、最後の入浴者が女性でもそれを片手でヒョイと立て掛けておいて乾燥させることができる。人間に気持ち良くて、なお材料の特性を生かし、長生きさせる方法の一つ。

有賀邸
檜板のスノコの下にはパネルヒーティングが仕込んである．冬期のきつい冷え込み対策であるが，スノコ板の乾燥にも役立つ．

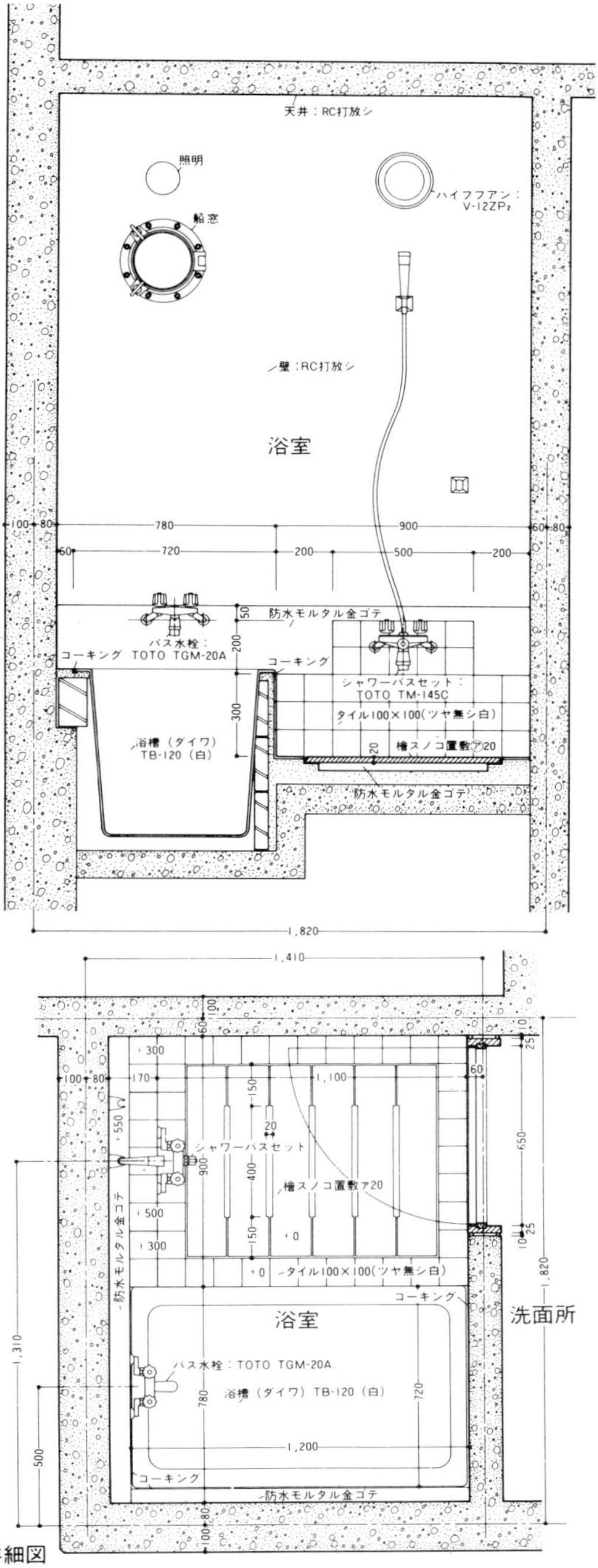

断面詳細図

森ボックス
浴室床のスノコ敷はスタンダード納まりだから，このようなローコスト仕上げの場合にもちゃんと採用されている．

7●5 コーキングは隠して使うもの

昔から開口部回り、異なった部材の接合点などから、水が入ってこないようなディテールを考えることが、ディテールの基本であった。だから私たちの先輩たちはさまざまなディテールを工夫してきたし、私達もそれらを学びながら、自分達なりの解決もしてきた。

水を含んだ材料が膨張することによって自然に水が入ってこなくなる納まりであるとか、さまざまなものを工夫してきたのだが、コーキングという便利な、または悪魔のような材料が入ってくることによって、この辺のディテールがごく安易になってしまった。悪くいうと、ほとんどディテールを考えないで、表面イッパツコーキングで、覆い隠してそれですべてを処理してしまうような風潮が、一般的になってしまっている。

初期の油性コーキングもそうであったが、その後改良されてきたチオコール系その他のコーキングも、決して目で見て美しいものではない。また、職人の腕によって出来不出来があり、ひどくぶざまになってしまう材料である。しかも、失敗するとなかなかやり直しがきかないという性質もあるので、私たちはやむをえず使うとしても、これが前面に出てくるような使い方はしたくないと思う。基本的にはコーキングしなくても良いように次に目立たぬように。

だから、一種の隠し味のようなかたち、控えとして使うようなことをいつも考えてコーキングを使う。

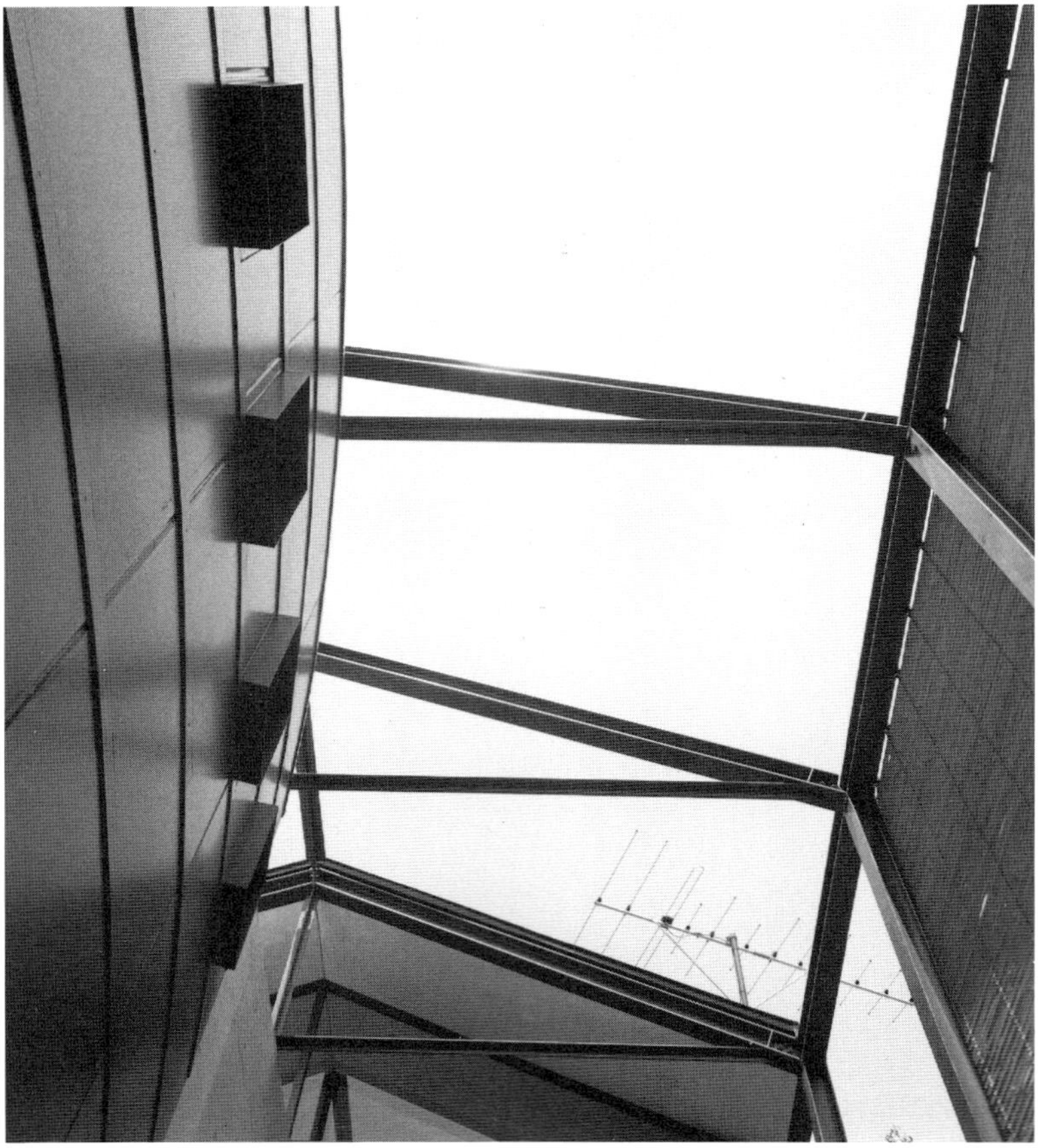

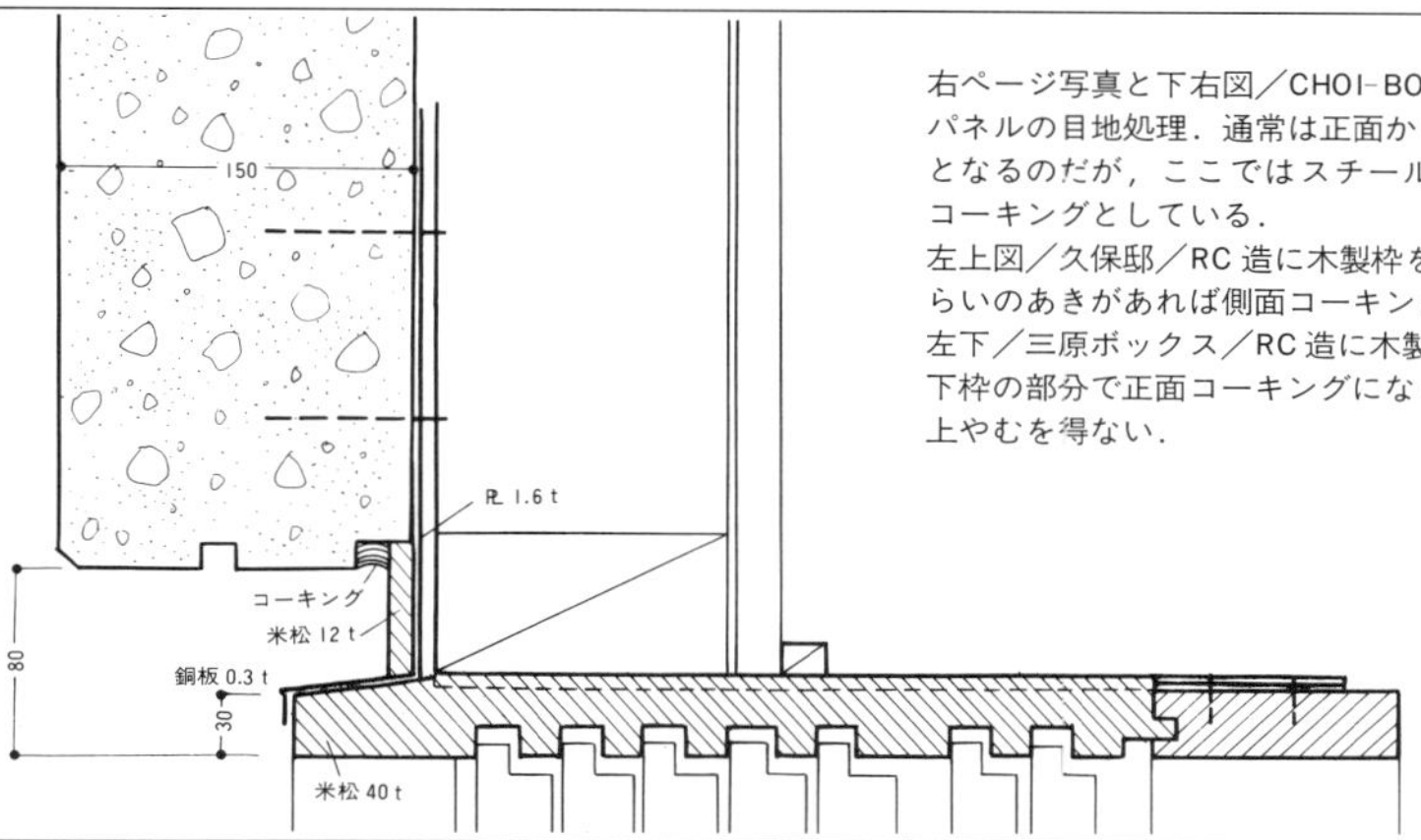

右ページ写真と下右図／CHOI-BOX／外壁のスチールパネルの目地処理．通常は正面からのコーキング納めとなるのだが，ここではスチール目板を使って側面コーキングとしている．
左上図／久保邸／RC 造に木製枠を納める例．これくらいのあきがあれば側面コーキングができる．
左下／三原ボックス／RC 造に木製枠を納めた別の例．下枠の部分で正面コーキングになってしまうのは納り上やむを得ない．

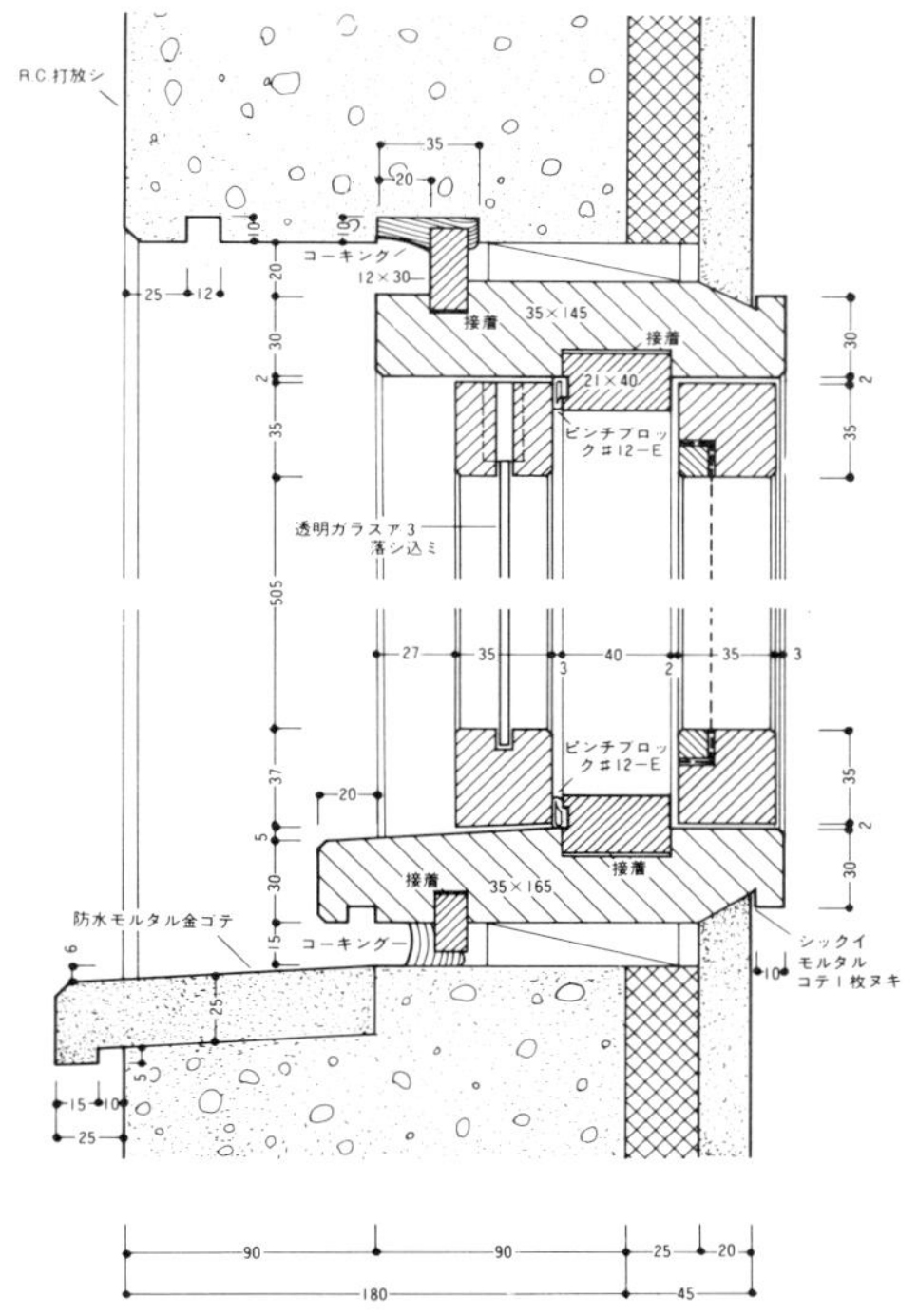

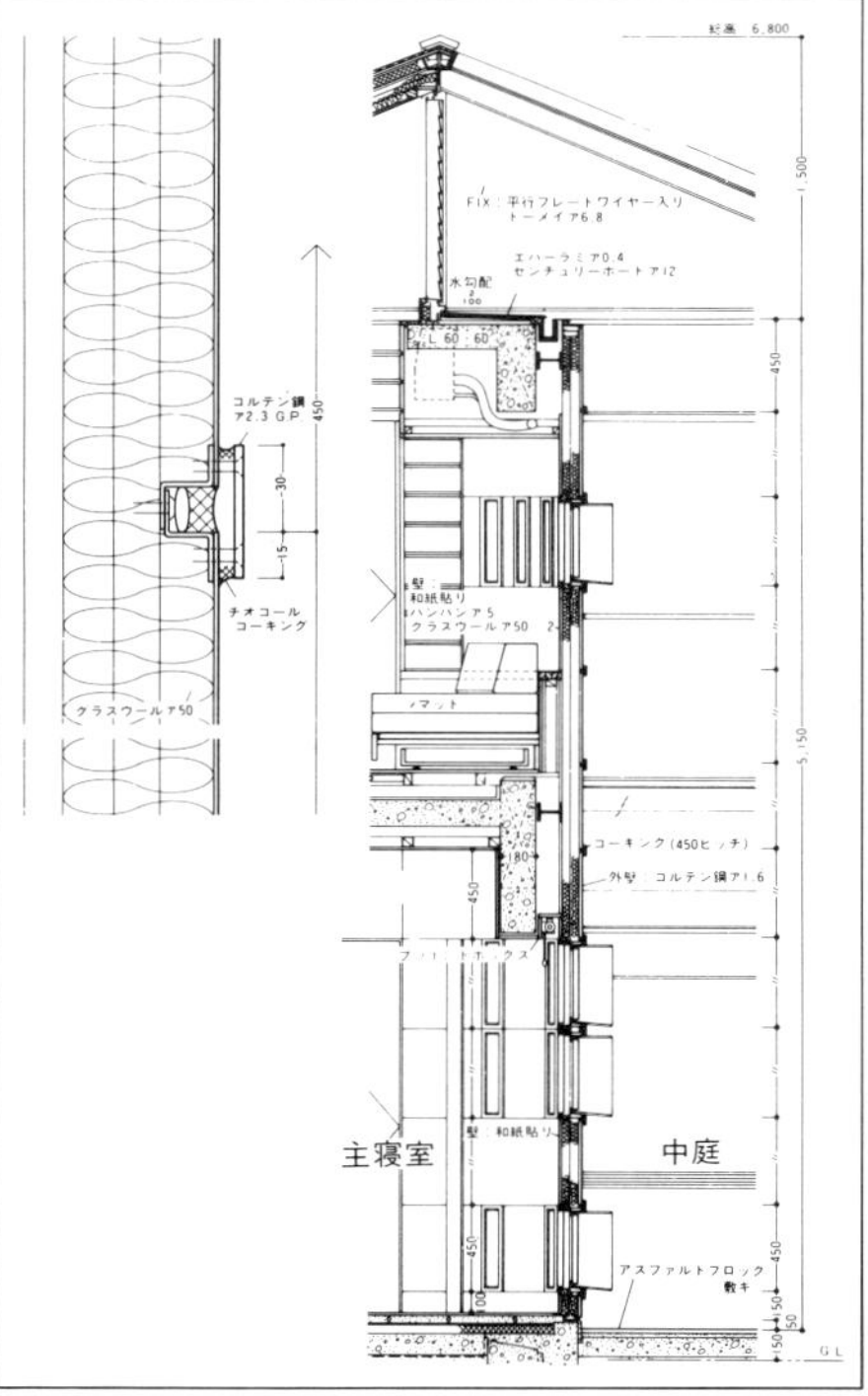

7●6 見切りを消す

吉見ボックス
引き込み戸のレールはこの場合邪魔であるし、見せたくないということでハンガーレールを使うことになる。ただし最小限振れ止めだけは用意しなければならない。

常態として連続させておきたいのだが、それを切らねばならないという部位はたくさんある。典型的には、二間続きの中間の襖などがそれ。故吉田五十八先生が、畳の継ぎ目と天井の板の目地の間をスルスルと走ってくる欄間付き襖などというアクロバットを発明したのも、開いたときに連続感がありながら、いざとなれば閉じられるという和室の性質をフルに発揮したかったからに違いが無い。

住宅のダイニングとキッチンというのは、家族だけがいるという、ほとんどの場合には決して切る必要のない関係であって、二つは一体化していればいい。しかし一方、主婦たちにとって台所はなるべく人に見せたくない場所であるのも事実である。

そのために、いつもは何の見切もない一体でありながら、必要なときにピタリと切れるという手法が欲しい部位でもある。西沢文隆さんが、懐をたくさん飲み込ませた上からのキャンティレバーで、この種の扉を解いた例を見たことがある。

この料理の大好きな夫婦の家では、オープンキッチン風にレンジと一体化したテーブルの中間を襖が走る。そんな所でレールなど見せる訳にはいかなかった。

詳細図

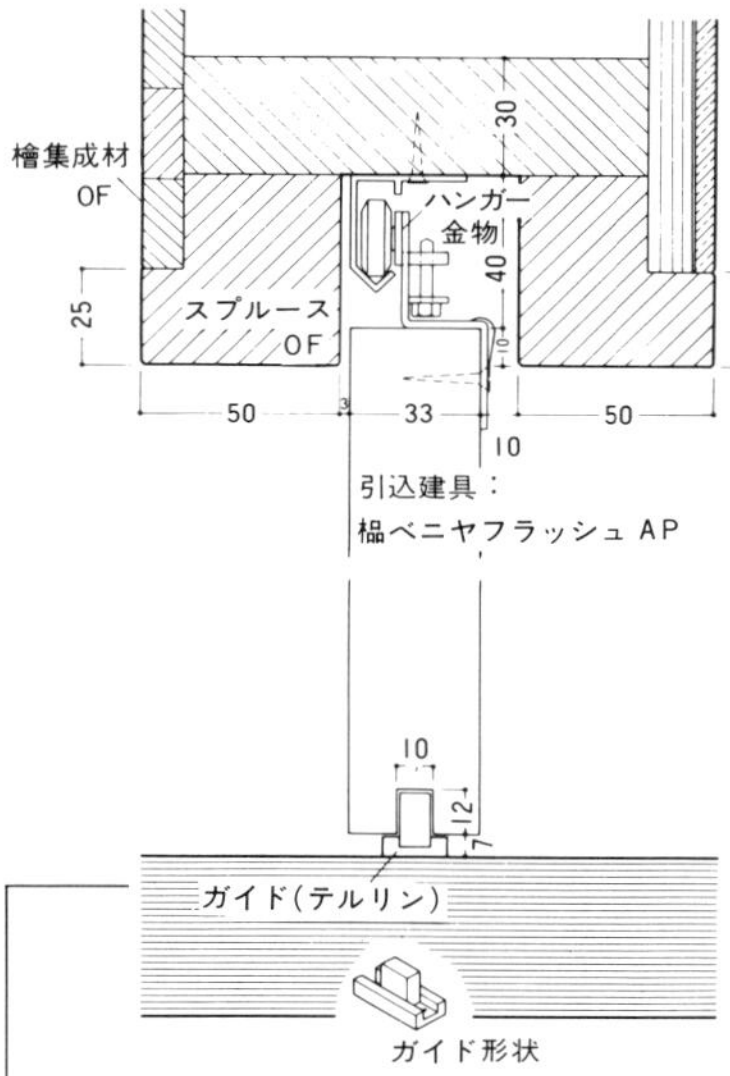

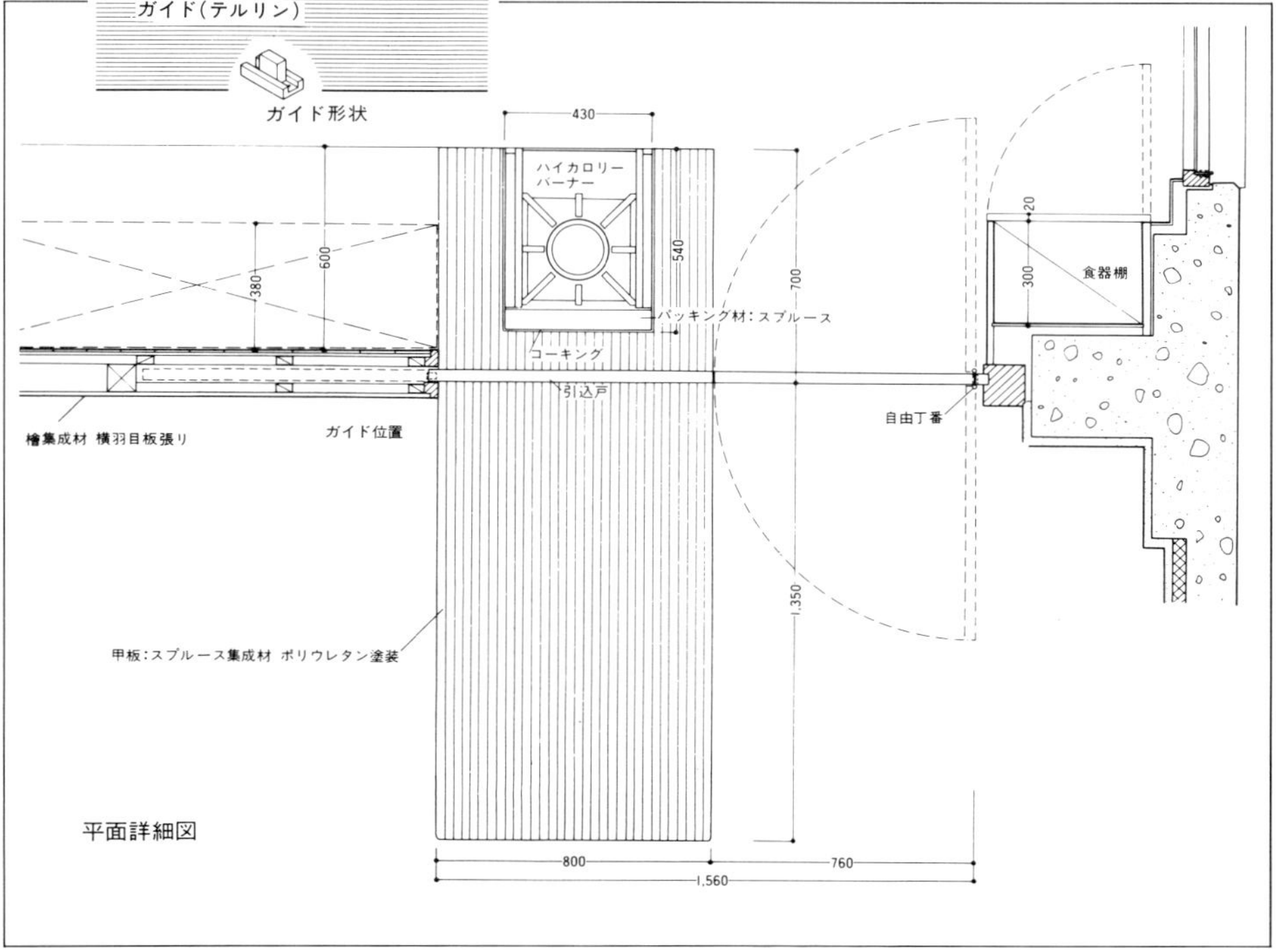

平面詳細図

7●7 薄くみせる——鴨居

鴨居はスライディング引戸のガイドであると同時に、室内にスケールを表現する部材でもある。日本の住宅のように、五尺七寸五分という内法高が家全体の人間的なスケールをつくり出している場合に、鴨居が欲しくないリビングの一角の和室のような部分では、鴨居をなくして天井いっぱいまでの襖を使ってもみたいところである。しかし内法高というモデュールをつくり出している材料として、鴨居はなくてはならない。

材を縦使いして、大きく民家風に空間に飛ばすという方法も何回も使ったのだが、年をとってくるにつれて、次第に出来るだけ薄く、繊細に見せたくなるのはどういう訳か。

なくてはならないが、あまり厚くてごついものを室内に見せるのも、部屋を狭く見せていやだという場合に、どうやって鴨居を薄く見せるかという手法がいくつかある。ここでは逆手を取り、襖のうちの一枚が板戸になっていて、襖ふうに見えながら、実は鴨居を下から支えている役割をしている。また、コーナーの一隅をピアノ線でつって、鴨居があたかも軽々と宙に飛んでいるかのような処置もしている。

もちろん、見付をそいで薄く見せてあるというのも当然の話である。ついでに言うと、鴨居も下端を欠いて、見付を薄くするというテクニックも使っている。

小松邸
鴨居が一間と一間半飛ぶことになった。キャンチレバーで持たせるにはそれ相当の断面が必要なのだが、まともにみせると鴨居でなく梁になってしまうので、大きく面を取ってみかけを薄くする。

藤谷邸
同じくキャンチレバーになる鴨居を薄くみせるために，ここではしゃくりを入れて段付断面としている．

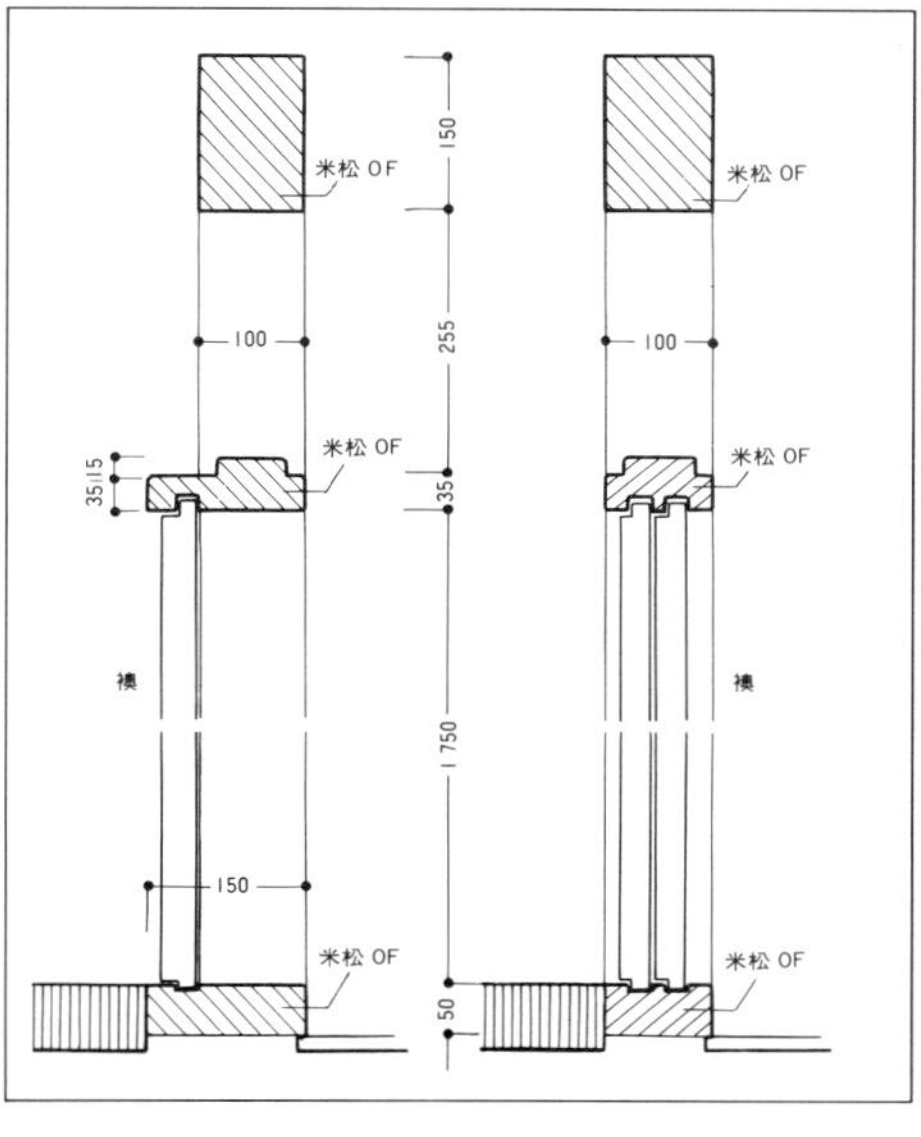

小松邸

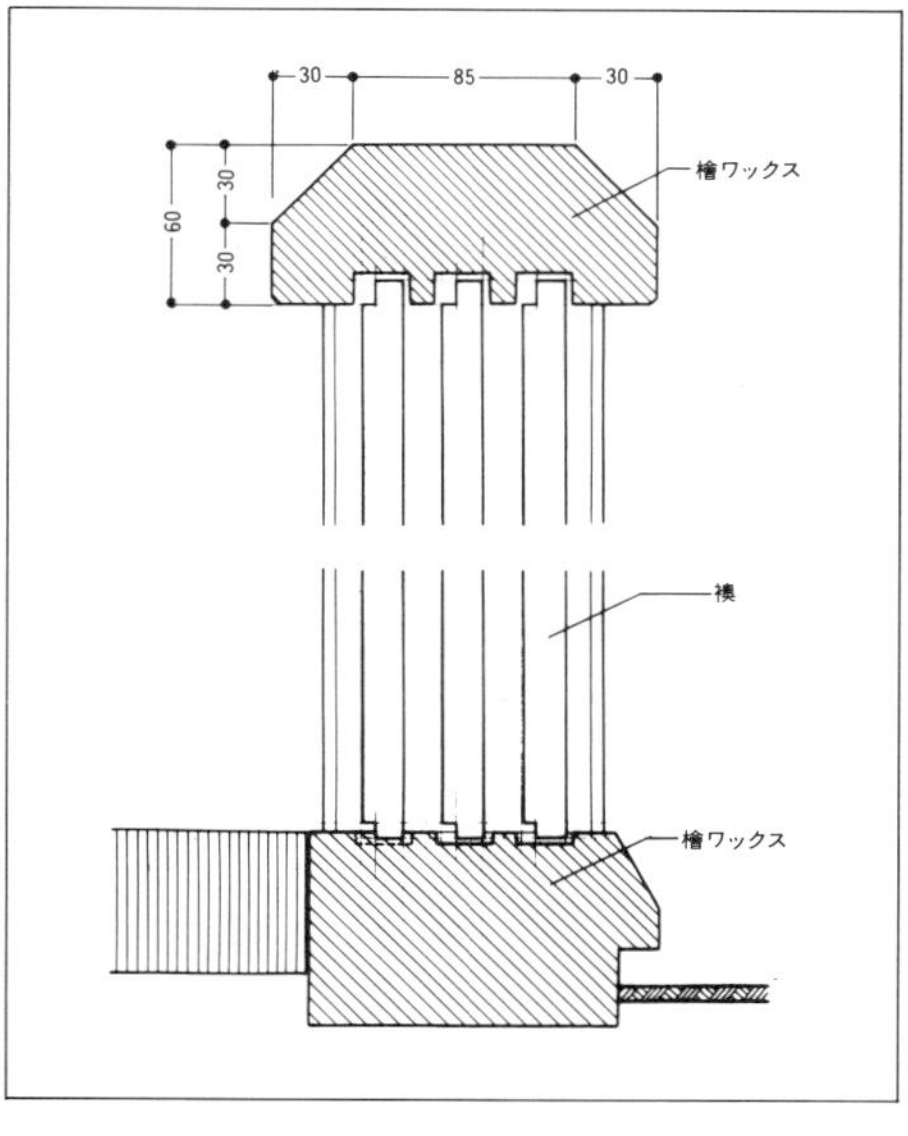

7●8 薄くみせる——鉄板庇

箱型の幾何形態の建築を考えると、庇のような突出物は、往々にして全体の単純な形態を壊す役割しかないように思われる。かといって、庇がないわけにはいかないという場合の処置としてよく使うのが、鉄板の庇である。

小庇によく使うのは、厚手のコルテン鋼の一枚板をL状に曲げたものを、壁の内側からキャンティレバーで突き出す方法である。これはきわめて単純でありながら、最小限、庇の役割をしてくれる。鉄の弾性に期待して使っている庇である。

一方、鉄を曲げることによって強度を出すという方法もある。スチールサッシュの曲げ、またはアングルの曲げと同じ理屈で、大きく曲げることによってキャンティレバーの庇をつくることも可能である。玄関庇のように、その下の空間を大きく要求するような庇で、なおかつ薄く見せたいときは、薄い鉄板を曲げることによって強度を出すというようなこの種の庇は、有効であった。

写真および左下図／グリーンボックス＃２／玄関庇.

下図／池田ボックス／木造に鉄板庇の納まり例．横に長くなる場合は，２ｍ以内位にジョイントを入れないと歪が目立ってくる．

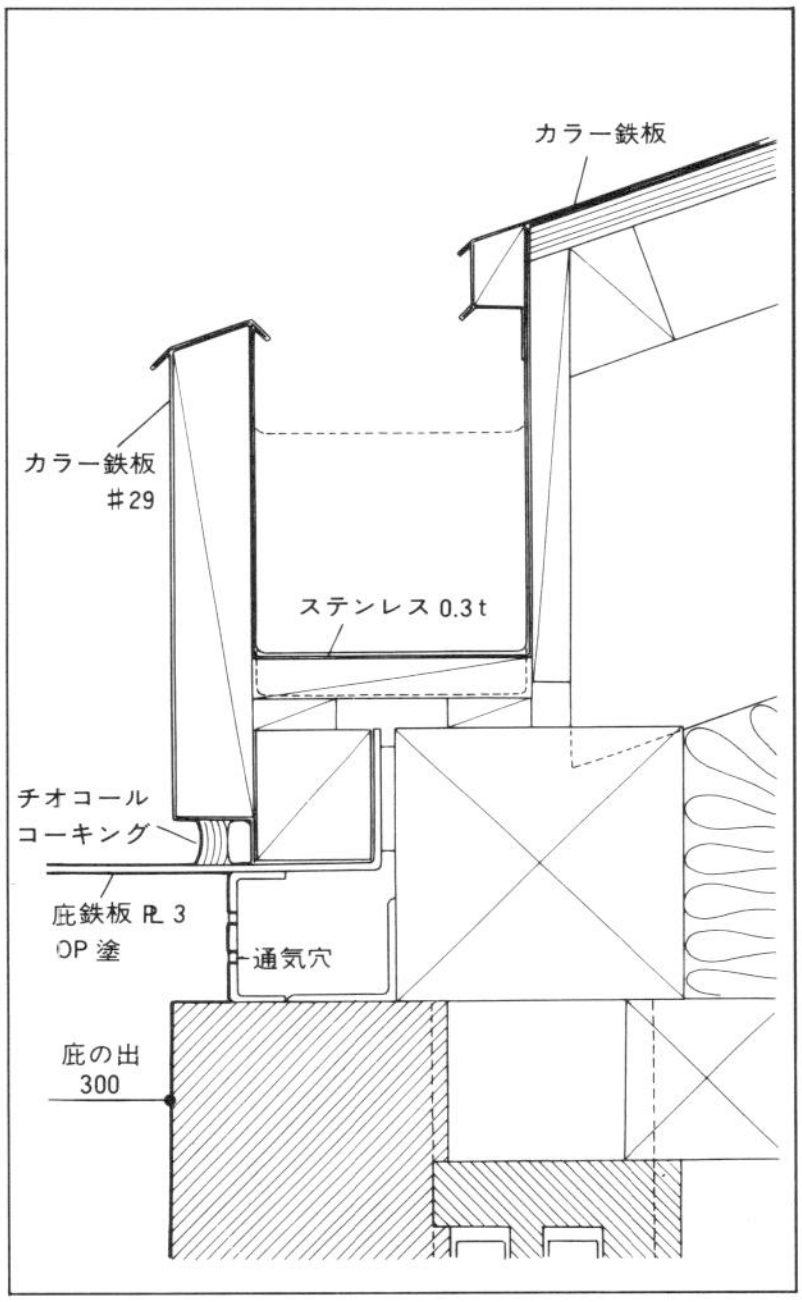

上写真／国際女子学生会館／RC 造の開口部に設けた鉄板庇．この程度なら曲げ加工をしなくてもいける．

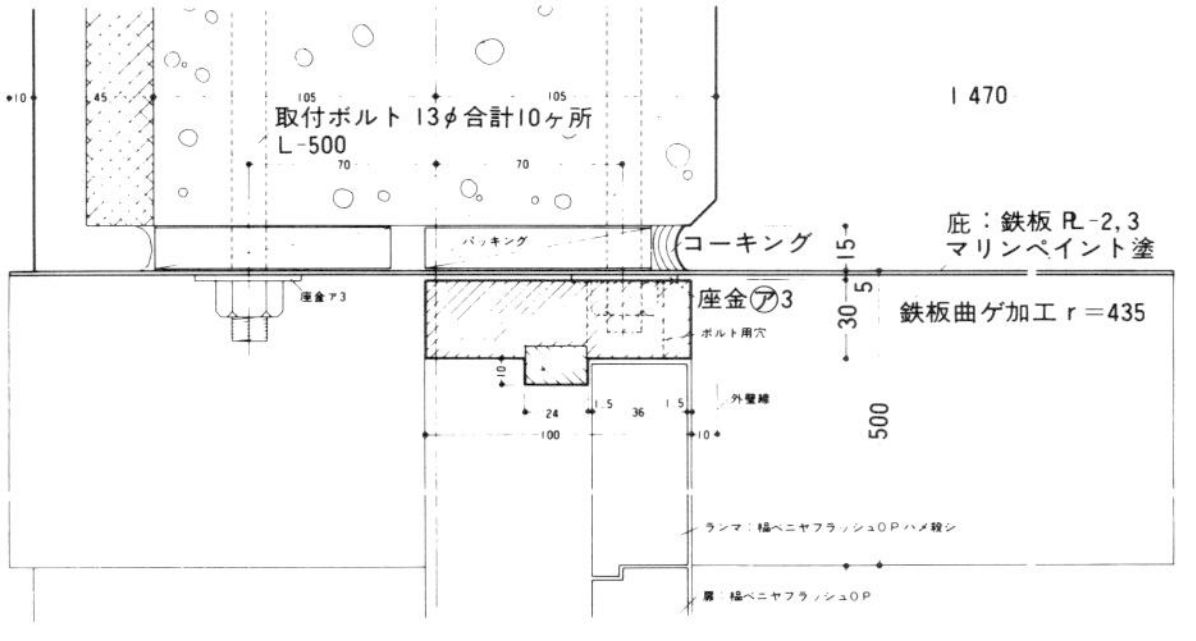

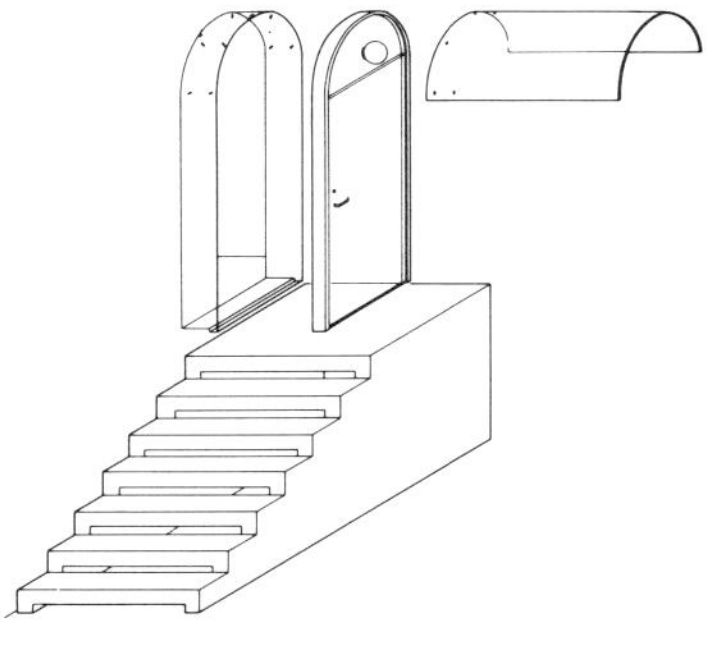

7●9 異なった部材の取り合いがかなめ

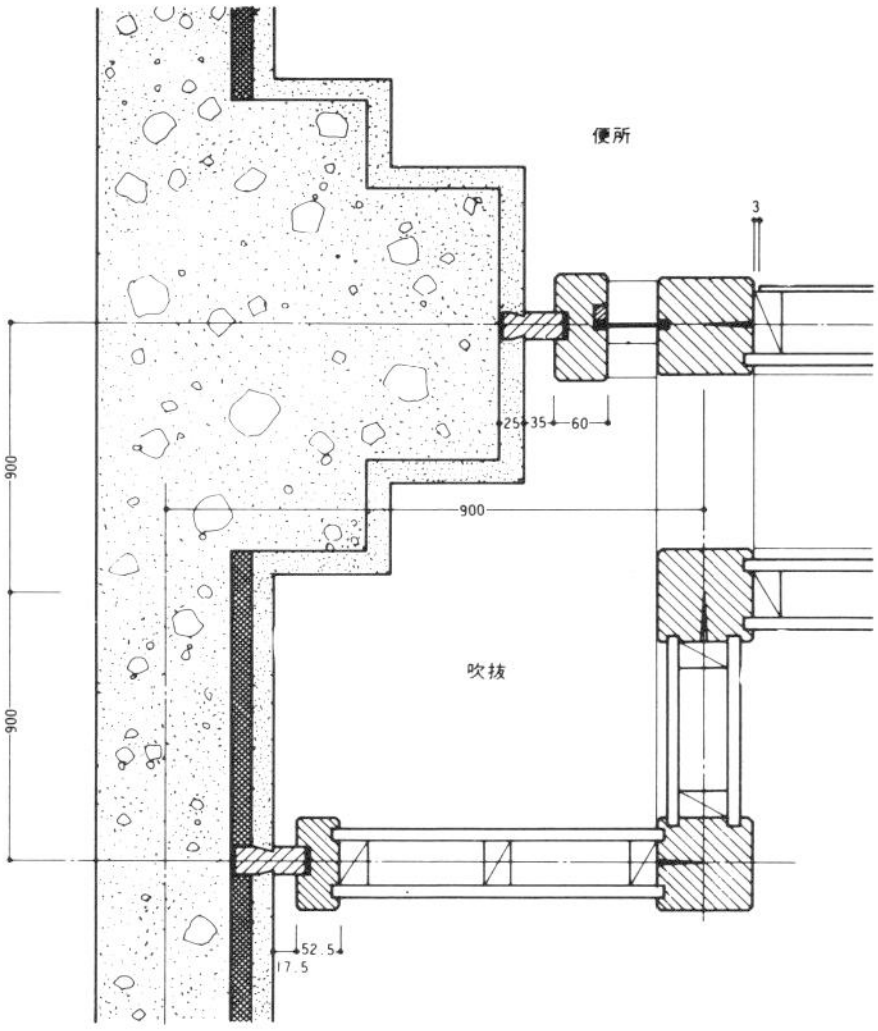

▲吉見ボックス

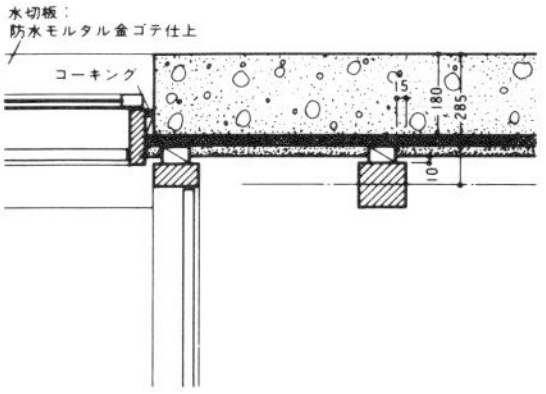

▲松川ボックス#1

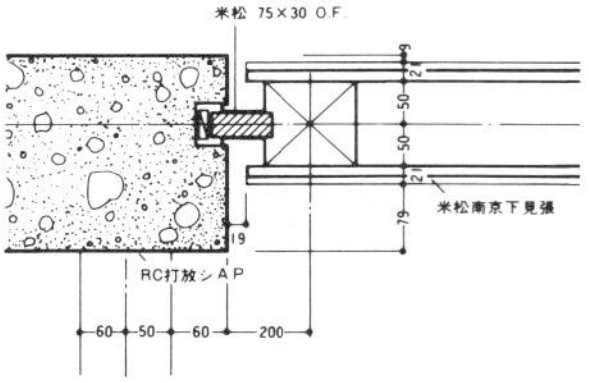

▲船橋ボックス

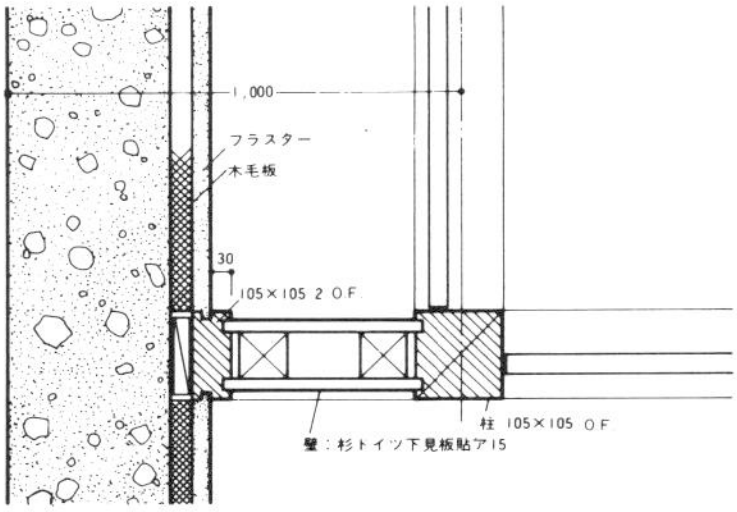

▲菅野ボックス

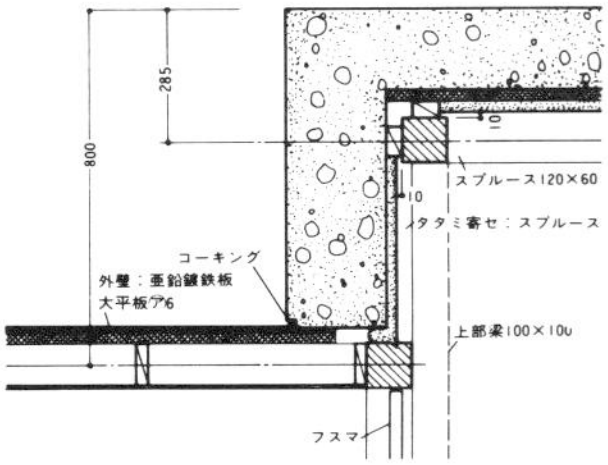

▲松川ボックス#1

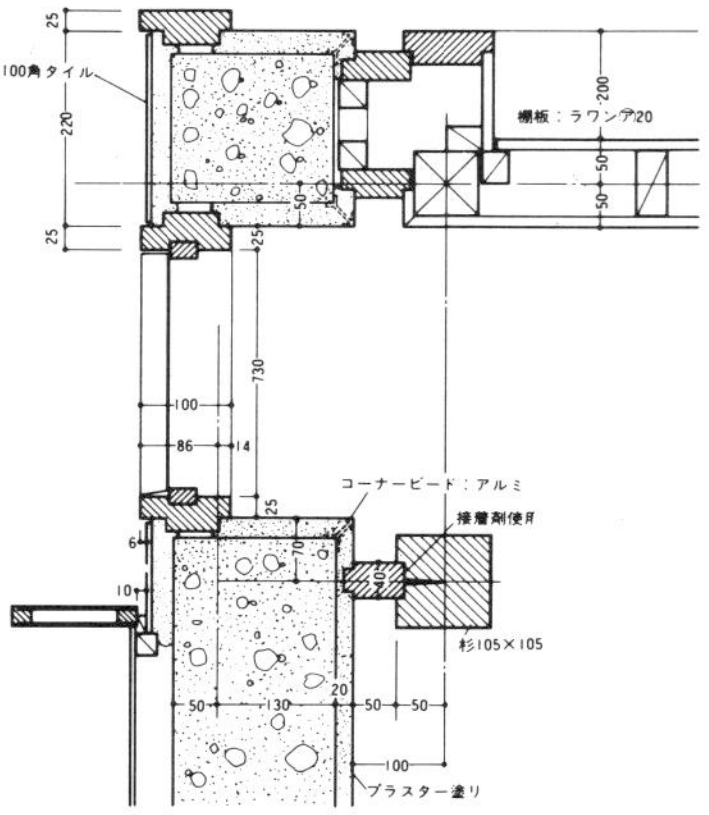

▲熊本ボックス

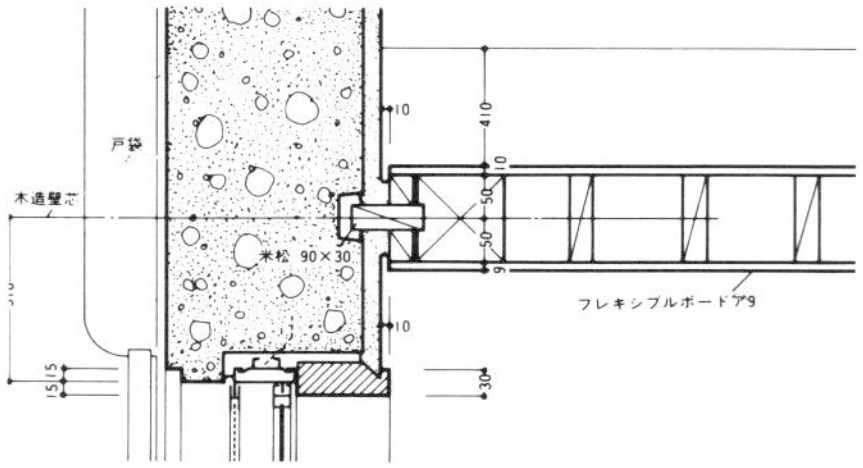

▲船橋ボックス

RC造と木造の内部間仕切が出会う部分の納まりを各種とりあげている.

当たり前の話だが、RCにはRC、木材には木材、それぞれの性質がある。RCの施工誤差の大きさ、剛比の高さ、木材の精度の高さ、それに対して腐敗、剛比の小ささ、二つの異なった部材をくっつける場合に、この両者のジョイント部分でどう逃げるかが、ディテール上の最も重要なポイントになる。

一般的にはほぞ、またはそえもの的な部材を使って逃げるというディテールになるのが普通である。私どもの事務所の標準的な逃げ方をいろいろお見せしているが、それほど新しい、特殊な逃げ方をしているわけではない。ごくスタンダードな逃げ方である。

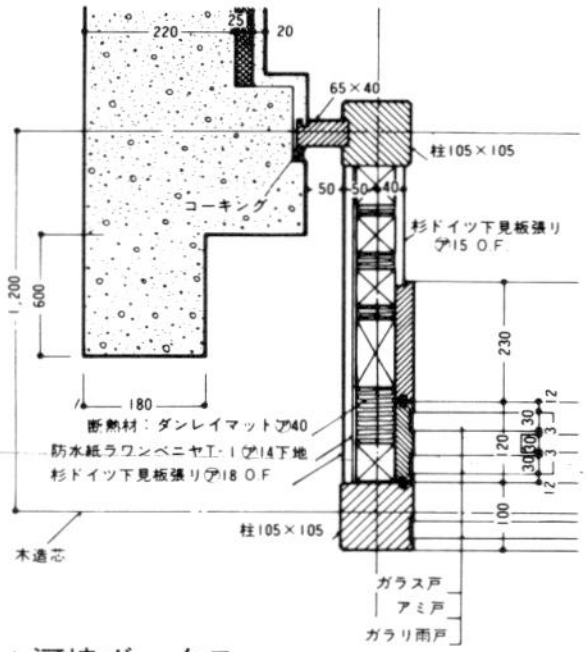

▲河崎ボックス

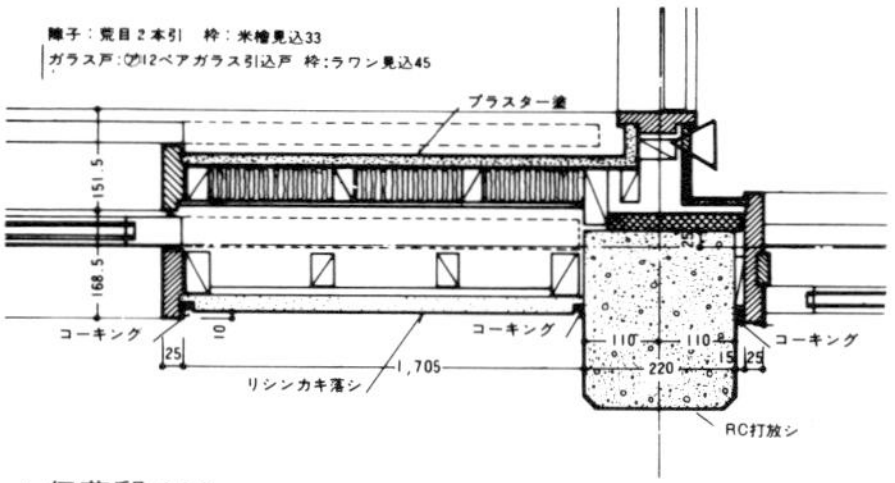

▲伊藤邸〈1〉

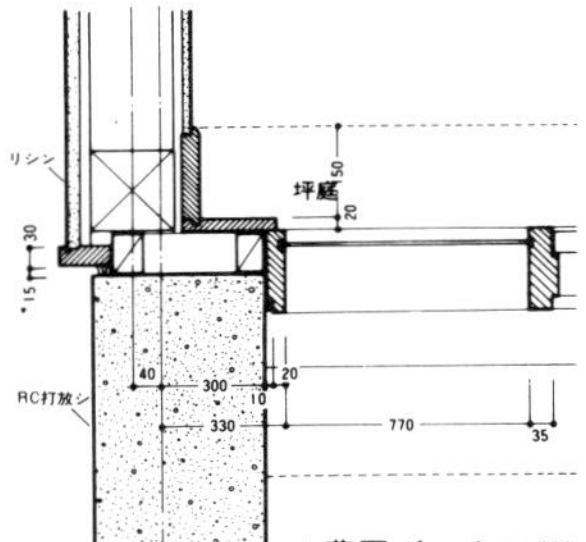

▲藤岡ボックス〈2〉

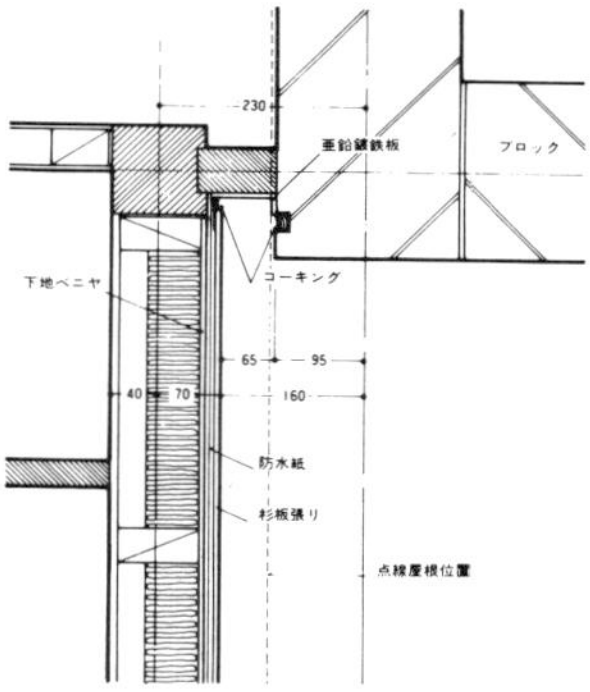

▲岡本ボックス

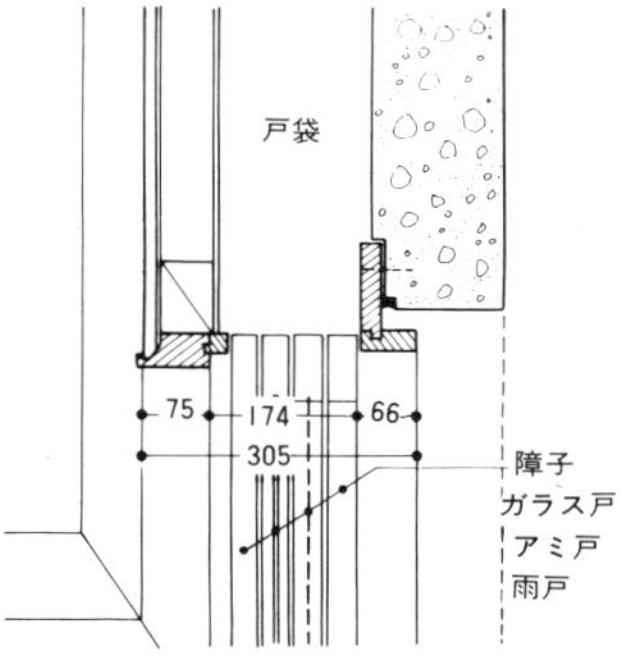

▲久保邸

RC造とブロック造と木造，鉄骨造が出合う外壁部分の納まりをいろいろとりあげている．

7●10 RC造+木製建具の標準解

混構造ではRCの箱に木造の軸組み、木製の建具ということが標準的になっているのだが、このケースはその開口部の標準解をねらったものである。私たちの事務所では夏の暑さや結露防止のためにRCの壁は必ず内側に断熱をするか、二重壁にする。これは二重壁にしているので、その中を雨戸の引き込みに利用しているもの。

また、RCの壁厚は木製建具の見込みに比べればはるかに大きいので、それを利用して木枠および建具は、できる限り内に追い込む。それによって、RCの壁の厚さが小庇的役割をして、建具に雨が直接当たることが少なくなる。

内側に木製建具を引っ込めてしまうと、建具の見付が見えにくくなってきて、木製建具としての表現が弱くなる。だから奥に引っ込めておきながら、逆に枠の四方が全部、RCの開口部に納まるようにして、枠を全部見せようとする。外部からハッキリ木製の枠と、もちろん木製の建具框が見える。それがこのRC造に木製建具を納める標準解として考えられ、その後、このバリエーションを私どもの事務所の標準詳細にしている。

もっとも、標準解をトレペに印刷し、ゼロックスしたりして使う…などという大手事務所や施工会社みたいなことの一番嫌いな私だから、私の事務所では誰も標準解といっていないのが問題。

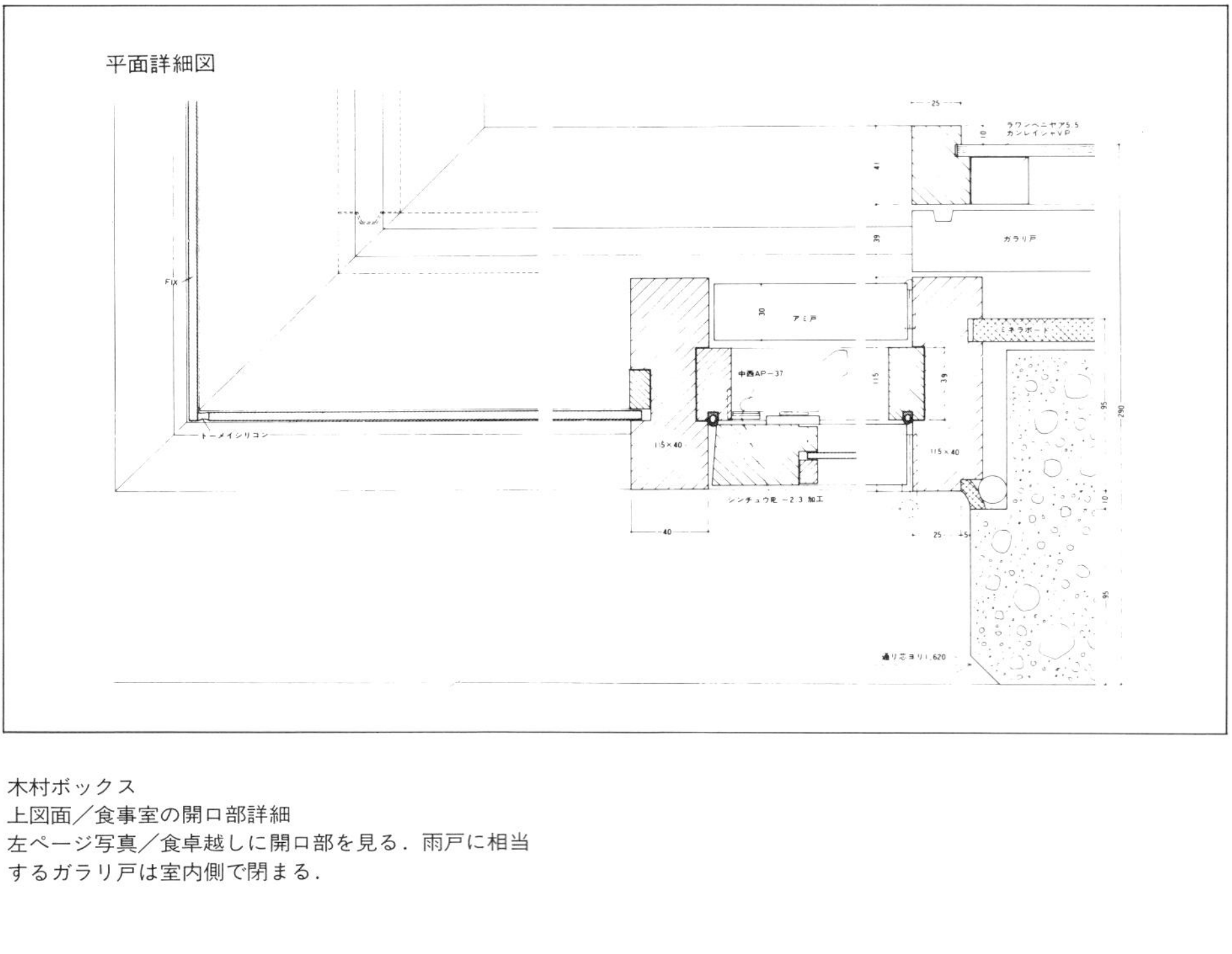

木村ボックス
上図面／食事室の開口部詳細
左ページ写真／食卓越しに開口部を見る．雨戸に相当するガラリ戸は室内側で閉まる．

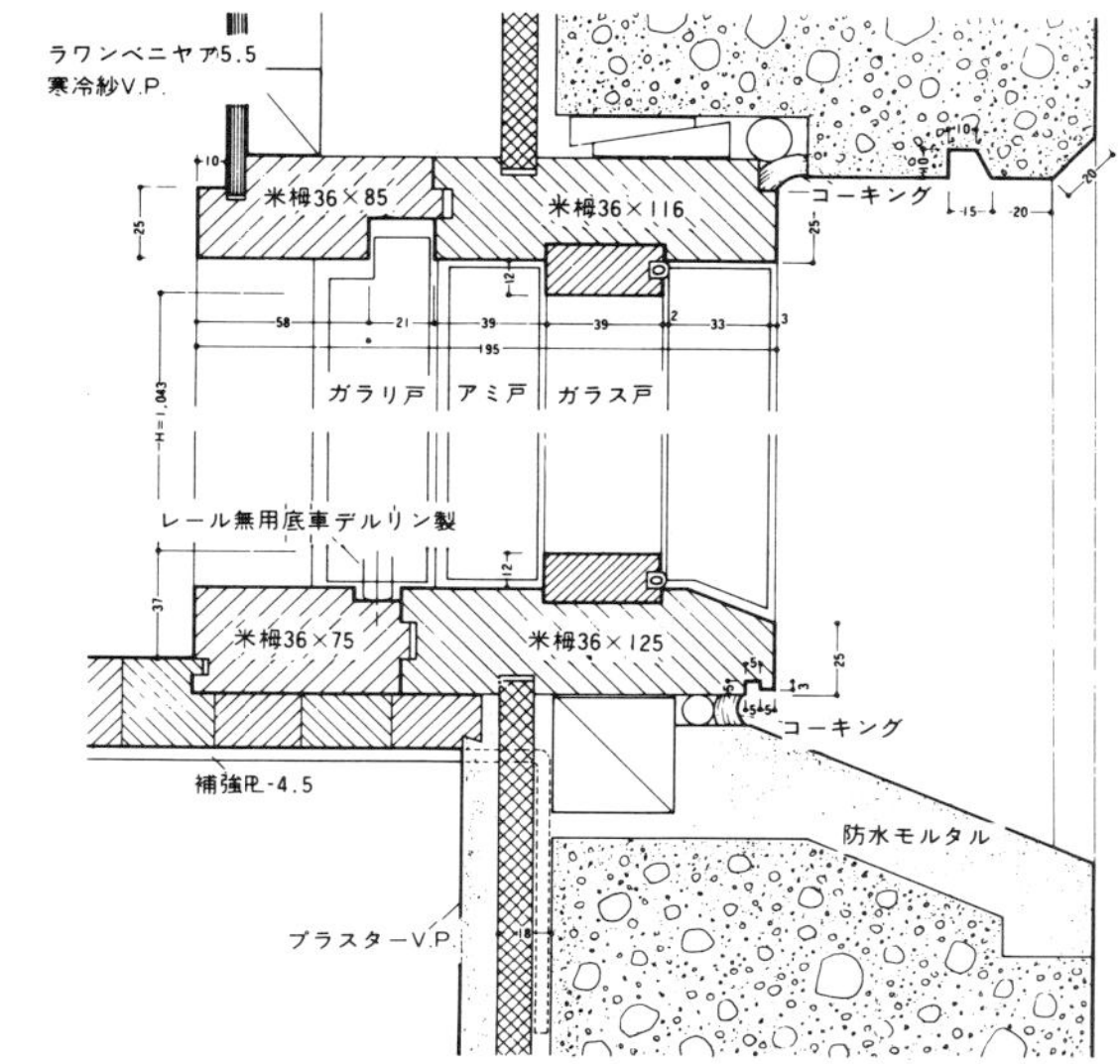
ラワンベニヤア5.5
寒冷紗V.P.
米栂36×85
米栂36×116
コーキング
ガラリ戸
アミ戸
ガラス戸
レール無用底車デルリン製
米栂36×75
米栂36×125
コーキング
補強PL-4.5
防水モルタル
プラスターV.P.

断面詳細図

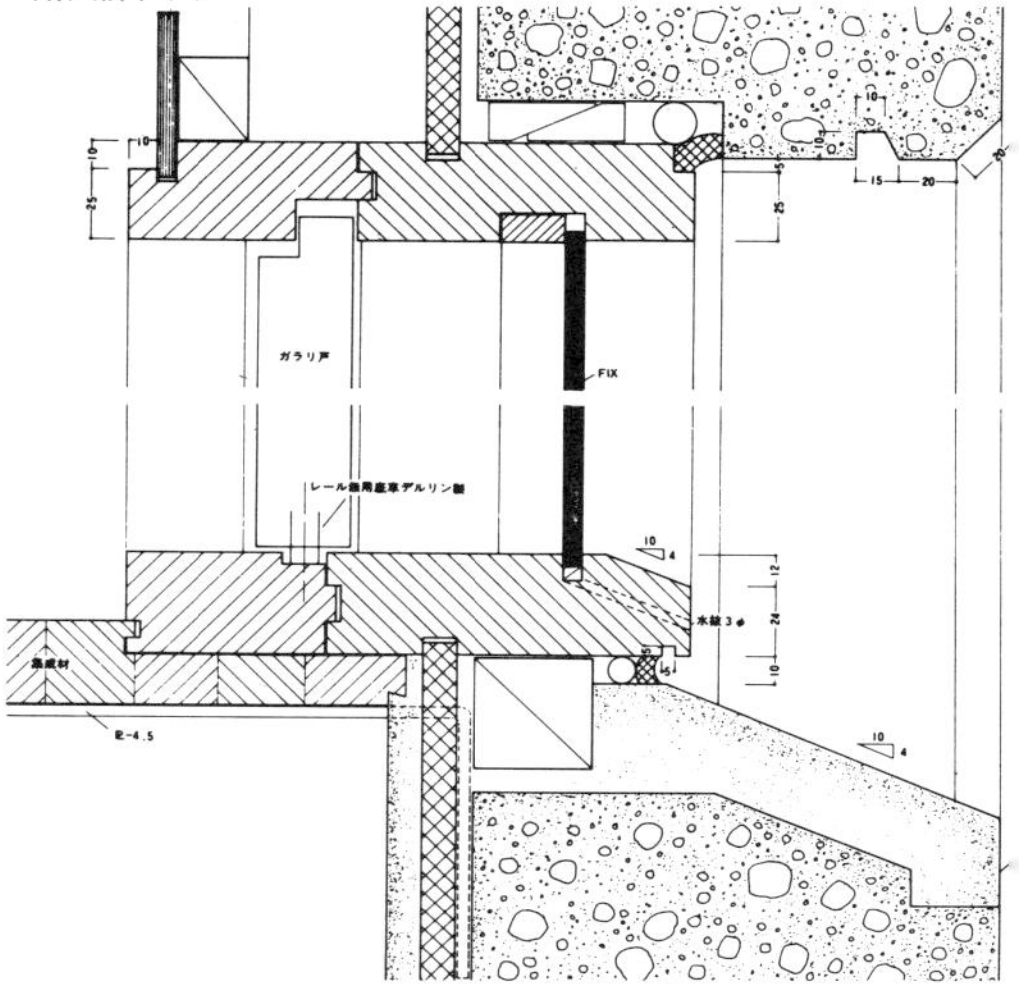
ガラリ戸
FIX
レール無用底車デルリン製

8●1 温冷風は見えない所から吹く

世界中の神話の中の天国または極楽の描写を拾いだしてみると、共通するのは「どこからともなく暖かい風が吹き、どこからともなく光がさし、どこからともなく音楽が流れ、美女や酒や肉が…」という部分である。

天国というものが人間の理想の空間をいっているのだとすれば、「どこからともなく」というキイワードは重要である。

確かに、住宅の空調は室内温度と湿度を単に何度に維持する…などという低次のものでよいはずはない。

それなのに、わが日本のような設備大好き国では、見たか見たかといわんばかりに機械を露出させ自慢したがる傾向があるようだ。

もともと住宅用のきめの細かいシステムや端末機器が無く、ビル用などのパッケージに木目印刷などして転用する…的な安易さが示すように、住宅用の暖冷房はまだまだ初期段階といってもよい。

その意味もあって、私達は機器を隠した建築化の方向を探すことになるのだ。

もっとも、視覚人間であるわたしのような人間にとって、目に見えないこうした空気のデザインはもっとも苦手なものの一つ。竣工した後で予定通りの性能が出なかったということが多発する部分でもあるので、工事後に手を加えられる方法を用意しておくことを考えられるとよいのだが。

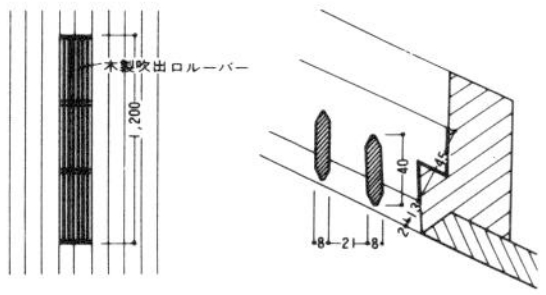

△居間天井空調吹出口詳細図

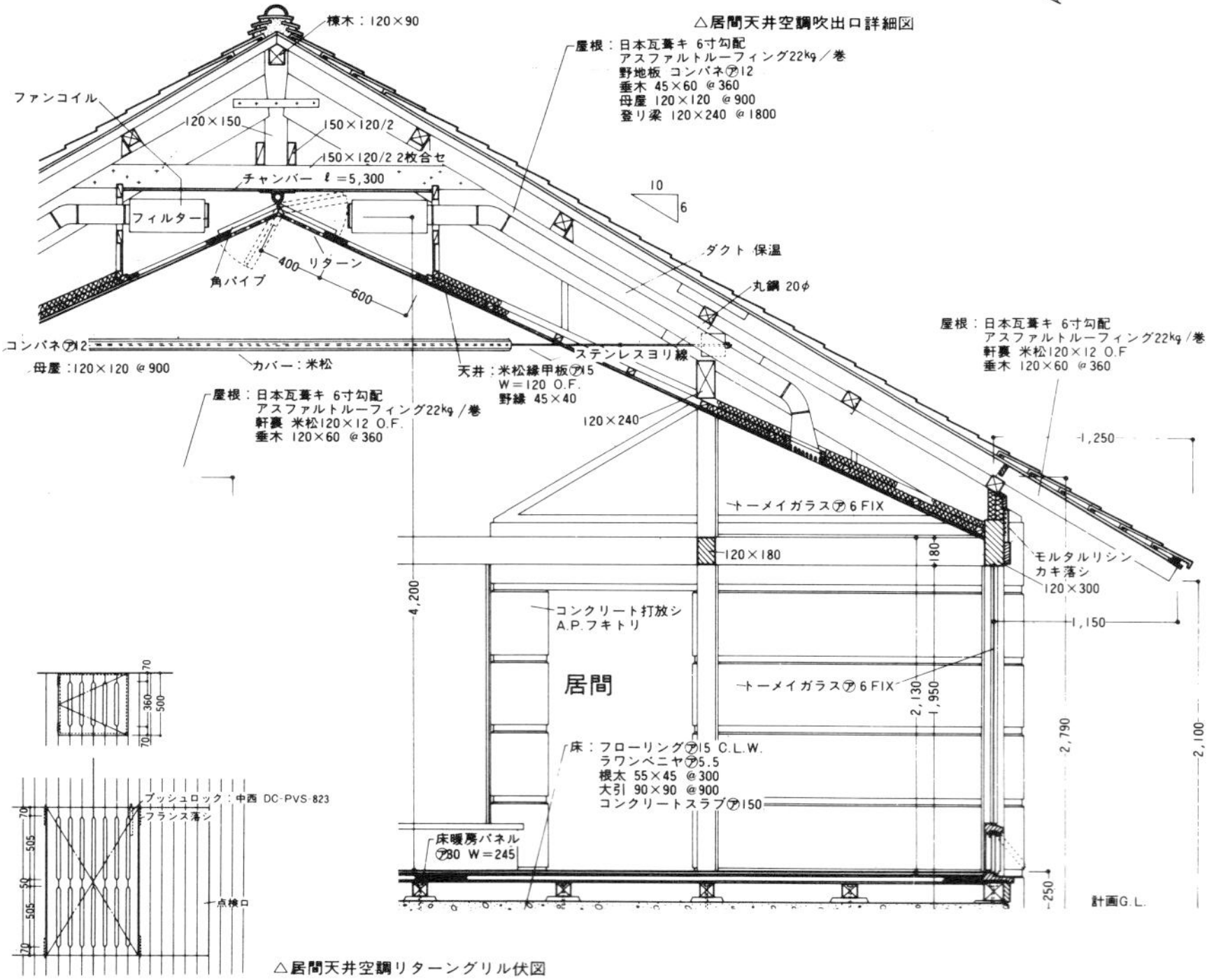

△居間天井空調リターングリル伏図

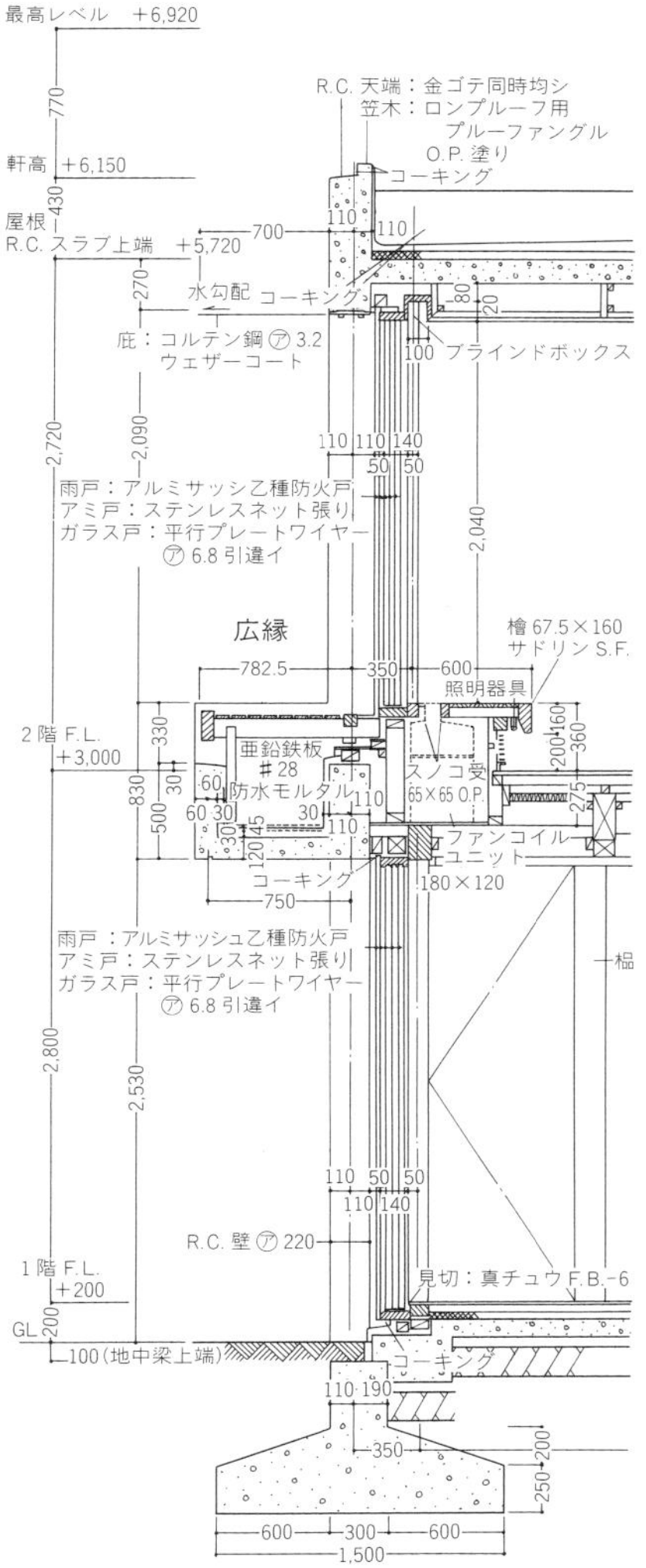

船橋ボックス
窓際のベンチ下にファンコイルユニットを納める．
足元で吸い込み，背中で吹き出す．

右ページ図および右写真／中山邸
天井ふところがあるのでこの中にファンコイルユニットを納めている．吹き出し口は特製の木製ルーバーで，とにかく機器の存在を目立たせない．

龍神邸
天井ふところにファンコイルユニットを納め，吹き出しはダクト引きで窓際にもってきている．吸い込みはとくにガラリを切らず，天井全体の目地スリットから点検用に天井全体が開いておりてくる．一方ソファの背後にはファンベクターがセットされていて，足元から温風が吹き出すように計画している．

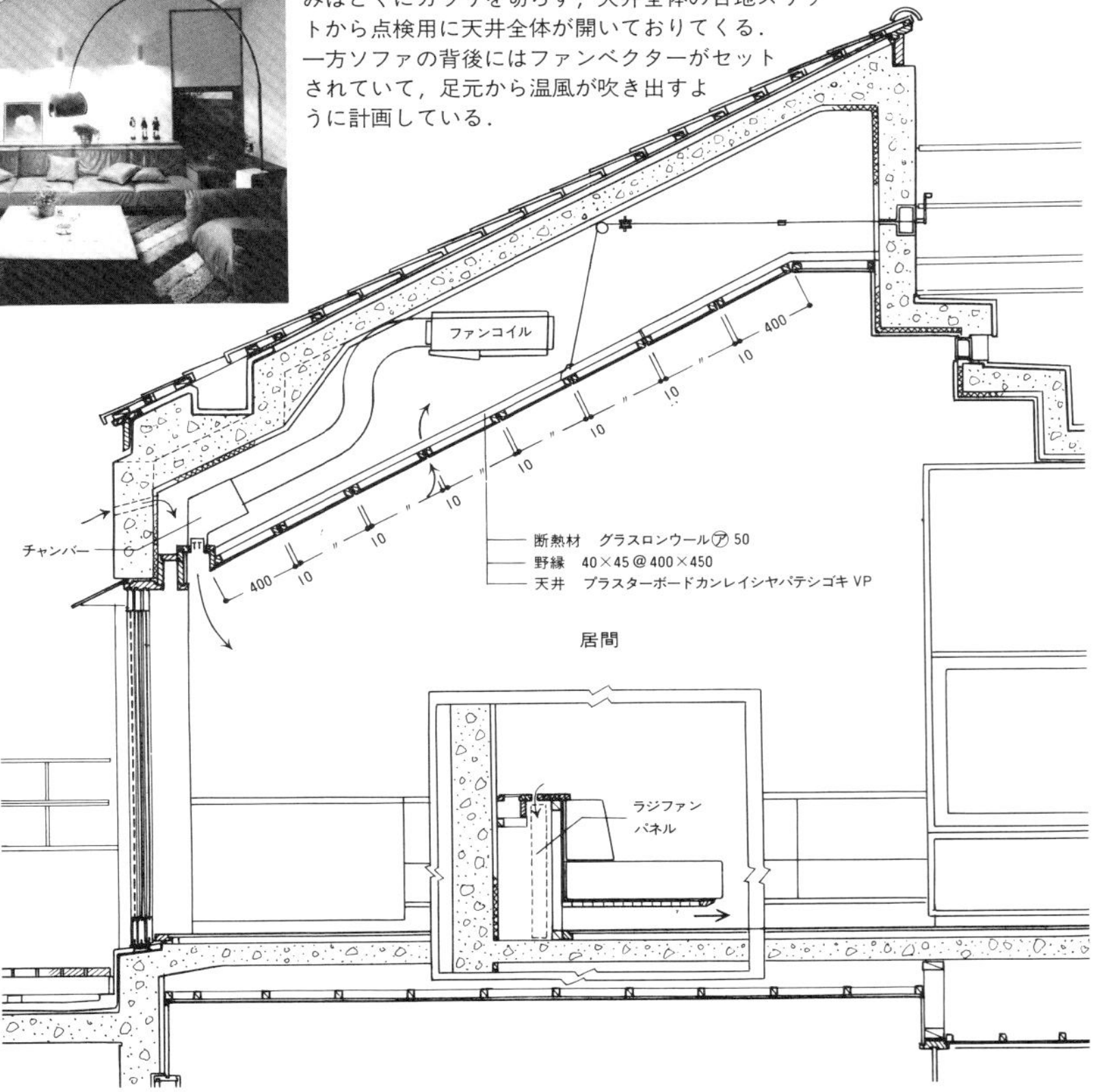

龍神邸
和室という部屋に既製の吹き出し，吸い込みガラリを取り付けるのには抵抗がある．
ここで考えた吹き出し口は，冷暖房時に方向を変えられる可変型である．

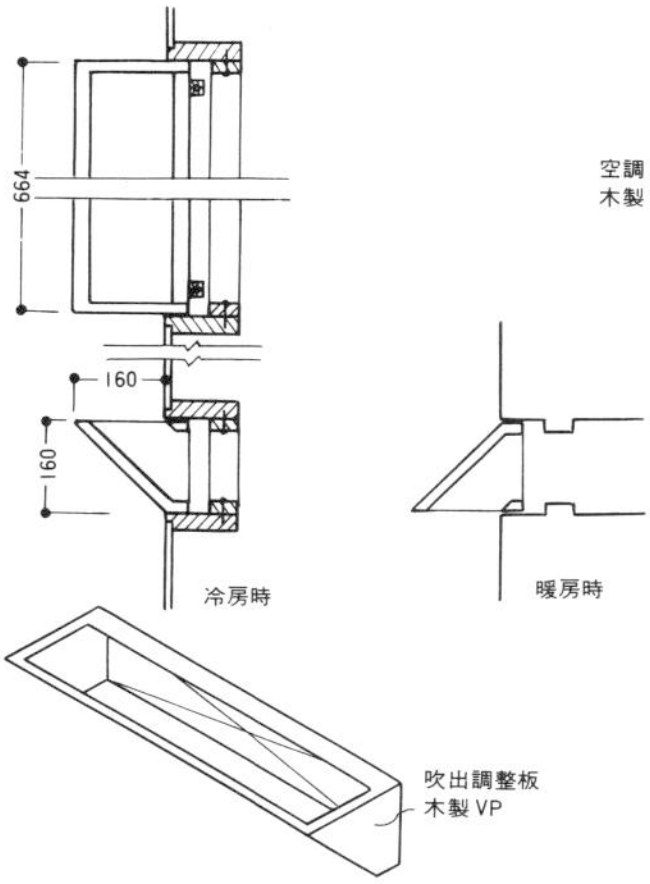

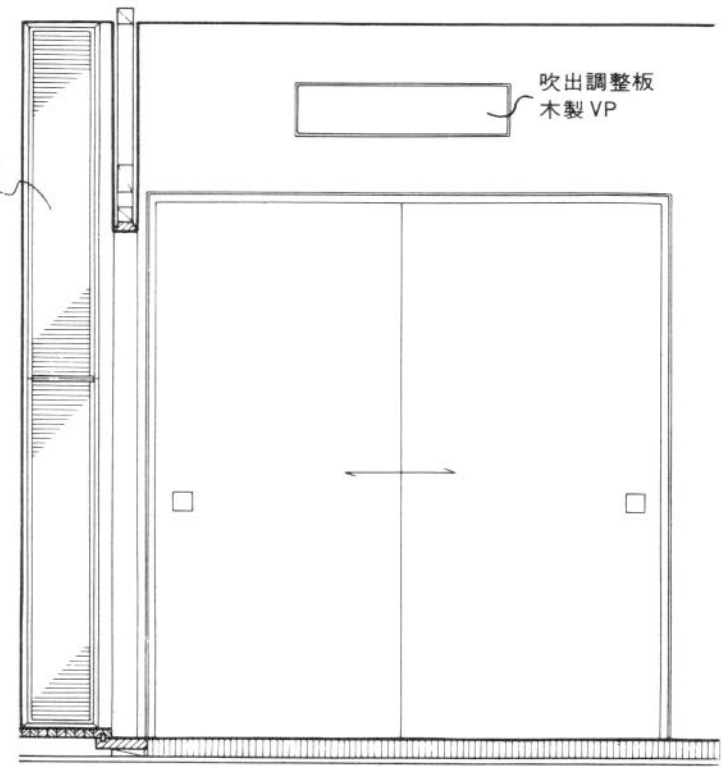

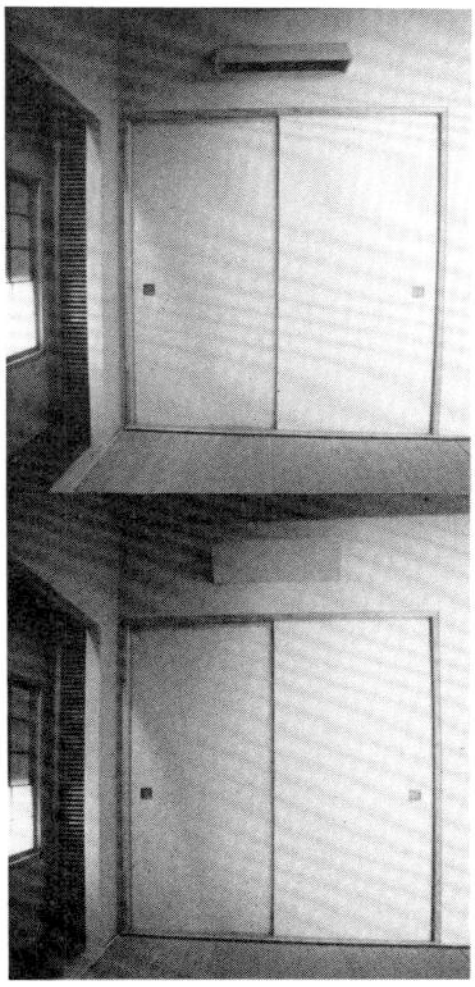

龍神邸
上図の吹き出し口をもつ和室の平面図と写真．ファンコイルユニットを押入れ上部に納め，吸い込みは押入脇のチャンバー経由で行っている．

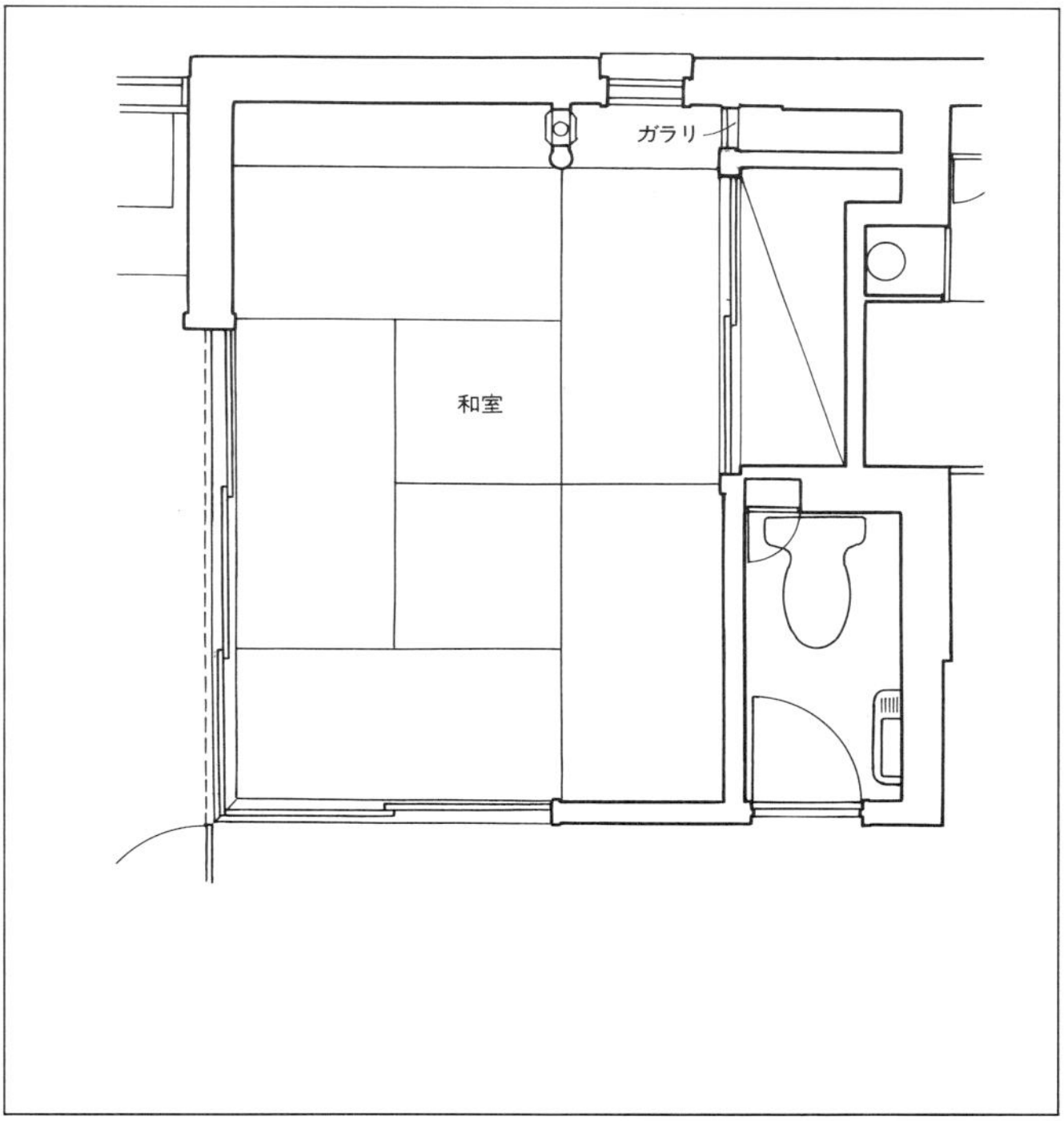

8●2 昼間は邪魔な照明器具

当然の話なのだが、照明は夜のものであって、昼間は必要のないもの。もし、昼間に照明が必要な部分があるとしたら、住宅としては設計ミスといってもよいくらいだ。だとすると、使っていない昼間の照明器具は、まさに昼行灯といってよいくらい不必要なものである。

しかし、わが日本では照明のデザインというものがあまりなく、照明器具のデザインだけが独走している。そして、明かりをどういうふうにデザインするかではなく、どんな形の照明器具がカッコいいかということだけに奔走している気配がある。

建築化照明は、照明器具を隠す手法である。理想としては、昼間はゼロであって、夜突然それが照明になるというのが望ましいのだが、なかなかそうはうまく行かない。次の手段としては、照明器具が前面にあまり出なくて、昼間はあまり見えないが、夜になるとキラリと見えてくるというのが望ましいような気がする。

私どもの事務所で多用している白い単純な茶筒型のスポット（ヤマギワ電気で宮脇スポットといえば出てくるはず）の照明器具は、単純で何の主張もなく、白い壁につけた場合、そこにあるにもかかわらず昼間はほとんど見えなくなってしまう。そういうことから、わが事務所創立以来、採用している照明器具である。単純で値段が安いから建築化照明が難しい場合や、コストがあまりない場合には、この宮脇スポットを多用することになる。

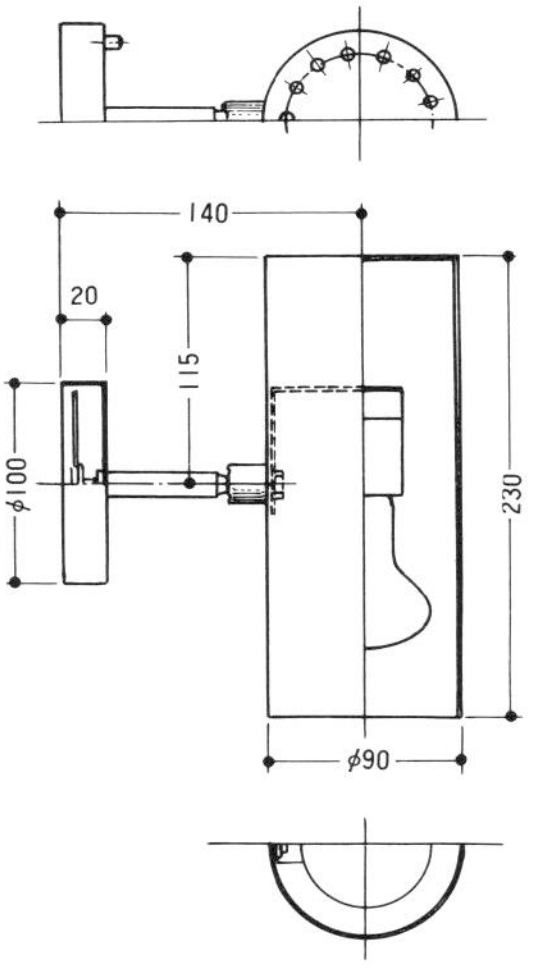

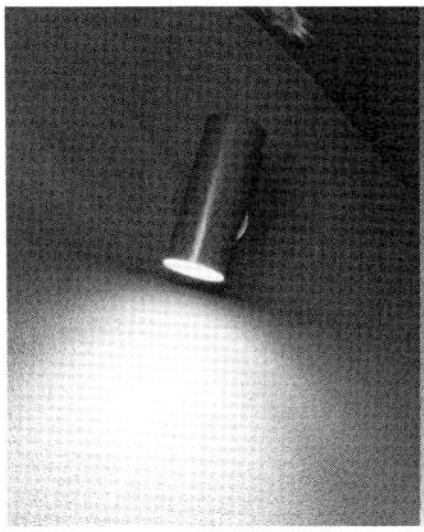

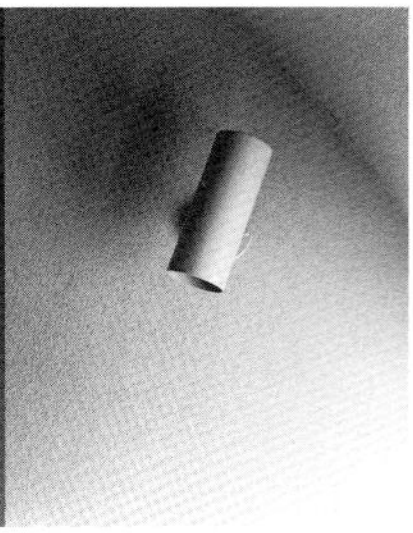

宮脇スポット
見かけはどうということもない単純な茶筒型のスポットライトなのだが，同じものがどのメーカーのカタログにもない.

上写真／龍神邸
左写真／和久井邸
左ページ写真／松川ボックス＃２

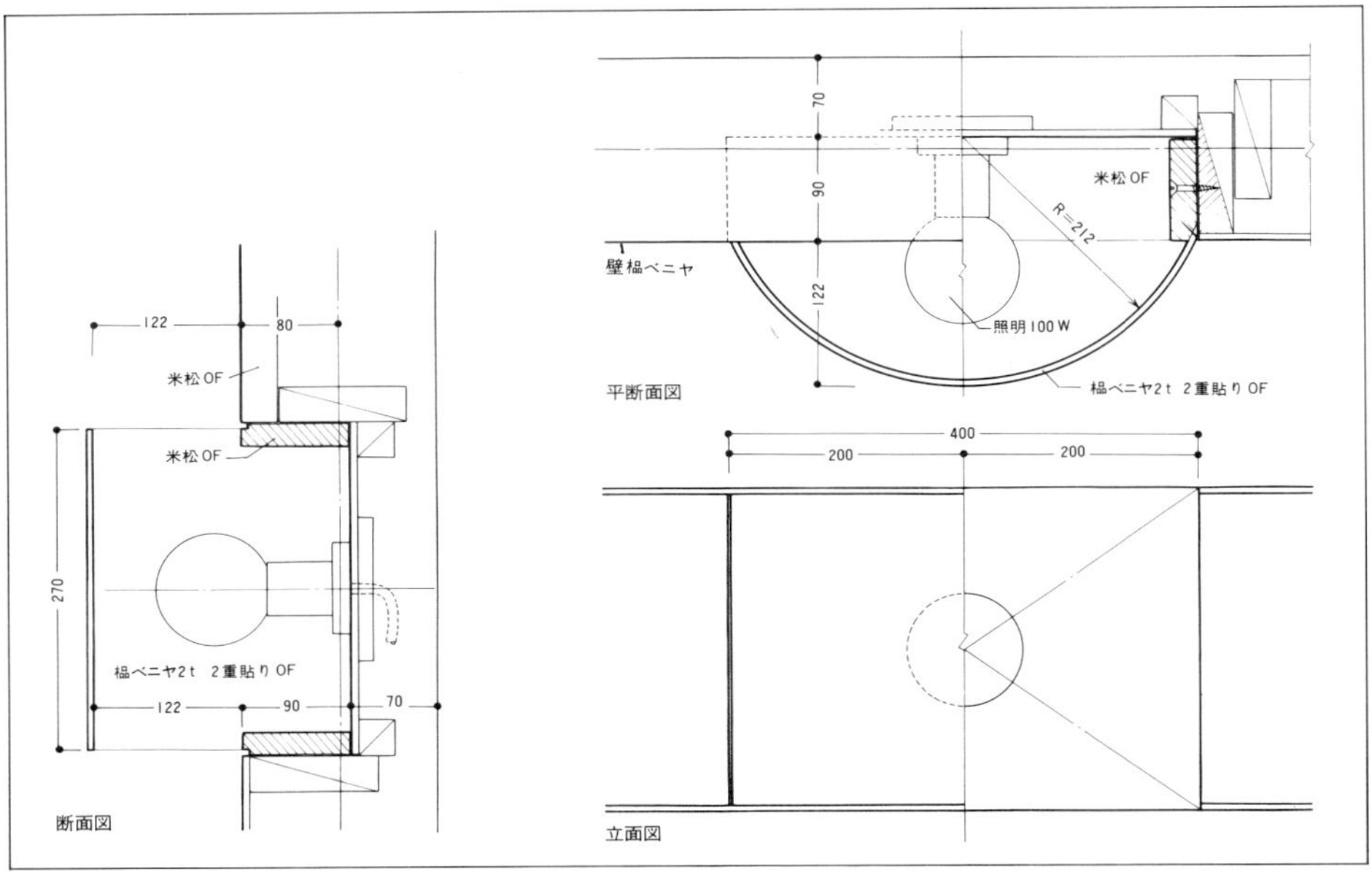

楢ベニヤ2t2重貼り OF

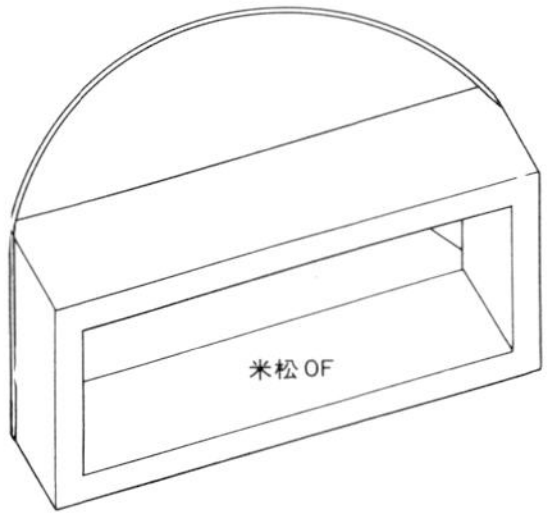

照明カバー姿図

星野邸
照明器具そのものは，どうということないあたりまえのものなのだが，壁仕上げのベニヤがふくれた感じで建築化照明に仕立てている．

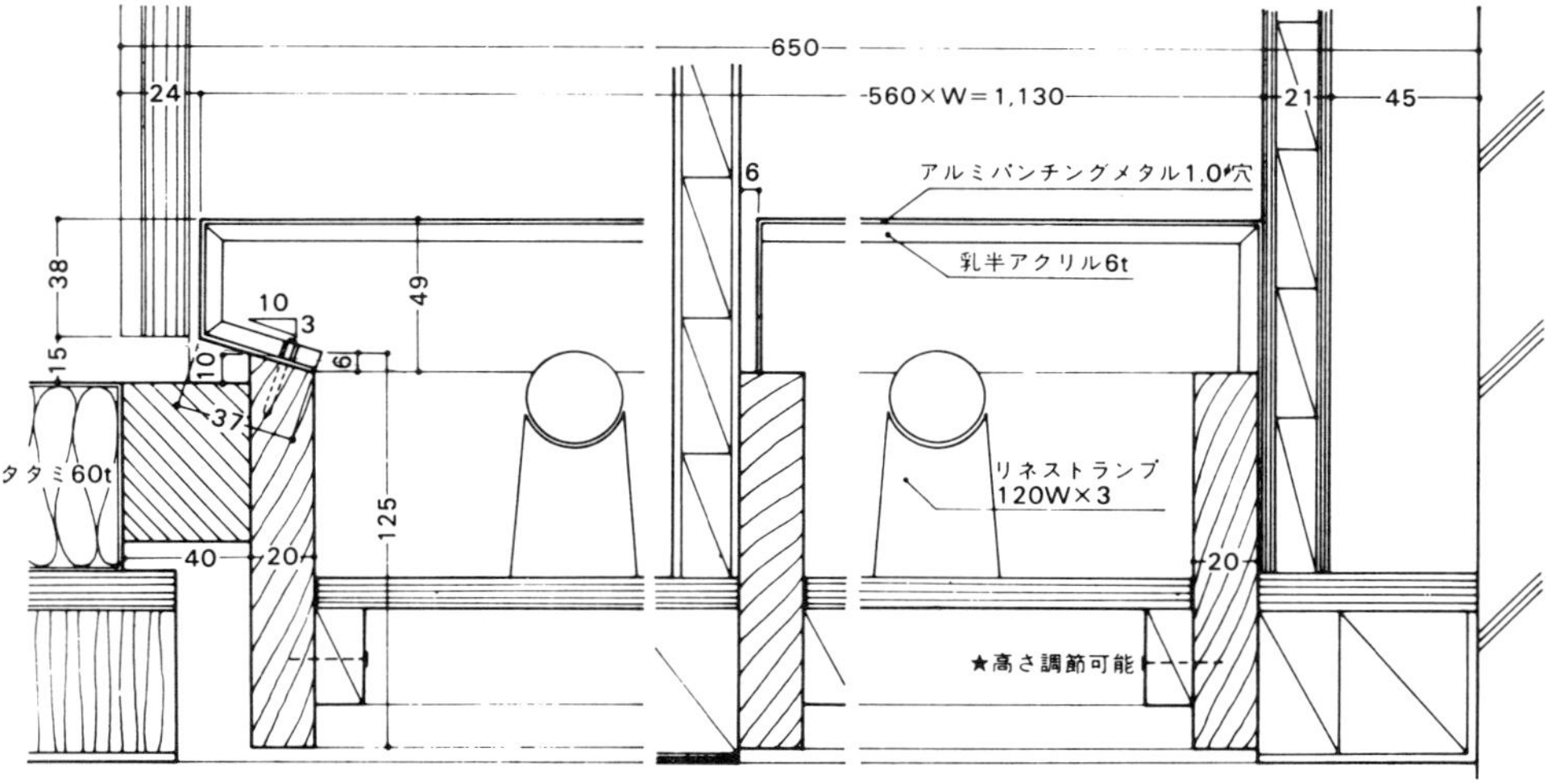

幡谷邸
床の間の照明である．床の間の照明というと判で押したように落し掛の裏側に蛍光灯を仕込むがあれほど雰囲気を壊す照明はない．ここではパンチングメタルとアクリル板の組合せで床板全体が光り，置物を浮きあがらせてくれると同時に床板が照明器具になる．

8●3 音は見るものにあらず

極楽では天使たちの奏でる音楽がどこからともなく降ってくる。暖かい空気や冷たい風と同じように、音もどこからともなく聞こえてくるのが本当。ところがこれも日本では、どういう機器を使っているかを見せつける様にやれ、マッキントッシュだの、なんとかだのと、機器を並べ立てるのがマニアである。

明かりがついたり消えたり、グラフィックに音量が見えたり見えなかったり、オープンリールが回っていたり、そういうものを目の前に並べ立てて、あたかも放送局のスタジオのようにするのが、オーディオマニアたちの夢であるらしい。だからオーディオメーカーの器具のデザインは、前面盤をいかに放送局のスタジオふうにつくることに専念しているのではないかとすら思われる。椅子に座って、壁面いっぱいの膨大な機器の電気がついたり消えたり、リールが回ったり、グラフが伸びたり縮んだりするのを見ながら、じっと音を聞いているなどという風景は、本当はおかしいのではないか。

住宅の中ではBGMふうに音を聞いている人がほとんどであるとするなら、音の操作の機器、またはスピーカーなどというものは、目に見えなくしてしまっていいのではないだろうか。建築に、増大するオーディオの要求があることは十分承知のうえで、私たちは今日もまた、オーディオの機器をどうやって隠すかというデザインに専念する。

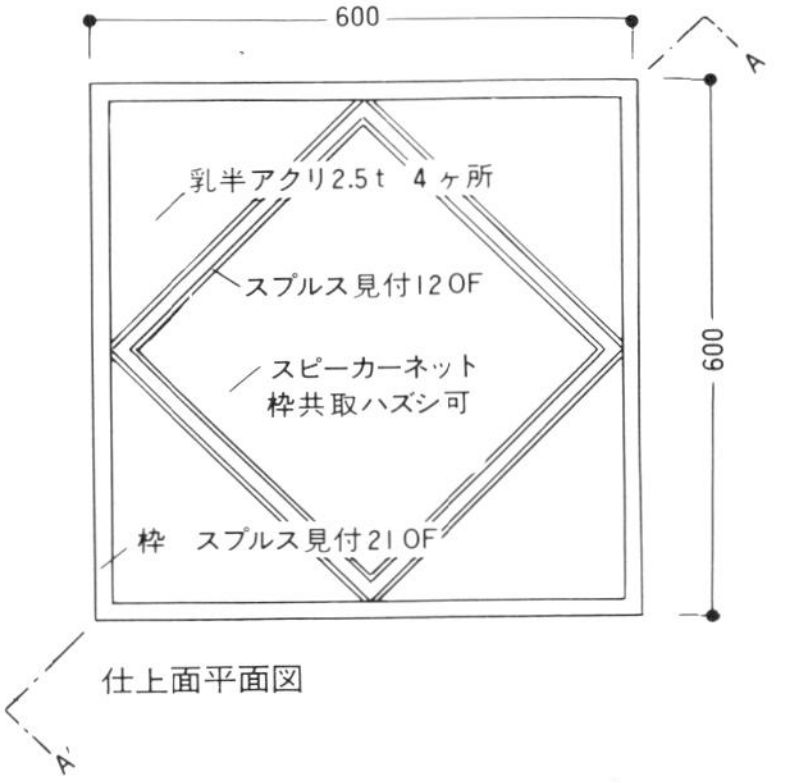

仕上面平面図

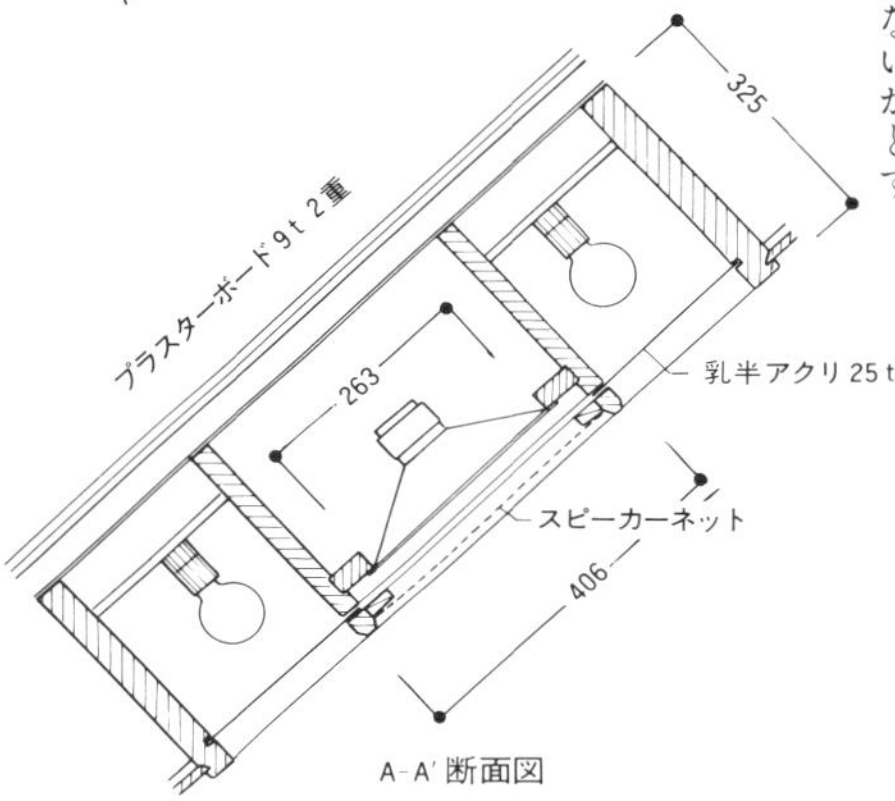

A-A′断面図

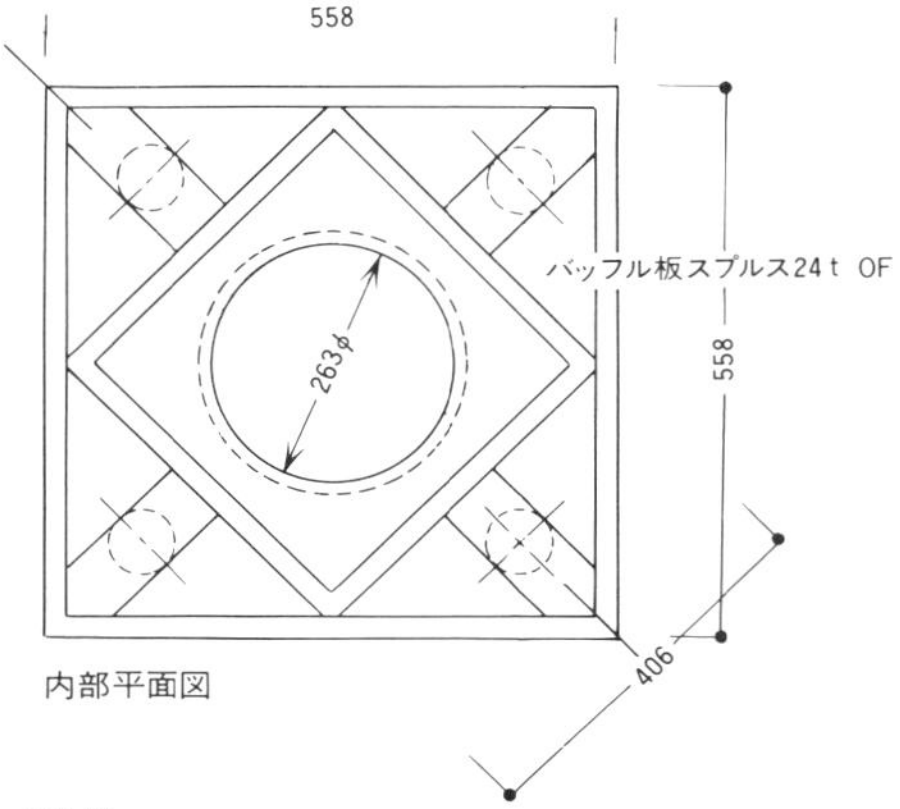

内部平面図

村井邸
スピーカーの隠し場所もいろいろ考えられるが，ここでは天井の照明器具と一体でデザインした．
BGM風に聞く音楽は真上から聞こえてきてもあまり問題はない．

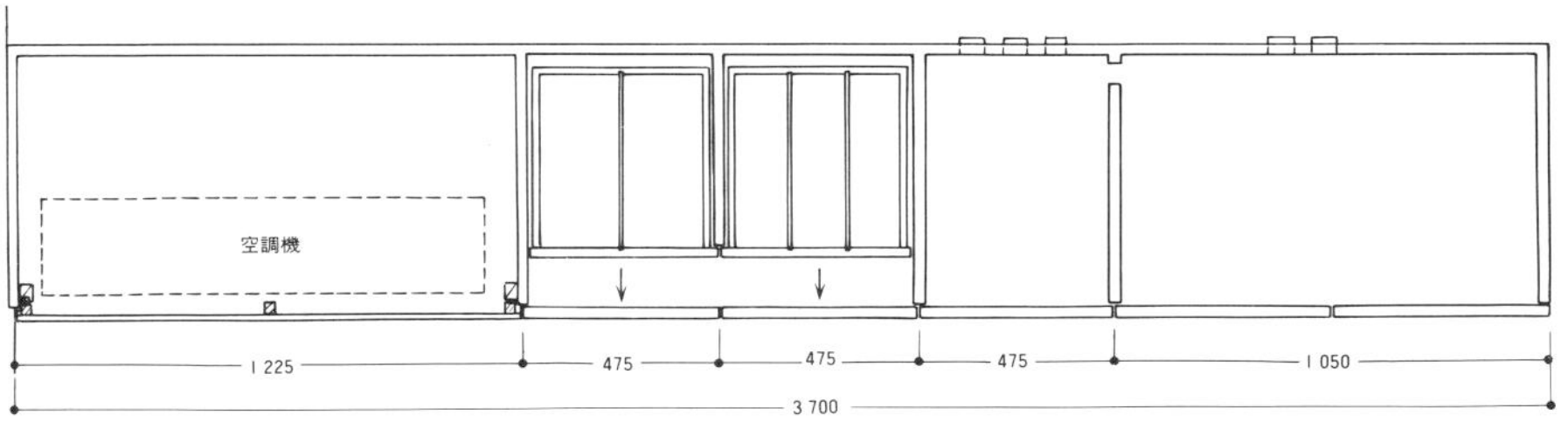

平断面図

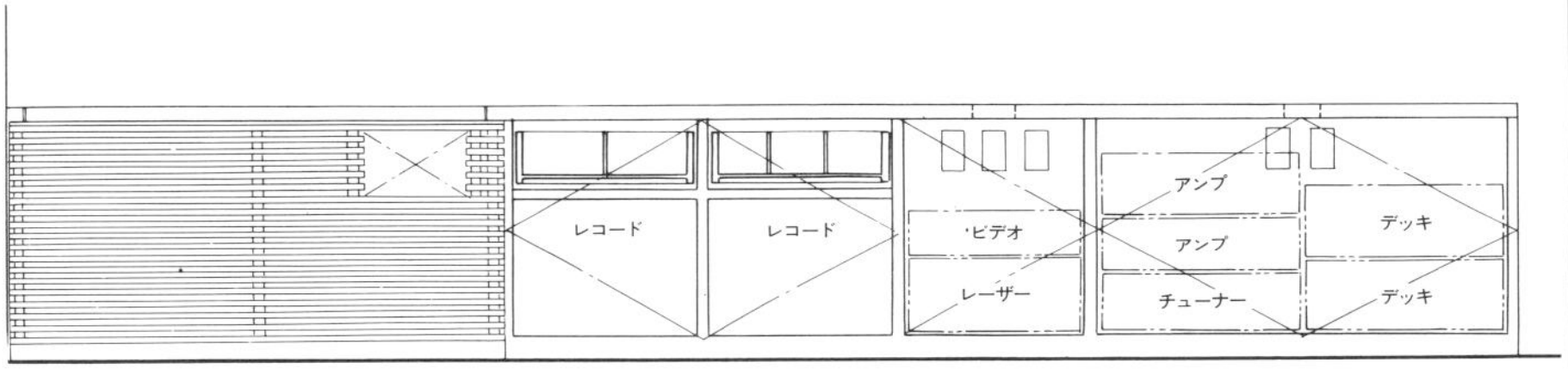

立面図

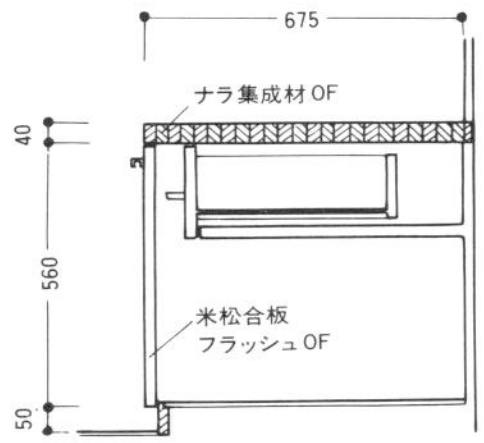

断面図

森井邸
かなりのオーディオマニアになると，揃えている機器の数・種類が多くなる．メーカーが出しているラックは機器を見せるためのものだから，私たちは扉付のラックをデザインしてその中に納めてもらうことにしている．

8●4 コンセントもスイッチも建築図に書き込む

建築の設計と設備の設計が別れてしまい、分業化した結果、設備図と建築図が別々に書かれるようになってしまった。どの部屋にどんな設備があるかということを、私たちは二種類の図面を引っくり返してみなければチェックできないのだが、これで本当によいのかどうか。住宅のような小さな規模の建築で、設備のコンセントやスイッチが、中に置かれる生活や家具と密接な関係を持つような場合には、電気の図面、配線の図面、コンセントの図面を建築図に書き込んでいないことのほうが、おかしいのではないか。

ドア裏にスイッチが来てしまって室内機器が使いにくい、家具の裏にコンセントが行ってしまって使えない、高さが違って使いにくい、アースが必要な器具を置かなければならないのにアースがついていない等々の初歩的なミスは、建築図の中のコンセントやスイッチを書き込んでいなかったことからほとんど来る。だから住宅の設計者は、電気も、簡単な空調も、水道もガスも、すべて自分で設計し、それぞれの機器の約束に従って、それぞれの端末や機器を建築図の中に書き込めるようでなければならない。建築化照明された室内にコンセントからスイッチを書き込み、その上に機器等を書き込むことによって、光の広がりや音の広がりまでデザインの中で読み取れるようになれば、住宅設計者としては一人前なのだが。

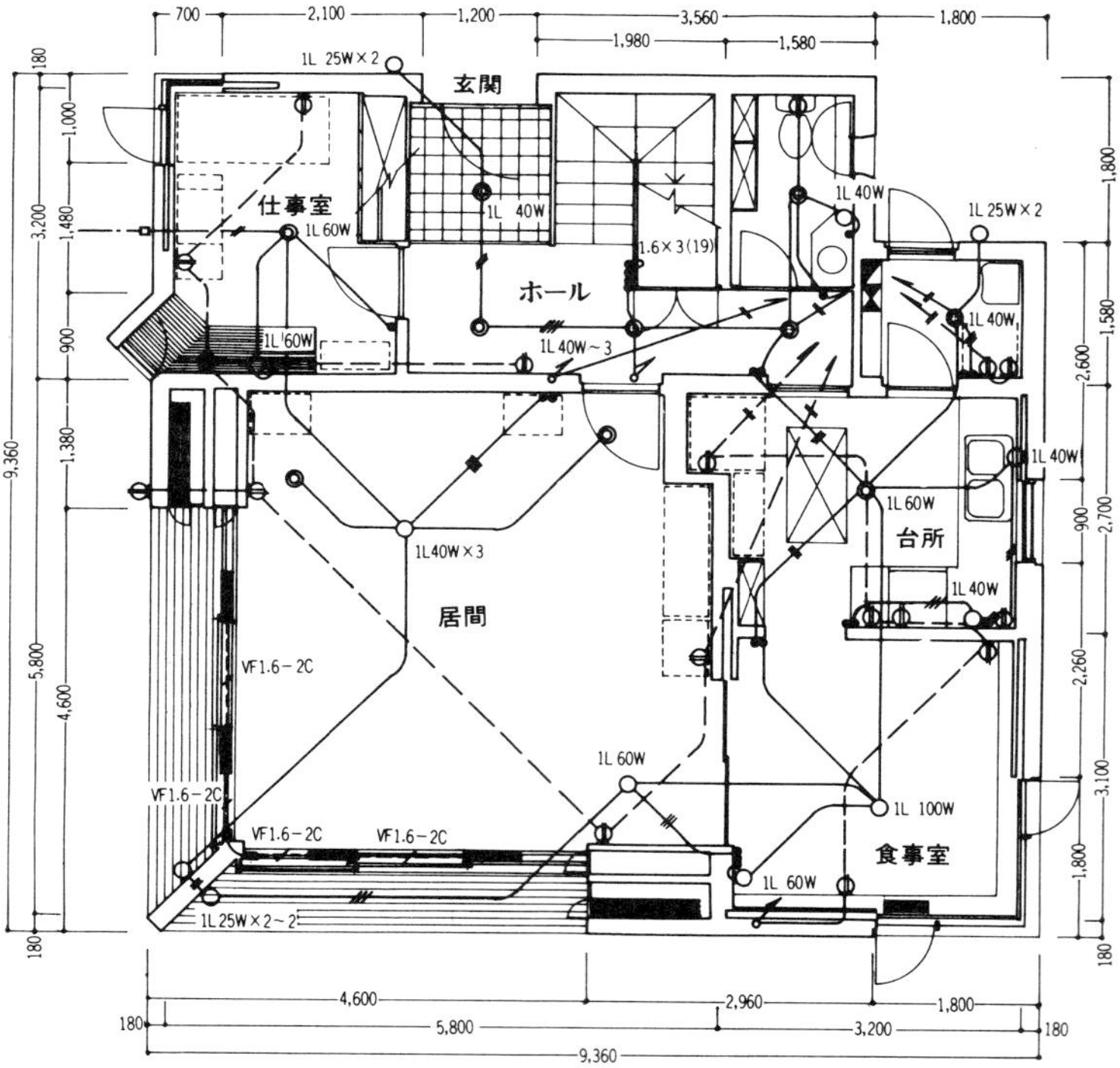

木村ボックス／電気設備図面にはコンセントや照明器具の位置が書き込んであるが正確な位置は全く読みとれない.

木村ボックス
設備の施工図として展開図にスイッチやコンセントの位置を書き込んだものが提出されてくるが，それは平面図から単に写し替えた程度と思ってよく，これをたよりにしてはならない．
コードの取出口，コンセントの高さ，照明器具のテーブルからの高さ等々すべて生かすか殺すかの決め手．

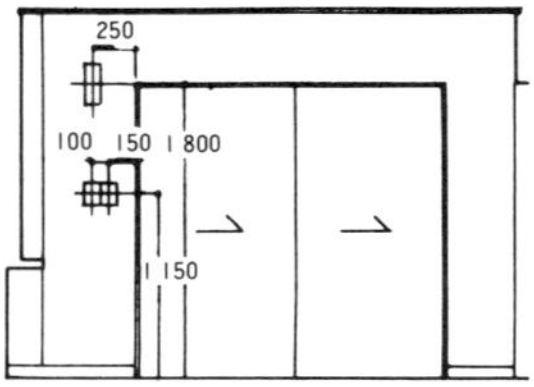

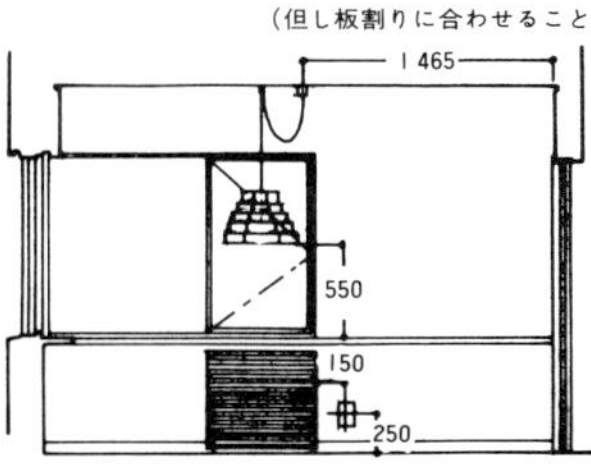

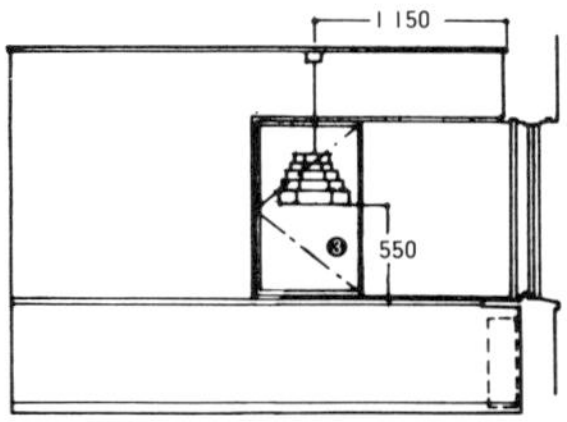

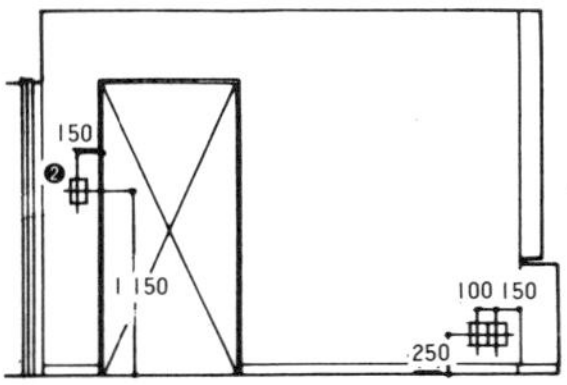

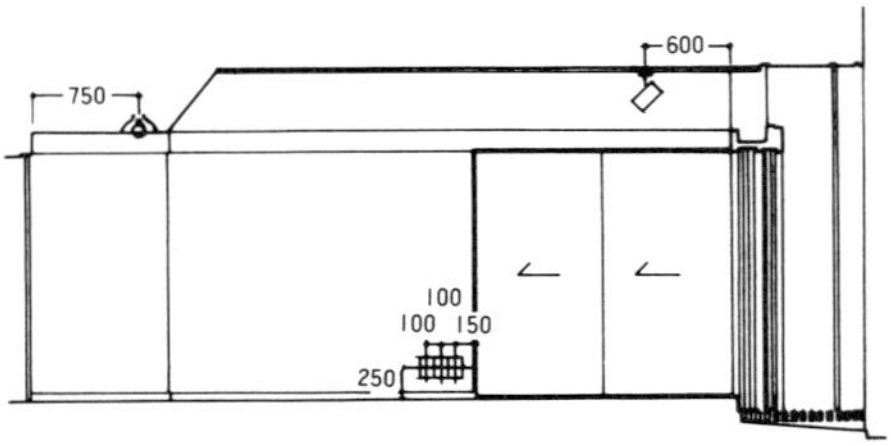

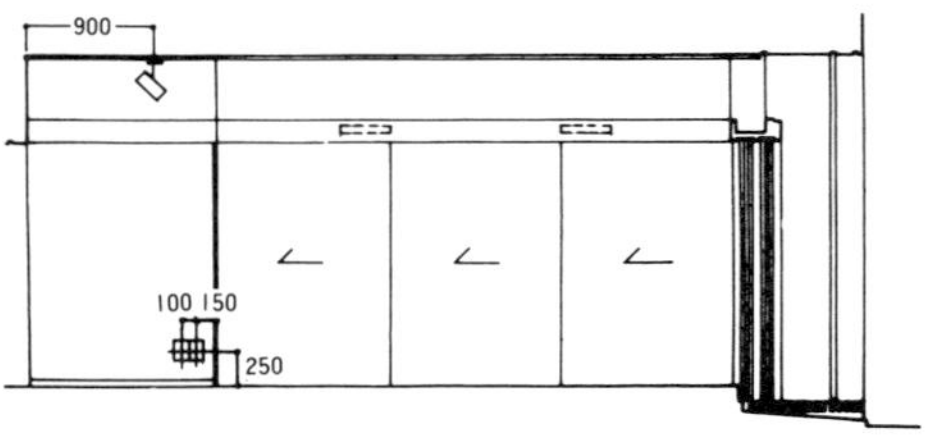

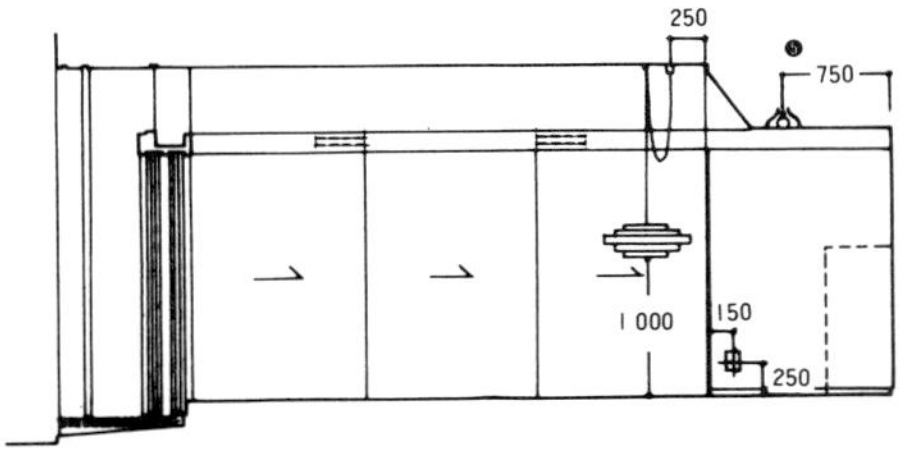

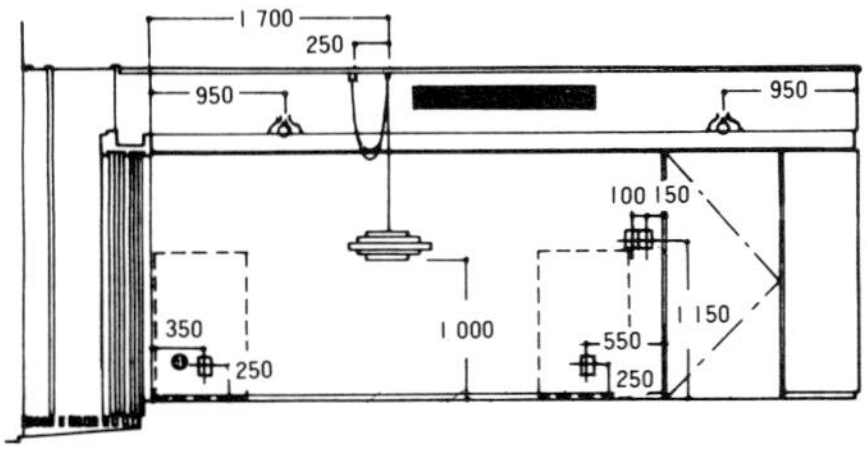

8●5 吹抜けとパネルヒーティングは対概念

吹抜けという手法が、限られた箱状の家の中で空間を拡大したり、上下を連続させたり、光を落としたりというさまざまな楽しい効果を持っていることは、だれもが知っている。だから、私たちも吹抜けをかなり多用するくせを持っている。

しかし吹抜けには、そのメリットと反比例するデメリットが当然ある。通常、最も多いのはヒートロスである。空気を暖めるという最もポピュラーな暖房のシステムでいえば、暖められた空気は当然上へ逃げていってしまい、一階が寒く二階が暑いという結果になるのは当たり前である。

暖まって上へ逃げてしまった空気をダクトとファンによって強制的に下へ持ってくるという、奥村さんふうの還流方式もないわけではないが、これもかなり難しい。空気という目に見えないものであるので、適切な場所から適切な量だけ下に取り返してくるのは、かなり経験を積まないと難しい。

だから私たちが設計する住宅では、吹抜けをする場合には、必ず輻射暖房である床暖房をセットでつけるようにしている。逆にいえば、床暖房ができないようなコストの場合に吹抜けはしないというのが原則である。つまり吹抜けとパネルヒーティングは常に対概念として考えていこうというわけだ。

上写真／松川ボックス＃１／パネルヒーティングを施した床の仕上げは，できるだけ熱伝導性のよい材料が効率よい．だからといっていつもいつも石やタイル貼の床上げというわけにもいかないから難しい．

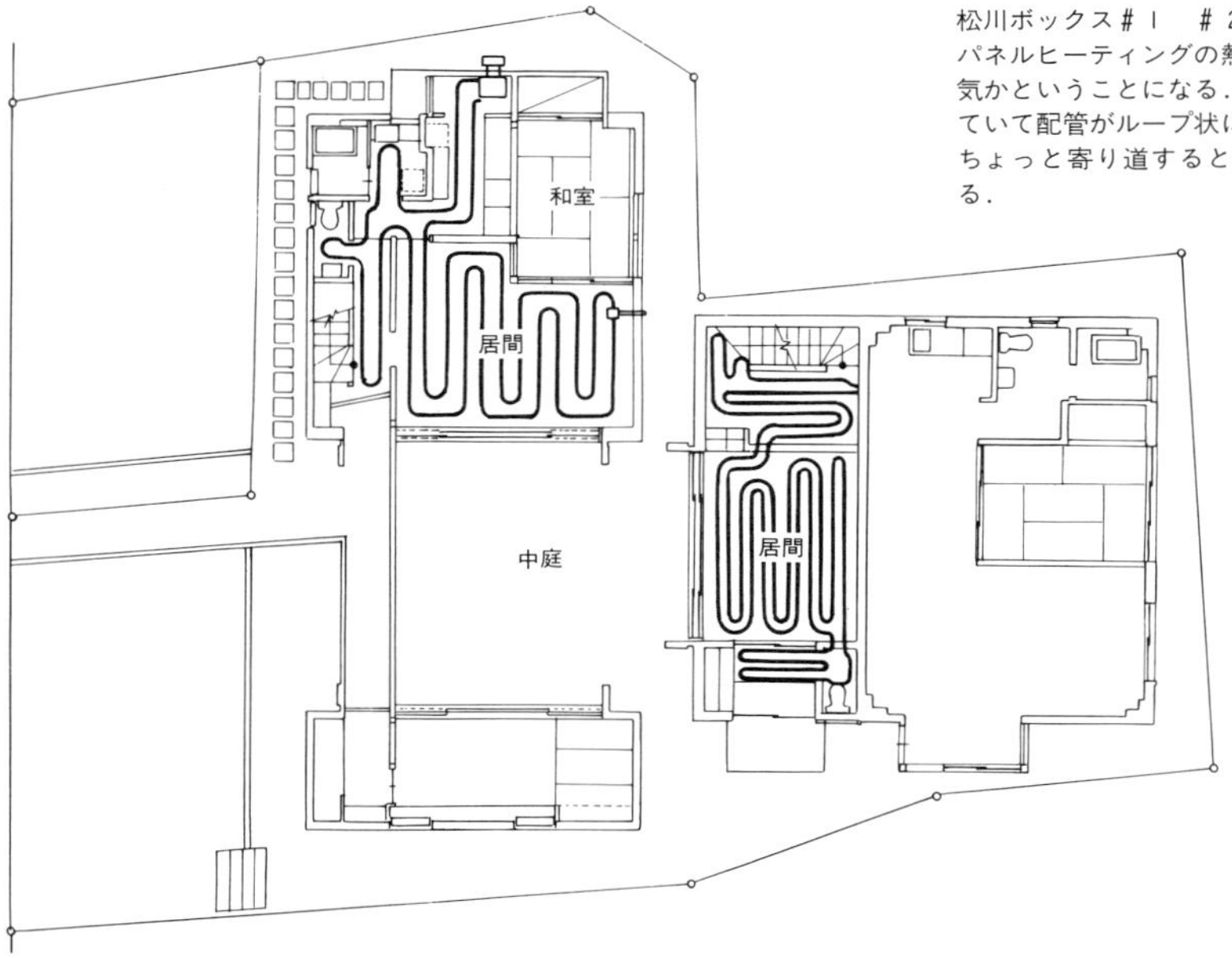

松川ボックス＃1　＃2
パネルヒーティングの熱源は温水か電熱か熱気かということになる．ここでは温水を使っていて配管がループ状になる．そこで便所にちょっと寄り道するということが可能になる．

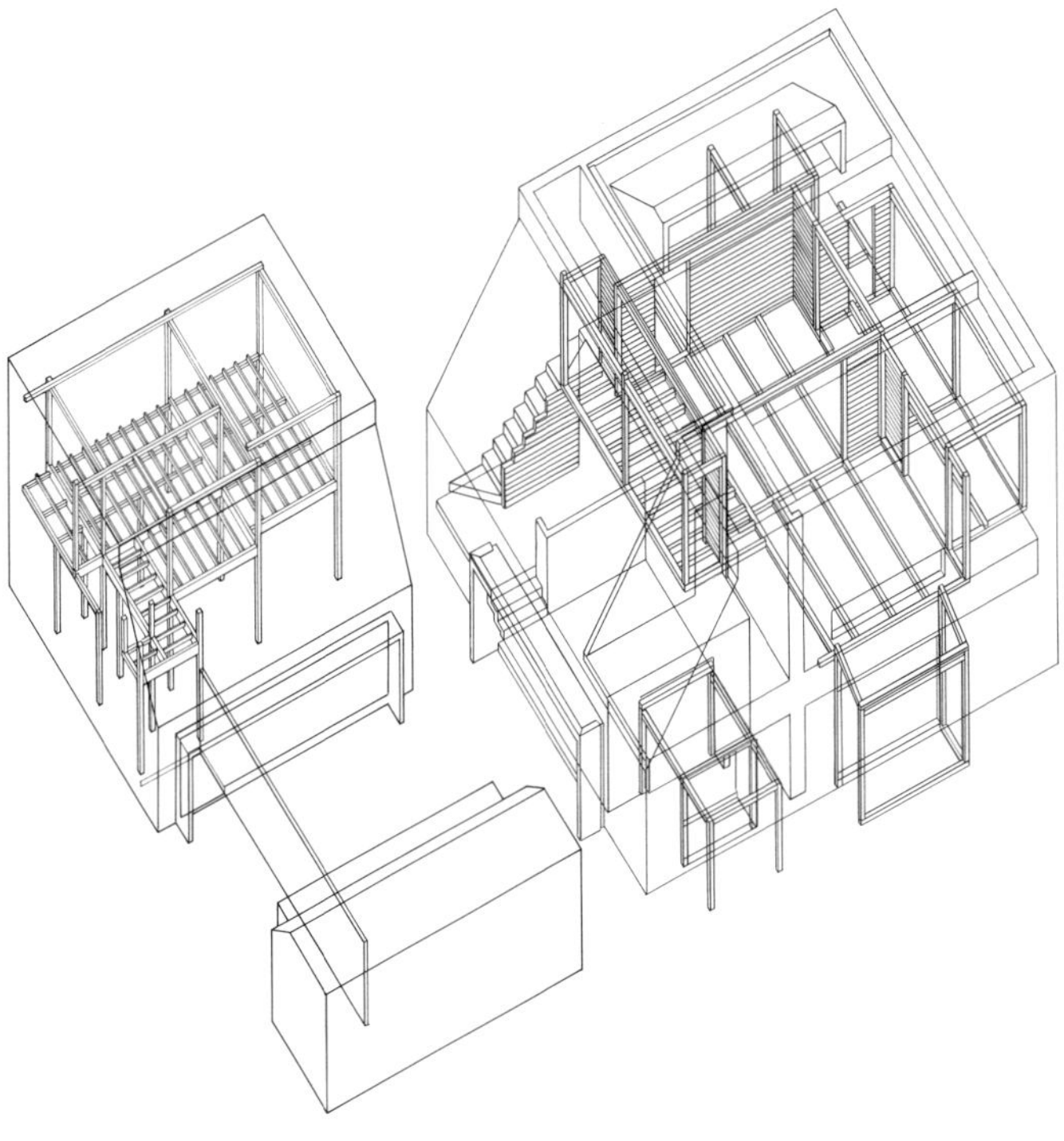

8●6 暖房を人の居場所に重点配置

山本夏彦氏が、ホテルのいやらしさを、どこへ行っても同じ温度——と言い切った文章を覚えている。昔の日本の住宅は、おこたという最も暖かい場所と、暖房がゼロの寒い便所という組合わせで、私たちは冬など寒い廊下と便所で震え、暖かいこたつに走り帰るめりはりがあった。

住宅建築の場合に、必ずしもあらゆる部分が均質に暖かくなっている必要はないのではないかという発想は、こんな昔の住宅の記憶からくる。特に床暖房のように、施工面積によってコストが決定してしまう暖房の場合、全面くまなく暖房しないで、人がよく居る、滞留時間の長い場所だけに重点的に配置をすることが、考えられてもいいのではないかというのである。

居間のソファの前、台所の流しの前の床、食卓の下周辺、ラウンジピット等だけを床暖房し、あとは補助的な空気暖房を併設するという方法で、かなり設備費やランニングコストを減らすことができる。台所の流しの前の床暖房などは主婦たちからは泣かんばかりに喜ばれたし、ダイニングテーブル下の床暖房は皆がなかなか帰ってくれないで困るという嬉しいクレームがあった。つまり成功であったのだ。

上写真／森井邸／台所の流しの前食卓の下とソファ前に重点配置したパネルヒーティング．こういった場合部分的に暖房効率を考え床仕上げとすること．

上写真／横尾ボックス／人の集まるラウンジピットの床だけにパネルヒーティングを設置している．
床が下がっているので，こたつほどではないが，暖かい場所のかたまりができる．

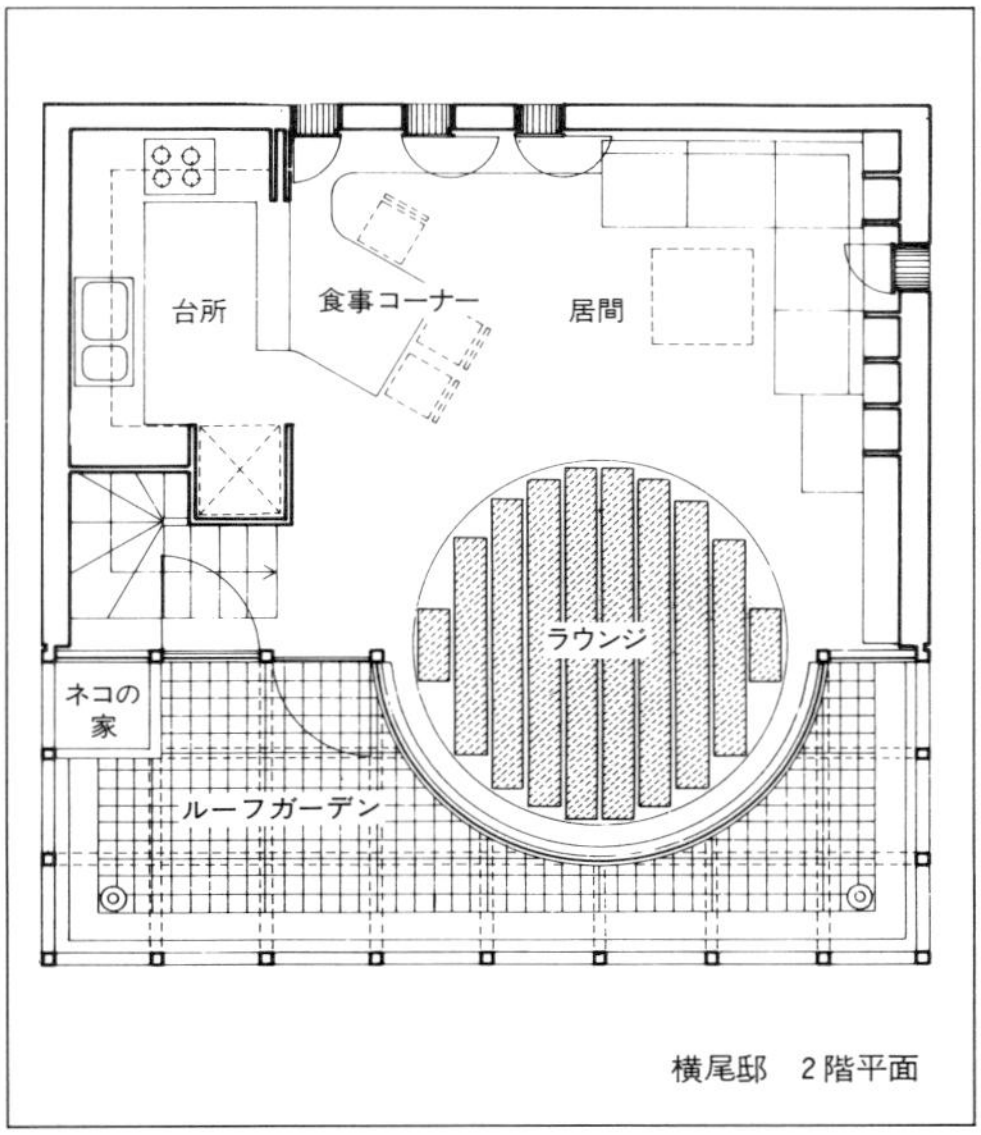

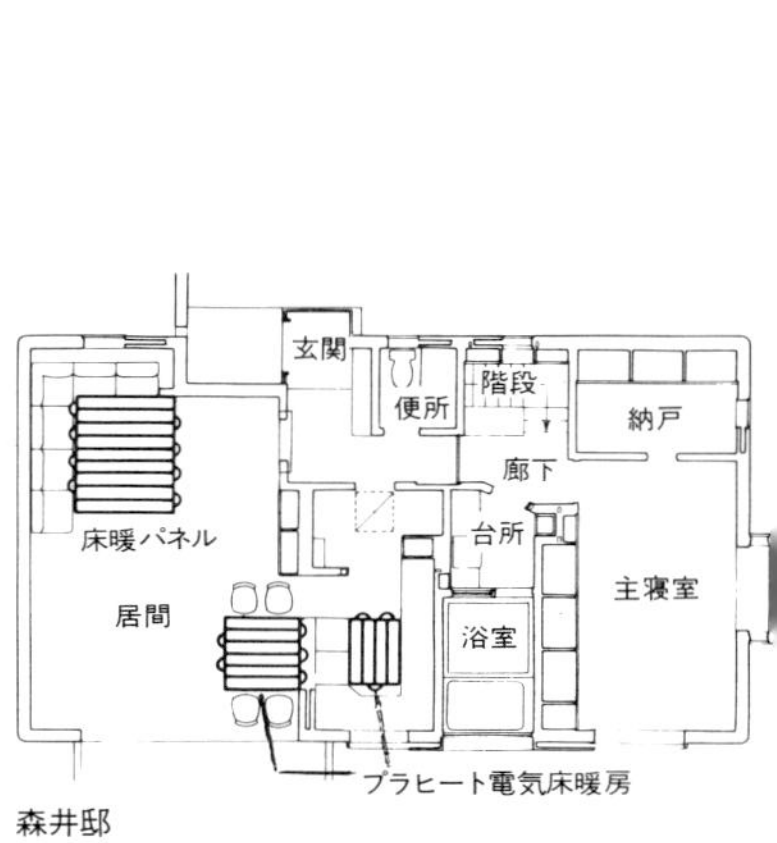

8●7 キッチンはいつもマイナスサイド

主婦たちは、台所のにおいが家の中にこもるのを極度にいやがる。「油汚れが……」といういいかたもあるし、「臭いが……」という人もいる。

油汚れに関しては、そんなに遠くまで飛びはしないのだし、臭いに関していうと、自分の好きなものを焼いたり煮たりしている臭いなのだから、それが部屋の中に満ちてどこが悪いのだろうと、私などはつい考えてしまうのだが、食事という私的な部分が、たとえば臭いというかたちで公的な部分にこぼれてしまうことを、主婦たちはいやがっているらしい。もちろん、その気持ちがわからないわけではないので、いろいろな処置を考慮することになる。

いちばん簡単には、調理によって発生するにおい、油、蒸気等のガス類は、暖められて上方に行ってしまうわけだから、昔の民家がそうであったように、台所部分の天井を高くし、他の部分の天井を低くしておけば、空気は自動的にリビング、ダイニング側からキッチン側へ流れてくる。そして、上のほうに排気を持っていれば、キッチンはいつもマイナスサイド（気圧的に周囲より低くなること）で、そのキッチンのにおいはリビングのほうに流れることはない。

セクションでそれが不可能ならば、もっと簡単な方法は、台所と公室側の出入り口の上部に小壁をつくり、その壁の範囲内で上昇した空気をため、そこからファンで外へ吸い出してしまうという方法である。どこの家でも可能な話である。

また、調理時に発生するガス、におい等をレンジファンはいつもそうしたものを吸いきってはくれない。かなり大きく作ってもレンジフードでは必ずこぼれるし、調理が終わったあとの残りのにおいというのもあるわけだから、台所は強制換気用の強いレンジファンと、部屋全体の換気（可能ならば自然換気を併用したもの）用の排気口と、二種類が最小限いるだろう。

出来るならば台所の上を吹抜けにし、小壁を出入口に用意し、その上で換気扇を完備するという三段構えを用意すれば良いということなのだが、そこまでする必要があるか。

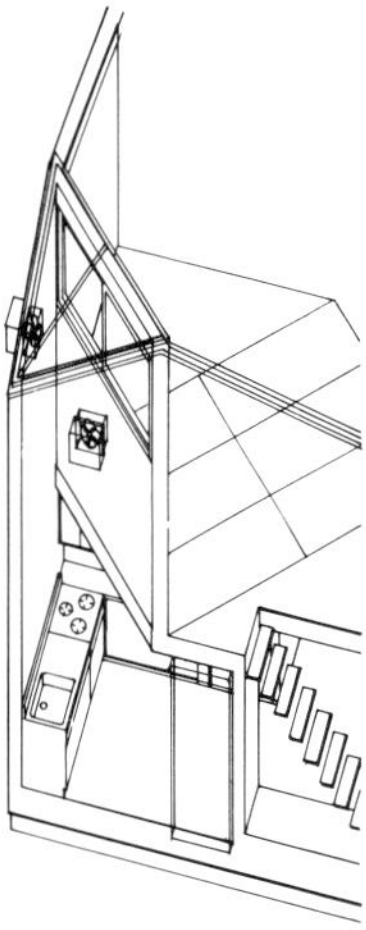

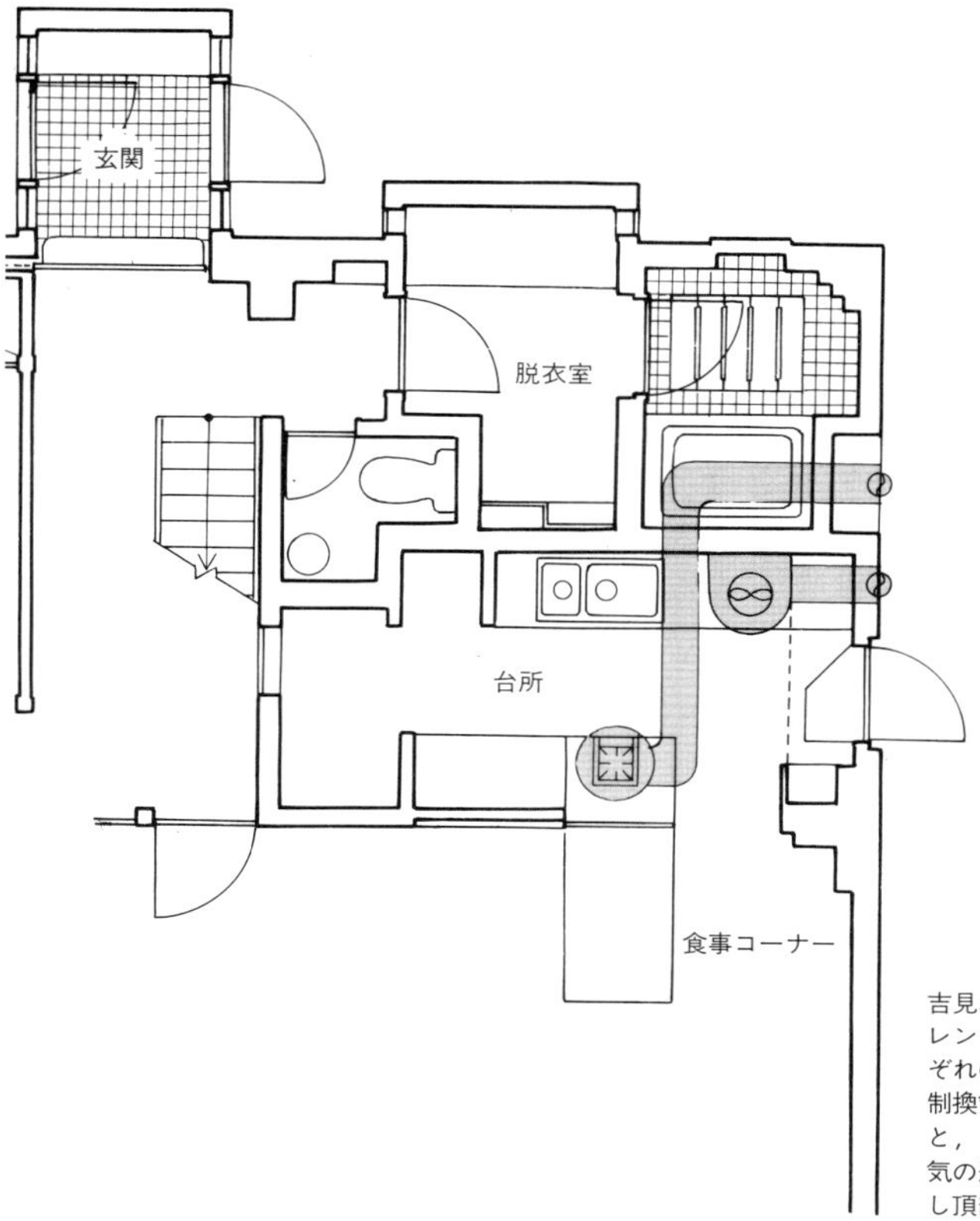

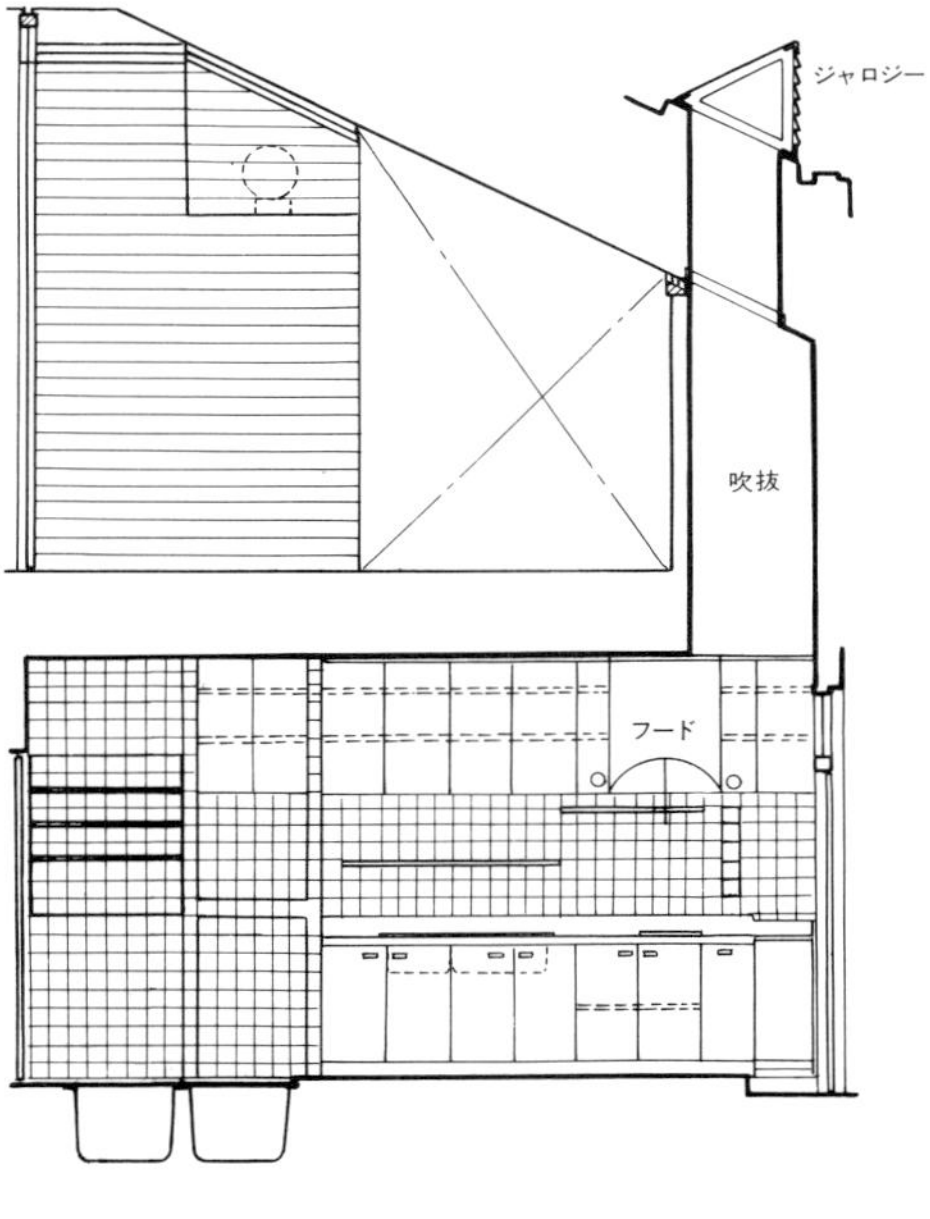

吉見ボックス
レンジを2ケ所にもつ台所，それぞれの場所にはフードを付けて強制換気できるのだが，自然換気用と，フードで補足できなかった排気の逃しのために吹き抜けを用意し頂部に開口部を設けている．

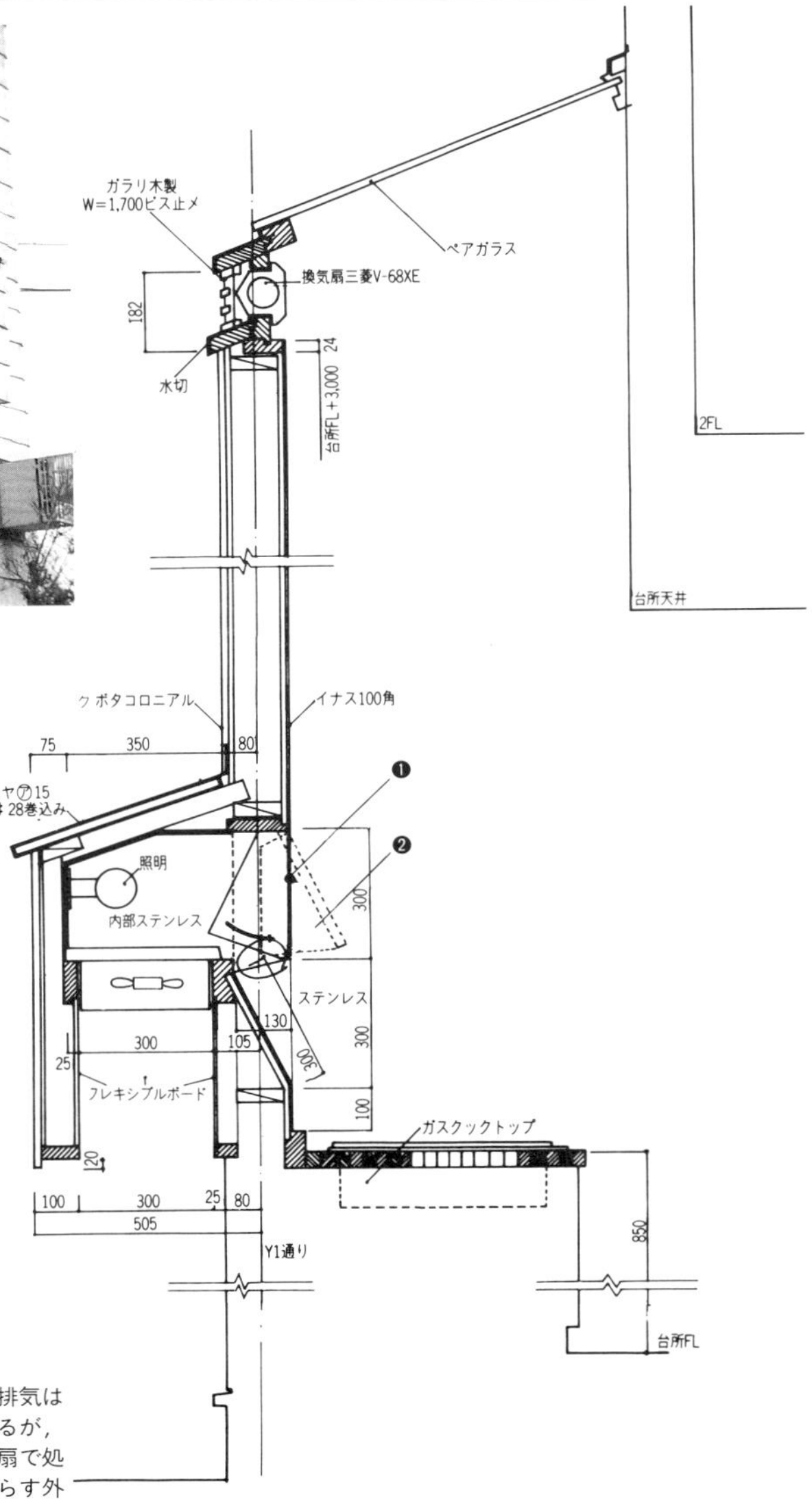

下立邸
2段構えの排気計画のある台所．主な排気はクックトップ正面の壁からと考えているが，もれたものはトップライト上部の換気扇で処理をする．フード内照明は外の道を照らす外灯．

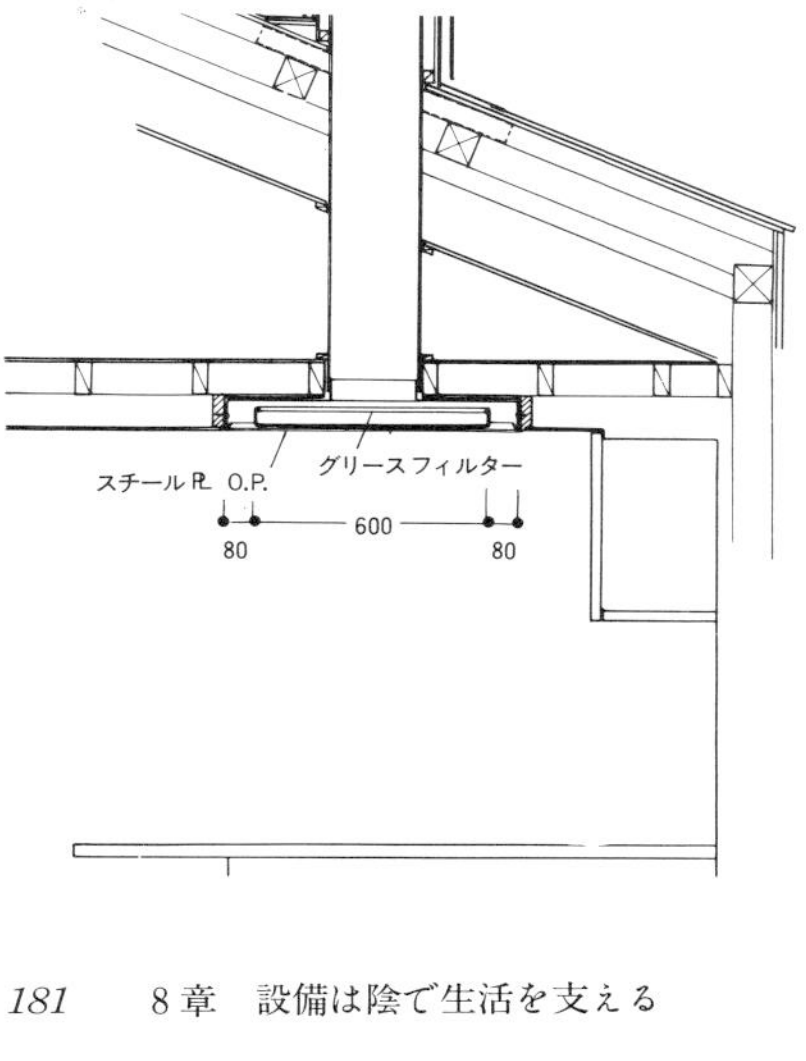

渡辺邸
必ずしも台所に吹抜けがとれるわけではないが，マイナスサイドにはなくてはならないから強制換気が設備は必ず付く.
強制換気にフードが付きものだが，既製品に気にいったものが見当たらず，ここでは天井取り口面の薄いものを作ってみた.

8●8 水と空気は混ぜるとうるさい

若いころに、鉄骨の住宅で、老人の寝室の真上に便所を作ってクレームの対象となり、設計料を取れなかったという体験がある。住宅公団の住棟を設計したときに、公団では居室の横に便所をつくらない、どうしても便所がくる場合には間に収納を挟む、水回りは上下に重ねる、というマニュアルがあることも知った。

建築で発生する音を遮断するというのは、かなりの部分まで可能になった。けれどトイレ、浴室関係の排水から生じる振動音は消すのがなかなか難しい。一流のホテルでも、ほとんどのホテルでこの音は聞こえる。

この音は水が流れる音ではなく、水と空気が混ざり合って落ちていくときに発生する音であるという。だから特にトイレのような、水と空気が激しく混ざり合って一瞬に流れるような音は高いのだ。両者を混ぜないような排水管もあるが基本的には、居室の脇や居室の上に水が排出される部屋を持ってこないことが、設計の原則。

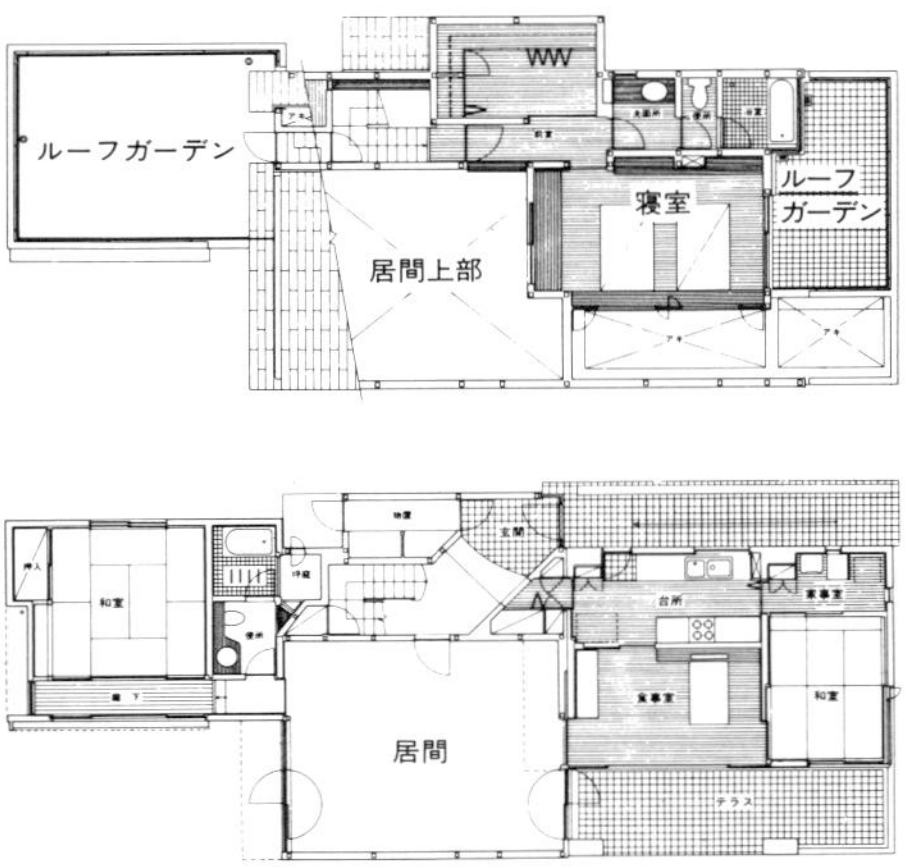

藤岡邸

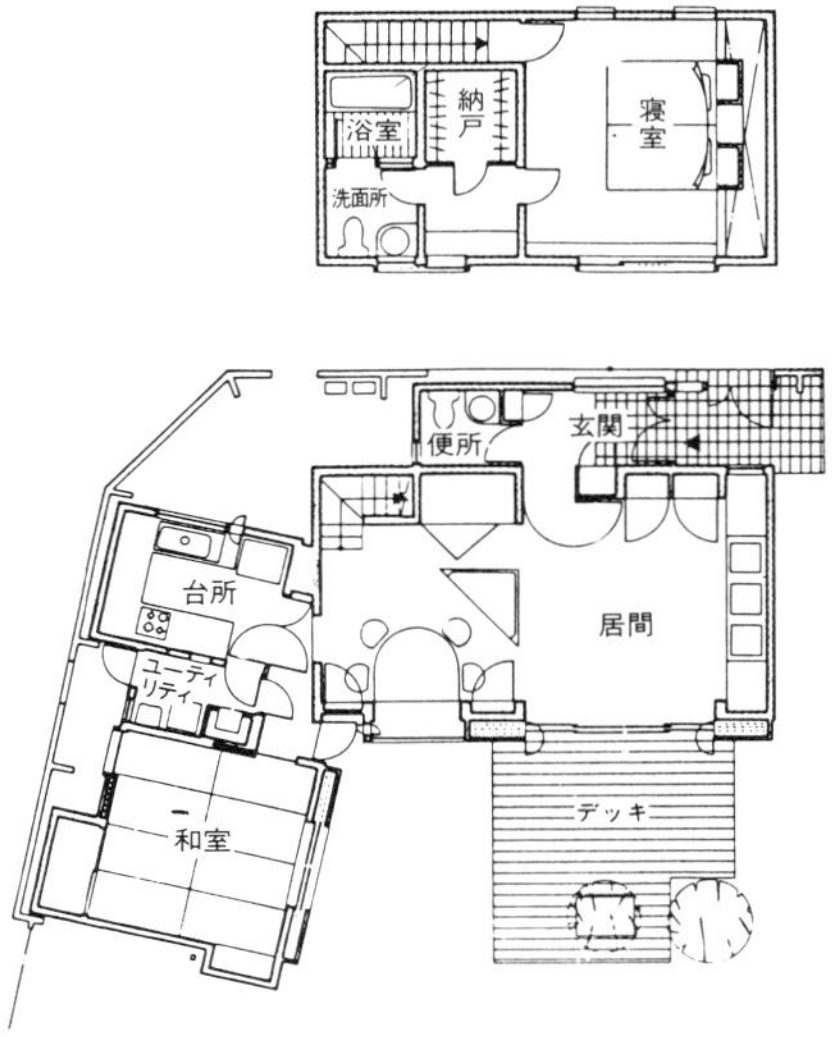

伊藤明邸

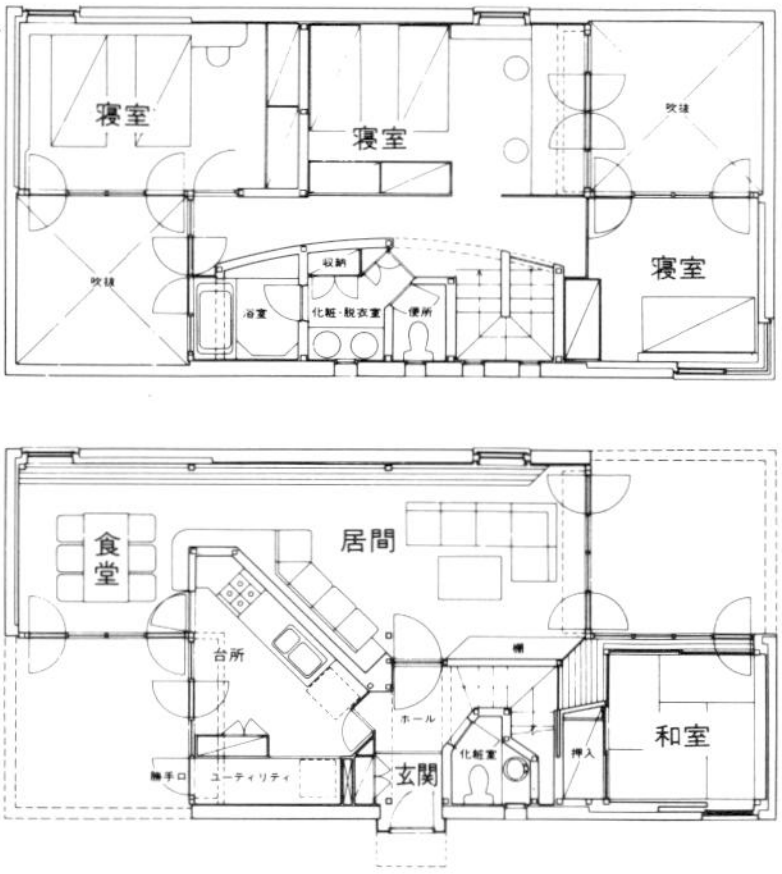

高畠ボックス

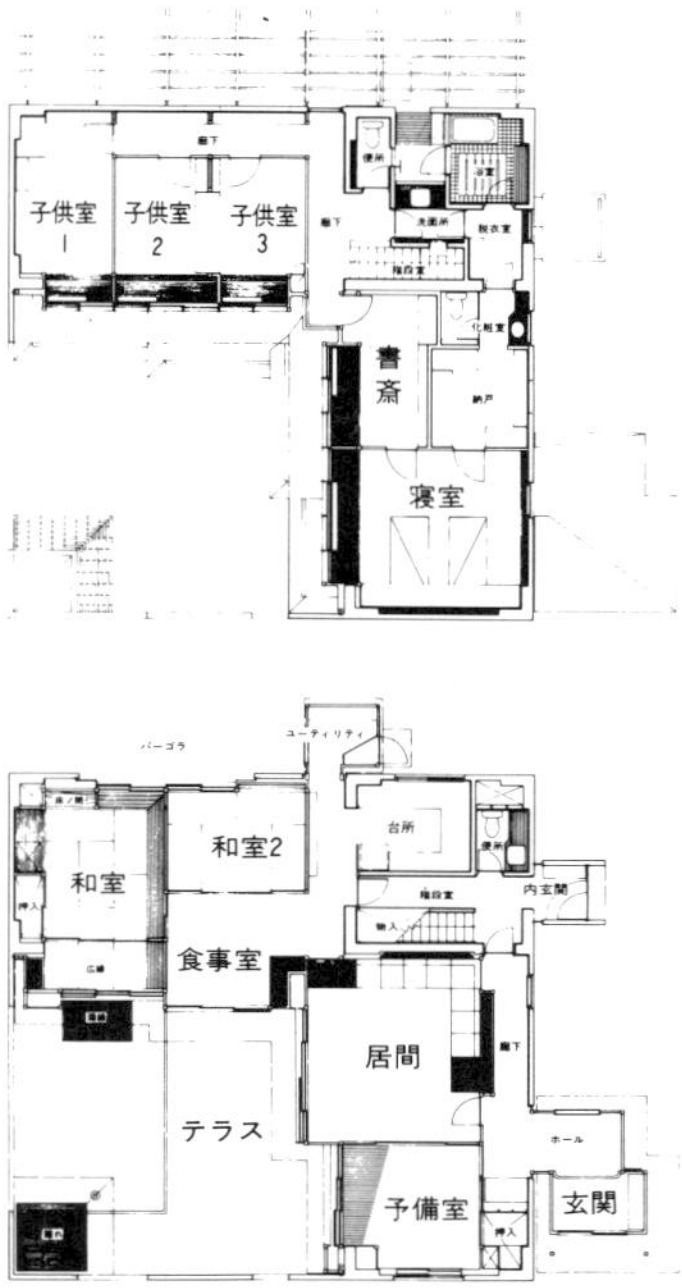

冨士道邸

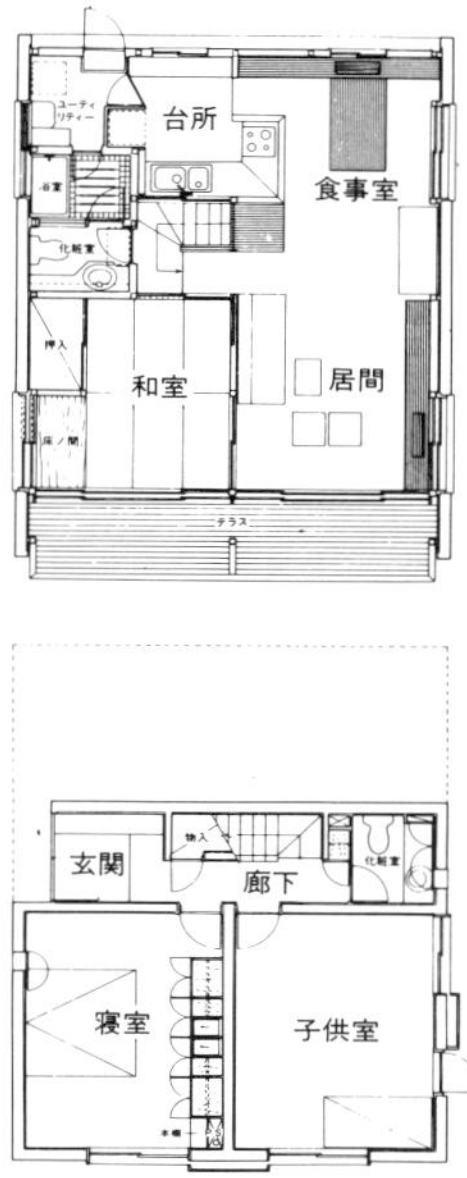

内山邸

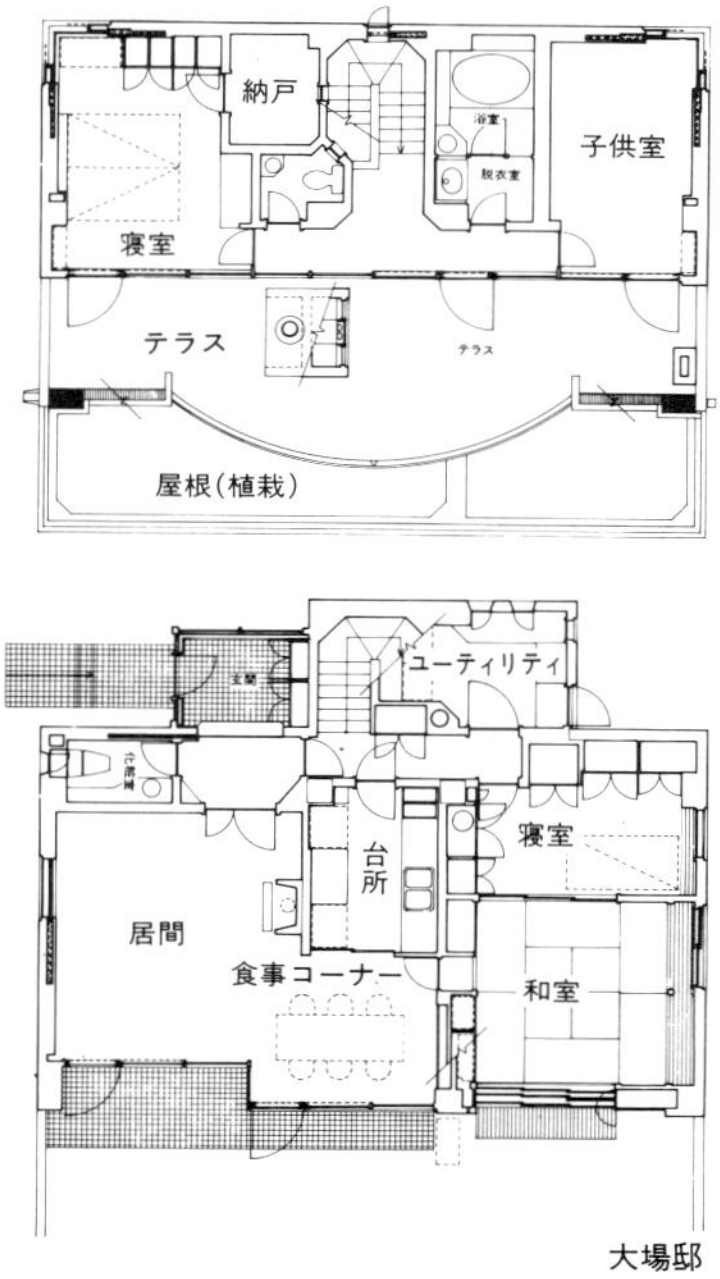

大場邸

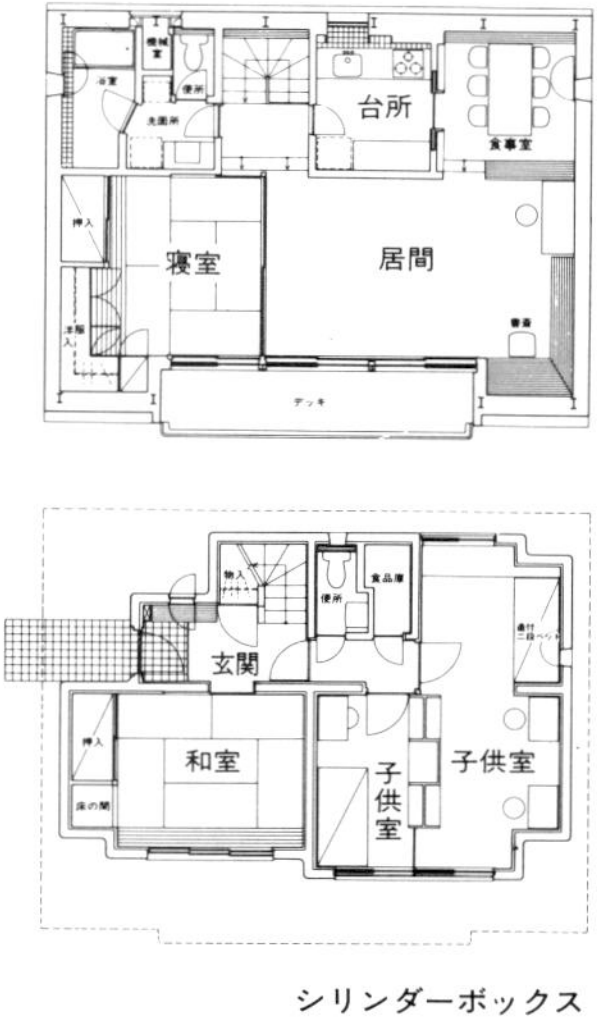

シリンダーボックス

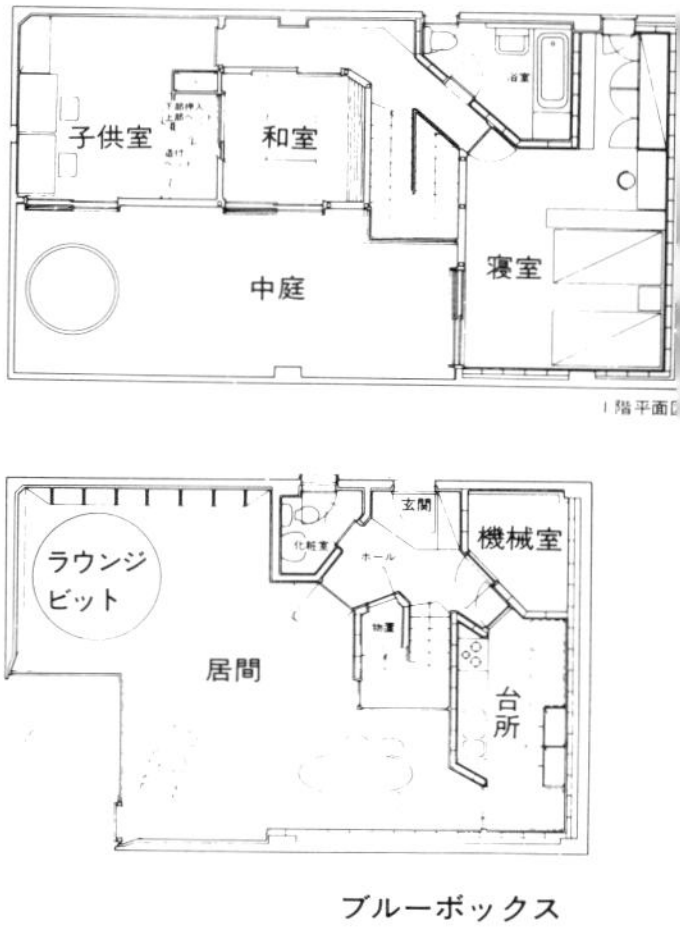

ブルーボックス

8●9 蛍光灯使用禁止令

蛍光灯の普及はきわめて日本的な現象である。日本の需要者たちは、メーカーによる使用電気量が少ないという惹句に引っ掛かって、一斉に蛍光灯を使うようになってしまった。コストが安いということで百パーセント転換してしまったアルミサッシュと同様である。けれども私は、蛍光灯はその性質上、作業用の照明であると思う。

家が帰ってきてくつろぐ場所であるとするなら、蛍光灯がついていた昼間の作業場から、また蛍光灯のついている室内では、くつろいだり頭の切り替えをしたりするのは不可能ではないか。だから私の事務所では、住宅には蛍光灯はいっさい使わないことになっている。つまり、使用禁止令が出ているわけだ。

一般の居室では、これは簡単にできる。暗ければ灯数を増やせばいいだけの話である。困るのは、台所等の吊り戸棚の下の線状につけたほうがよいといった場所である。これに関してはドイツ製の筒状の白熱灯もあるし、天井の白熱灯をたくさんつけて、照度を確保するという方法もある。

照明デザイナー・石井幹子さんに聞いてみたら、蛍光灯のほうが安いというのは伝説で、イニシャルの器具代と電球のコストを考えると、トータルには蛍光灯のほうが高いのだという。この言葉を上段に振りかざして、蛍光灯を使いたがる主婦たちを説得しては白熱灯を使っているのだが。

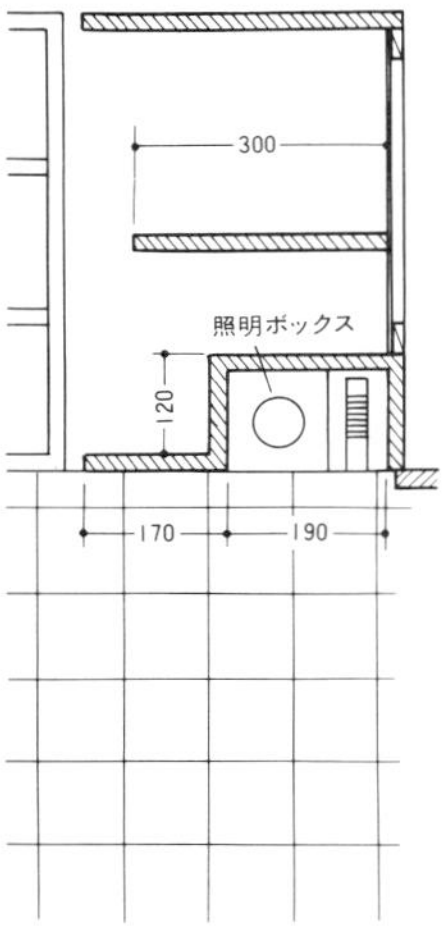

小松邸
台所流し台上部の吊戸棚に仕込んだ手元灯．ブラインドボックスと一体化している．
位置は作業の手くらがりにならないように注意．

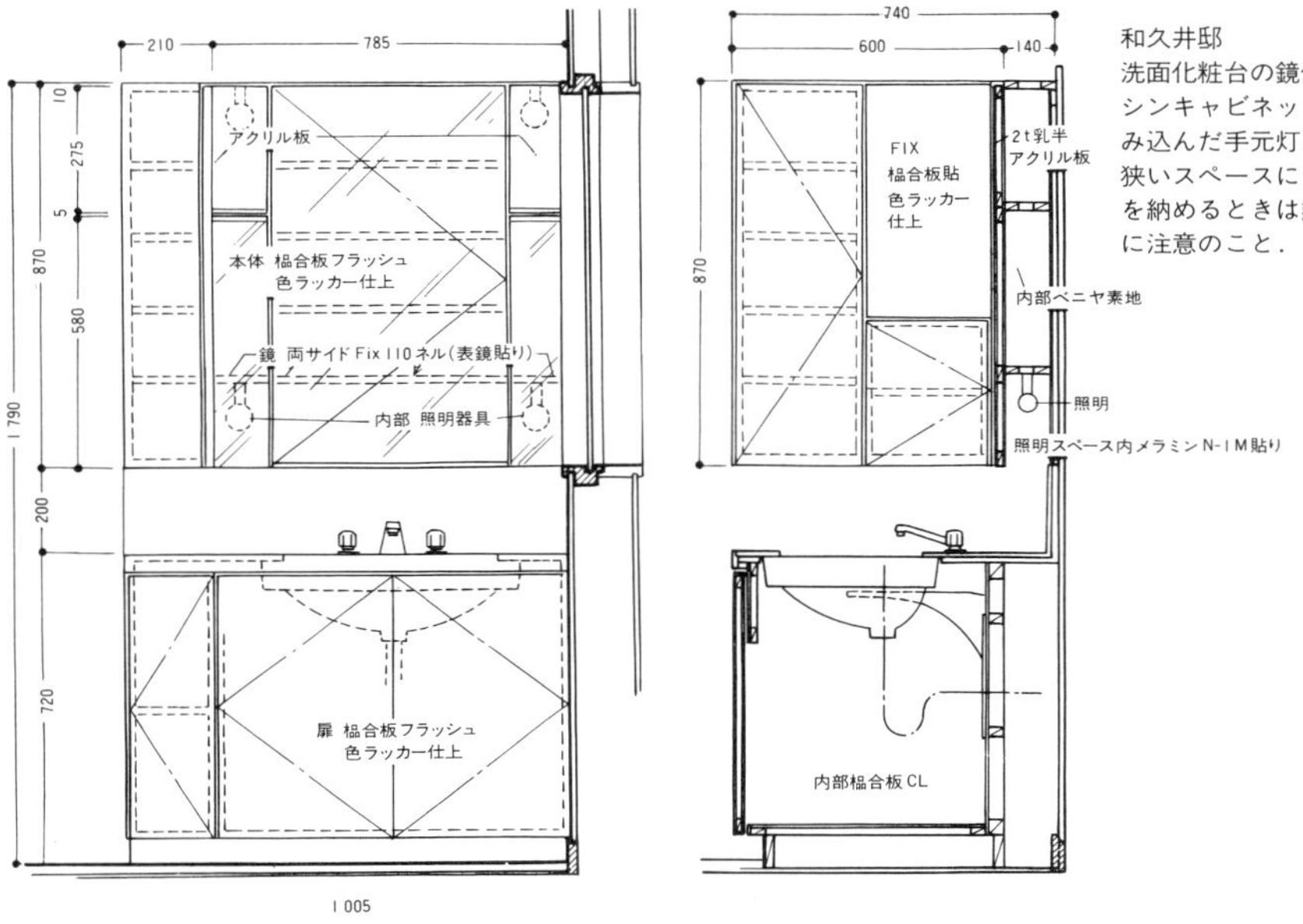

和久井邸
洗面化粧台の鏡付メデシンキャビネットに組み込んだ手元灯.
狭いスペースに白熱灯を納めるときは熱抜きに注意のこと.

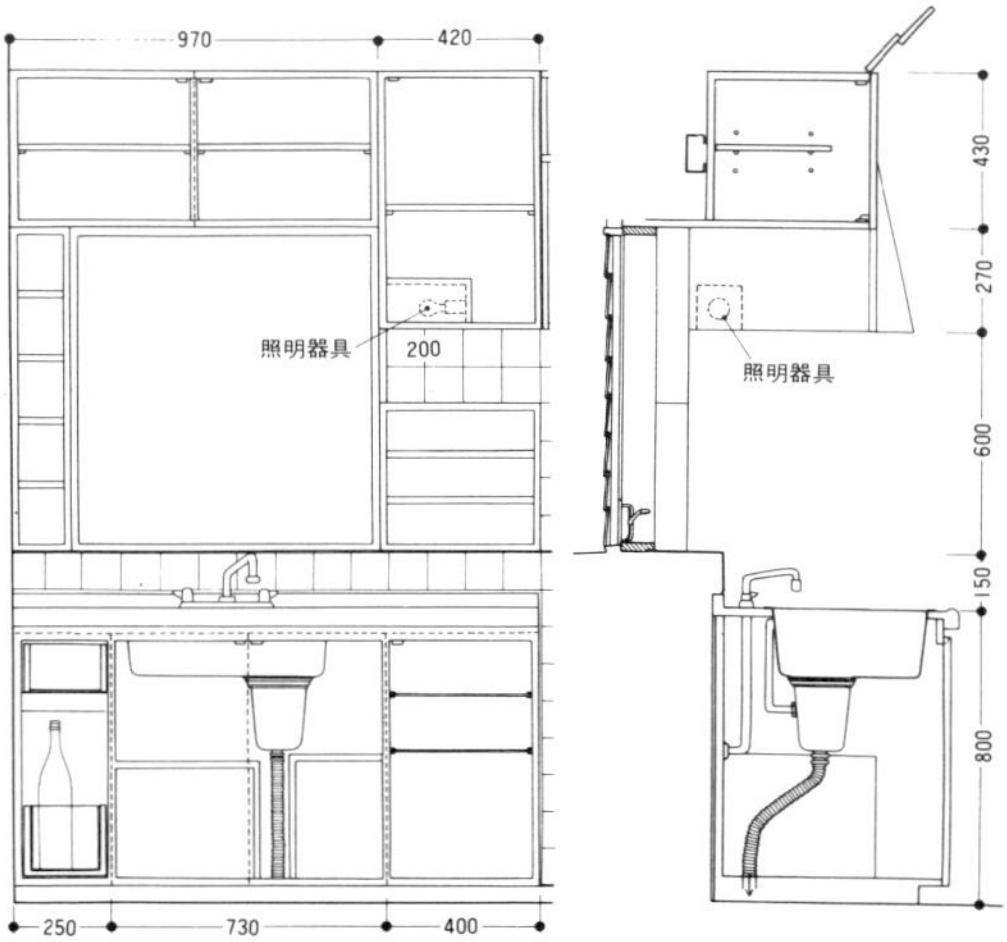

シリンダーボックス
台所の吊戸棚に仕込んだ手元灯. 吊戸棚の下面はちょうど下り天井のようで, そこに組込む手元灯はダウンライトと同じことで光源が直接目に入らなくて都合よい.

8●10 フードと照明を一体化させて

オープンキッチンの項で触れたように、レンジが食卓側にセットされると、当然、レンジフードが部屋の中央に近い部分にぶら下がることになる。小さなフードでは効率が悪いから、かなりの大きさのものが室内の中央にぶら下がるわけで、かなり目障りになる。

また、その部分は調理台の上でもあるので、照明器具も欲しい。だとするならば、いっそ消したり隠したりしないで、堂々と見せながらその中に十分な排気機能を持たせ、ついでに照明器具として使う方法はないか。

最初は吉村流のアレンジメントで始まり、次第にいろいろな実例を試みているが、機能上の排気、照明だけではなく、これを積極的に部屋のアクセントとして、それを目指して人が集まってくるような形につくることがもっとも好ましいのではないかという事になった。フードの下にあるレンジを囲んで人々が座るのだし、そのレンジの上のフードが光っていれば、光に集まる虫のように、そこはよりいっそう集まるという感じが強調できるはずだ。コードペンダント兼、フード兼、オブジェということになるのだが、難しいが面白いテーマ。

佐藤ボックス
部屋の中央近くにあるレンジなので，採光にトップライトがほしい．となればフードを抱き合せてデザインし，照明も一体化しようということで出来たのがこの装置．

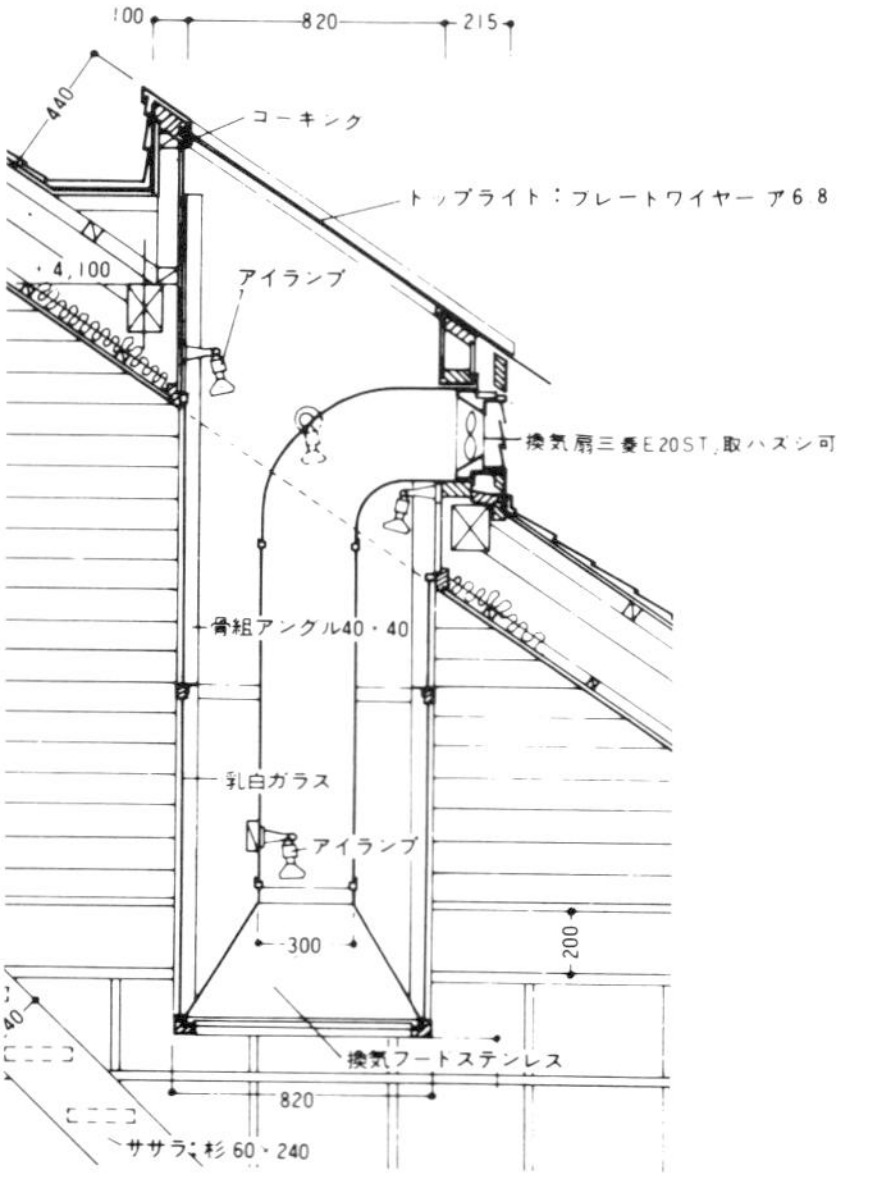

CHOI-BOX
フード兼照明器具．フードと照明の関係がここでは 1 ： 3 になって，照明器具としての比重が高くなっている．

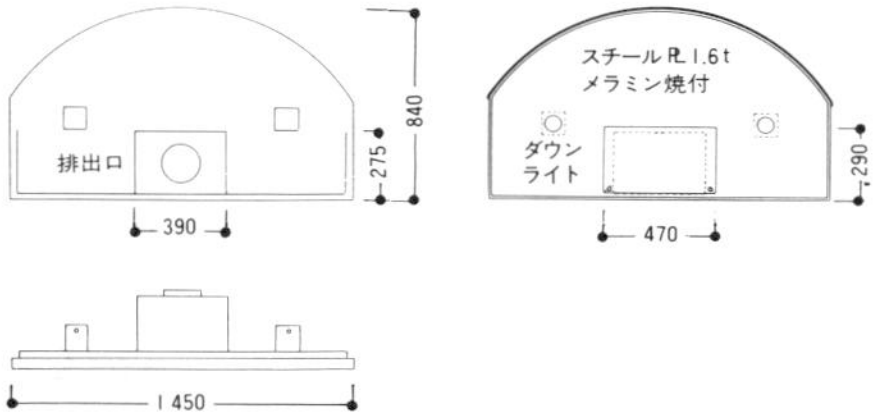

加藤邸
既製のダウンライトをフード本体に埋込んでいる．フードは吉村流の考え方のスタイル．

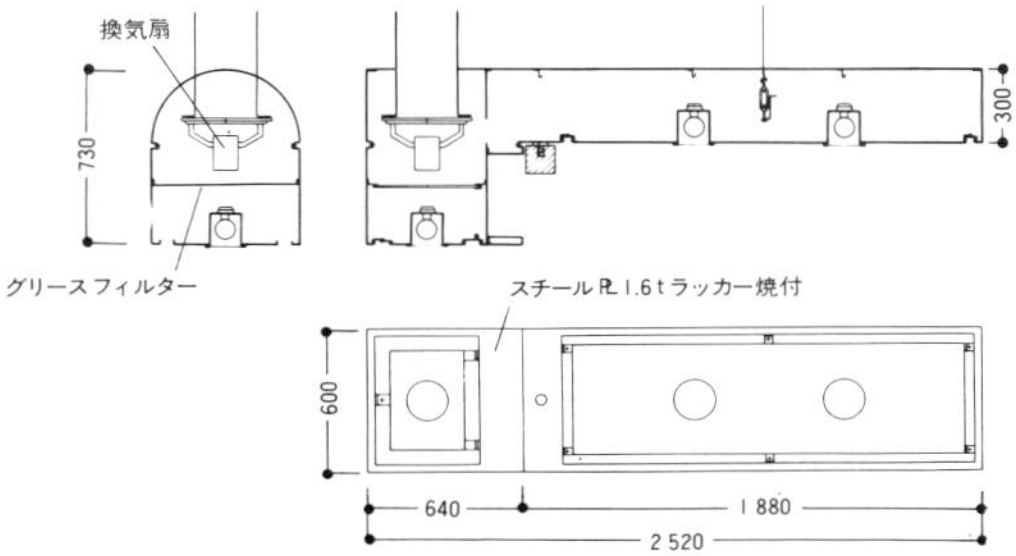

龍神邸
食卓上の照明器具兼フードと，レンジ用のフードとが一体化されている．風量のほしいレンジ上部にもう一つ換気扇が組み込まれている．

9●1 造付けの家具は建築につく

家具は二種類あって、造付けの家具と置き家具がある。住居という狭い建築では、できる限り空間を有効に使いたいので、凹凸もなく、壁の端から端までいっぱい、天井までいっぱい使える造付け家具を、つい多用することになる。

もちろん、造付け家具はコストがかかる。ここだけは家具屋につくらせるか、特別に腕のいい造作大工につくらせるかしかないわけで、平米当たり何万というコストがかかってしまうから、予算によっては造付け家具を沢山作って処理するという事が不可能な場合も出てくる。

それに造付け家具は、建築に一体化してつくられてこそ意味があるはずだから、建築の仕上げ、ディテール、スケールをそのまま引きずってくる。つまり、それは家具というよりは建築である。

建築である家具は、いったい家具なのか建築なのか、そのあたりの割り切りをはっきりしないと、中途半端になってしまうことになるのだが、私たちは、ほとんどの場合造り付けの家具は建築であると考えて、可能ならば建築の中に消えていくようなものでありたいと、ディテールを練ることにしている。

予算的にも、出来るだけ建築の単価で出来るように建築的な仕様で考える癖もそこからくる。

もちろん、一寸枠がって造り付けなのだがいかにも置き家具風に作ることが無い訳ではないのだが。

和久井邸
階段の脇につくられた造り付の収納棚．少しでも空いたスペースを有効に使いたいという意図があってのことだが，この収納棚は建築工事に合せて組込んでいかないと，収納棚をセットできなくなるだけでなく建築工事そのものもできなくなるディテールである．

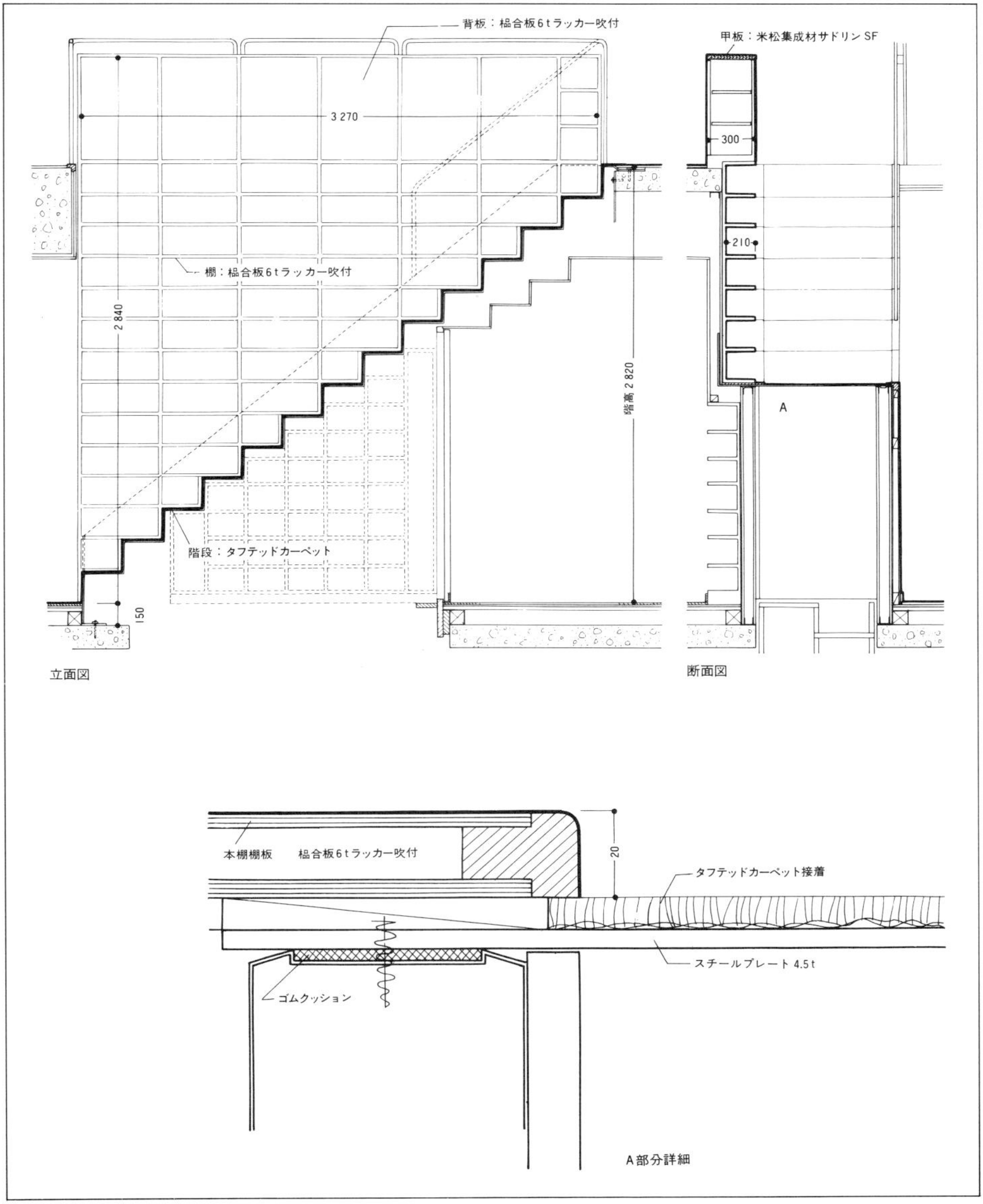
背板：桧合板6tラッカー吹付
3 270
棚：桧合板6tラッカー吹付
2 840
階段：タフテッドカーペット
150
階高 2 820
立面図
甲板：米松集成材サドリン SF
300
210
A
断面図
本棚棚板　桧合板6tラッカー吹付
20
タフテッドカーペット接着
スチールプレート 4.5t
ゴムクッション
A部分詳細

9●2 置き家具は人につく

造付けの家具は建築と一体化されて、建築そのものである。ある意味でいうと、それは建築の設計者の側に属していて、住み手の側には属していない。建築家の好みが住み手に押しつけられる部分であるといういいかたもできるかもしれない。

それに対して住み手が自分の好みで買い、自分の好みで昔から持っていて、引っ越しのときにはまた次の家に持っていくような家具のカテゴリーがある。本来、置き家具というのは、そういうかたちで住み手である人間の身体化して存在するものだろうと思う。

だから建築の設計者としては、その人によってどんな置き家具が愛され、使われているかをチェックしてみて、その置き家具が置かれることによって建築がより映えるような住まいのつくり方を考えるようにするのは、当然ではないだろうか。

昔は私たちが建築に合わせて置き家具まで選んで、無理やり押し込んだりするようなこともあったが、やはりこれはおかしい。設計者があまり介入しないほうがいいという風に思うようになった。もし、住み手の置いた家具によって建築が負けてしまうのであるとしたら、その建築はもともと質の低いものであったと思えばいいのだ。

松川ボックス＃2
蒐集したものを並べてみるギャラリーが欲しいとの要求で計画したスペース．民芸調のものに合うように，木としっくいと玄昌石の仕上げとしている．

今村ボックス

松川ボックス＃1

9●3 空いているスペースはいくらでもある

日本人が持っている物品量は、ヨーロッパに比べると三割多いという。日本人は小さな部屋の中に無数の物を持ち込み、決してそれを捨てようとしないで住んでいるようだ。だから主婦たちは、それをしまう収納、収納と私たちを責め立てる。

もちろん、収納がたくさんあればいいというものではなく、多くの扉付きの戸棚、押入、納戸などは、物を一時隠すという役割のほうが強い。そして、そのまましまわれたものが永久に出てこないという実例を、私たちはあまりにも知り過ぎている。だから本当は、使うべき場所に必要な物がちゃんと入っているというように、その場その場の収納が必要だと思うのだが、往々にして、そこには収納をつくるスペースがないといわれがちである。特に狭くなりがちな便所、洗面所、台所など。

しかし本当に収納が必要であるということで考えてみると、思いがけないところにスペースが隠れているもの。吉村順三流に言うと、「間柱の間が空いているよ」というぐらい、無数の小さなスペースが家の中にはある。階段の手すり、廊下の間柱の中、腰壁、階段の下等々、特に本の多い学校の先生や、コレクションの多い人たちのための、浅い小さな、けれども、たくさん入れなければならない収納は、こんなところにいくらでも見いだすことができる。

ただ仕舞うだけの場所を探すならば。

池田ボックス
窓下の腰の部分に，壁厚分の奥行きの本棚兼飾り棚を設けている．文庫本が楽に収まる奥行きはとれる．

池田ボックス
右写真／便所の手洗い前の鏡裏に用意した本棚.
左上写真／造り付けの本棚．出入口の上にも.
左中写真／階段の手摺部分を物入れ棚に.
左下写真／TV 台の下はおもちゃ入れ.

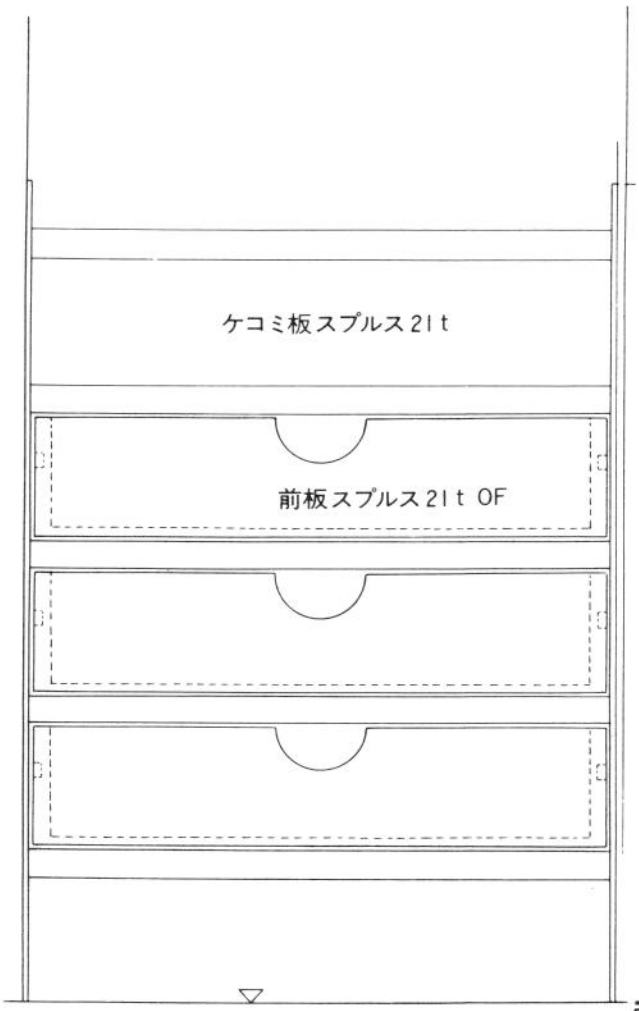

立面図

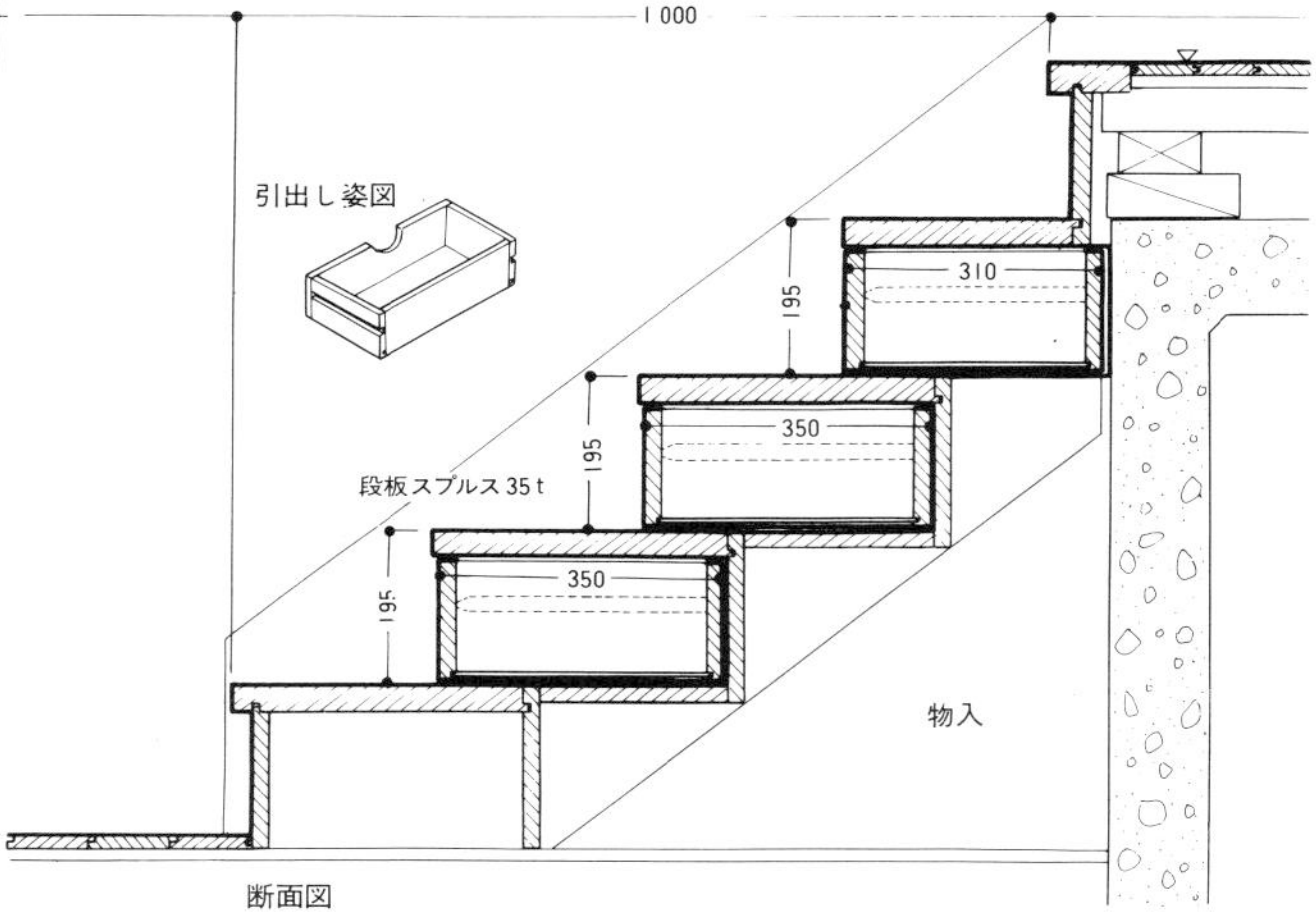

断面図

上図面／グリーンボックス＃2／玄関正面の階段の蹴込部分を引き出しにして靴入れに．

下図面／村井邸／壁の厚みを利用して奥行の浅い棚を設ける．御主人の学生時代からの文庫本入れに．

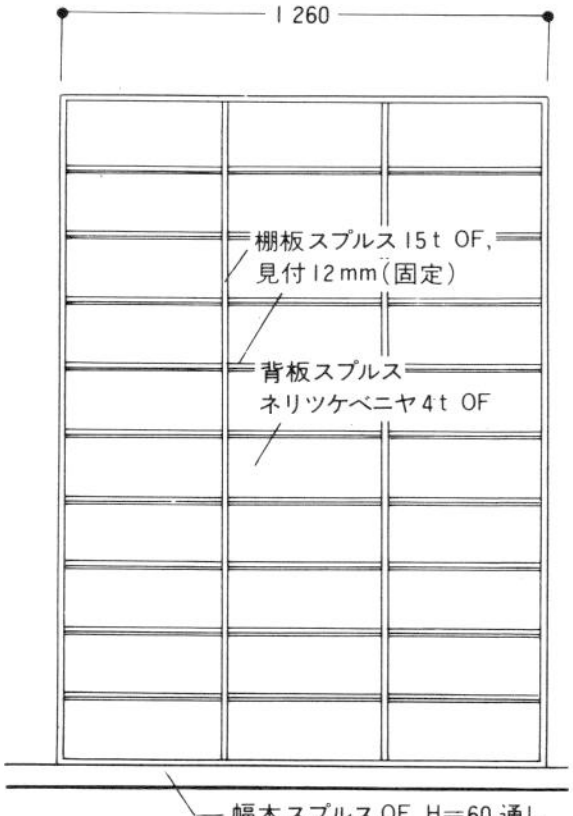

立面図

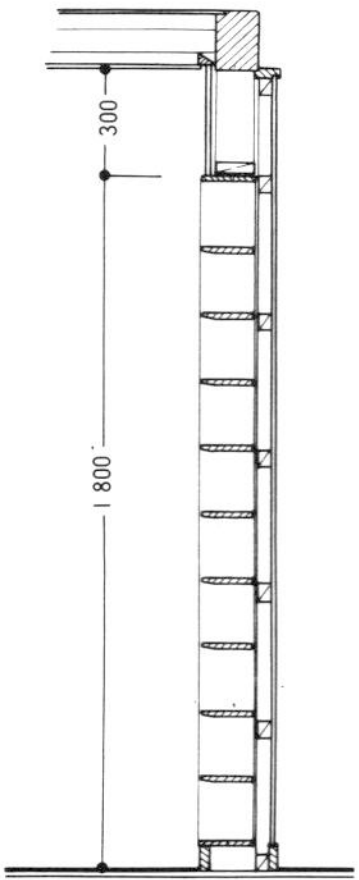

断面図

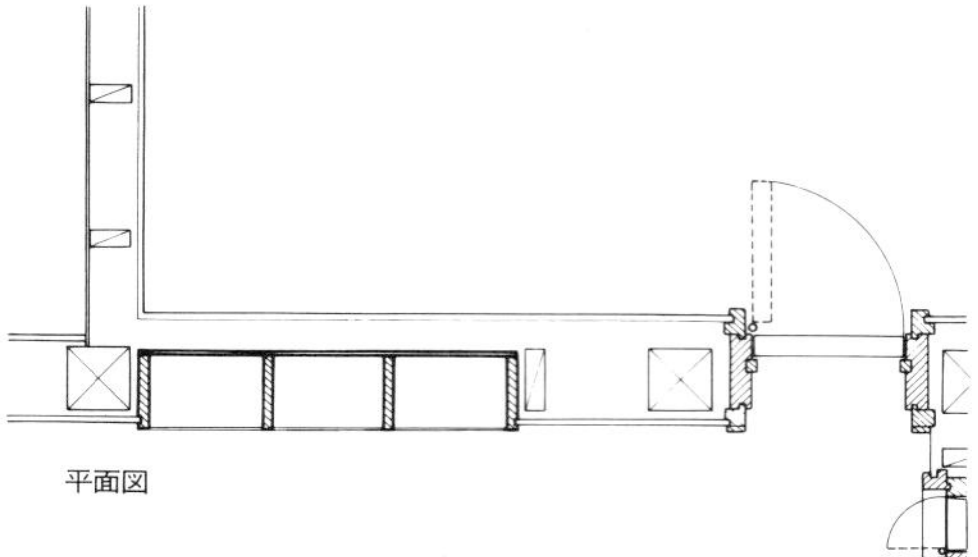

平面図

田中邸
階段に面する廊下の手摺を本棚にする.

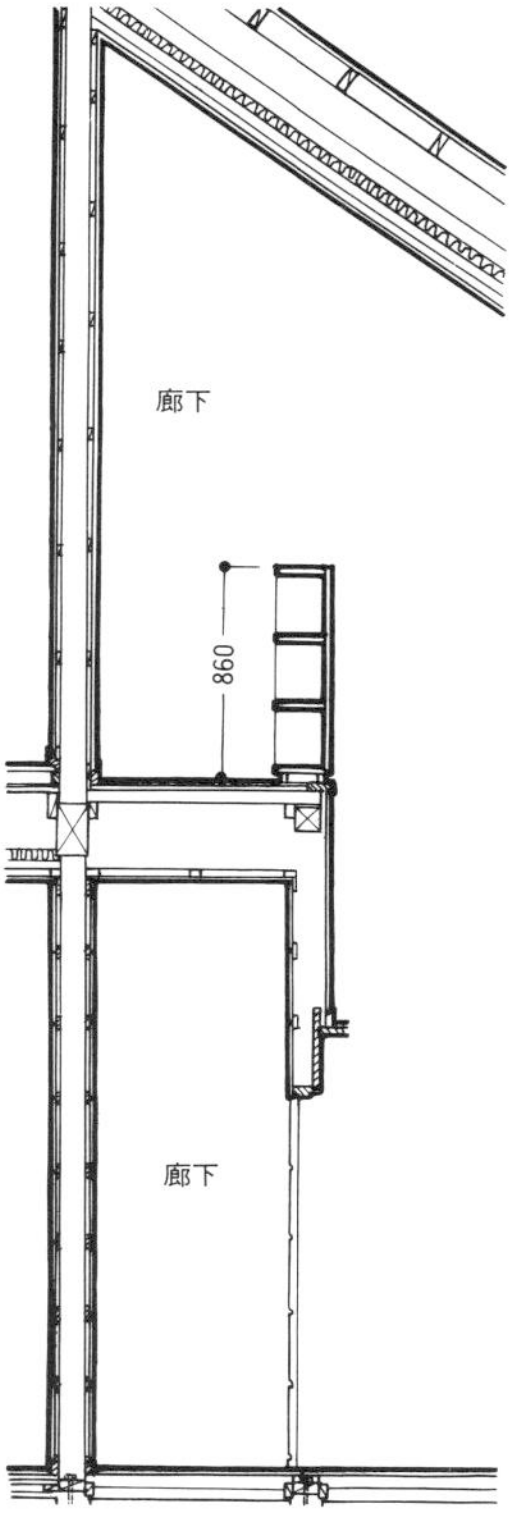

断面図

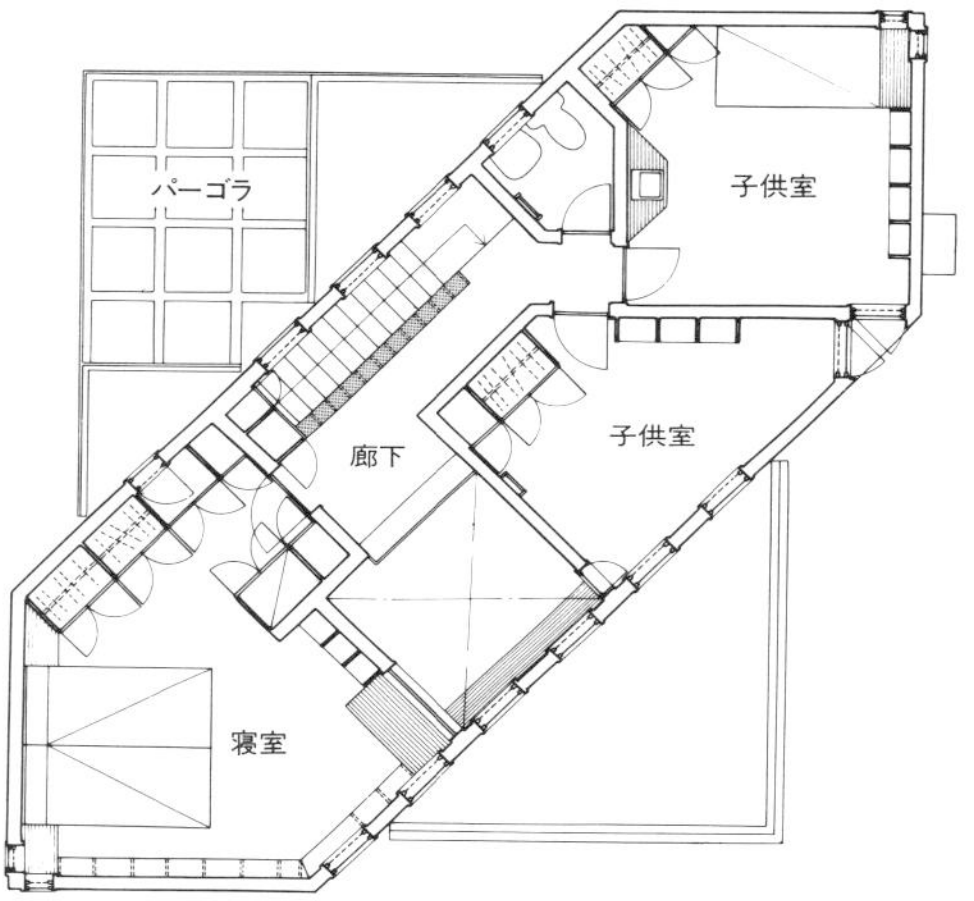

平面図

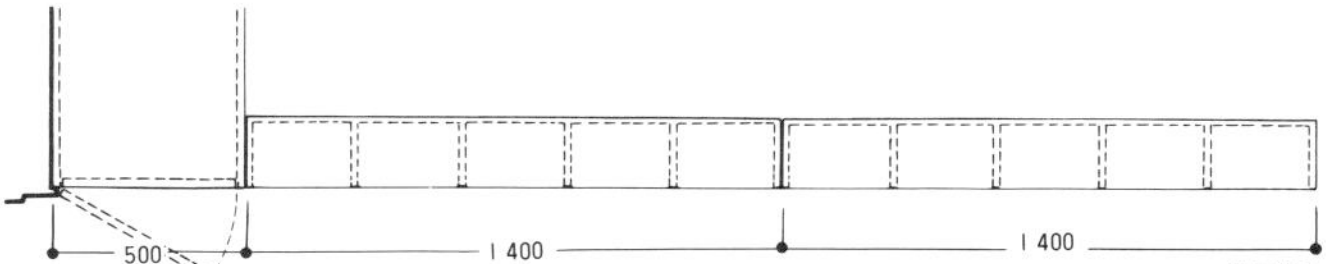

平面図

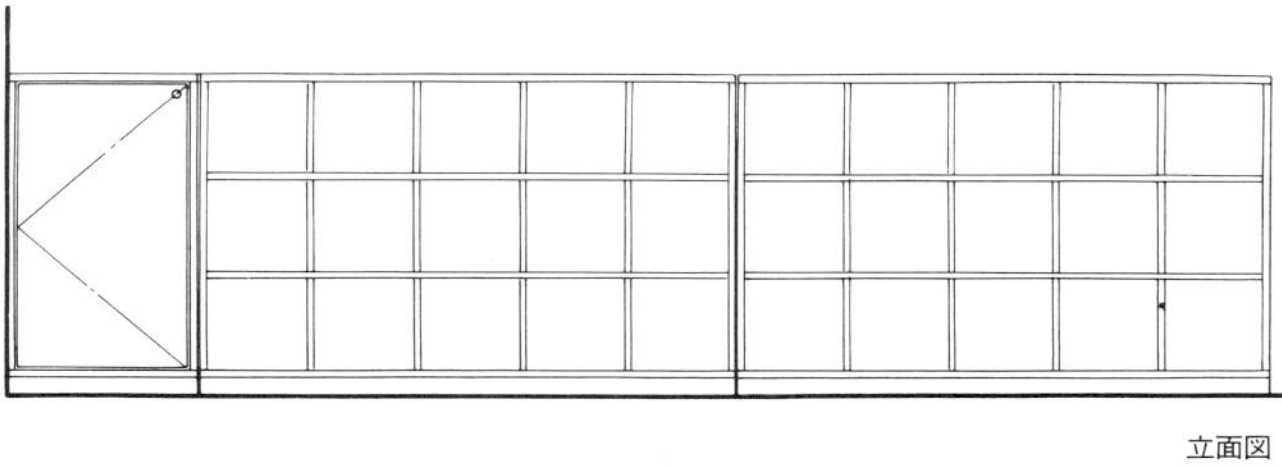
立面図

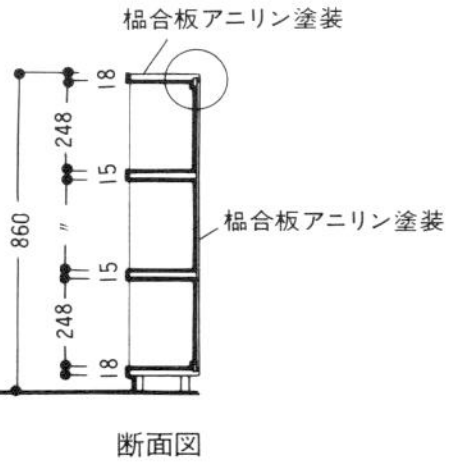

断面図

9●4 キッチンは収納マジックボックス

日本の住居に物品が多いことは前述したが、なかんずく集中して多いのは台所である。和、洋、中華の三種類の調理器具、食器類が必要であるうえに、主婦が家の部分の決定者であるという役割上、主婦たちが台所のものを主として買いあさること等々が重複して、台所はほうっておけば機器・道具の山に埋もれてしまう。

しかも、調理というのは、一瞬の時間に処理しなければならないような性質の行為である。だから、それに使うモノ類はきわめて速やかに、ごく容易に、スムーズに取り出せて、即使えるようなかたちで収納されていなくてはならない。また収納のされ方も、重いもの、軽いもの、液状のもの、使う道具、食品、食器などと、種類は多岐多様である。

市販のシステムキッチンなどはよく考えてあるように見えるが、こうした複雑さにそれほど対応しているわけではない。また、家の食習慣、主婦の好き嫌いによって、台所は一軒一軒かなり違うはずであるから、それぞれの家族や主婦に合わせて、手品のように細かい設計がされなければならないはず。私たちがいつもしている宮脇式システムキッチンでは、これを潜水艦設計（五ミリの単位で空間を使いこなしていく設計）といっている。

ありとあらゆる部分に、それぞれの家の主婦達の好みやくせに従ったモノを割り込んで行こうとすると、どうしてもそうなる。

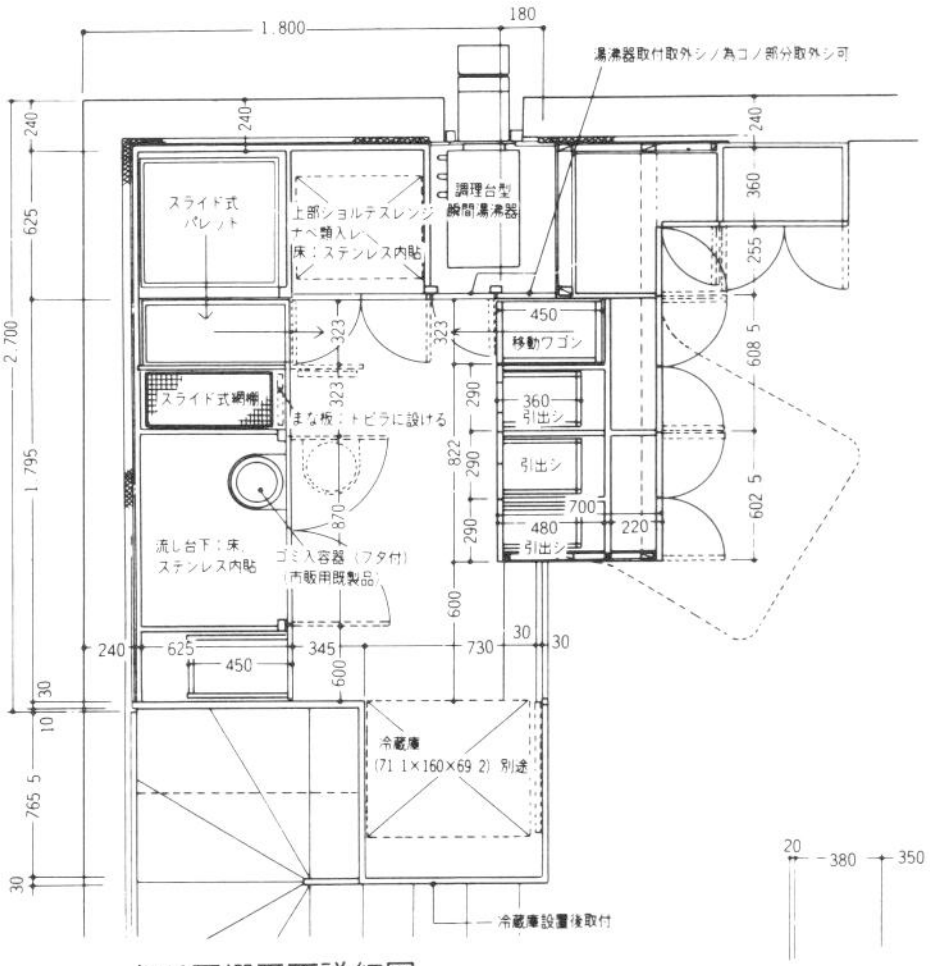

台所戸棚平面詳細図

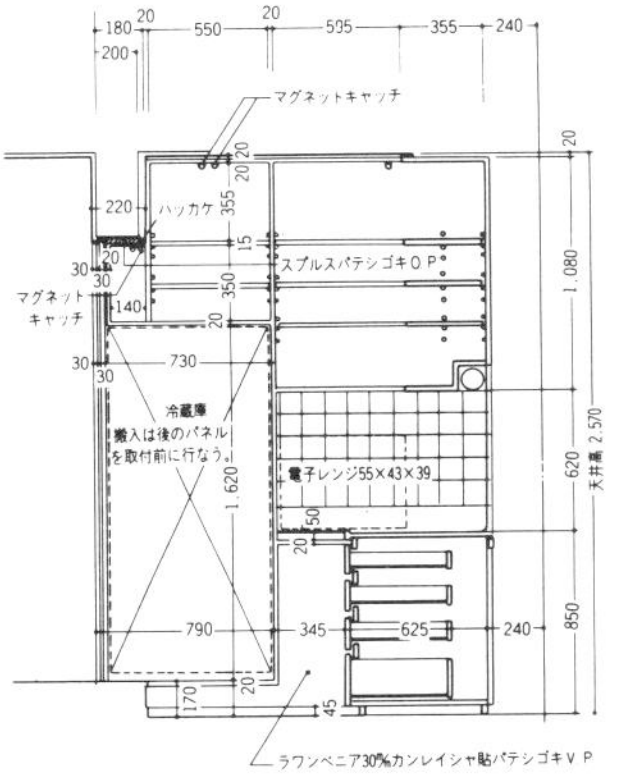

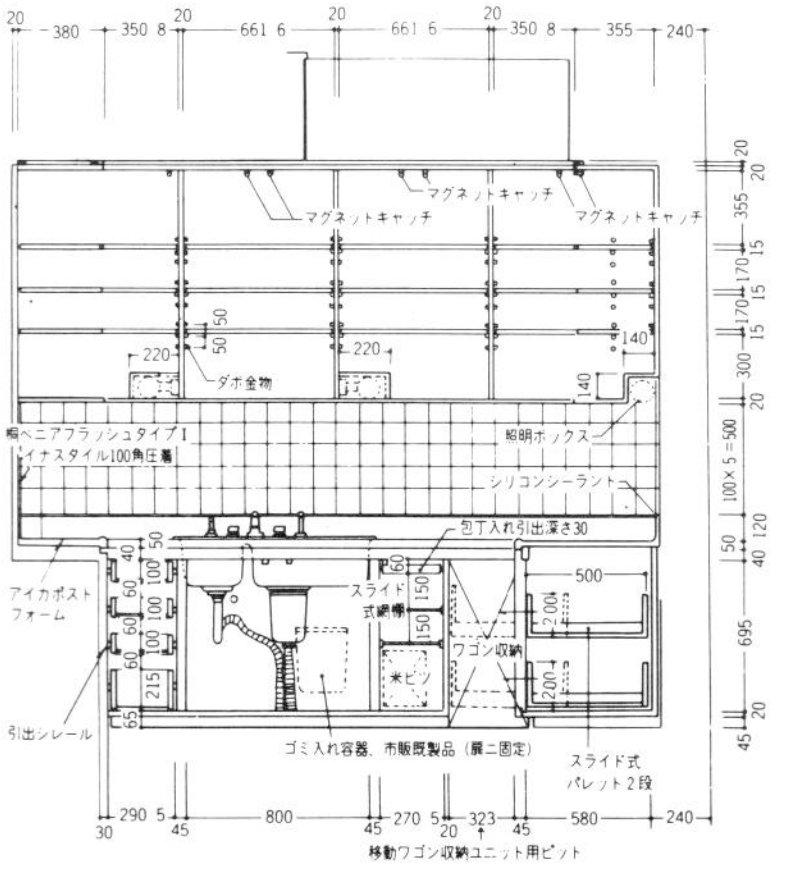

台所戸棚展開図

横尾ボックス
上写真および左ページ写真，図面／平面図をみての通り決して広いとはいえない台所であるが，写真でみての通りのものが納まっている．使う人と綿密な打合せの結果どんなものを，どんな納め方とするか決めていく．

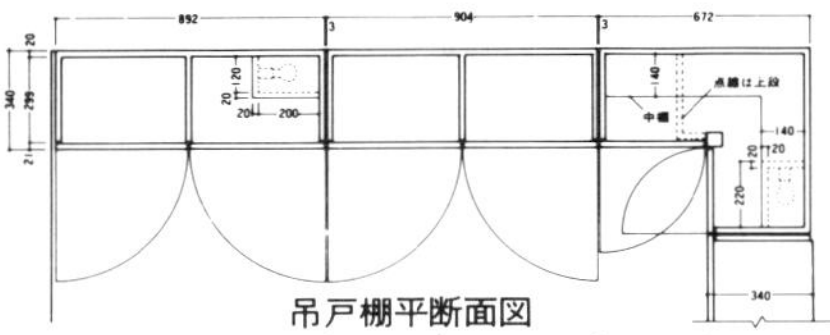

吊戸棚平断面図

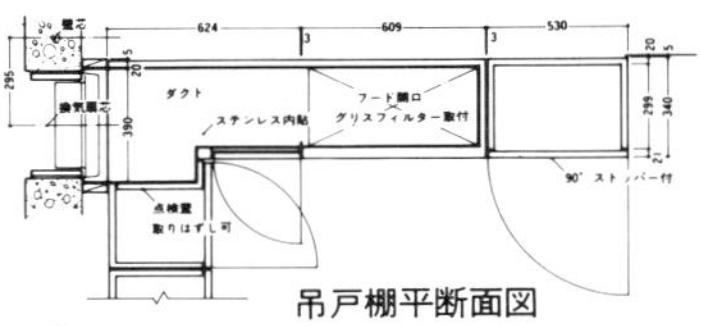

吊戸棚平断面図

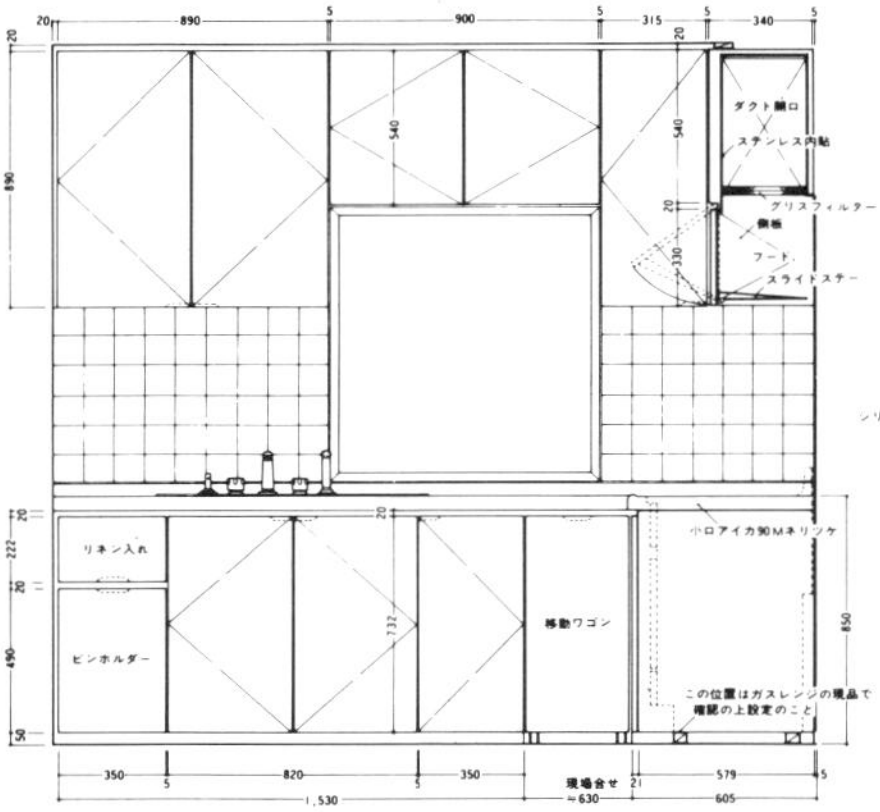

▲造付調理台，吊戸棚正面図

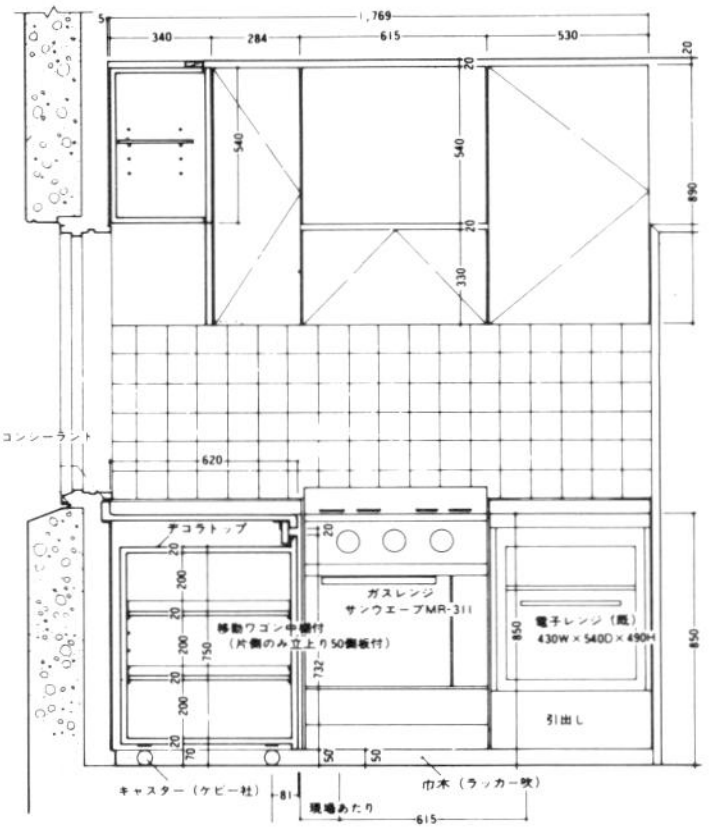

▼造付調理台，吊戸棚ハズシ図

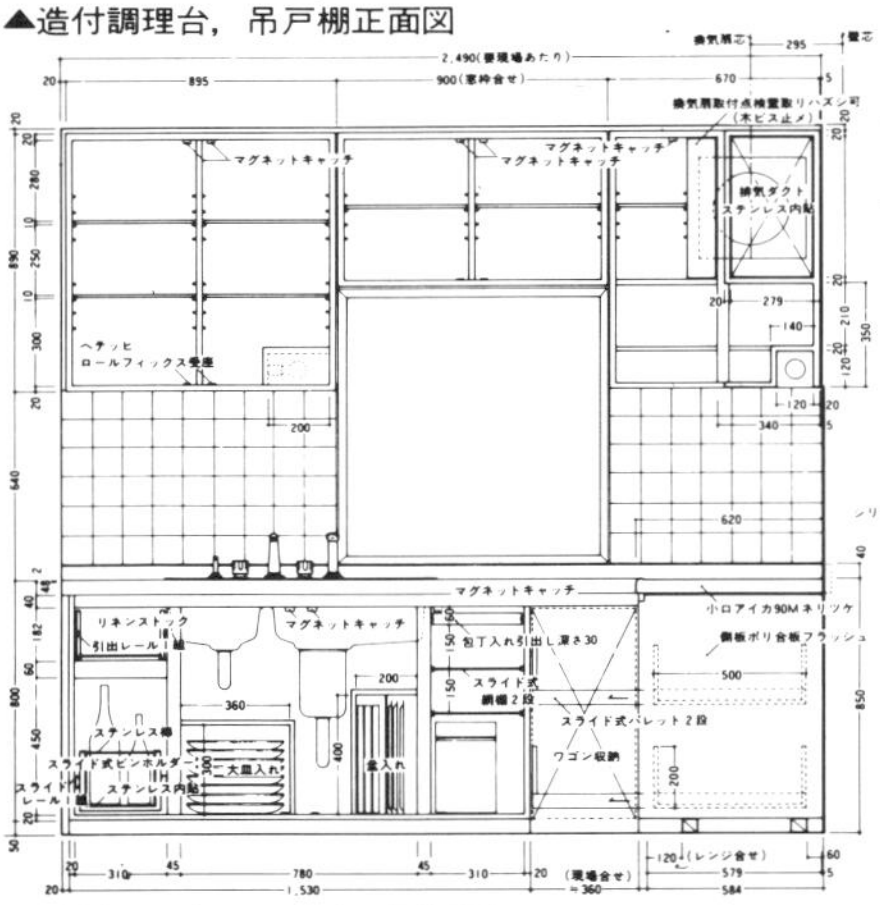

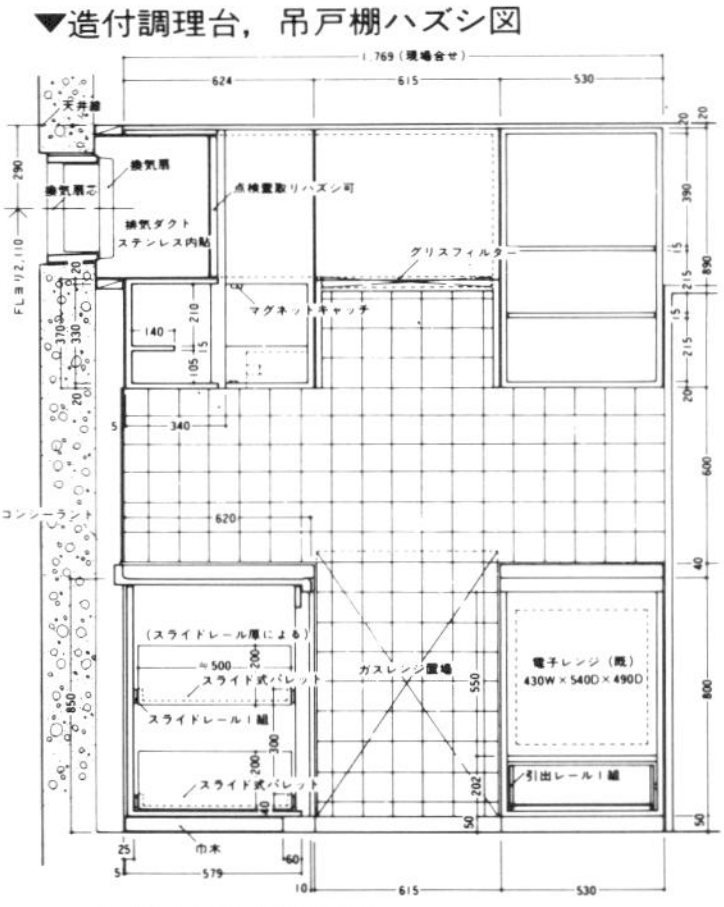

▼造付調理台カウンター平面図

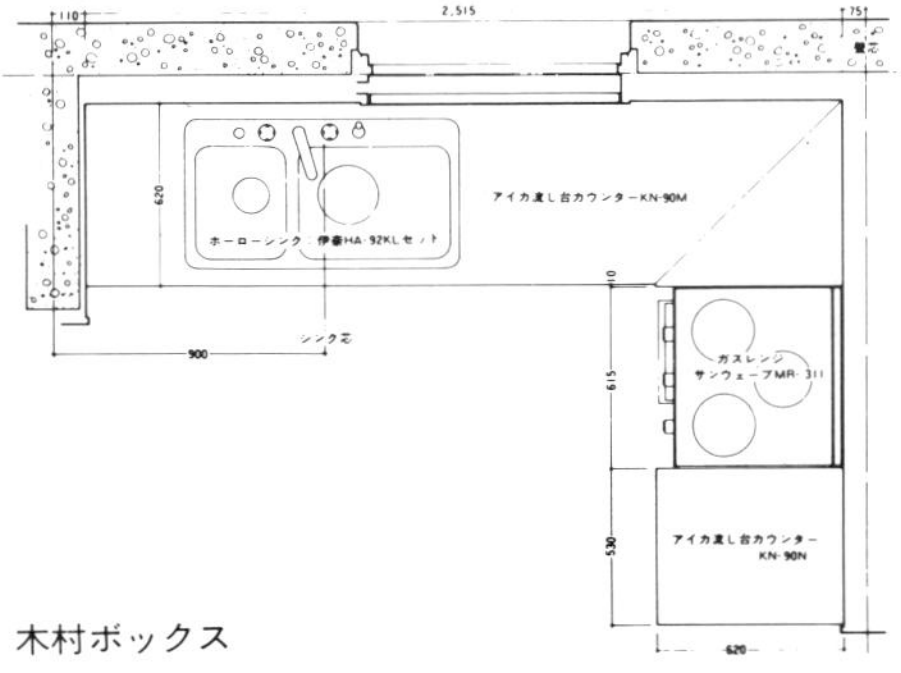

▼造付調理台平面図

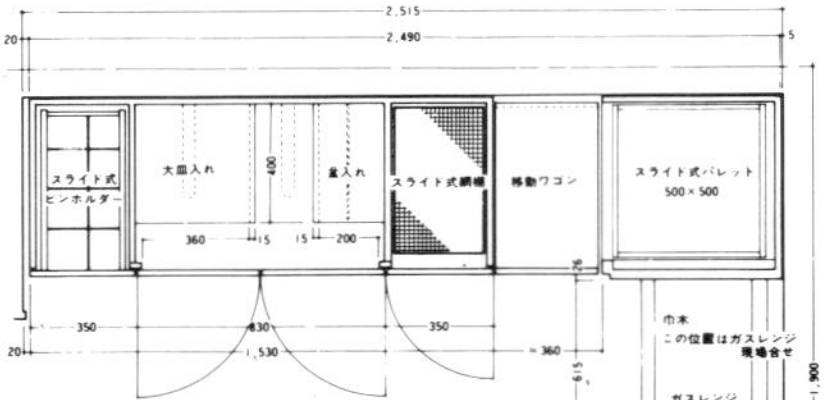

［共通仕様］

●棚板――タイプIIラワンベニヤ芯ポリ合板両面練付，正面小口／桂材又は同等品練付ラッカー塗装

●フード，ダクト内部――硅カル板4%下地ステンレス0.3%接着内貼

●防虫パッキング――扉内側四周，引出前板ウラ四周（北商ゴムZ－330）

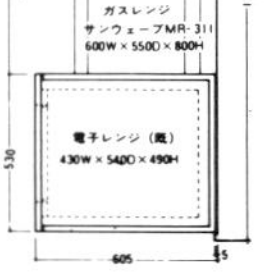

木村ボックス

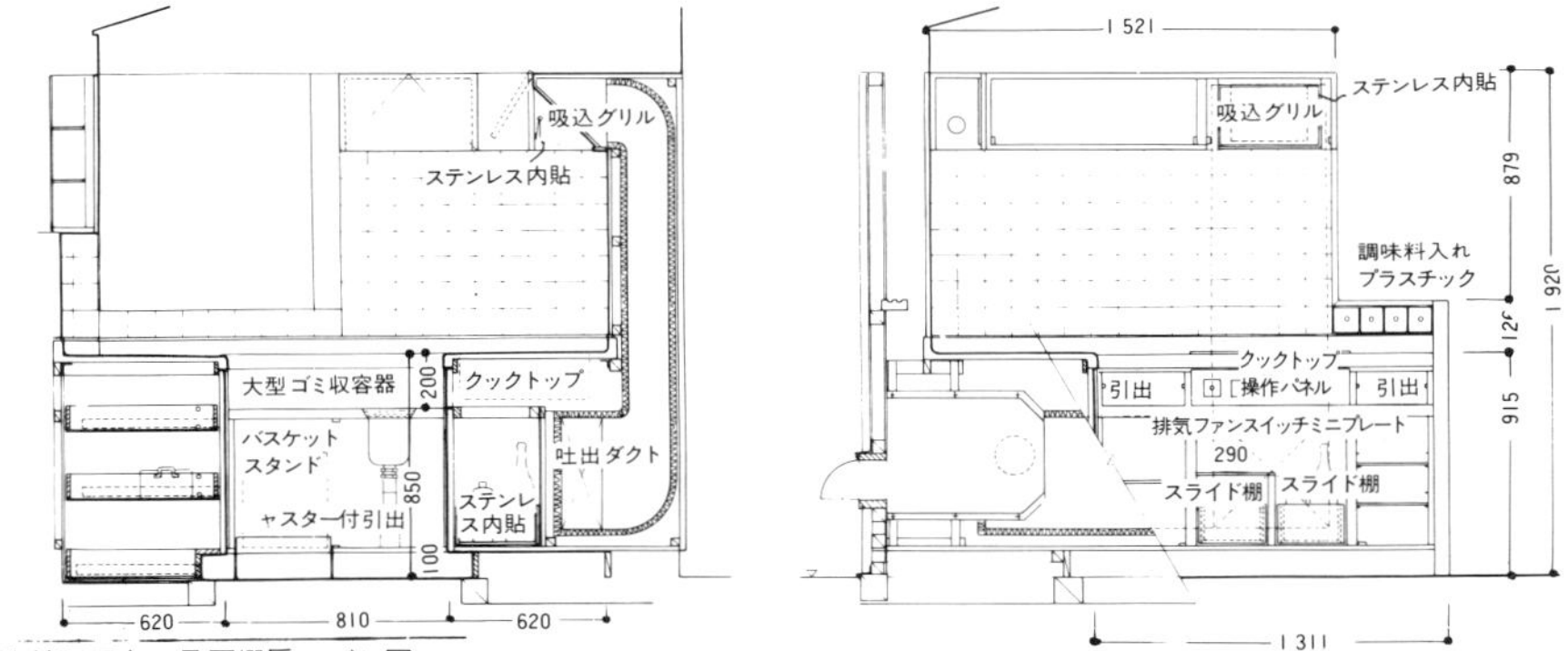

造付調理台・吊戸棚扉ハズシ図

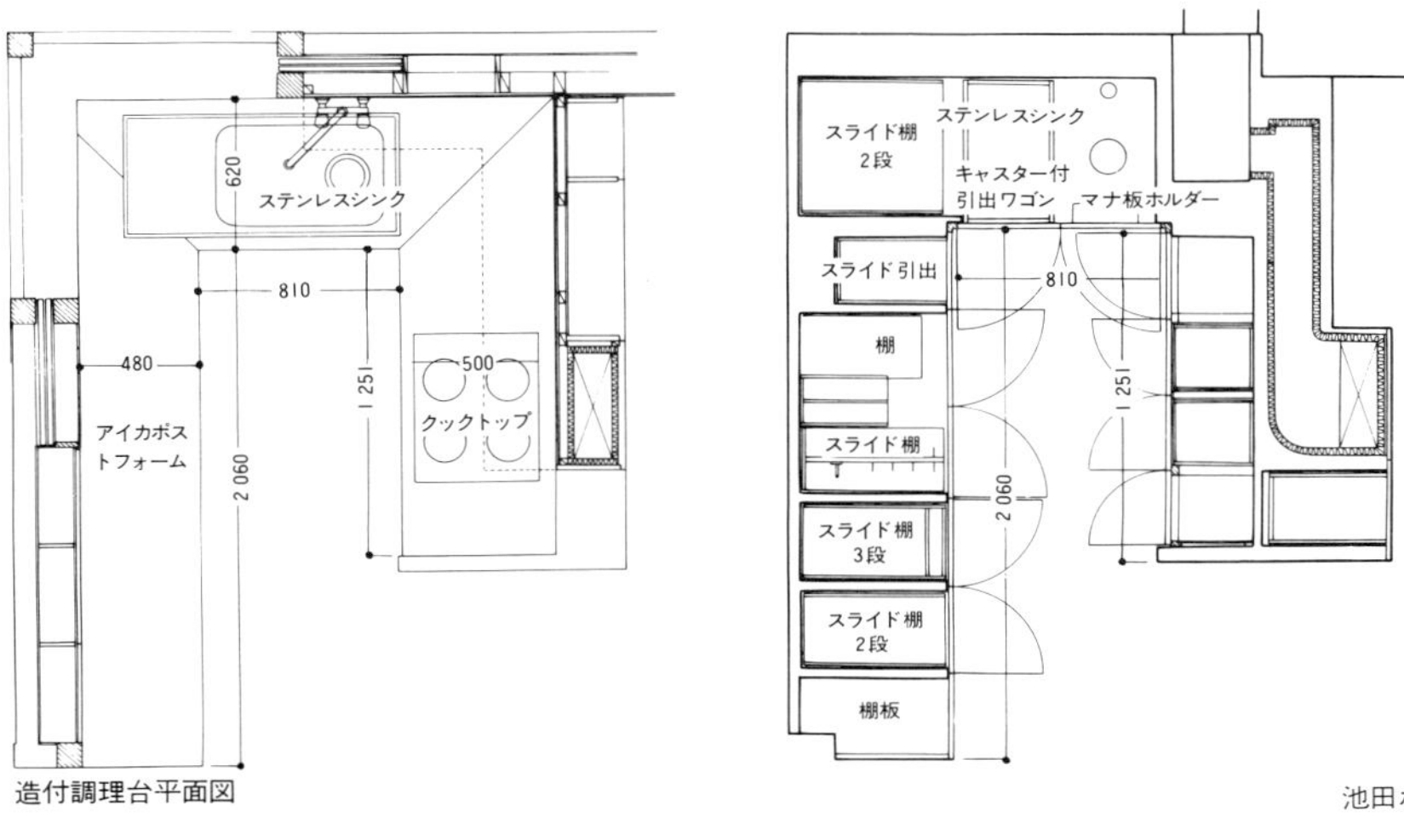

造付調理台平面図

池田ボックス

9●5 大テーブルは団らんの核

日本人の団らんが、食を中心としてあることは事実である。だとするならば、食の場所を大事に考えたいのだが、食卓というものは食事用のテーブルと考えられているせいか、一人当たり幅六〇センチの四人分五人分とかいうことで、選ばれているようである。

一方、主婦たちの生活調査をしてみると、洗濯が終わり、掃除が終わり、食器も洗い終わって、さあ、次に何をしようかという節々のときに、主婦たちは必ず食卓に座っている。食卓は、そのほかにアイロンかけや洗濯物を取り込んだり、たたんだりする場所としても使われている。お父さんがビールを飲んだり、新聞を読んだり、子供たちが宿題をしたり、工作をしたりもする。つまり食卓というのは実は食事用のテーブルではなく、マルチパーパスで生活の大きな焦点になるテーブルなのだ。

だとすれば、これはそんじょそこらのデコラ張り、スチールの脚の小さな食卓で済むわけではないではないか。

私たちはそういう立場から、できる限り大きなテーブルをファミリールームの真ん中にデンと持ってくるやり方を推奨している。それは家族の団らんの象徴なのだから、可能な限り大きく、厚くて、ガッシリとしていて、木のむくで、それにもたれても、たたいても、ビクともしない、そんな感じの大テーブルであるべきだ。何といっても、それに家族全員が身を寄せあい心をゆだねるモノなのだから。

盛国邸
オープンスタイルの台所につながっている食卓。この空間のメインの焦点でもある。

上写真／下立部／居間の中央に据えられた大テーブル．
右．下写真／宮脇邸／タタミ２枚分の大きさがある大テーブル．食事以外に何でもここで済ましてしまう．６cm厚の米松集成材でできている．

9●6 玄関にはかなりの収納が必要

玄関は人と物が出入りをする場所だから、ある大きさが必要なことはいうまでもない。建て売り住宅やプレハブでは、間口が一・八メートル以上というのも珍しくはない。たしかに、人が出入りのときに一時滞留する広さとしてはそれぐらい要るのだが、いつもそんな大きな空間が家の一部に残されているのはもったいない、という考え方もある。

しかしよく考えると、そこから人が出入りし、同時に物を伴っての出入りがあるとすると、実はそこにはかなりの収納が必要なのである。

靴箱は当然のことながら（これもブーツの流行などというときに、従来のものでは全然足りない事態が発生したことは記憶に新しい）。家の中に持ち込む必要のないものを一時置いておくという収納も必要である。たとえば、あまりゴルフに熱心でない人のゴルフのクラブセット（熱心な人は寝室に持ち込んで磨く）、雨の日のレインコート、お客さんのコート類、玄関先掃除用の掃除用具、小包など。

ここから外へ出ていくために必要なものもある。たとえば、ちょっとしたハーフコート。つっかけ類、近所にたばこや焼き芋を買いに行くときに、いちいち寝室までコートを取りに行く必要はない。主人によっては、ここでビジネススーツをすべて着替えてしまうような人もいないわけではない。（これは着替えの項で説明済み）

だから、広めにつくった玄関に多めの収納というのは、かなり正解であると信じていてそんな玄関を作るのだが、やはり皆さん喜んでくれる。

池田ボックス
玄関部分で収納しておくと都合のよいものがこの写真の中にひと通りみえる．電気の分電盤もこのスペースで収納するように計画してある．

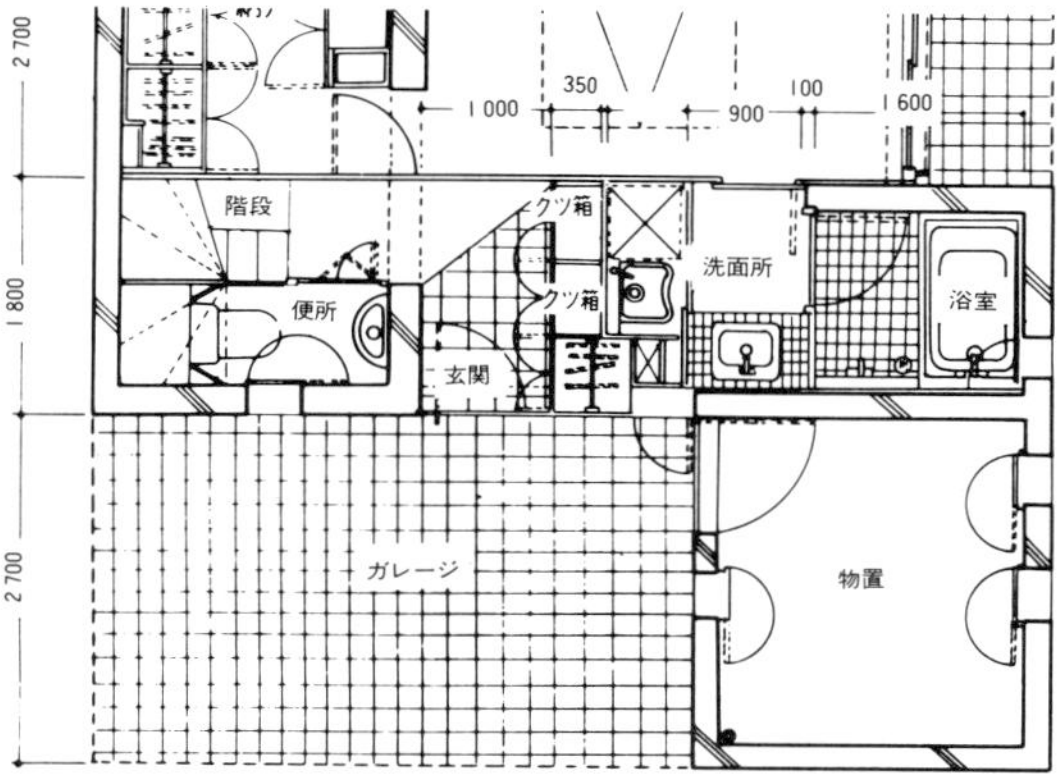

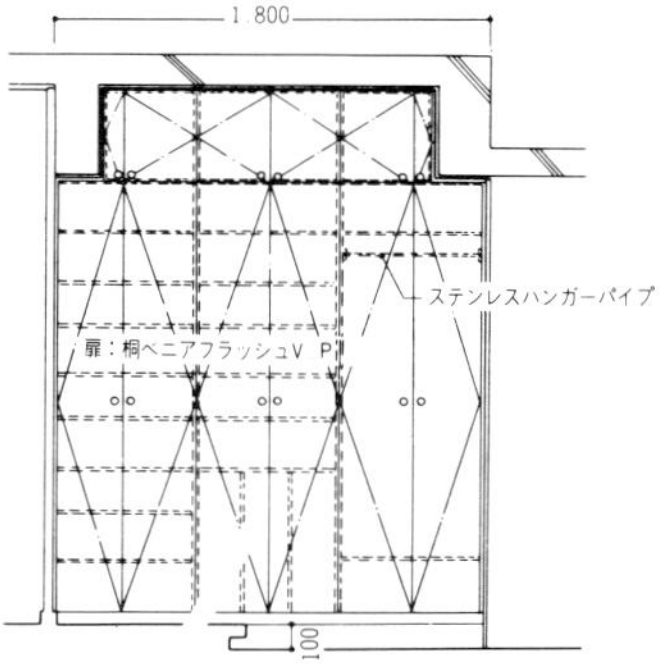

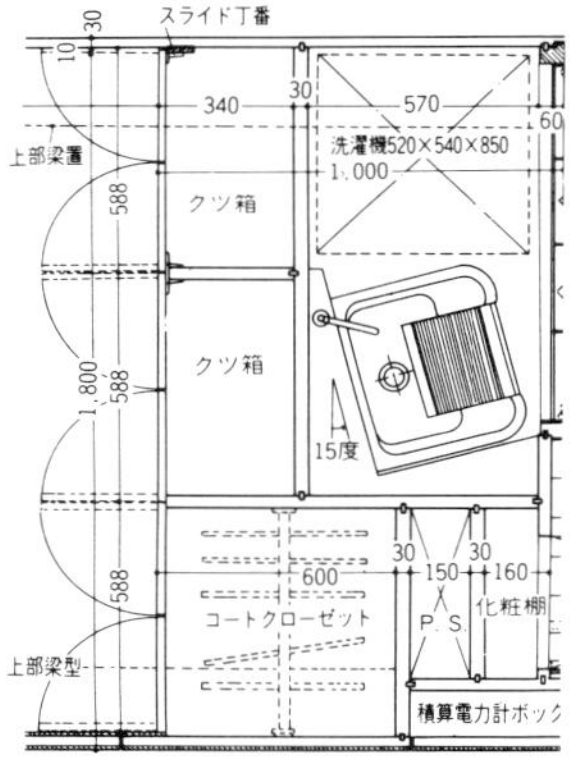

横尾ボックス／計画によっては，靴やコートの収納と一緒に積算電力計や水道メーター・ガスメーターなどを集合して納めるスペースを組み込むことができる．玄関脇のメーター集合ボックスは，検討の便によい．

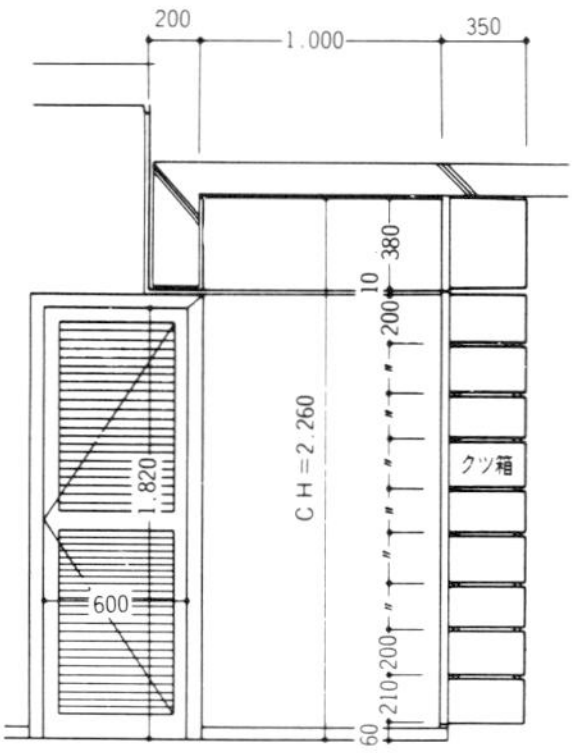

池田ボックス／玄関の収納スペースは，納めるものに合わせて奥行を変えてある．

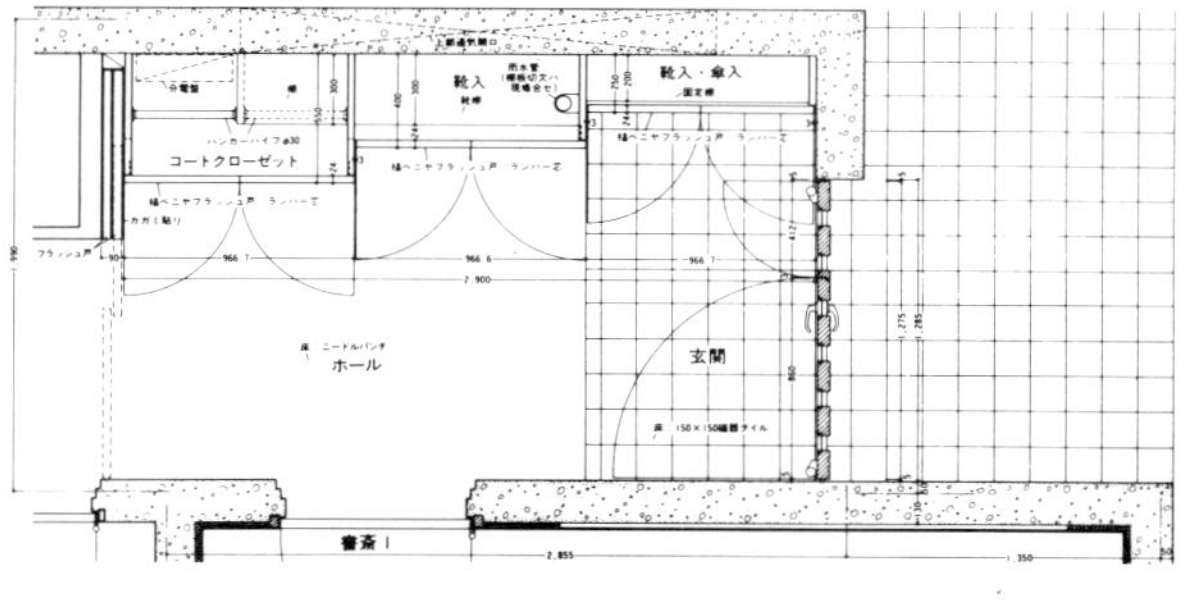

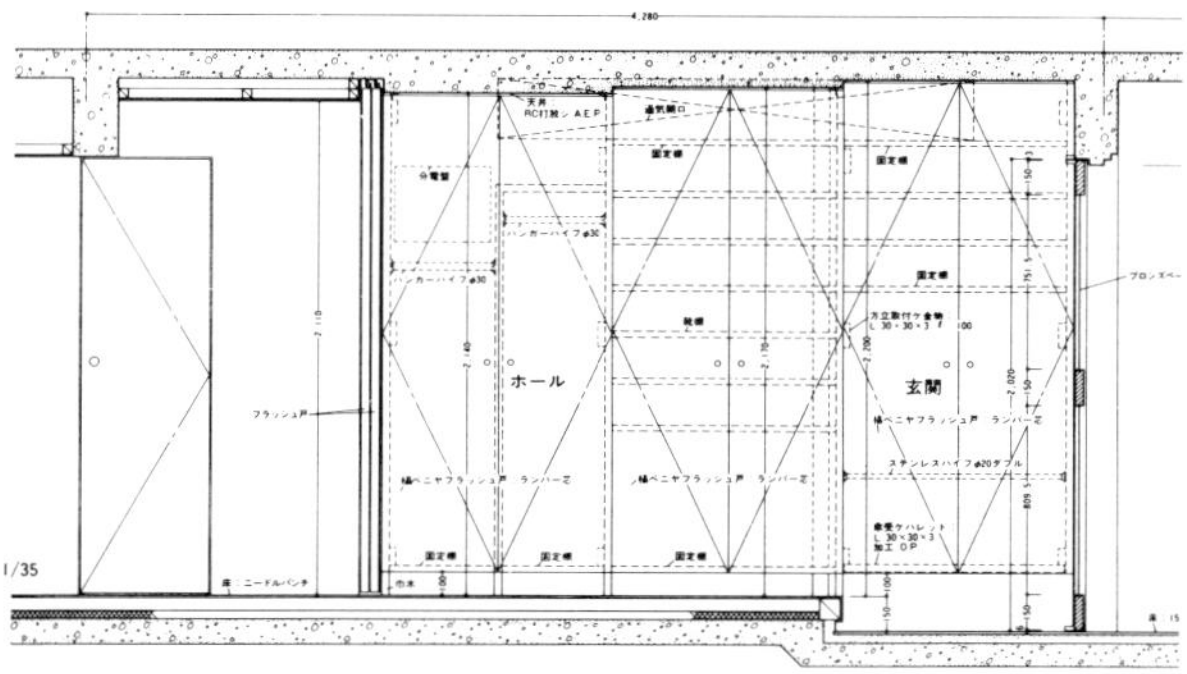

9●7 洋服ダンスに納まるものは洋服だけでない

人間の私的な部分を包み込む部屋だから、それ位のことは当然。

マスターベッドルームに大きな造付けのクロゼットをつくるのは、住宅設計の常道のようにいわれているが、そのこと自身も本当は考えてみる必要がある。男たちの中で、帰宅してトントンと二階のマスターベッドルームに上がり、そこでビジネススーツを脱ぎ、自分でハンガーにかけ、自分でホームウエアを出して着て、下に下りてくるという人が、何人いるだろうか。

ほとんどの場合に脱ぐのは一階のリビングルームで収納は妻たちに委ねられているというのだが、最終的にはこの洋服ダンスには洋服が納められる。また夫婦の寝室が夫婦の私室であることから、ここには洋服以外のかなりいろいろなものがしまわれている。

衣類関係だけでも、通常の衣類、下着、フォーマルウエア、オフシーズンの洋服類、ベルト、装身具、ハンドバッグ、礼装用の靴、帽子類等々が入るし、それ以外も、たとえば金庫、証券類、株券などはたいてい寝室にあるし、その他、人に見られたくないもの、見せたくないもの、昔のラブレターからポルノ、枕絵のたぐいに至るまでが、すべて夫婦の寝室にしまわれているはず。

旅行用のかばんや婦人用の帽子の箱などは予想以上のボリュームでそう簡単に納まってくれないし、ハンドバッグなども思いがけぬ個数があったりする。そういう要求は施主も気づかないか、または直接的には施主からはないので、そういう物も入る余地をそっと用意しておくという配慮も設計者には要求されるのだ。

扉去り図

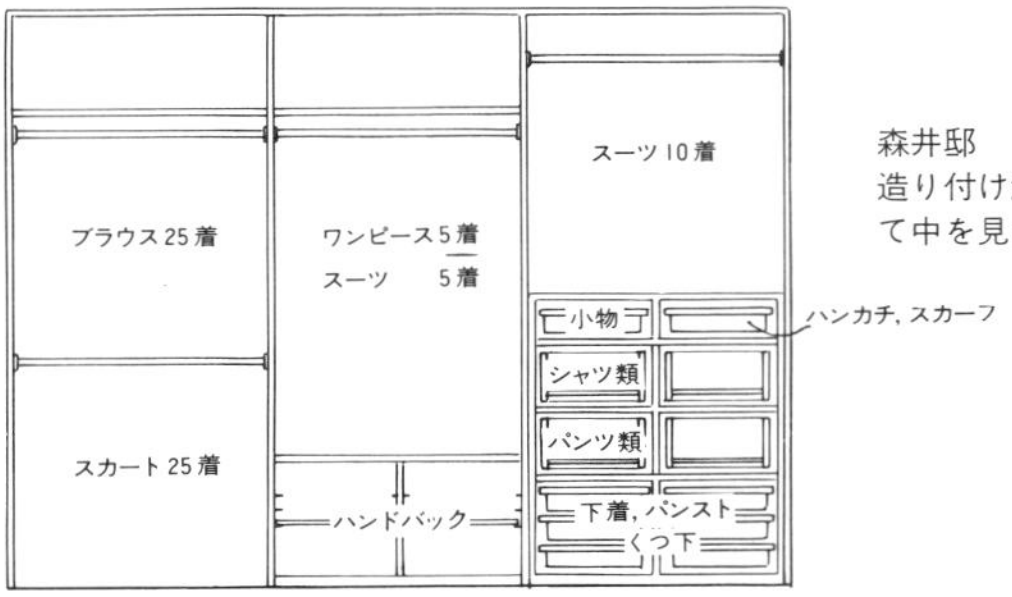

扉去り図

森井邸
造り付け洋服ダンスの正面扉を取り去って中を見たところを表わしている.

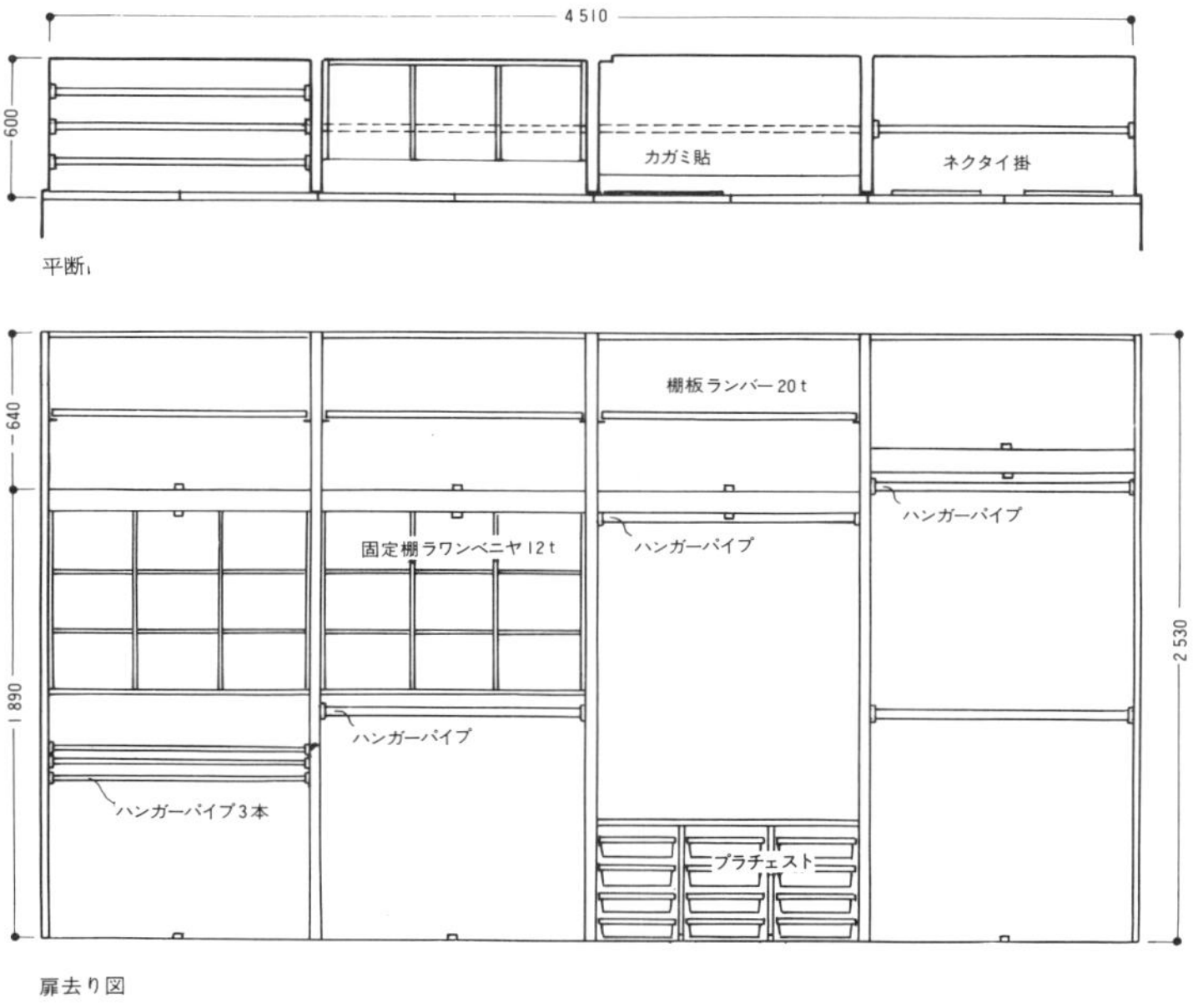

池田ボックス
左の図面は造り付け洋服ダンスの正面扉を取り去ったところと，平断面図．
何をどんな風に納めるかは，使う人との打合せによる．
上の写真は実際の収納状況．

10●1 緑も仕上げ材

正直なところ、緑は最も優れた仕上材である。建築は、最近の工業製品同様、出来上がったときがいちばん美しく、しだいしだいに汚れてくる。汚れながら風格が出てくるような建築をつくりたいと思うのだが、石や土のようなそういう風格を出し得る自然材がごく少なくなっている最近の建築は、なかなかそうはいかない。

そういう建築に対して、緑は植えたその直後から、どんどん自ら成長し、大きくなり、豊かな葉を持ってくれる。そのうえ、四季折々に葉を落としたり、新緑を芽生えさせたりして変化を見せ、風が吹けばそよいでみせてもくれ四季や自然というものを教えてくれる。命を持っている材料と、命を持っていない材料との違いなのだろうが、こんな優れた仕上材としての緑を建築と一緒に考えないほうがおかしい。

グラウンドカバリングという造園上の手法は、まさに大地を緑を仕上材としてカバーしてしまう方法だが、それ以外にも、設計の当初からそこに緑を考えて空間をつくっていく、つまり緑を一種の空間の仕上材として考えていく手法が当然ある。それは都市化が進み、緑や自然がわれわれの生活から遠ざかっていく傾向が強い今日こそ、ますます必要になってくる手法である。もっとも、街並みのデザインをしていて、建物が醜いから植物で隠そう―などという決定をしていて、これは本末転倒であるわいと考え込んでしまう時が無い訳ではない。

中山邸／左ページ写真
玄関の真正面の窓からみえる，中庭のカエデは，あらかじめ玄関の仕上げの一部として考えられたもの．ピクチャーウィンドウで切りとられた風景も，同様に仕上げ材を一部と考えられる．

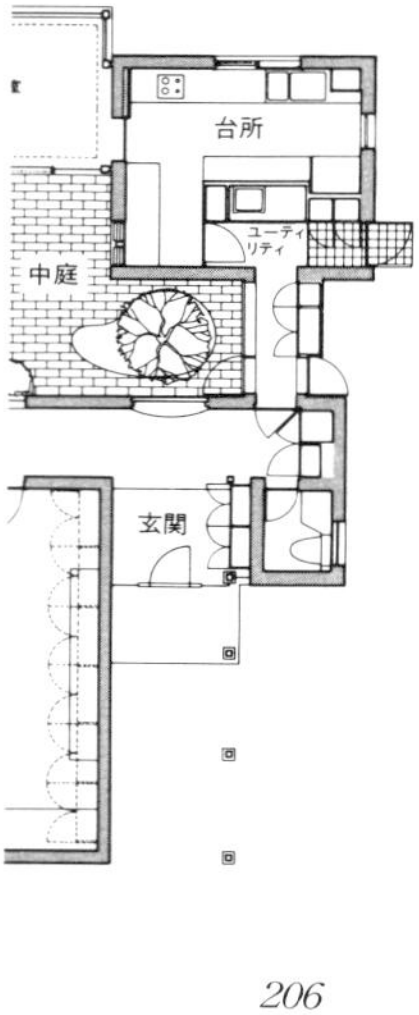

10●2 床は足が触れる所——木肌

アメリカの住宅の影響を受けて、カーペットをウォール・トゥ・ウォールで敷き詰めるのが優れた、また高級な仕上げであるような錯覚を、日本人たちは持っている。だから建て売りにしろプレハブにしろ、ほとんどの住宅のリビングやベッドルームはカーペット敷き詰めなのだが、よく考えてみると、私たち日本人は、先進国の中で唯一といってもよいくらい、室内に入って靴を脱ぐ民族である。一方、絨緞はその発生の歴史をたどってみるまでもなく、靴の文化と一緒に育ってきた材料であって、つまり靴のための敷物なのだ。

高温多湿の東南アジア系の気候を持ったこの国で、靴のための敷物を敷いた室内をはだしで歩くことは、決して気持ちいいはずはないのだが、なぜこんなことが起きてしまうのだろうか。特に夏のように、足の裏に汗をかいているような場合に、絨緞などというものはゴミの集積所でしかなく、決して愉快なものではない。

冬の寒さのことを除くと、床は木質系の、汗を吸い取ってくれるようなものであるのがいちばんなのは当然でだから私たちは、木の床を多用する。

また、その意味では、室内からそのまま素足で出ていくようなテラスや中庭なども、木で仕上げられているのがいいのは決まりきった話である。もっとも、腐るという問題がなかなか処理しきれなくてはそうは行かないのだが。

上写真／中山邸／床仕上げは，ナラ材フローリング．
左ページ上写真／幡谷邸／テラスの床仕上げは，檜板材．
左ページ下写真／松川ボックス＃１／中庭の床仕上げは，鉄道のまくら木を切った木レンガ．

10●3 床は足が触れる所——オンドル紙・コルクタイル

韓国へ冬の旅をして、オンドルの旅館や料亭に入ったことのある人は、あの床の暖かさ、快適さと、あのオンドル紙の床の仕上げの心地よさを、かなり満喫するはず。紙などという床には向かないと思われる材料も、オンドル紙のように何層も重ねてニスで仕上げると、立派な床材になるし、下に暖房がしてなくても、夏、その上を素足でペタペタ歩くのは、かなり気持ちがいい。自然材と肌が触れ合う気持ちよさである。

十数年前からポピュラーになってきたコルクも、床材としては目新しいが、人間との歴史は古く、私たちにはなじみのよい材料である。床材用にプレスされたやや硬いコルク床は、夏の汗を吸ってくれるし、冬は暖かく、掃除も楽で、断熱材でありながら、ある程度、床暖房にも耐えてくれるなどというメリットがあって、私たちは多用する。

両方とも、歩くだけではなく、床に直接座ったりするときにも快適だという長所を持っているのは、忘れてはいけない。

日本の住宅では、床は歩くだけではなく、直接座ってしまって、肌を触れる場所でもあるから単なる歩行性だけで材料を選ぶ訳にはいかない。

秋岡芳夫さんが脚本で、カーペット敷きの床ではいはいして育った幼児は皮膚感覚がにぶいと説いていた。あり得ることである。

上写真／小松邸／床仕上げは，コルクタイル貼り．部分的にパネルヒーティングを施している．

右ページ写真／CHOI・BOX／床仕上げは，韓国で購入してきたオンドル紙を使っている．その下は当然パネルヒーティングを施している．

10●4 屋根は第五の立面

日本の集落だけではなく、世界中の集落を見てみると、屋根の材料とその色等が景観を決定しているのに気がつく。と言ったのは、確か日建設計の林昌二さんが、ドーム屋根のプレスセンターを設計した時の言葉であった。それに触発された訳ではなく、伊藤ていじ氏は、これをアーバンテクスチャーだといっていたのだが、昔の瓦の、彫りが深くて質感を持った重い仕上がりこそ、古い町の風景を美しくしていた最大の理由であった。

最近はさまざまな屋根材ができるようになり、選択の余地が増えているのだが、その屋根が持つ景観上の部分がないがしろにされ、どちらかというと防水、雨じまいの部分だけで材料が決定されている。建築は横からだけでなく、上からも見下ろされる機会がこれからどんどん増えてくるし、形態によっては、それが壁と一緒にきわめて重要なエレベーションをつくっている材料になることもある。屋根の材料の選び方、その施工の仕方が、その建築の印象を決定するような場合が多いことに注意しなくてはならない。

ここでは、自然の中に存在するということから、特にそれが気になる別荘建築を主として挙げたが、都会の住宅も決して例外ではない。古い住宅地に割り込む時などには、ことさらに気を使いたいもの。

金森別邸
屋根，外壁共に米杉のシングル葺き仕上げ．この材料は当初木肌色だが，風化するときれいな灰色になる．

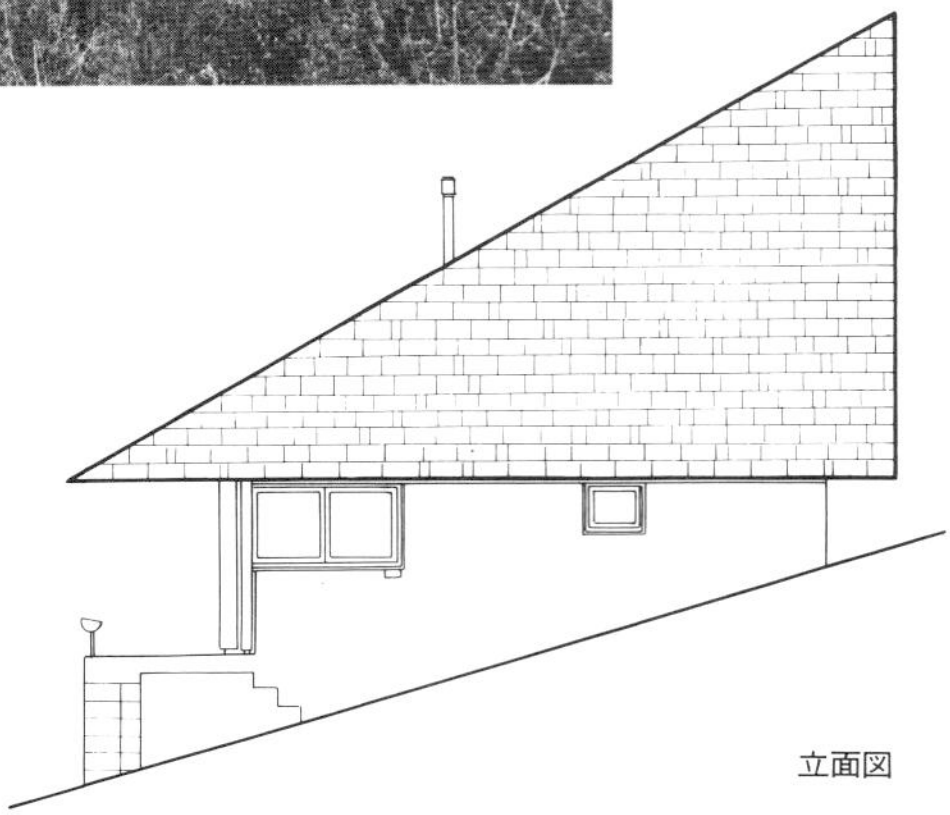

立面図

泉別邸
屋根と妻壁が亜鉛合金板の一文字葺き仕上げ．この材料は当初金属光沢があるが，時間が経るにしたがって灰色から黒色へと酸化被膜が変化していく．

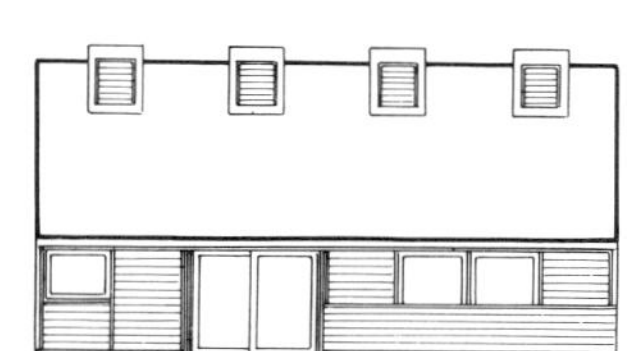

立面図

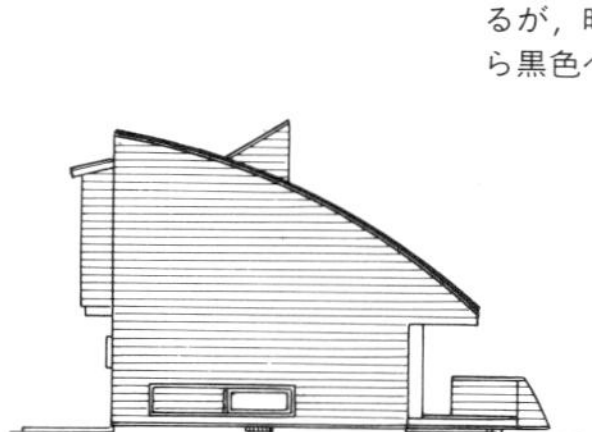

立面図

盛国邸／屋根材はゴムシートのベースに銅箔を貼った材料．経年変化で銅板独特の緑青色になる．

西武八ヶ岳別荘
屋根，壁共に米杉のシングル葺という同材を使うとボリュームが出て良い．

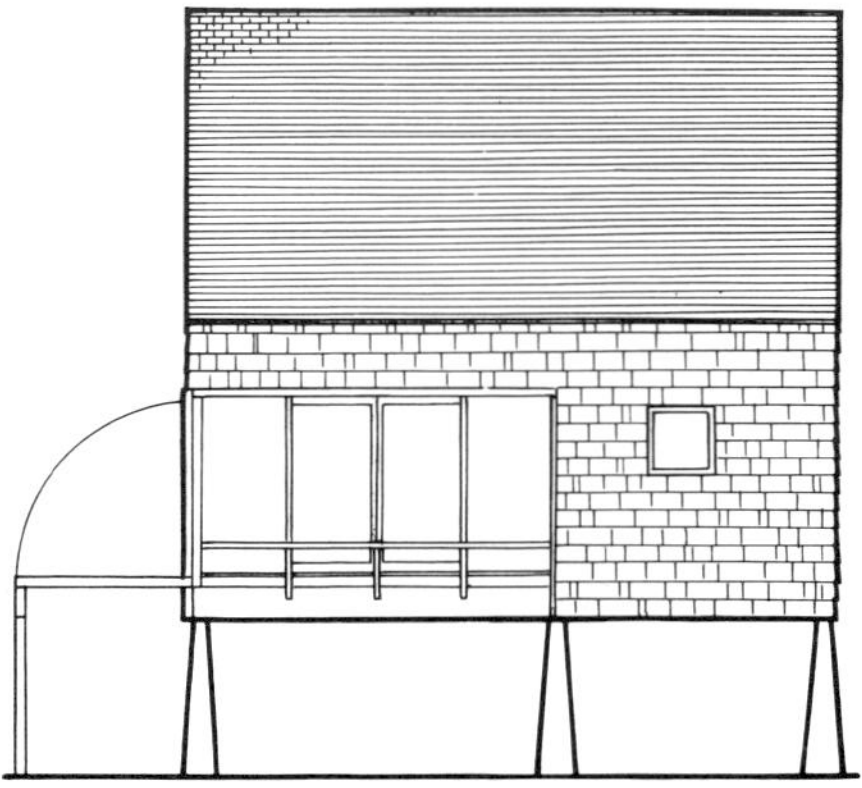

立面図

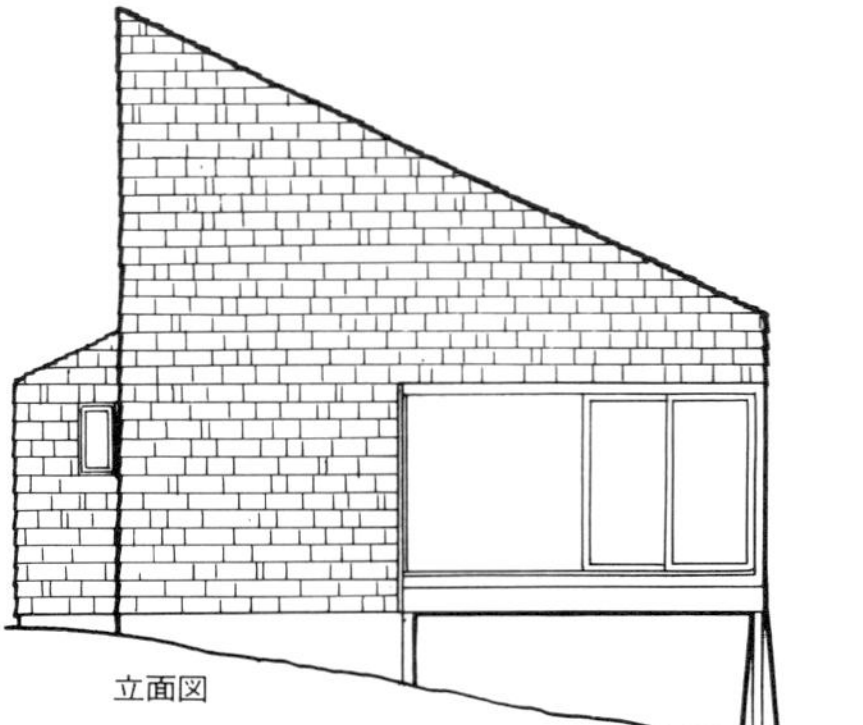

立面図

上写真／和久井邸／屋根，妻壁共にコルテン鋼．屋根は段葺仕上げとしている．表面はウェザーコート処理を施してあるが，経年変化の後，最終的に黒っぽい錆色に落着く．

下写真／佐藤ボックス／屋根は米杉のシングル葺．

10●5 内壁は呼吸する仕上げ・紙・木・布

建築全体が完結された箱になってしまうことを私は否定したい。外部が流れ込み、流れ込んだ外部がまた外へと過ぎていく、内部と外部が還流し合うような家が、自然の中の存在としていちばん住みやすい家だと思うからだ。

家自身がそのようにつくられなければならないとしたら、家の仕上げも当然そうであって、壁、天井、床は、室内の空気を吸ったり吐いたり呼吸するものであるべきだ。ビニールクロスのように、メンテナンスだけは一見楽だという顔をしていて（実はそれほど楽ではないのだが）、呼吸も何も拒否して存在している材料などは、決して室内では使いたくない。

ここでも自然の布や紙、木といった材料が登場してくる。特に木は、それ自身が湿気を吸ったり吐いたりしてくれる容量の大きさから、室内を仕上げる材料としては夏、冬共に快適である。なにもむくの木を張る必要はない。たとえ安物のベニヤであっても、木は木である。

だから私たちは、それを嫌がる風潮に抵抗してその自然の中に生きる住居には木や紙、布といった材料を使いこなして、室内を仕上げようと決めているのだ。

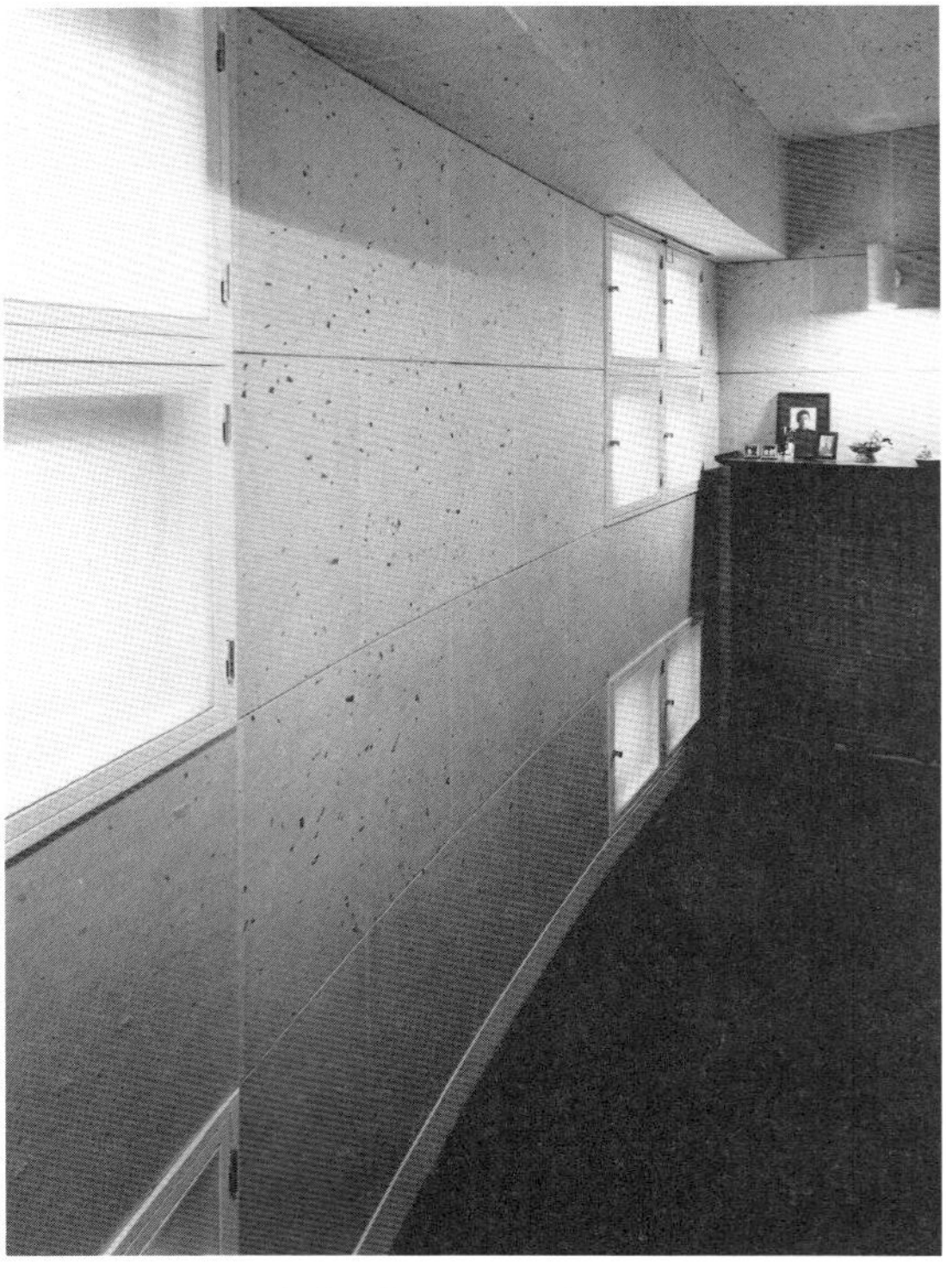

CHOI•BOX
壁はセンチュリーボードを下地にして和紙を貼っている．その和紙もきれいに漉いた上質紙でなく，手の跡が残っているようなもの．

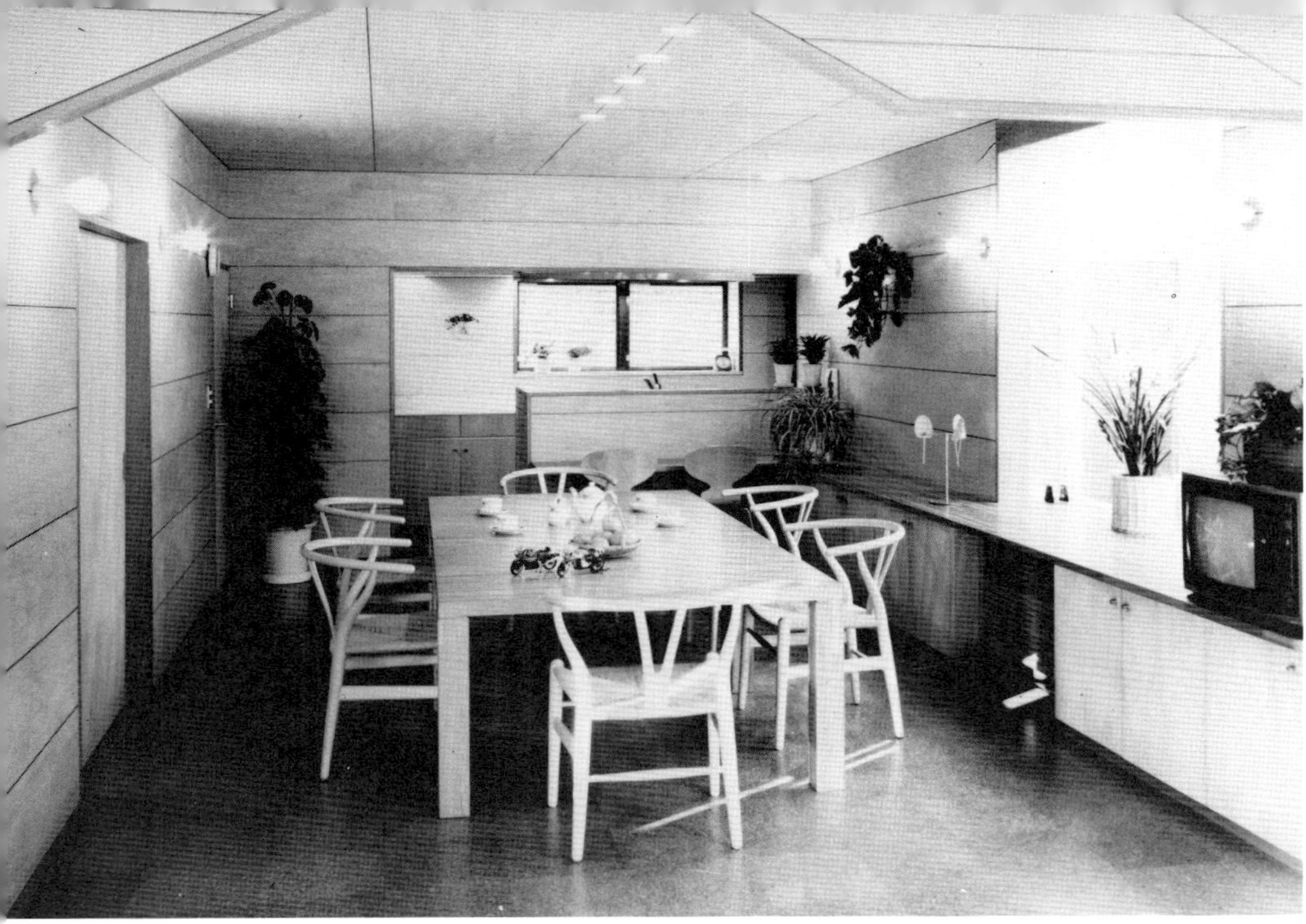

上写真／加藤邸
壁も天井も桷合板一色である．表
面仕上げはオイルフィニッシュ．

下写真／プラザハウス
壁仕上げは特注の布貼り．床や家
具も同系色でまとめている．

10●6 水は思いがけぬほど飛ぶ

外部の設計、庇の設計、雨落としの設計などをしてみるとすぐわかることだが、水は思いもかけない飛び方をする。

雨落としは庇の先端の真下に振り分けでつくると、必ずそこから外れる。和瓦の場合には、内側に少し逃げて雨落としを作らない限り、雨はピタリとそこに落ちてくれないし、そのはねは雨落しの仕上り方にもよるが思いがけぬほど飛んで外壁を汚す。場所によっては、下から雨が吹くような地域だってないわけではない。そんな所では耐水性の材料で軒裏が仕上っていないと大騒ぎになる。

室内の水もそうである。特に室内の水は、人間がそれに手を加えて操作する関係で、思いもかけないところに飛び散ることが多い。だから見えがかりだけで水に耐える材料を限定して使ってしまったりすると、思わぬミスをする。水はかなり広範囲に飛ぶものと考え、広範囲にその水への対処をしておいたほうがいいし、その広範な材料を使うことを前提としてデザインを決めたほうがいい。台所回り、洗面所回りなど。

浴室などではハンドシャワーの普及によって、天井まで水が飛ぶことも珍しくなくなった。かかった水がよく水切れされ、しずくになって落ちてこないこと、落ちる場合に他の材料を汚さないこと、裏に回らないこと等々を設計の時に考えねばならない。

飛んだ水がただ落ちるだけでなく、吸い込まれたり、毛細管現象で上ったり、湿気として残ったりする等水はかなりの曲者であるのだから、それを考えて材料とディテールを考慮したい。

村井邸／台所の壁仕上げを見る.
台所の壁仕上げは，耐水性，耐油性と掃除しやすさ見えがかりを考えるとブライト釉のタイルがいちばんである.

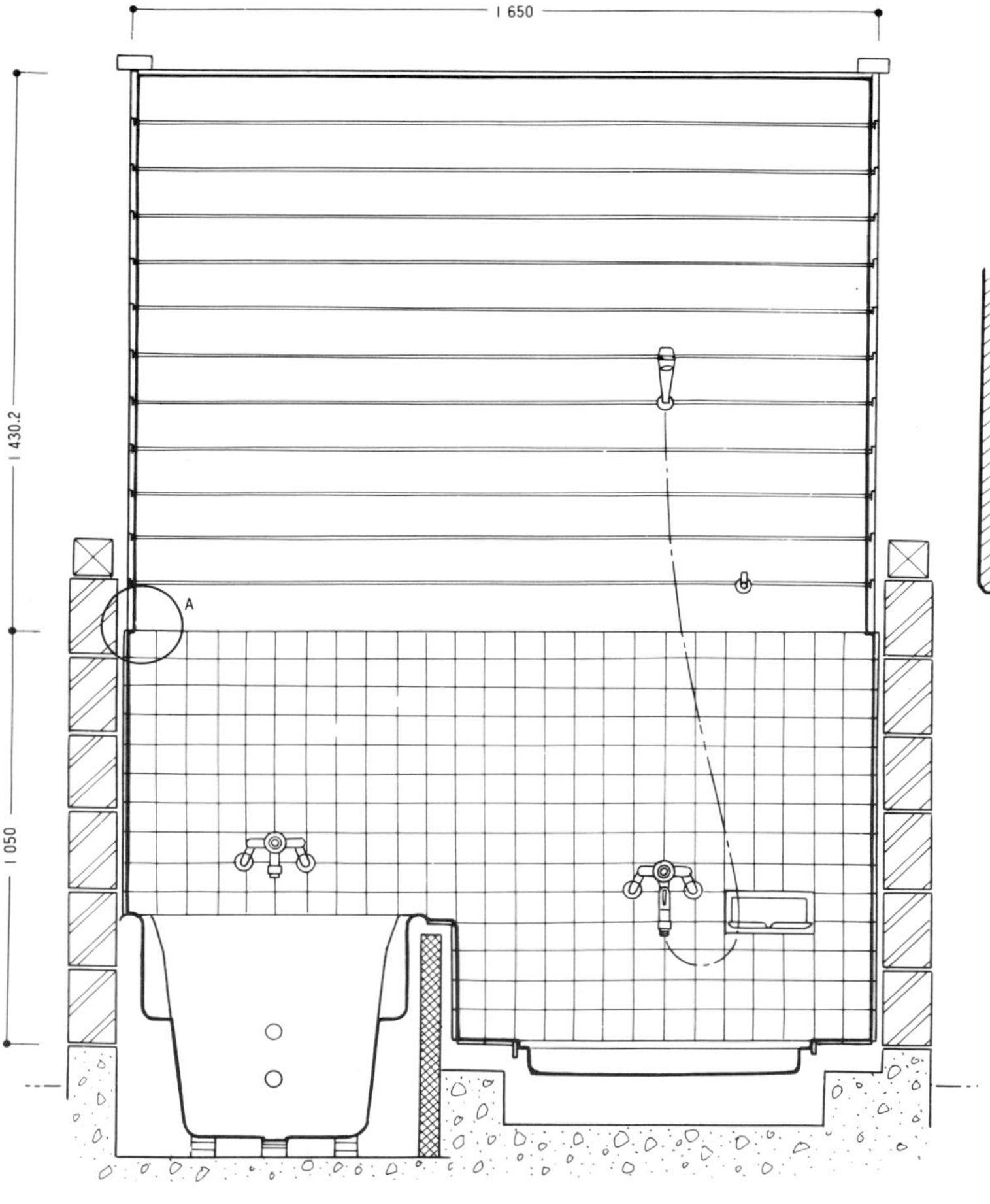

断面図

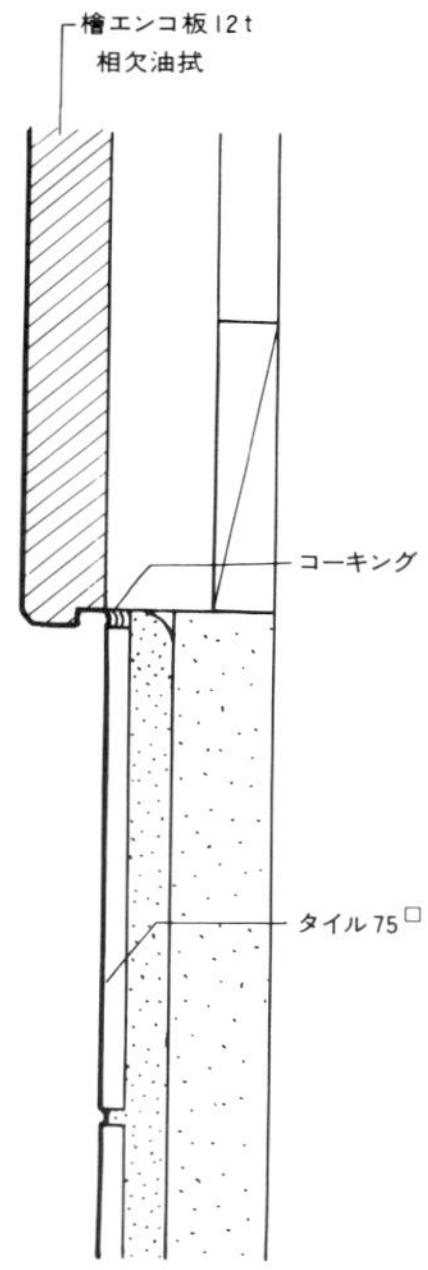

A部分詳細

田中邸／木造建物の浴室のスタンダードディテール．
もっとも水のかかる部分はブロック下地のタイル貼り，
上の板貼りは水切を考えてタイル面より前に出す．

11●1 アプローチは露地の感覚で

神や仏というものは、ほとんどの場合、遠いところか高い山の上にいる。良い山もだいたいアプローチが長い。そこに行き着くまでにアプローチが長いほうが高貴だというのは、そんなところから来たのだろうか。

よい住居もまたアプローチが長い。吉村先生の家、志賀直哉さんの自邸、京都の良い料亭、旅館皆そうである。

街の一般住宅を観察してみると、道路にいきなり玄関が開くような家はヨーロッパならタウンハウス以外にはなく、日本ではどんなに貧しい家でも、塀と玄関との距離を無理矢理作って必ず道路から何十センチか奥まって玄関がある。道路から玄関までの距離が長いほど高級な家だ、または風情がある家だという原則は、一般でもかなり強いようだ。

敷地が狭くなる一方なので、そういう長いアプローチをつくろうとすると、敷地の脇に寄せられてどうしても狭い路地ふうになる。しかしその路地にグラウンドカバリングや踏み石を慎重にセットし、傘をさして十分通れるだけの幅をクリアし、照明器具や焦点に見える玄関回りのデザインのちゃんとしたアプローチをつくると、その家はかなり立派な家風になる。後は家のデザインがその風情に耐えるかどうかの話。

私の設計でも、出来るならそんな奥行のある感じの風情を生みだしたくて、何度も試みる。

河崎ボックス
御影石の飛石，砂利敷，笹と下草の植え込みという構成，御影石は当時廃止になった都電の敷石の放出品である．右ページ右側の写真参照．

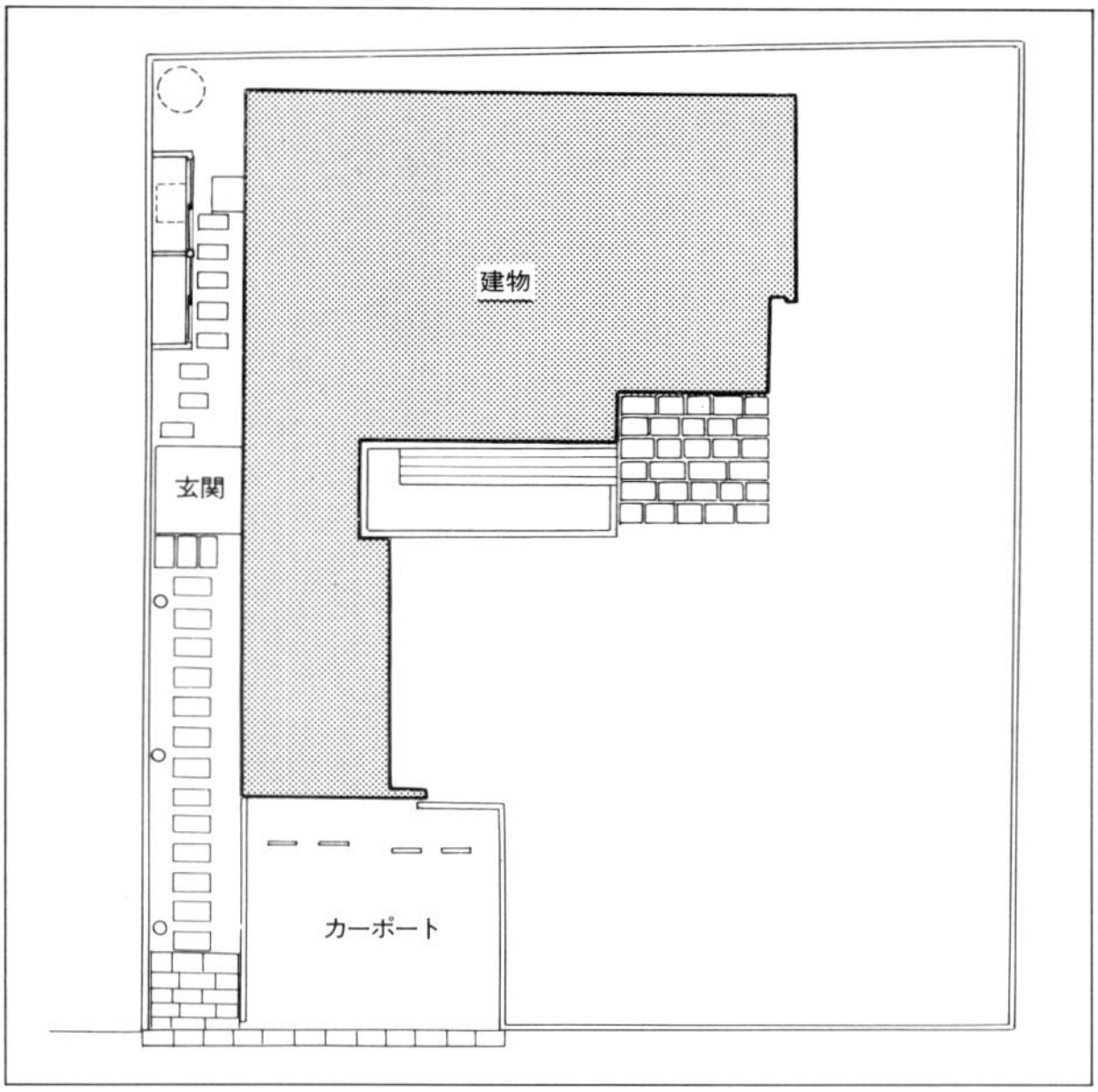

高畠ボックス
レンガタイル貼りのアプローチ．仕上げはパティオの部分と仕様を合せている．このアプローチは玄関へのアプローチと同時にサービスヤードへのアプローチを兼ねている．右ページ左側の写真参照．

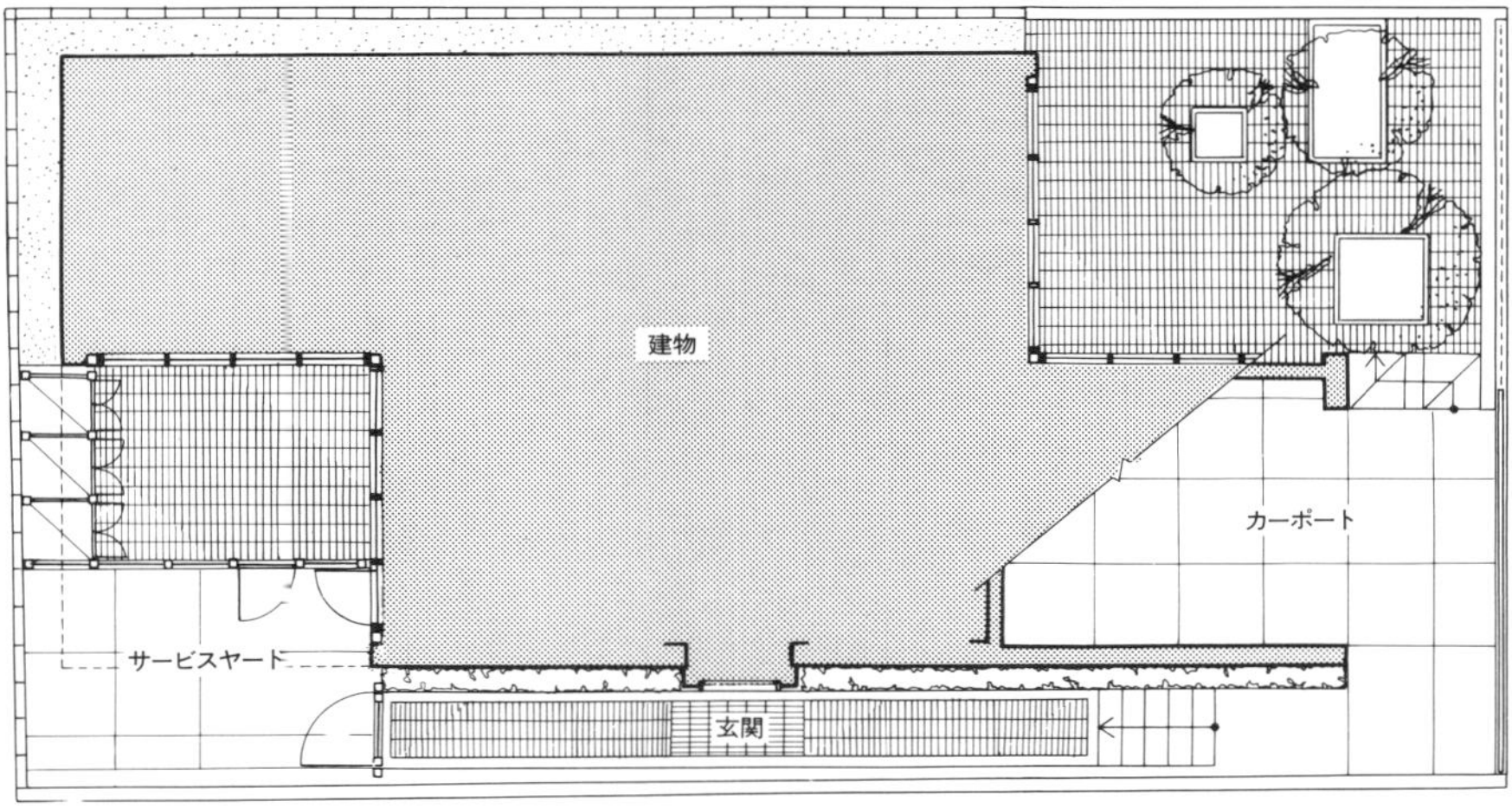

11●2 勝手口回りはゴミ集積所

玄関回りのデザインはいろいろされるくせに、勝手口というのはいつも二の次になる。勝手口などいらないという近代住宅理論さえあった。けれども、物の搬入、搬出される量は、台所に直結した勝手口のほうが玄関よりもはるかに多いのだし、その物も玄関から入ってくる客のように着飾った、きれいなものではなく、往々にして乱雑に持ち込まれる荷物であったり、運び出されるゴミであったりする。そして、それらはすぐ移動される訳では無く、しばらくそこに置かれる性質がある。

だから勝手口の回りはいつもそんな雑多な物が集積されてしまうわけで、ポリバケツ、赤や黄色のビールの空きびんがはいったプラスチック箱、壊れた三輪車、もらいものの箱などが積み重ねられることになる。

最近のように、車でスーパーに行き、物を大量に買って帰るようになってくると、アメリカの住宅の様にカーポートから直接勝手口という動線がかなり重要になってくる。またそうなってくると、一種の玄関であり同時に物置的な扱いも勝手口回りはされてくるわけで、ただ単に勝手口の周辺に広がりがあるという程度では済まされなくなる。周辺の物を整理し、小ギレイにまとめて、家人専用の玄関であります的な作りも考えられなくてはならない。

島田ボックス
アプローチ正面の扉を開けるとそこはサービスヤード．勝手口や物置がある．

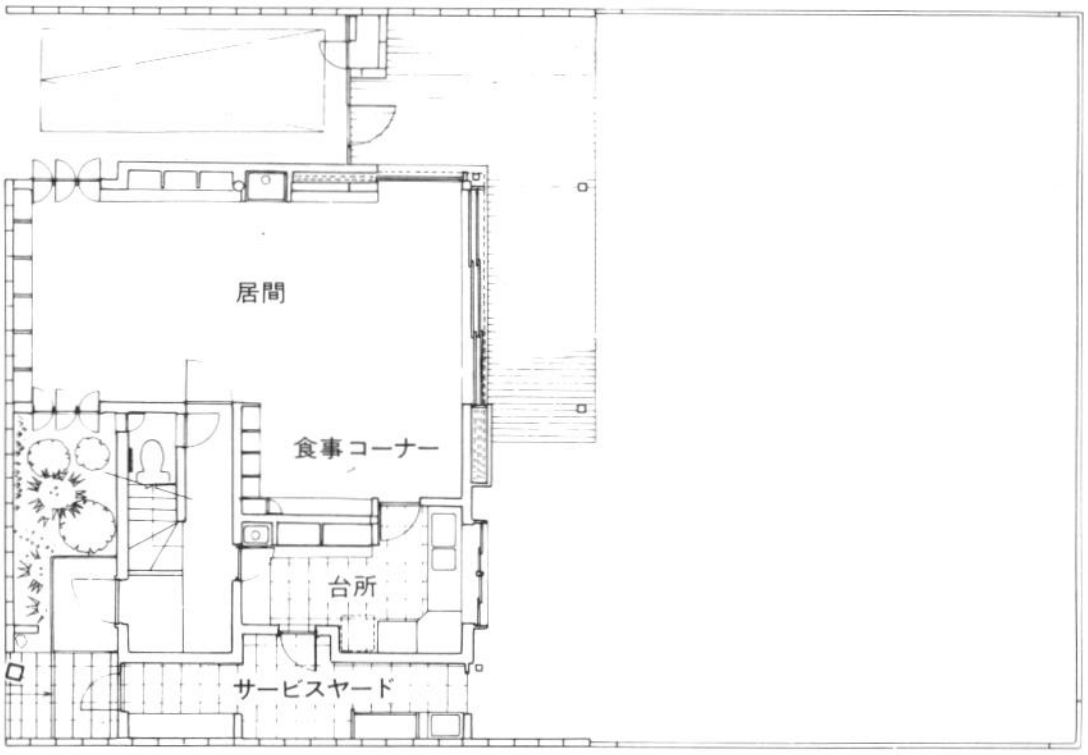

島田ボックス
上写真／サービスヤードのある面をみる．敷地境界に建てた塀の陰になっている．
左図面／平面図，アプローチと玄関，サービスヤードの関係がわかる．

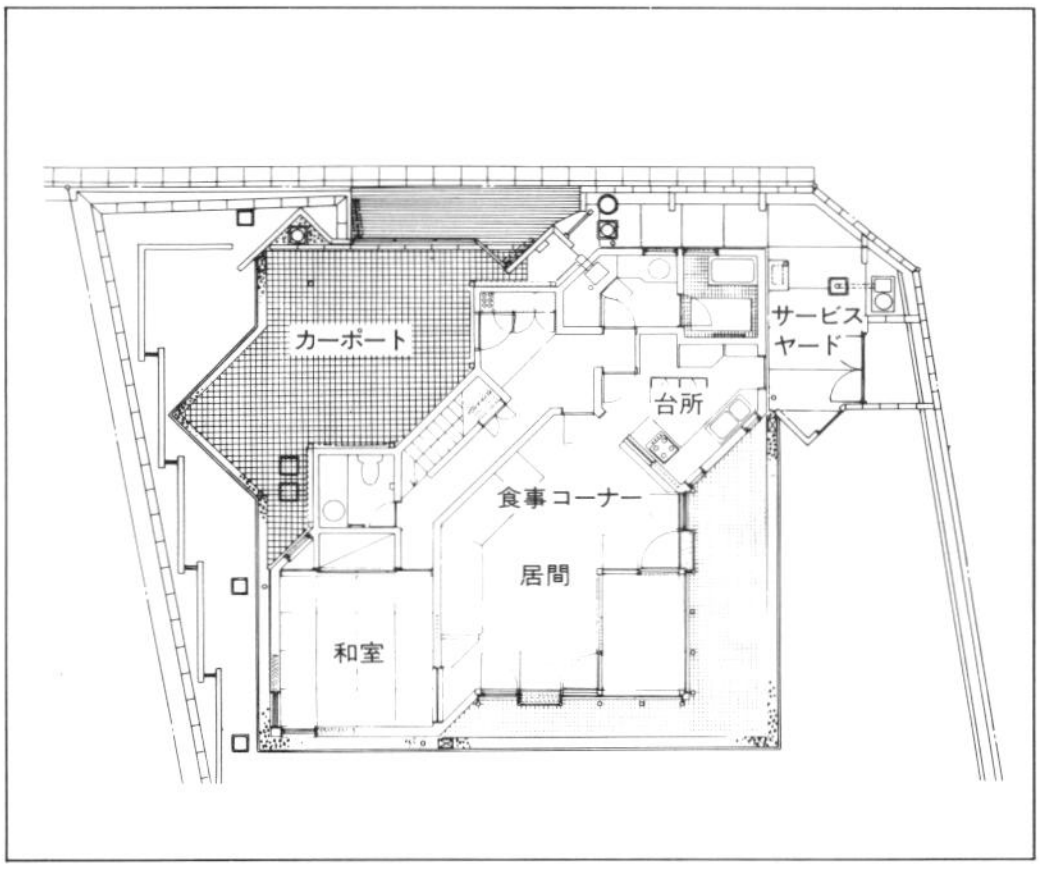

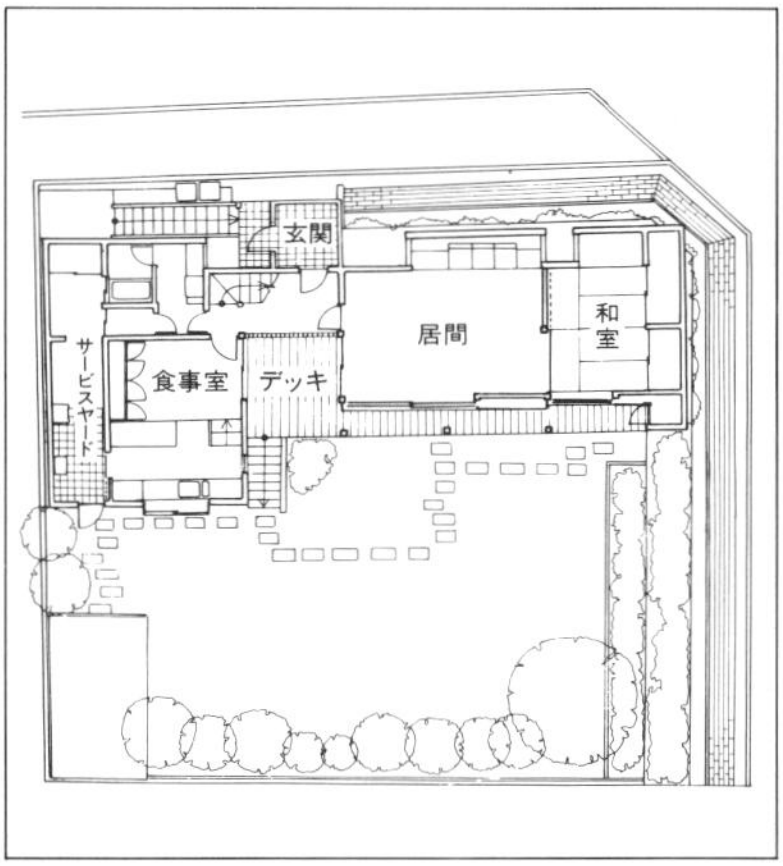

上右図面／藤江邸／食事室の左側がサービスヤード．庭に直接出るようになっているが，デッキ下を潜って外へ出ることができる．
上左図面／田中邸／図面の右肩の部分がサービスヤード．塀で目隠ししていて，道路からは少し回り込んでアプローチする．

11●3 カーポートで子供が遊ぶ

自動車の普及率が一〇〇%近くなって、郊外や地方では一戸当たり二台も珍しくない時代がやってくると、宅地の玄関前は必ず駐車場というパターンになる。駐車場の車が出ていくか出ていかないか、つまりお父さんが乗って仕事に行ってしまうか、家にいるお母さんの買物用なのかによって違うが、日本の場合に車はまだお父さんが仕事で乗っていって、昼間は空いているというケースが多い。

こんな駐車場の場合、最低二・五×五メートルという広さがポンと家の前に残されるわけで、そこは当然、近所の子供も含めた子供たちの遊び場になる。駐車場であるからといって、いちばん安いモルタルで仕上げ、そこにオイルが漏って黒いしみをつくり、自転車が引っくり返っていて、オイルの缶、スペアタイヤが積んであるというふうな、まるでうらぶれた物置のようなところで子供たちが遊んでいるのを見るのは、みじめなものだ。

玄関前のアプローチを兼用するケースもずいぶんあるわけだから、オランダのボンエルフがなどと大上段に振りかざすまでもなく、せめて床の仕上げはもう少し上質な、子供たちが遊んでもおかしくないものにしたいし、できたら樹木も参加させて、単なる駐車場にはさせたくない。

龍神邸
カーポートの床上げは，タイル貼り．左ページの右図参照．

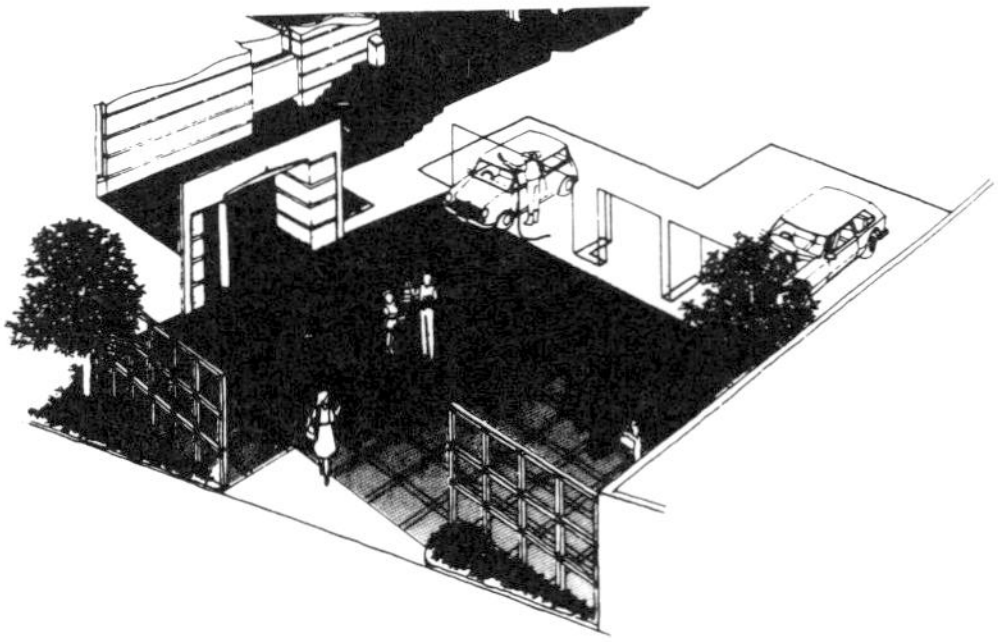

ユーロハイツ参宮橋
集合住宅のカーポート．床仕上げはレンガ敷．
二種類の敷き方で模様をつくっている．

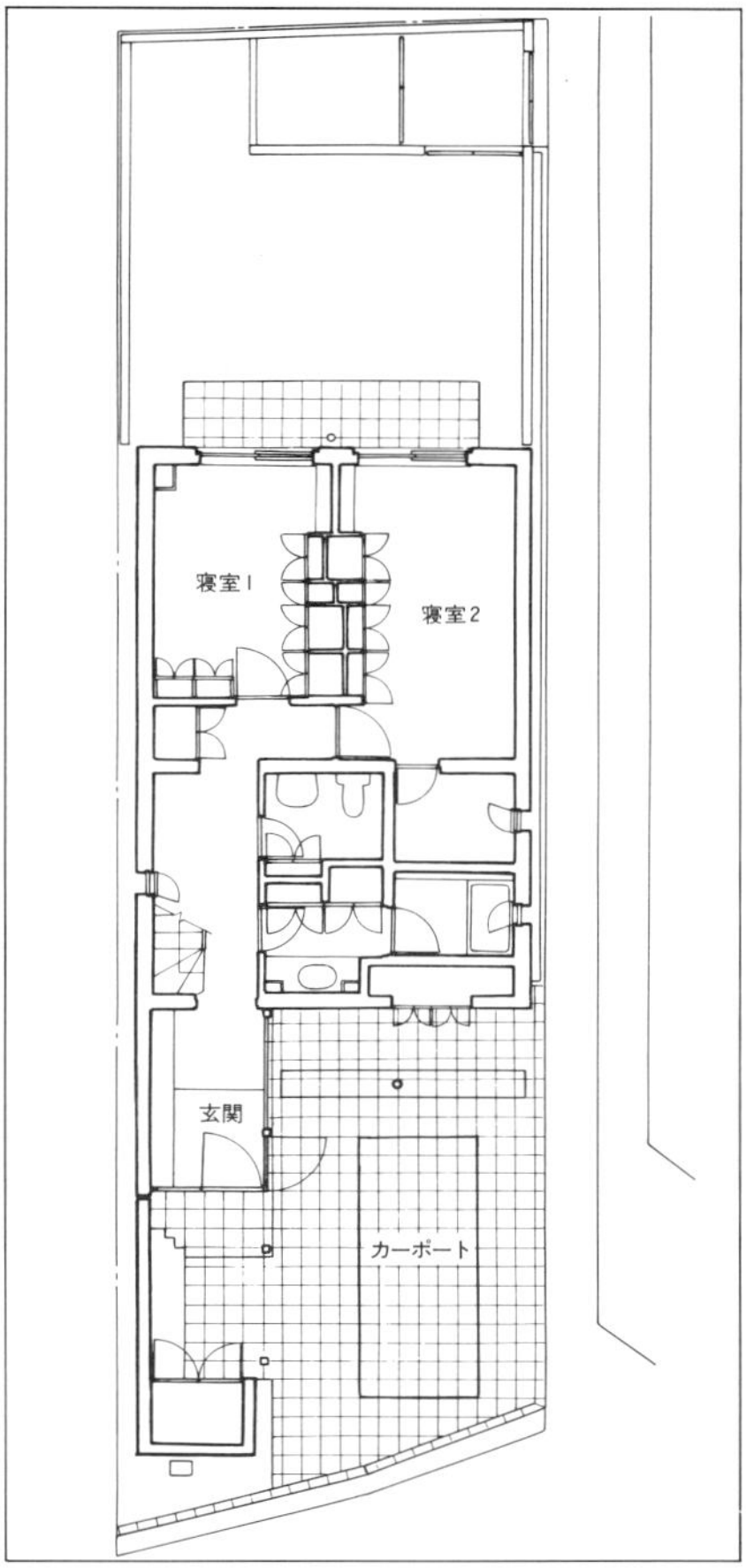

龍神邸

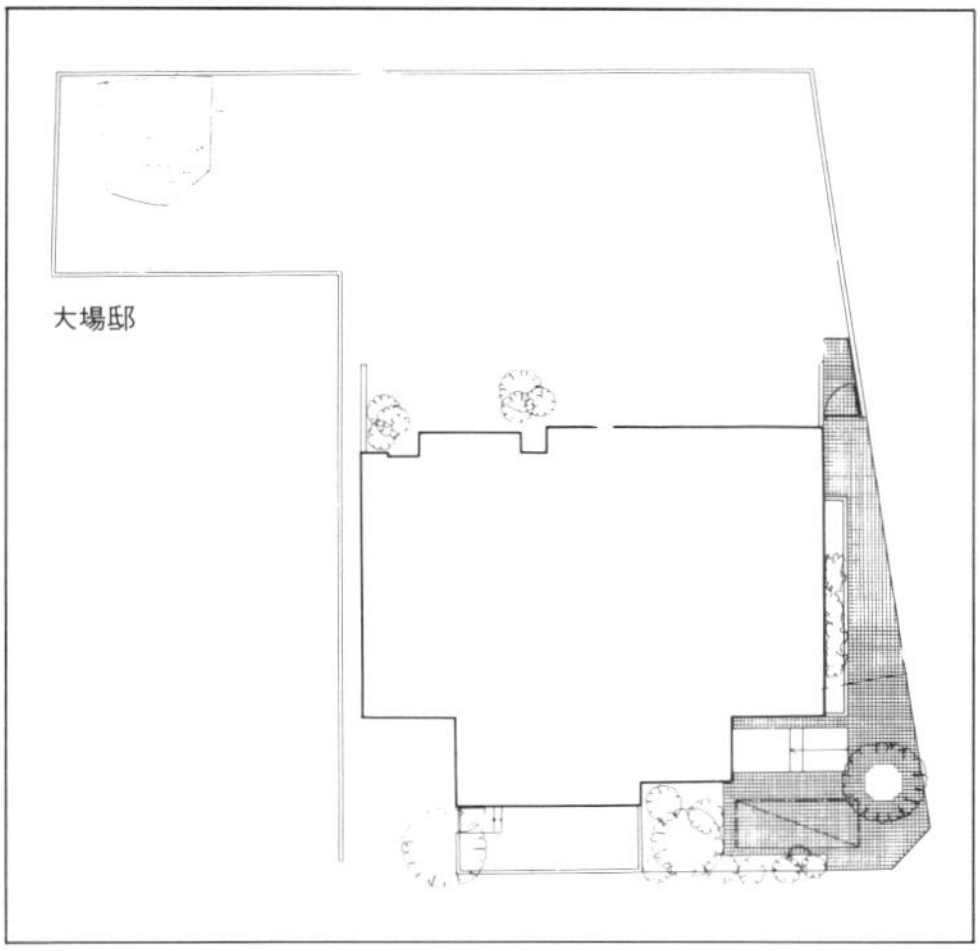

左写真／大場邸／既存の樹木を取り込んだカーポート．床仕上げは，タイル貼りとコンクリートの洗い出し仕上げのミックス．左上の図面参照．

11●4 玄関扉の内外は気配の空間

玄関は家人も入ってくるし、知らない他人も入ってくる場所である。家人の場合でも、夫であるのか子供であるのか、中で迎える家人はその人の気配を知りたいと思う。真夜中に帰ってくるときは、酔っているかいないかなども気になることだし、それが室内から分ればいうことはない。知らない人が突然来たとすれば、それが怪しげなセールスマンなのか、近所の友人なのか、子供の仲間なのか、郵便配達なのかが分れば、心が安心である。

一方、訪ねるほうの側にしてみても、ベルを押して人が出てくる気配が外から分れば、それなりに対応の仕方もあろうというもの。ちょっとネクタイ直したり、身を正したり。

だから玄関ポーチは、内部にも外部にも、それぞれがお互いに分り合うようなデザイン上の工夫が必要である。

もちろん、気配として見える程度がいちばんいいのであって、大判の素通しのガラスがバンとあって、内外両者ともに丸見えというのは気配というものでなく、スッポンポンで下品。昼と夜、内外の明るさが逆転するからかなり難しいようだが、両者に均質に…と考えれば簡単。扉を通して内外が見えたり、扉の脇にかすかに見えたり、さまざまな手法がある。

こつは内部からも、外部からも見えすぎてしまわないこと。

写真右／森ボックス／玄関より外を見る．下駄箱越しに外の風景がよく見える
写真左／森ボックス／アプローチ側から玄関を見る．こちら側からの透明のガラス面積は狭い．

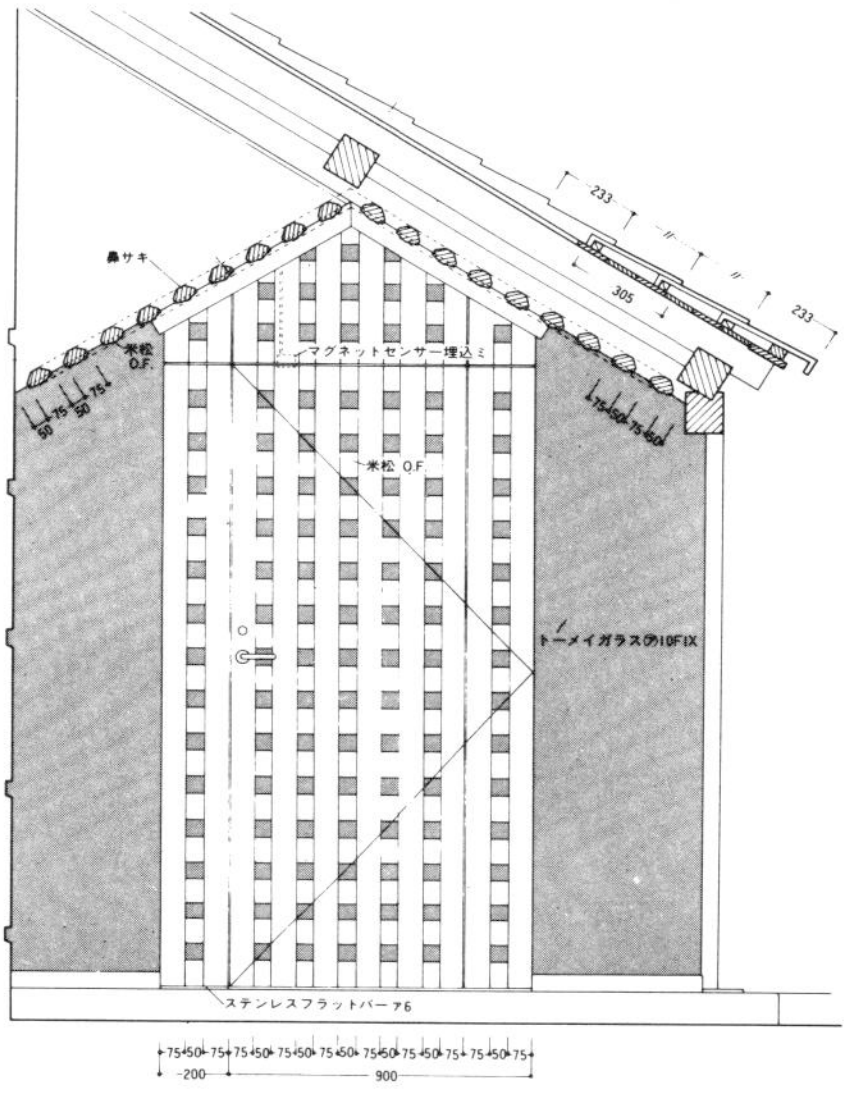

上写真，上右図面／中山邸／格子戸風つくりの玄関扉と，その両袖のはめ殺しガラスとの組合せ．玄関扉まで近づいた人には中の様子が見え見えにならない．

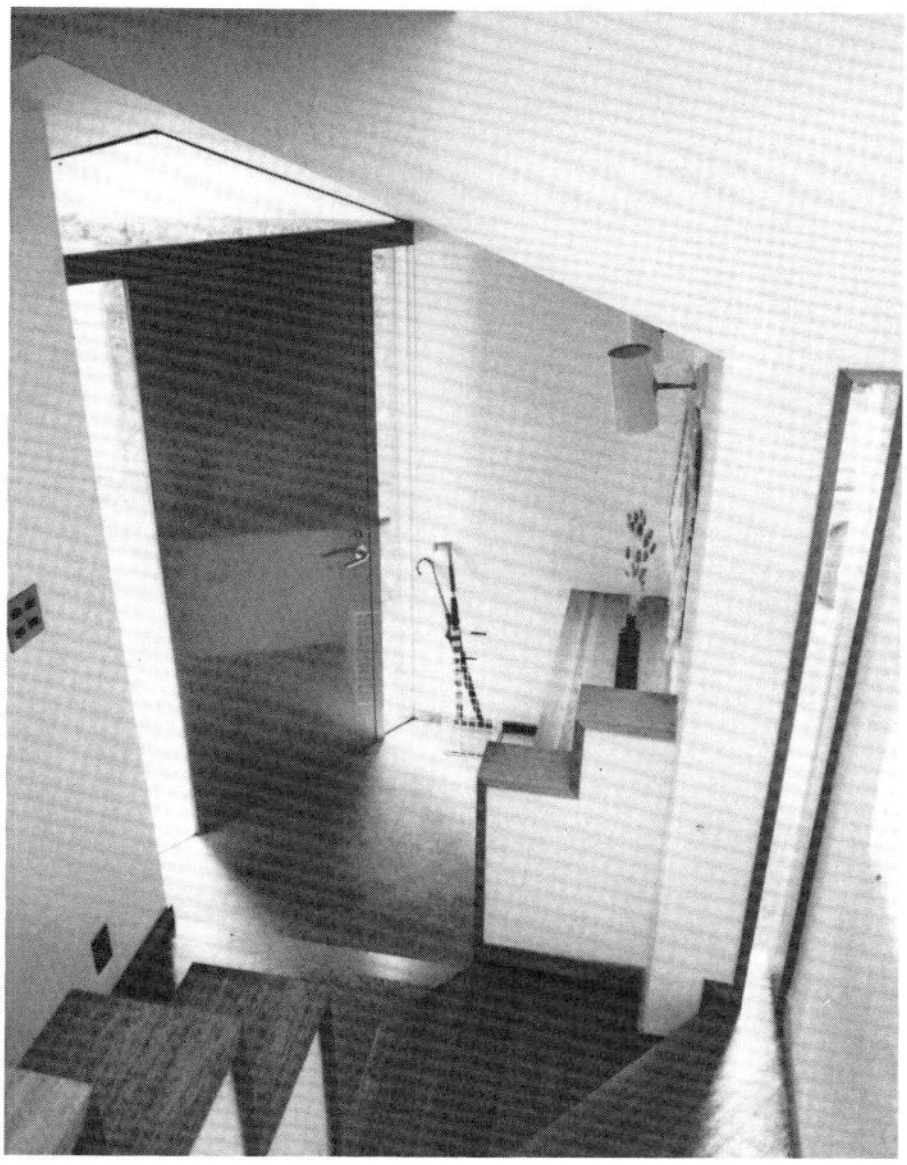

右写真／渡辺邸／部屋の中から玄関扉あたりを見る．扉の両側のガラスは，玄関の明かりとり．気配を感じるには十分な面積．
左写真／冨士道ボックス／アプローチより玄関を見る．和風のイメージを出すため伝統的な格子戸が玄関扉．気配をうかがうにはちょうどよい間仕切である．

11●5 入口回りの装置はまとめて

それが門である場合や玄関である場合等、一軒の家や敷地の入口周辺にはいろいろな装置がある。

来客、通行人に対して住居表示、住み手等を知らせる表札のようなものや、来たことを告げるためのインターホン。郵便や新聞を受け取るためのポスト、最近は少なくなってきたが、牛乳配達が牛乳を置いていってくれる牛乳受け、電気やガス、水道のメーターも玄関付近にあれば、係員が宅内まで入ってこなくてもすむ。そういう装置類を全部ばらばらに置くと、玄関前はかなり乱雑で見苦しくなるので、これをできる限りまとめ要素が少なくなるというのが、私たちの住宅のデザインの一つの手法である。

一般的には、外灯、表札、ポストが最小単位だし、メーター類を組み込んだ大型のものにする場合もある。

大きくなると、それ自身がサインとなって家をシンボライズすることも可能だし、団地のようにたくさん並ぶ場合には、それが街の景観をつくる大事な要素にもなるから良い加減には出来ない。

目の高さに欲しい表札、それを照らす門灯、口の高さに近いほど良いインターホン、最近の大型雑誌を入れるにたる大きなポストというバラバラの物をまとめるだけでも大変だし、メーターを組み込むとなると、デザインの事など考えてもいないガス会社、電力会社との闘いになる。

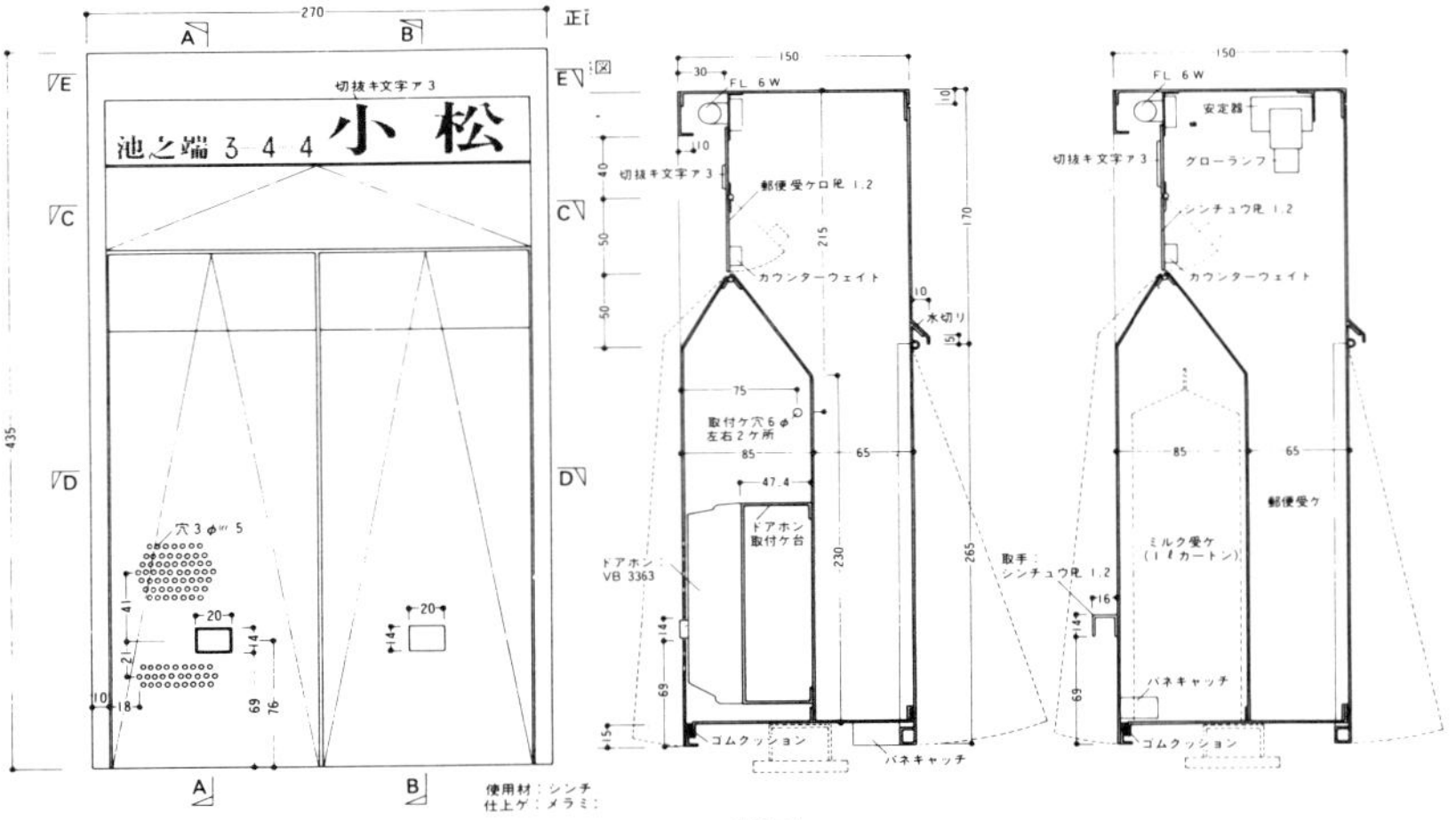

正面姿図　A-A断面　B-B断面

小松邸
門灯，表札，郵便受，インターホン，牛乳受をひとつにまとめたボックス．
雨ざらしになることと加工性を考えて，すべて真ちゅうで製作している．少しコンパクトにまとめすぎて，門灯の電球交換が不便なのは反省点．

正面姿図

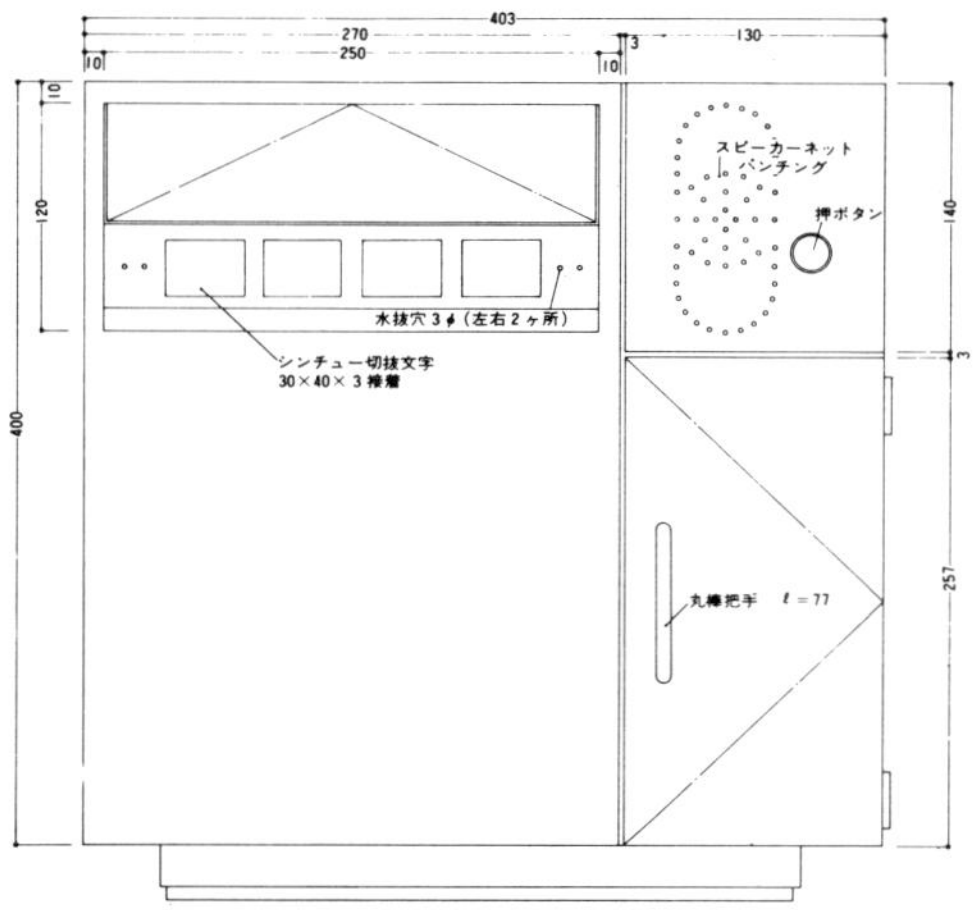

立面図

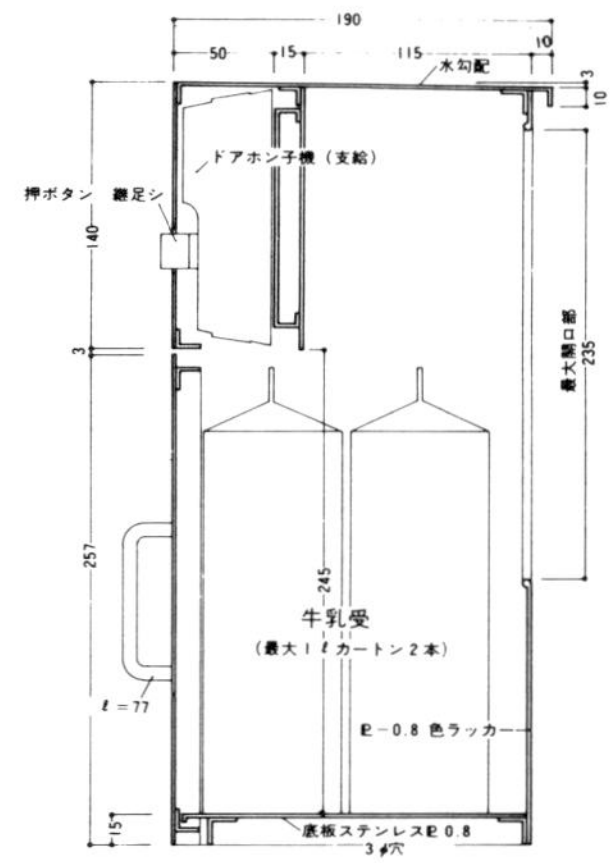

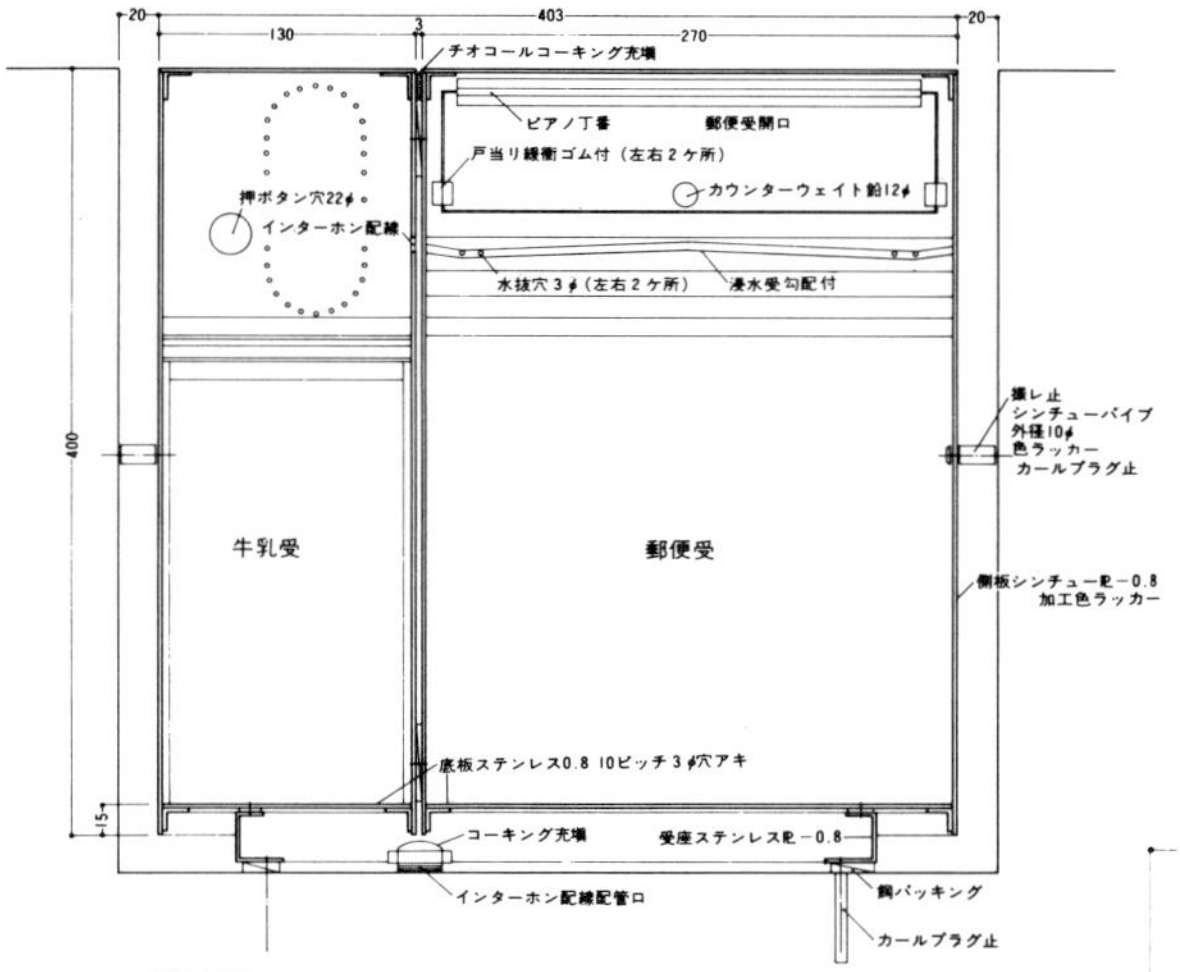

断面図

木村ボックス
郵便受，表札，インターホン，牛乳受をひとまとめにしたボックス．
牛乳受には１ℓ入パック２本が入るとの条件が全体のプロポーションを決めている．

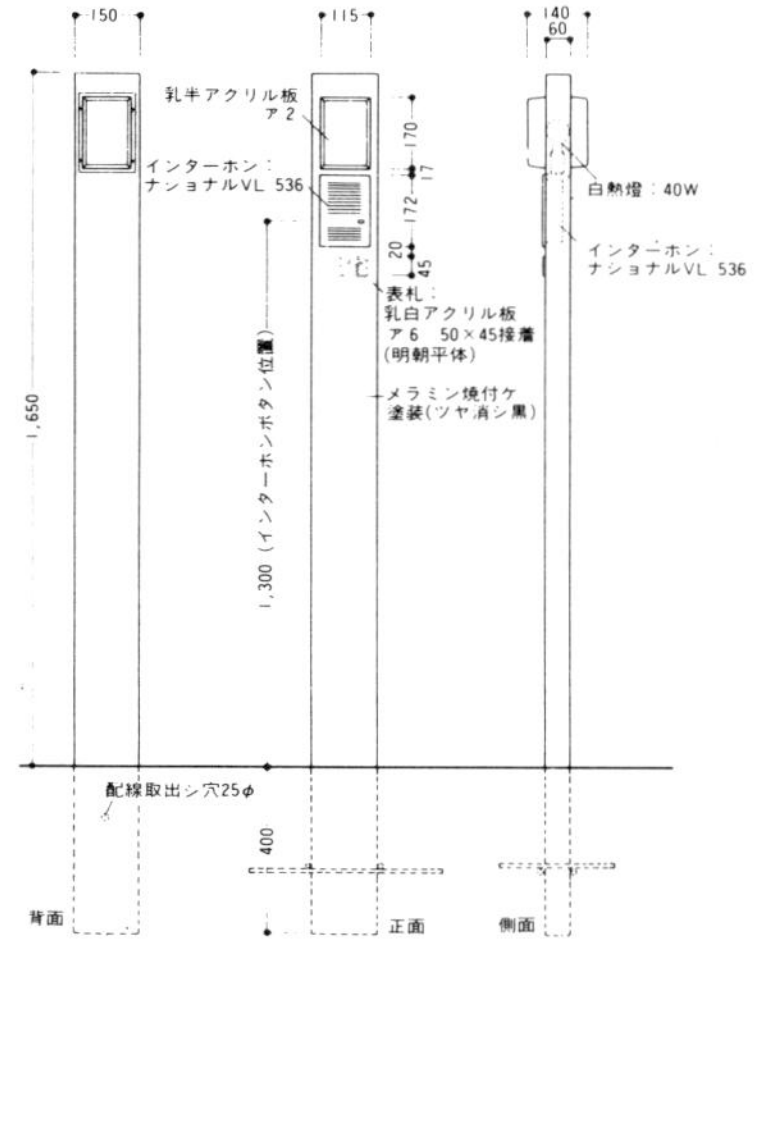

三宅ボックス
門灯，インターホン，表札をひとまとめにした柱．
入口回りの装置をまとめたものとしてはもっとも簡単なものに属する．

11●6 庇を照明器具にしてしまう

玄関には当然庇がいる。入る人が傘をたたんだりするための空間である。そしてまた夜遅く帰ってくる人のためには、鍵を開けたりするための照明が必要だし、客のためにもそれは必要であろう。

扉が透けていたりして、外の人の気配を知ろうと思うときにも、当然、外部には照明がなくてはならない。両方とも必要なその庇と照明を一緒にして単純化することはできないかと考えたのが、幾つかの玄関庇。

緩い屋根型をした庇の中央部の棟に当たる構造材に照明器具を抱かせ、下にアクリルの板を入れるという標準的な形を設計して、何軒かの家に使ってみた。アプローチの階段を登りつめた所に玄関のある家では、光ったアクリル板が良い目印になってよかった記憶がある。

当人はかなり面白い発明をしたつもりで喜んでいるのだが、使っている人たちは、気づきもしなかったり、あまり驚きもしない。標準部材としてあらゆる家に使えるというものではなさそうだが、異なったものを整理して一つにまとめ単純化させることは、住宅設計の手法として決して意味のないことではないと思っているから、他の機器などでも同じようなことが試みられている。

中山邸
玄関へのアプローチ庇の天井内部に照明器具がセットされている。天井仕上げはスノコ状で、舟底天井の片側全部が照明器具になる。

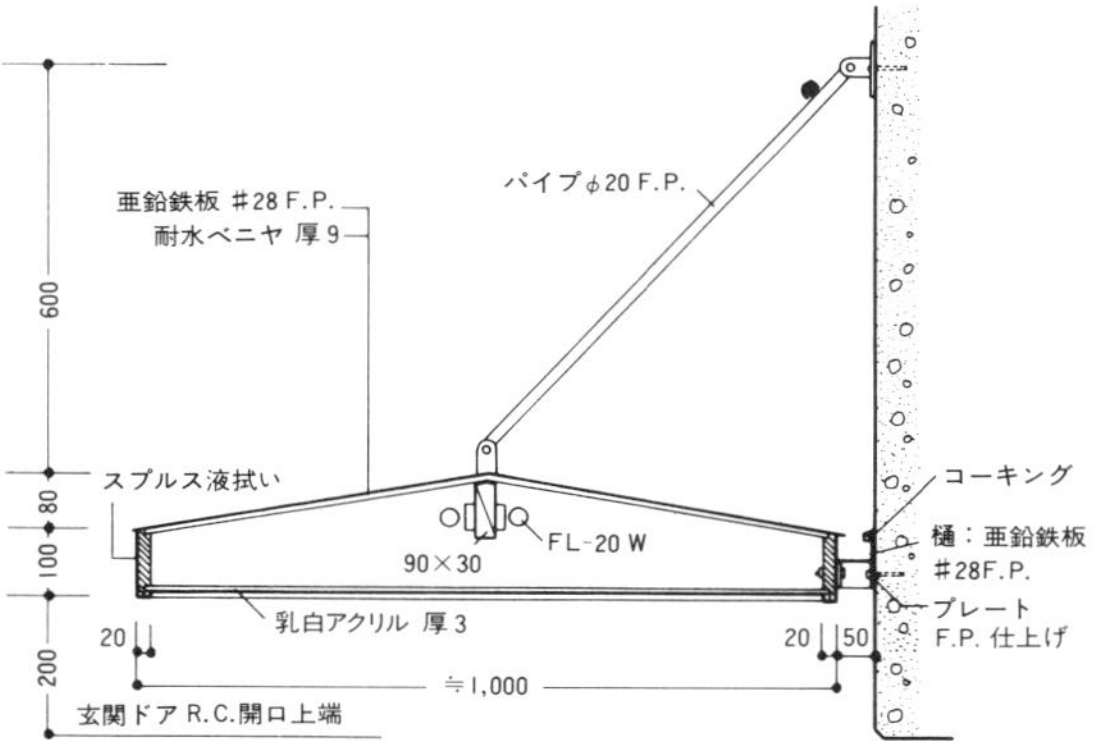

上写真／あかりのや
左写真／ブルーボックス
細部のディテールは違うが，いずれも上図の，照明器具を組み込んだ庇を使っている．庇の天井が光って，庇そのものが照明器具になる．

11●7 使う庭は現代的に

庭にはアプローチの庭、サービスヤード、ながめる庭、使う庭の四種類がある。

一般的には、アプローチの庭とながめる庭に日本人の関心が強く、サービスヤードはいつも忘れられている。また、使うには、つまり屋外の居間のように、そこに出ていって日常的に生活を行うような庭は、日本人にとっては不得手なのか、あまりよいデザインがない。芝生の中にせいぜいテラスをつくって、そこでバーベキューをやるという程度だろうか。

宅地や住宅が狭くなってきているので、こうした屋外の空間を丁度外の部屋といった感じで、もっと積極的に使わないと、家はますます狭く感じられてしまう。昔風の古いイメージ、芝生や砂利、枯山水というかたちではなく、建築または住居と同じような、現代的で生活的な庭が用意されていて、そこで屋外の生活が行われるようにならねばならない。

アメリカの住宅のバックヤードが持っているような、リビングスペースから溢れ出たような材料や設備が用意され、単にバーベキューなどだけで無いバラエティに富んだ生活がサラリと出来るようなしつらいが欲しい。

もちろん、そのためには室内と同様、囲われ方から始まって、仕上材としての緑の配分、生活の場としての舗装の材料や種類、照明や家具などの装置類等、十分吟味しなくてはならないのは言うまでもない。

松川ボックス
三方を建物に囲まれた庭．三つの棟の間を行き来するために使ったり，リビングの延長として使ったりと，パティオ的性格をもっている．床仕上げは玄昌石を貼り詰めている．

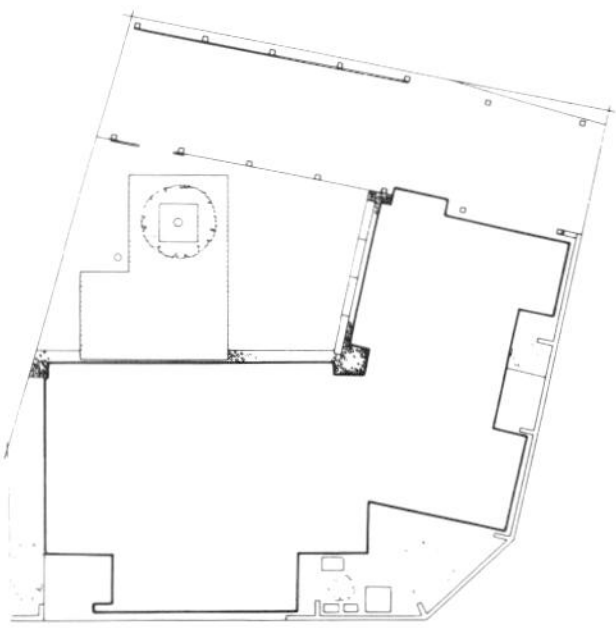

上写真／伊藤明邸／居間よりデッキ越しに外部を見る．
下写真／伊藤明邸／外のデッキより室内を見る．
内外連続して使いやすくするため，室内の床面とデッキの床面の高さを揃えてある．

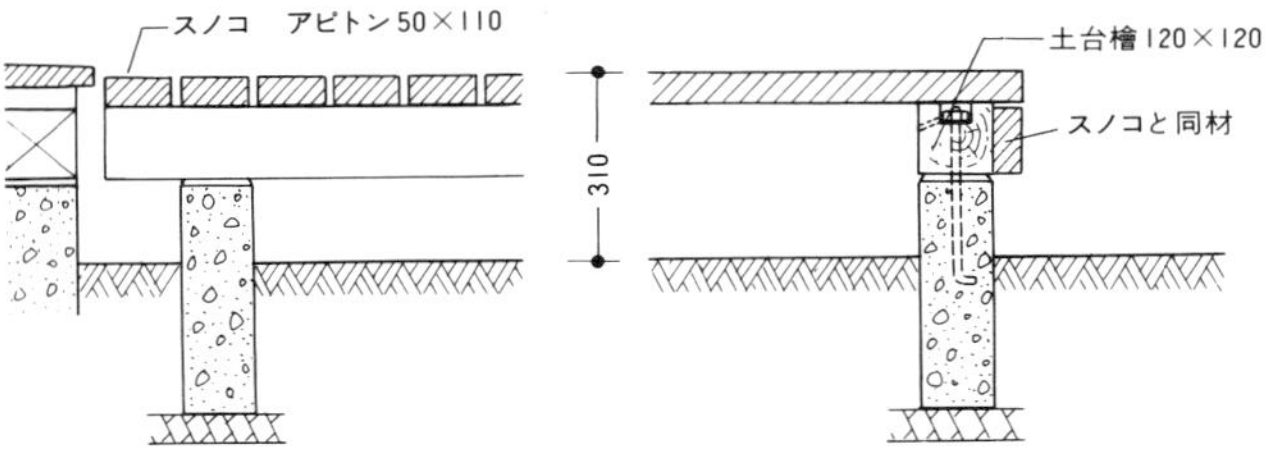

資　料（掲載誌は原則として初出誌を示す）

⦿住宅

あかりのや

竣工年＝1967年
所在地＝東京都・小金井市
構造＝RC造＋木造　2階建
敷地面積＝254.86㎡
建築面積＝42.21㎡
延床面積＝103.77㎡
施工＝真木建設
掲載誌＝すまい1967・8，建築文化1967・12，別冊新建築①宮脇檀1980，住宅建築別冊④混構造住宅の詳細1980

天野邸

竣工年＝1978年
所在地＝東京都・八王子市
構造＝木造　2階建
敷地面積＝251.78㎡
建築面積＝81.45㎡
延床面積＝111.42㎡
施工＝富田工務店
掲載誌＝住宅建築1979・3，別冊新建築①宮脇檀1980

有賀邸

竣工年＝1980年
所在地＝群馬県・高崎市
構造＝RC造＋木造　2階建
敷地面積＝1,605㎡
建築面積＝218.76㎡
延床面積＝288.90㎡
施工＝井上工業
掲載誌＝建築文化1981・2，別冊新建築①宮脇檀1980，住宅建築別冊④混構造住宅の詳細1980

池田ボックス

竣工年＝1981年
所在地＝千葉県・松戸市
構造＝RC＋木造　2階建
敷地面積＝307.25㎡
建築面積＝65.88㎡
延床面積＝110.48㎡
施工＝福島工務所
掲載誌＝モダンリビングNo.15 1981，都市住宅1982・11，住宅建築設計例集⑨混構造住宅1984

井出邸

竣工年＝1966年
所在地＝東京都・世田谷区
構造＝木造　2階建
敷地面積＝297.00㎡
建築面積＝71.19㎡
延床面積＝124.56㎡
施工＝真木建設
掲載誌＝モダンリビングNo.58 1967

伊藤（明）邸

竣工年＝1985年
所在地＝神奈川県横浜市
構造＝木造　2階建
敷地面積＝186.70㎡
建築面積＝72.14㎡
延床面積＝102.92㎡
施工＝米山工務店
掲載誌＝モダンリビングNo.41 1986

伊藤（隆）邸

竣工年＝1970年
所在地＝北海道・札幌市
構造＝RC造　平屋建
敷地面積＝336㎡
建築面積＝125.43㎡
延床面積＝112㎡
施工＝北建工業
掲載誌＝ジャパンインテリア1970・5，モダンリビングNo.71　1970，住宅建築別冊④混構造住宅の詳細1980

今村ボックス

竣工年＝1970年
所在地＝東京都・品川区
構造＝RC造＋木造　2階建
敷地面積＝138.91㎡
建築面積＝45.50㎡
延床面積＝99.94㎡
施工＝北林工務店
掲載誌＝婦人画報1970・12，住宅建築別冊④混構造住宅の詳細1980

岩前邸

竣工年＝1984年
所在地＝和歌山県・和歌山市
構造＝木造　2階建
敷地面積＝213.25㎡
建築面積＝78.45㎡
延床面積＝119.48㎡
施工＝日方工務店
日方工務店

岩村邸

竣工年＝1983年
所在地＝東京都・世田谷区
構造＝木造　2階建
敷地面積＝264.37㎡
建築面積＝117.10㎡
延床面積＝179.75㎡
施工＝立石工務店

内山邸

竣工年＝1983年
所在地＝神奈川県・小田原市
構造＝RC造＋木造　2階建
敷地面積＝436.5㎡
建築面積＝73.3㎡
延床面積＝112.6㎡
施工＝大曜ハウジング
掲載誌＝婦人画報1984・6，住宅建築設計例集⑨混構造住宅1984

梅原邸

竣工年＝1974年
所在地＝高知県・高知市
構造＝RC造＋木造　2階建
敷地面積＝424.81㎡
建築面積＝125.60㎡
延床面積＝182.12㎡
施工＝竹中工務店

海老原邸

竣工年＝1969年
所在地＝茨城県・取手市
構造＝木造2階建
敷地面積＝1,980㎡
建築面積＝68.44㎡
延床面積＝100.17㎡
施工＝真木建設
掲載誌＝新建築1970・2，建築文化1970・2

岡本ボックス

竣工年＝1973年
所在地＝東京都・東久留米市
構造＝CB造＋木造　2階建
敷地面積＝221.54㎡
建築面積＝88.52㎡
延床面積＝106.06㎡
施工＝矢島建設
掲載誌＝都市住宅・住宅第5集1973，住宅建築別冊④混構造住宅の詳細1980

大場邸

竣工年＝1980年
所在地＝東京都・杉並区
構造＝RC造　2階建
敷地面積＝334.07㎡
建築面積＝108.96㎡
延床面積＝150.83㎡
施工＝富田工務店
掲載誌＝モダンリビングNo.16 1982，別冊新建築①宮脇檀1980

大村邸

竣工年＝1980年
所在地＝神奈川県・大磯町
構造＝木造2階建
敷地面積＝238.66㎡
建築面積＝61.80㎡
延床面積＝102.30㎡
施工＝渡辺建設事務所
掲載誌＝モダンリビング No.16 1982

鹿島邸

竣工年＝1978年
所在地＝東京都・品川区
構造＝CB造　2階建
敷地面積＝130.26㎡
建築面積＝75.44㎡
延床面積＝101.52㎡
施工＝戸塚工務店
掲載誌＝住宅建築 1979・3，モダンリビング No.16　1982

柏原邸

竣工年＝1977年
所在地＝東京都・杉並区
構造＝木造　2階建
敷地面積＝165.28㎡
建築面積＝81.91㎡
延床面積＝125.35㎡
施工＝富田工務店
掲載誌＝モダンリビング No.107 1979

加藤邸

竣工年＝1983年
所在地＝神奈川県・鎌倉市
構造＝木造2階建
敷地面積＝224.38㎡
建築面積＝88.08㎡
延床面積＝137.81㎡
施工＝米山工務店
掲載誌＝マダム 1984・9 モダンリビング No.36　1985

河崎ボックス

竣工年＝1972年
所在地＝東京都・中野区
構造＝RC＋木造
敷地面積＝242.25㎡
建築面積＝95.49㎡
延床面積＝162.07㎡
施工＝富田工務店
掲載誌＝都市住宅・住宅第5集 1973，モダンリビング No.88　1973，住宅建築別冊④混構造住宅の詳細 1980

菅野ボックス

竣工年＝1971年
所在地＝埼玉県・大宮市
構造＝RC＋木造　2階建
敷地面積＝388.44㎡
建築面積＝55.68㎡
延床面積＝87.98㎡
施工＝捧建設
掲載誌＝都市住宅・住宅第2集 1972，新建築 1972・8，別冊新建築①宮脇檀 1980，住宅建築別冊④混構造住宅の詳細 1980

木村ボックス

竣工年＝1976年
所在地＝兵庫県・神戸市
構造＝RC＋木造　2階建
敷地面積＝197.12㎡
建築面積＝80.70㎡
延床面積＝136.12㎡
施工＝戎工務店
掲載誌＝住宅建築 1977・10，家庭画報 1977・10，別冊新建築①宮脇檀 1980，住宅建築別冊④混構造住宅の詳細 1980

久保邸

竣工年＝1982年
所在地＝奈良県・奈良市
構造＝RC造＋鉄骨造
敷地面積＝434.97㎡
建築面積＝111.24㎡
延床面積＝183.88㎡
施工＝堀田工務店

熊本ボックス

竣工年＝1973年
所在地＝京都府・京都市北区
構造＝RC造＋木造
敷地面積＝197.08㎡
建築面積＝48.36㎡
延床面積＝96.64㎡
施工＝ミラノ工務店
掲載誌＝モダンリビング No.90 1974，都市住宅・住宅第8集 1975，住宅建築別冊④混構造住宅の詳細 1980

グリーンボックス#1

竣工年＝1972年
所在地＝東京都・目黒区
構造＝木造　2階建
敷地面積＝132.30㎡
建築面積＝53.67㎡
延床面積＝96.87㎡
施工＝梓建設
掲載誌＝新建築 1973・2，別冊新建築①宮脇檀 1980

グリーンボックス#2

竣工年＝1972年
所在地＝神奈川県・藤沢市
構造＝RC造＋木造　2階建
敷地面積＝678.40㎡
建築面積＝33.64㎡
延床面積＝64.85㎡
施工＝太平工業
掲載誌＝新建築 1973・2，別冊新建築①宮脇檀 1980，住宅建築別冊④混構造住宅の詳細 1980

グリーンボックス#3

竣工年＝1974年
所在地＝神奈川県・鎌倉市
構造＝木造　2階建
敷地面積＝206.73㎡
建築面積＝58.00㎡
延床面積＝96.88㎡
施工＝馬淵建設
掲載誌＝モダンリビング No.93 1976

小出邸

竣工年＝1978年
所在地＝愛知県・名古屋市
構造＝RC造　2階建
敷地面積＝237.82㎡
建築面積＝73.71㎡
延床面積＝135.37㎡
施工＝藤木工務店
掲載誌＝新建築 1980・2，モダンリビング No.5　1980

小松邸

竣工年＝1979年
所在地＝東京都・台東区
構造＝RC造　3階建
敷地面積＝115.90㎡
建築面積＝68.71㎡
延床面積＝199.75㎡
施工＝不二建業　米山工務店
掲載誌＝中小商業ビル No.7　1980

島田ボックス

竣工年＝1973年
所在地＝神奈川県・川崎市
構造＝木造　2階建(一部3階建)
敷地面積＝210.72㎡
建築面積＝47.52㎡
延床面積＝89.64㎡
施工＝馬淵建設
掲載誌＝都市住宅・住宅第8集 1974，モダンリビング No.89　1975

下立邸

竣工年＝1979年
所在地＝神奈川県・相模原市
構造＝木造　2階建

敷地面積＝363.7 m²
建築面積＝52.90 m²
延床面積＝87.70 m²
施工＝米山工務店
掲載誌＝モダンリビング No.12
1981

シリンダーボックス

竣工年＝1978 年
所在地＝神奈川県・横浜市
構造＝RC＋鉄骨造　2 階建
敷地面積＝155.66 m²
建築面積＝81.78 m²
延床面積＝137.16 m²
施工＝馬淵建設
掲載誌＝住宅建築 1978・12，別冊新建築①宮脇檀 1980，住宅建築別冊④混構造住宅の詳細 1980

高畠ボックス

竣工年＝1977 年
所在地＝東京都・目黒区
構造＝RC＋木造　地下 1 階地上 2 階建
敷地面積＝135.60 m²
建築面積＝65.61 m²
延床面積＝142.73 m²
施工＝山洋木材
掲載誌＝都市住宅 1977・12，別冊新建築①宮脇檀 1980，住宅建築別冊④混構造住宅の詳細 1980

田中邸

竣工年＝1982 年
所在地＝千葉県・千葉市
構造＝木造　2 階建
敷地面積＝291.11 m²
建築面積＝81.99 m²
延床面積＝139.55 m²
施工＝まつばら工務店
掲載誌＝モダンリビング No.21 1982，都市住宅 1982・11

CHOI-BOX

竣工年＝1984 年
所在地＝東京都・大田区
構造＝RC 造＋鉄骨造　2 階建
敷地面積＝95.66 m²
建築面積＝47.81 m²
延床面積＝92.66 m²
施工＝水野建設
掲載誌＝BOX 1984・7，新建築 1984・8，住宅建築設計例集⑨混構造住宅 1984

中山邸

竣工年＝1983 年
所在地＝埼玉県・川口市
構造＝RC 造＋木造　平屋建
敷地面積＝2552.55 m²
建築面積＝464.92 m²
延床面積＝244.26 m²
施工＝岩本組
掲載誌＝建築知識 1983・9，新建築 1984・2，住宅建築 1984・2，住宅建築設計例集⑨混構造住宅 1984

幡谷邸

竣工年＝1981 年
所在地＝神奈川県・厚木市
構造＝RC 造＋木造　平屋建
敷地面積＝390.17 m²
建築面積＝113.48 m²
延床面積＝96.72 m²
施工＝富田工務店
掲載誌＝都市住宅 1982・11

花房邸

竣工年＝1983 年
所在地＝神奈川県・横浜市
構造＝RC 造＋木造　2 階建
敷地面積＝170.18 m²
建築面積＝56.20 m²
延床面積＝101.70 m²
施工＝山洋木材
掲載誌＝モダンリビング No.36 1985，住宅建築設計例集⑨混構造住宅 1984

林邸

竣工年＝1978 年
所在地＝東京都・国立市
構造＝木造　2 階建
敷地面積＝195.23 m²
建築面積＝53.72 m²
延床面積＝99.39 m²
施工＝富田工務店
掲載誌＝モダンリビング No.5 1980

藤江邸

竣工年＝1974 年
所在地＝神奈川県・横浜市
構造＝木造　2 階建
敷地面積＝316.28 m²
建築面積＝84.91 m²
延床面積＝117.54 m²
施工＝米山工務店
掲載誌＝都市住宅・住宅第 8 集 1974，インテリア 1974・7

藤岡邸

竣工年＝1979 年
所在地＝東京都・渋谷区
構造＝RC 造＋木造　地下 1 階地上 2 階建
敷地面積＝200.00 m²
建築面積＝117.60 m²
延床面積＝206.91 m²
施工＝富田工務店
掲載誌＝モダンリビング No.5 1980，住宅建築別冊④混構造住宅の詳細 1980

藤谷邸

竣工年＝1979 年
所在地＝東京都・国立市
構造＝木造　2 階建
敷地面積＝352.80 m²
建築面積＝93.65 m²
延床面積＝132.98 m²
施工＝水野建設
掲載誌＝婦人と暮し 1980・6

冨士道邸

竣工年＝1979 年
所在地＝愛知県・愛知郡日進町
構造＝RC 造＋木造　2 階建
敷地面積＝1186.58 m²
建築面積＝134.38 m²
延床面積＝238.05 m²
施工＝橋本建設
掲載誌＝モダンリビング No.7 1980，別冊新建築①宮脇檀 1980，住宅建築別冊④混構造住宅の詳細 1980

舟橋邸

竣工年＝1980 年
所在地＝神奈川県・横浜市
構造＝木造　2 階建
敷地面積＝278.24 m²
建築面積＝95.51 m²
延床面積＝137.01 m²
施工＝大原木材
掲載誌＝モダンリビング No.5 1980

船橋ボックス

竣工年＝1975 年
所在地＝東京都・文京区
構造＝RC 造＋木造　2 階建
敷地面積＝242.68 m²
建築面積＝76.85 m²
延床面積＝140.22 m²
施工＝西海建設
掲載誌＝新建築 1976・9，日経アーキテクチュア 1976・春，別冊新建築①宮脇檀 1980，住宅建築別冊④混構造住宅の詳細 1980

ブルーボックス

竣工年＝1971 年
所在地＝東京都・世田谷区
構造＝RC 造＋木造　地下 1 階地上 1 階建
敷地面積＝157.98 m²
建築面積＝58.72 m²
延床面積＝122.26 m²
施工＝富田工務店
掲載誌＝新建築 1971・10，ジャパ

ンインテリア 1971・10, 別冊新建築①宮脇檀 1980, 住宅建築別冊④混構造住宅の詳細 1980

星野邸

竣工年＝1983年
所在地＝東京都・小金井市
構造＝木造　2階建
敷地面積＝122.55 m²
建築面積＝61.24 m²
延床面積＝120.31 m²
施工＝富田工務店
掲載誌＝建築知識 1984・2

BOX・A QUARTER CIRCLE

竣工年＝1976年
所在地＝東京都・新宿区
構造＝RC造　2階建
敷地面積＝96.59 m²
建築面積＝59.34 m²
延床面積＝98.75 m²
施工＝大栄総業
掲載誌＝新建築 1977・2, 都市住宅 1977・2, 別冊新建築①宮脇檀 1980

松川ボックス#1

竣工年＝1971年
所在地＝東京都・新宿区
構造＝RC造＋木造
敷地面積＝358.88 m²
建築面積＝75 m²
延床面積＝107.77 m²
施工＝捧建設
掲載誌＝新建築 1972・8, 都市住宅・住宅第2集 1972, 別冊新建築①宮脇檀 1980, 住宅建築別冊④混構造住宅の詳細 1980

松川ボックス#2

竣工年＝1978年
所在地＝東京都・新宿区
構造＝RC造＋木造　2階建
敷地面積＝358.88 m²
建築面積＝88.53 m²
延床面積＝157.53 m²
施工＝富田工務店
掲載誌＝住宅建築 1978・11, 別冊新建築①宮脇檀 1980, 住宅建築別冊④混構造住宅の詳細 1980

三原ボックス

竣工年＝1972年
所在地＝東京都・町田市
構造＝RC造＋木造　地下1階地上2階建
敷地面積＝167.90 m²
建築面積＝50.20 m²
延床面積＝151.26 m²
施工＝施主直営
掲載誌＝モダンリビング No.91 1975, 住宅建築別冊④混構造住宅の詳細 1980

三宅ボックス

竣工年＝1974年
所在地＝千葉県・船橋市
構造＝CB造＋木造　2階建
敷地面積＝213.70 m²
建築面積＝64.25 m²
延床面積＝119.93 m²
施工＝西海建設
掲載誌＝モダンリビング No.93 1976, 住宅建築別冊④混構造住宅の詳細 1980

宮脇邸

竣工年＝1981年
所在地＝東京都・渋谷区
延床面積＝62.7 m²
施工＝水野建設
掲載誌＝モダンリビング No.17 1982

村井邸

竣工年＝1979年
所在地＝東京都・府中市
構造＝木造　2階建
敷地面積＝165.30 m²
建築面積＝66.44 m²
延床面積＝122.34 m²
施工＝山洋木材
掲載誌＝モダンリビング No.5 1980

森井邸

竣工年＝1985年
所在地＝広島県・廿日市町
構造＝RC造＋木造　2階建
敷地面積＝294.46 m²
建築面積＝86.04 m²
延床面積＝156.16 m²
施工＝山陽建設工業
掲載誌＝モダンリビング No.49 1987

盛国邸

竣工年＝1978年
所在地＝東京都・渋谷区
構造＝木造　2階建
敷地面積＝107.79 m²
建築面積＝63.56 m²
延床面積＝112.83 m²
施工＝山洋木材
掲載誌＝住宅建築 1979・3, モダンリビング No.3 1979

森ボックス

竣工年＝1981年
所在地＝神奈川県・横須賀市
構造＝RC造＋木造　2階建
敷地面積＝165 m²
建築面積＝37.96 m²
延床面積＝60.50 m²
施工＝大曜ハウジング
掲載誌＝都市住宅 1982・11

横尾ボックス

竣工年＝1979年
所在地＝千葉県・市川市
構造＝RC造　2階建
敷地面積＝211.40 m²
建築面積＝43.33 m²
延床面積＝71.01 m²
施工＝西海建設
掲載誌＝日経アーキテクチュア 1980・4/28, 別冊新建築①宮脇檀 1980

吉見ボックス

竣工年＝1979年
所在地＝神奈川県・横浜市
構造＝RC造＋木造　2階建
敷地面積＝178.80 m²
建築面積＝67.32 m²
延床面積＝119.16 m²
施工＝山洋木材
掲載誌＝モダンリビング No.5 1980, 別冊新建築①宮脇檀 1980, 住宅建築別冊④混構造住宅の詳細 1980

龍神邸

竣工年＝1982年
所在地＝和歌山県・和歌山市
構造＝RC造　3階建
敷地面積＝149.32 m²
建築面積＝78.80 m²
延床面積＝149.12 m²
施工＝藤木工務店
掲載誌＝モダンリビング No.23 1983

和久井邸

竣工年＝1985年
所在地＝東京都・渋谷区
構造＝RC造＋鉄骨造　3階建
敷地面積＝157.00 m²
建築面積＝88.70 m²
延床面積＝198.33 m²
施工＝井上工業
掲載誌＝ディテール No.85　1985

渡辺邸

竣工年＝1979年
所在地＝東京都・豊島区
構造＝木造　2階建
敷地面積＝74.05 m²
建築面積＝38 m²
延床面積＝71.95 m²
施工＝水野建設
掲載誌＝モダンリビング No.10 198

⦿別荘

泉別邸

竣工年＝1982 年
所在地＝長野県原村
構造＝木造　2 階建
敷地面積＝1,105.49 ㎡
建築面積＝67.02 ㎡
延床面積＝93.62 ㎡
施工＝住建，原建築事務所

金森別邸

竣工年＝1976 年
所在地＝長野県・茅野市
構造＝RC 造＋木造　2 階建
敷地面積＝1,021 ㎡
建築面積＝48.30 ㎡
延床面積＝48.30 ㎡
施工＝住建，原建築事務所
掲載誌＝モダンリビング No.103 1978

小松別邸

竣工年＝1986 年
所在地＝長野県・茅野市
構造＝木造＋RC 造　平屋建
敷地面積＝2,334.53 ㎡
建築面積＝122.65 ㎡
延床面積＝97.72 ㎡
施工＝住建・原建築
掲載誌＝建築知識 1986・4

佐藤ボックス

竣工年＝1974 年
所在地＝長野県・茅野市
構造＝木造，一部 CB 造
敷地面積＝1,306.6 ㎡
建築面積＝82.7 ㎡
延床面積＝130.3 ㎡
施工＝蓼科ハウジング・藤沢工務店
掲載誌＝都市住宅・住宅第 8 集 1974，住宅建築別冊④混構造住宅の詳細 1980

柴永別邸

竣工年＝1972 年
所在地＝群馬県・桐生市
構造＝木造　2 階一部 3 階建
敷地面積＝504.58 ㎡
建築面積＝43.56 ㎡
延床面積＝53.28 ㎡
施工＝坂上建設
掲載誌＝新建築 1973・7，モダンリビング No.88　1974

西部都市開発八ヶ岳別荘

竣工年＝1973 年
所在地＝長野県・南佐久郡
構造＝木造　2 階建
延床面積＝61.16 ㎡
施工＝大信建設
掲載誌＝都市住宅・住宅第 5 集 1973

Villa 福村

竣工年＝1975 年
所在地＝栃木県・那須市
構造＝RC 造＋木造　3 階建
敷地面積＝2,479 ㎡
建築面積＝48.18 ㎡
延床面積＝87.92 ㎡
施工＝半田工務店
掲載誌＝ジャパンインテリアデザイン 1975・5，住宅建築別冊④混構造住宅の詳細 1980

プラザハウス

竣工年＝1968 年
所在地＝静岡県・箱根明神平
構造＝木造　2 階建
敷地面積＝588.26 ㎡
建築面積＝80.33 ㎡
延床面積＝110.71 ㎡
施工＝北林工務店
掲載誌＝新建築 1968・10，建築文化 1968・10，別冊新建築①宮脇檀 1980

増田別邸

竣工年＝1979 年
所在地＝長野県・茅野市
構造＝RC 造＋木造　2 階建
敷地面積＝862.89 ㎡
建築面積＝49.68 ㎡
延床面積＝60.52 ㎡
施工＝住建・原建築事務所
掲載誌＝ディテール No.65　1980，住宅建築別冊④混構造住宅の詳細 1980

松原山倉

竣工年＝1980 年
所在地＝長野県・茅野市
構造＝木造　平屋建（基礎 RC）
敷地面積＝1,350.59 ㎡
建築面積＝64.2 ㎡
延床面積＝64.2 ㎡
施工＝住建
掲載誌＝新建築 1981・11

もうびいでぃっく

竣工年＝1966 年
所在地＝山梨県・山中湖
構造＝RC 造＋木造　地下 1 階地上 1 階（一部中 2 階）
敷地面積＝1,694 ㎡
建築面積＝77.64 ㎡
延床面積＝121.05 ㎡
施工＝真木建設・中央鋼建
掲載誌＝新建築 1967・1，ジャパンインテリア 1967・3，別冊新建築①宮脇檀 1980，住宅建築別冊④混構造住宅の詳細 1980

安岡別邸

竣工年＝1970 年
所在地＝長野県・麻績村
構造＝木造　2 階建
敷地面積＝883.50 ㎡
建築面積＝45.5 ㎡
延床面積＝69.9 ㎡
施工＝麻績森林建設
掲載誌＝都市住宅 1971・1

⦿住宅地計画

相生山住宅地計画

年次＝1986 年
所在地＝愛知県・名古屋市
事業主体＝不二企業
戸数＝16
掲載誌＝都市住宅 1985・8

市ケ尾南川和住宅計画

年次＝1986 年
所在地＝神奈川県・横浜市
事業主体＝東急不動産
戸数＝10
掲載誌＝都市住宅 1985・8

柏ヴィレッジ計画

竣工年＝年次＝1980 年
所在地＝千葉県・柏市
事業全体＝東急不動産
戸数＝1,500
掲載誌＝都市住宅 1985・8

可児 HOPE 住宅地

年次＝1984 年
所在地＝愛知県・可児市
事業主体＝住宅生産振興財団
戸数＝66
掲載誌＝都市住宅 1985・8

九州の家プロジェクト

年次＝1985 年
所在地＝九州全県
事業主体＝積水ハウス
掲載誌＝都市住宅 1985・8

皇徳寺ニュータウン計画

年次＝1985 年
所在地＝鹿児島
事業主体＝積水ハウス
戸数＝16

コモンシティ船橋

年次＝1982 年
所在地＝千葉県・船橋市
事業主体＝積水ハウス
戸数＝11
掲載誌＝日経アーキテクチュア 1984・3/26 号

コモンライフ安行

年次＝1982 年

所在地＝埼玉県・川口市
事業主体＝積水ハウス
所数＝25
掲載誌＝日経アーキテクチュア
1984・3/26号

住宅公団金沢地先並木2丁目8・9ブロック配置及び建物設計

年次＝1979年
所在地＝神奈川県・横浜市
事業主体＝日本住宅公団
戸数＝67

高須ニュータウン

年次＝1982年
所在地＝福岡県・北九州市
事業主体＝住宅生産振興財団
戸数＝60
掲載誌＝日経アーキテクチュア
1982・11/22号

高幡鹿島台ガーデン54

年次＝1985年
所在地＝東京都・日野市
事業主体＝鹿島建設
戸数＝54
掲載誌＝日経アーキテクチュア
1984・3/26号

⊙その他

ザ・バーン

年次＝1975〜1983
所在地＝東京各地
発注＝ヴェルデ
施工＝中央宣伝企画
掲載誌＝商店建築 1975・6，別冊新建築①宮脇檀 1980

YKKエグゼ

年次＝1984年
発注＝YKK

国際女子研修所

竣工年＝1975年
所在地＝神奈川県・茅ケ崎市
構造＝RC造　地下1階地上2階
敷地面積＝305.8㎡
建築面積＝137.63㎡
延床面積＝381.45㎡
施工＝小俣組
掲載誌＝都市住宅・住宅第11集
1975

ユーロハイツ参宮橋

竣工年＝1984年
所在地＝東京都・渋谷区
構造＝RC造　地下1階地上3階
敷地面積＝1688.34㎡
建築面積＝974.45㎡
延床面積＝2588.42㎡
施工＝熊谷組
掲載誌＝家庭画報 1985・2

⦿写真撮影者一覧

村井　修
p. 2, 6, 9, 11, 13, 上, 21, 24, 25上, 26, 27, 32, 34上, 下, 38, 41, 42, 43, 45上, 下, 46−47, 52, 55, 57, 58, 60, 61, 65, 66上, 67右下, 69, 73上, 75右, 76, 81, 82, 84, 87, 88, 89, 96, 103上, 112, 118, 119, 121下右, 下左, 122, 123, 126, 129下, 137, 138, 139, 144, 150, 152, 156, 161, 163, 167, 174, 177, 190, 191下, 208, 209, 210, 215下, 216, 217下, 222, 227上, 左下, 230, 231

新建築写真部(荒井政夫)
p.3　p.15左上, 54, 109
(小川泰祐)
p.30, 31, 206
(松岡満男)
p.44, 100上

堀内広治(NPA)
p.16, 37上, 93左, 95, 101中, 125, 128右, 130, 166下, 188, 226

彰国社写真部
p.25下
同(大野繁)
p.83左下　p.231左下
同(和木通)
p.107, 187左上, 左下

本木誠一(協力/モダンリビング)
p.33

今村昌昭
p.148, 191上

川元斉(協力/モダンリビング)
p.39上, 下, 116, 134, 164, 171

鈴木悠
p.67右上, 左

羽田久嗣
p.214下

私の部屋(マイルーム出版)
p.37下

NHK趣味の園芸(日本放送出版協会)
p.46, p.108, 168

坂口裕康(A to Z)
p.47, 143上

家庭全般
p.66下

ＹＫＫ製品カタログ
p.71

水戸明(提供/トーソー出版)
p.181

ニューハウス出版
p.93下

木寺安彦(協力/モダンリビング)
p.100上, 154, 197, 212

家庭画報(世界文化社)
p.102, 201下

パーソナル(日経ホーム出版社)
p.104

遠藤博信(提供/マダム)
p.121上

松浦隆幸(提供/マダム)
p.127

二宮英児(提供/パーソナル)
p.200

垂見弘士(協力/モダンリビング)
p.201

熊谷忠宏(協力/モダンリビング)
p.83下右, p.99, 192, 193, 199, 202, 205, 207, 227右下

ハウスプラン
p.223

ノルインターナショナルジャパン
p.232

⦿引用転載図書一覧

・住宅建築1984年2月号, 建築資料研究社
・住宅建築別冊4混構造住宅の詳細, 建築資料研究社, 1980.
・住宅建築設計例集・9混構造住宅宮脇檀建築研究室作品集, 建築資料研究社, 1984.
・別冊新建築/日本現代建築家シリーズ
①宮脇檀, 新建築社, 1980.
・都市住宅1985年8月号, 鹿島出版会.
・建築・NOTE「人間のための住宅ディテール」丸善.
・街並を創る, 丸善.

◉設計事務所紹介

●名称
(有)宮脇檀建築研究室
●代表取締役
宮脇檀（みやわきまゆみ）
1936年　愛知県名古屋市生まれ
1959年　東京芸術大学美術学部建築科卒業
1961年　東京大学建築科高山研究室にて修士課程終了
1964年　一級建築士事務所宮脇檀建築研究室開設
1991年　日本大学生産工学部教授
1998年　逝去享年62歳
●設計スタッフ（1992年12月現在）

吉松眞津美	二瓶正史	葛巻恒男	小野淳子
山崎健一	岸本　久	今泉敦子	
榎本　彰	平山郁朗	内井理一郎	
中村　彰	増岡　徹	中島　研	

●旧設計スタッフ

河合詳三	加古智子	永友秀人	小林裕美子
上住常喜	椎名英三	畔柳美和子	永松昭子
大行　征	藤江和子	川田紀雄	市原　出
中山繁信	石田信男	高尾　宏	新井敏洋
北住金吾	加瀬寿子	落合　映	安東眞記子

◉エディトリアル・デザイン：横山晴夫

宮脇檀の住宅設計テキスト

平成5年8月30日　発　　行
令和5年3月10日　第31刷発行

著作者　宮脇檀建築研究室

発行者　池　田　和　博

発行所　丸善出版株式会社
〒101-0051 東京都千代田区神田神保町二丁目17番
編集：電話(03)3512-3266／FAX(03)3512-3272
営業：電話(03)3512-3256／FAX(03)3512-3270

印刷・富士美術印刷株式会社／製本・株式会社松岳社

ISBN 978-4-621-08164-8 C0052　　Printed in Japan